Hans Peter Löw/Günter Partosch (Hrsg.)

Verteilte Systeme — Organisation und Betrieb

Hans-Peter Löw/Günter Partosch
(Hrsg.)

Verteilte Systeme – Organisation und Betrieb

Proceedings des 10. GI-Fachgesprächs über Rechenzentren am 16.–17. September 1993 in Gießen

Springer Fachmedien Wiesbaden GmbH

Die Deutsche Bibliothek — CIP-Einheitsaufnahme

Verteilte Systeme: Organisation und Betrieb ; proceedings des 10. GI-Fachgesprächs über Rechenzentren am 16.—17. September 1993 in Gießen / Hans-Peter Löw ; Günter Partosch. — Wiesbaden : DUV, Dt. Univ.-Verl., 1993
(DUV : Informatik)
ISBN 978-3-8244-2047-6
NE: Löw, Hans-Peter [Hrsg.]; Fachgespräch über Rechenzentren <10, 1993, Gießen>; Gesellschaft für Informatik

Der Deutsche Universitäts-Verlag ist ein Unternehmen der Verlagsgruppe Bertelsmann International.

Gedruckt auf chlorarm gebleichtem und säurefreiem Papier

ISBN 978-3-8244-2047-6
ISBN 978-3-663-19807-9 (eBook)
DOI 10.1007/978-3-663-19807-9

Vorwort des Tagungsleiters

Wann hat das „Verteilen“ angefangen? Genau ist der Beginn nicht zu definieren, aber es ist so kurz her, daß wir es alle miterlebt haben. Der Auslöser für die verteilte Datenverarbeitung war sicher das Aufkommen des Personalcomputers. Man kann sagen, daß mit ihm die Entwicklung der verteilten DV begann.

Zunächst geschah noch alles ungeplant und unkoordiniert, nur nach den Wünschen einzelner Benutzer für ihren engsten Bereich. So könnte man den Status des verteilten Bearbeitens in gewissen Bereichen auch heute noch charakterisieren; andererseits gibt es heute aber verteilte Anwendungen, die in ihrer Professionalität Mainframe-Lösungen in nichts nachstehen, ja sie sogar übertreffen können.

Der GI-Fachausschuß 3.4 „Betrieb von Rechenzentren“ hat das Tagungsthema über verteilte Systeme für sein Fachgespräch, das jetzt zum 10. Male stattfindet, gewählt, weil es schon viele Entwicklungen mit fortgeschrittenen und verzweigten Funktionen gibt, aber andererseits die verschiedenen Aspekte des verteilten Rechnens noch nicht Allgemeingut sind und viele Probleme des täglichen Einsatzes noch auf neue oder verbesserte Lösungen warten. Der Fachausschuß hat für die Tagung die sechs Schwerpunkte

- Service,
- Datensicherung,
- Management,
- Sicherheit,
- Aufgabenverteilung und
- Technologie

ausgewählt.

Es gibt wahrscheinlich kein Rechenzentrum mehr, das nicht diese Bereiche in der Informationsverarbeitung auf heterogenen Rechnersystemen berücksichtigen muß. Dabei können nicht selten Konflikte dadurch entstehen, daß die konsequente Verfolgung gewisser Zielvorgaben Gegenkräfte für andere Zielsetzungen freisetzt; etwa Sicherheit und langfristige Stabilität gegen verbesserte Flexibilität und größere Benutzerfreundlichkeit.

Diese Konflikte treten aber häufig nur deshalb auf, weil in den benutzten Funktionen und Methoden noch nicht oder nicht ausreichend die gegenläufigen Zielsetzungen beachtet werden; sei es, weil es sich aus Kosten- bzw. Effektivitätsgründen verbietet, oder weil sogar die Konzepte und Grundlagen dafür noch nicht entwickelt sind.

In diesem Fachgespräch werden daher sowohl aktuelle Themen des täglichen Betriebs wie auch grundlegende Aspekte für die Verbesserung in den genannten Schwerpunkten und die längerfristige Planung im RZ-Bereich behandelt.

Der vorliegende Band enthält alle angekündigten Referate. Bedanken möchte ich mich bei allen Referenten sowie bei Herrn Günter Partosch für seine Unterstützung bei der technischen Aufarbeitung der Manuskripte.

Mein Dank gilt weiter allen, die bei der Ausrichtung der Tagung mitgeholfen haben, den Mitgliedern des Programmausschusses, der Gesellschaft für Informatik, der Justus-Liebig-Universität Gießen und den Mitarbeitern des Hochschulrechenzentrums, allen voran Herr Hans-Peter Löw, sowie Herrn Dr. Karl-Heinz Paßler und Frau Renate Bluhm. Sehr hilfreich waren auch die Hinweise und Erfahrungen, die uns Herr Schwichtenberg, Herr Albinus und Frau Reck vom vorausgegangenen Fachgespräch in Dortmund weitergegeben hatten.

Gießen, Juni 1993 Dr. J. Hammerschick

Verteilte Systeme — Organisation und Betrieb

10. GI-Fachgespräch über Rechenzentren am 16.-17. September 1993 in Gießen

Hauptvorträge

Einführungsvortrag für die abschließende Diskussionsveranstaltung

Schwerpunkt Aufgabenverteilung

Schwerpunkt Technologie

Schwerpunkt Management

Schwerpunkt Datensicherung

Schwerpunkt Sicherheit

Schwerpunkt Service

Anhang

Open Software Foundation: Standards für verteilte Systemumgebungen

Uwe H. Richter

Der internationale Informationstechnologie-Markt hat sich in den letzten fünf Jahren von einem Anbietermarkt zu einem Kundenmarkt entwickelt. Um dieser Tatsache Rechnung zu tragen, mußte die Computer-Industrie ihre konservativen Strukturen in Entwicklung und Marketing aufgeben. Sie wurde dazu gezwungen, anwenderorientierte Institutionen zu schaffen, um diese Metamorphose wirtschaftlich und technologisch bewältigen zu können. Dieser Sachverhalt hat negative wirtschaftliche Auswirkungen für den teilweise noch existierenden Anbietermarkt, wie auch die derzeitige wirtschaftliche Lage der Computer-Hersteller zeigt.

Ein aktuelles und außergewöhnlich erfolgreiches Beispiel für eine solche anwenderorientierte Institution ist die Open Software Foundation (OSF). Sie bewertet und integriert als herstellerneutrale Instanz Midware-Technologien auf der Basis offener Systeme. Dieser Prozeß wird in nächster Zukunft zu allgemein akzeptierten Standards und einer Vereinheitlichung aller Software-Systemplattformen führen. Insbesondere wird er die Gestaltung von Rechnernetzen und damit auch die Infrastruktur der Industrie weltweit beeinflussen. Nach Ansicht von Wirtschaftsexperten stehen offene Systeme in engem Zusammenhang mit einer weltweiten Wandlung von lokalen Güterwirtschaften zur globalen Informationswirtschaft.

Der vorliegende Überblick beschreibt den Prozeß der OSF, geeignete Technologiebasen zu entwickeln, und stellt zwei Beispiele dafür vor: das Distributed-Computing-Environment (OSF/DCE) und das Distributed-Management-Environment (OSF/DME).

1 Die Open Software Foundation

1.1 Die Gründung

Die Open Software Foundation wurde im späten Frühjahr 1988 in den USA von acht führenden internationalen Systemkonzernen gegründet. Weit über 100 Millionen Dollar und Zeitpersonal steuerten die ursprünglichen Sponsoren Apollo, Digital Equipment, Hewlett-Packard, Hitachi, IBM, Nixdorf, Philips und Siemens bei, um die OSF in ihren Aktivitäten schnell produktiv und glaubwürdig werden zu lassen.

Der Druck zur Gründung kam indirekt von den Kunden der Hersteller. Sie sahen ihre Anforderungen an standardisierte Umgebungen nicht erfüllt. AT&T mit UNIX System V und Sun mit seiner Netzwerkarchitektur ONC sahen für die Fortentwicklung ihrer Produkte keinen Einfluß von Kunden und Anwendern vor.

1.2 Der Offene Prozeß

Die OSF ist von der Struktur her eine nicht-gewinnorientierte Stiftung, die sich durch Sponsoren, Mitgliedsbeiträge und Lizenzgebühren ihrer Produkte trägt.

Singuläre Dominanz einflußreicher Hersteller bei der Formulierung von Anforderungen an die OSF sollte nicht entstehen können. Daher definierte sie nach ihrer Gründung das festgeschriebene Prinzip des „Offenen Prozesses“.

Folgende Leitsätze prägen die Aktivitäten der OSF:

- OSF-Technologien orientieren sich an relevanten Industrie-Standards.
- Das Verfahren, um Anforderungen und Technologien aus der Industrie zu erhalten, ist weltweit für alle Anbieter transparent.
- Der Auswahlprozeß ist herstellerunabhängig und zeitorientiert.
- gleichberechtigter und früher Zugriff auf Spezifikationen und Software für alle Interessenten
- Hardware-unabhängige Implementierungen
- marktangepaßte und stabile Lizensierungsbedingungen

- technische Innovation durch Kontakte zu Universitäten und anderen Forschungsinstituten

Die Mitgliedergemeinschaft der OSF zählt zur Zeit etwa 400 Institutionen aus allen Bereichen der Informationstechnologie: Hersteller, Software-Häuser, Anwender, Verbände, Interessengruppen und Universitäten. Innerhalb der OSF sind entweder feste Mitarbeiter oder Angestellte von Mitgliedsunternehmen als Sabbaticals für einen beschränkten Zeitraum tätig. Die OSF wird wirtschaftlich vom Board-Of-Directors kontrolliert, das sich aus Führungskräften der Sponsoren und der Anwender zusammensetzt.

Mitglieder können ihre Anforderungen gemeinsam innerhalb von Special-Interest-Groups (SIG) formulieren und der OSF zuführen. Sie faßt sie zu einer speziellen Ausschreibung für eine geforderte Basistechnologie zusammen, dem Request-For-Technology (RFT). Dieser wird anschließend weltweit disseminiert. Nach Ende der Abgabefrist werden Produkte oder Spezifikationen der bewerbenden Technologieanbieter einem internen Bewertungsprozeß unterzogen. An dieser formalen Prozedur nehmen Mitarbeiter, Mitglieder und unabhängige Experten teil. Sie endet mit einer begründeten Auswahl von Komponenten und deren abstrakter Zusammenfassung zu einer Gesamtarchitektur.

Die darauffolgende Integration der einzelnen Komponenten zu einem Technologiepaket bezeichnet die OSF als „Engineering in a Fishbowl". Sie wird in der Regel mit Unterstützung von Herstellern durchgeführt. Das Projektmanagement bleibt in Händen der OSF. Sie produziert dabei ein sogenanntes Offering, welches aus drei Komponenten besteht: dem Quellcode, der Application-Environment-Specification (AES) — einer Standardspezifikation — und der Validation-Suite, die die AES auf dem portierten und übersetzten Code verifiziert.

Während des Integrations- und Entwicklungsprozesses werden in regelmäßigen Zeitabständen Projektpläne und Zwischenstadien des Offerings veröffentlicht, sogenannte Snapshots. Am Ende des Projekts steht ein Release, welches einen gemäß ISO 9000 definierten Entwicklungs- und Qualitätssicherungsprozeß durchlaufen hat. Häufig wird ein Produkt der OSF für eine oder mehrere Hardware-Referenzplattformen angeboten. Die Erfahrung der letzten Jahre hat gezeigt, daß der Portierungsaufwand von OSF-Technologien auf abnehmerspezifische Systeme äußerst minimal ist.

Dies liegt unter anderem daran, daß sämtliche Komponenten eines Offerings allgemein akzeptierten Standards entsprechen. So wird der Quellcode den Richtlinien von ANSI und X/Open angepaßt. Die Form der Dokumentation basiert auf ISO 8879, der Standard-Generalized-Markup-Language. Auch die Validation-Suite wird in den standardisierten X/Open-Treiber-Test-Environment-Toolkit (TET) integriert, der auch die X/Open-Validation-Suite VSX4 steuert.

Ein Abnehmer von OSF-Technologien hat keine Auflagen bezüglich der Verwendung der Offerings zu erfüllen. Er kann jederzeit Snapshots in sein eigenes Systemumfeld integrieren oder nur Teilkomponenten einer OSF-Technologie in sein Angebot einbeziehen. Diese Freiheit hat zu lebhafter Konkurrenz im Markt offener System geführt.

Ein Großteil der Endanwender verlangt von den Herstellern die Kompatibilität ihrer Produkte zur AES. Aus diesem Grunde bietet die OSF ein Zertifikat für Herstellerprodukte an, das diese Kompatibilität nach Durchlauf eines formalen Verifikationsprozesses garantiert.

Der hier vorgestellte Prozeß ist offen, aber nicht öffentlich. Dies würde unüberwindbare organisatorische und finanzielle Probleme erzeugen und die OSF mit ihrer Aufgabe scheitern lassen. Nutznießer der OSF sind daher in erster Linie Mitglieder. Es gibt jedoch keine Auflagen für eine Mitgliedschaft.

Die OSF bietet dem Markt bisher fünf Technologien an:

- OSF/Motif, eine graphische Benutzeroberfläche
- OSF/1, ein auf MACH und IBM/AIX basierendes Betriebssystem
- DCE, eine Netzwerkarchitekur
- ANDF, ein plattformunabhängiges Distributionswerkzeug
- DME, eine verteilte Managementarchitektur

Ein weiterer RFT ist von den Mitgliedern bisher nicht angefordert worden. Daher plant die OSF zur Zeit lediglich Weiterentwicklungen ihrer existierenden Offerings.

1.3 Die Endanwender in der OSF

Die Zahl der Sponsoren der OSF ist seit der Gründung gesunken. Bedingt durch die Fusionen Siemens-Nixdorf und HP-Apollo und dem Ausstieg von Philips aus dem Systemgeschäft hat sich die Anzahl der Vertreter der Hersteller im Board-

Of-Directors auf fünf Personen reduziert. Heute wird der sechste Sitz von Unilever, einem Endanwender, belegt.

Die größte Fraktion innerhalb der Mitglieder sind mittlerweile die Endanwender. Sie umfaßt zur Zeit etwa 280 Institutionen. Durch das End-User-Forum (EUF) vermitteln sie den Herstellern und Software-Produzenten ihre Anforderungen an offene Systeme. Gesteuert wird es vom End-User-Steering-Committee, welches die Direktiven des EUF bei regelmäßigen Treffen festlegt. Es handelt unabhängig von der OSF, bildet jedoch die Schnittstelle zu ihrem Management. Zu den aktiven Firmen im Steering-Committee gehören unter anderem Barclays Bank, Boeing, BP, DECUS, Du Pont, Motorola, Shell und SISZ.

Der Einsatz offener Systeme führt zu einer Vereinheitlichung der Beschaffungsverfahren der einzelnen Unternehmen. In diesem Zusammenhang spielt das EUF eine wachsende Rolle im Offenen Prozeß der OSF. Es formuliert Anforderungen an Technologiesegmente, die noch nicht standardisiert sind. Ein aktuelles Beispiel sind konsistente Sicherheitsarchitekturen über alle OSF-Technologien.

Das Forum setzt die Hersteller unter Druck, das Versprechen einzuhalten, die OSF-Technologien zu adaptieren. Dies wurde durch eine Veranstaltung im Mai 1993 verdeutlicht. Mit Challenge '93 bewiesen die Hersteller auf Verlangen des EUF, daß ihre Implementierungen von OSF-Technologien, insbesondere DCE, zueinander kompatibel sind. Im Ilab der OSF können Hersteller heute die Interoperabiliät ihrer offenen Produkte nachweisen.

Auch nach außen zeigt sich das EUF als eine Gruppe technopolitischen Gewichts. Da viele Mitglieder auch in anderen Institutionen aktiv sind, fördert es die Kooperation der OSF mit anderen Konsortien wie X/Open, OMG, NMF und NIST.

Gemeinsame Aktivitäten wie Pressekonferenzen, Stellungnahmen zu neuen Technologieinitiativen und Herstellergespräche geben dem End-User-Forum einen stetig wachsenden Einfluß auf die zukünftige technologische Gestaltung offener Systeme.

2 Distributed Computing Environment

2.1 Anforderungen an DCE

Das allgemein angewandte Modell innerhalb eines lokalen Netzes ist die Client-Server-Architektur, in der Client-Rechner Dienstleistungen und Ressourcen, sogenannte Services, von einem oder mehreren Server-Rechnern anfordern.

Eine Cell ist der Verbund von Clients und Servern innerhalb einer Organisation. Sie ist der natürliche Bereich für File-Sharing, Namensgebung der Einzelkomponenten, Systemadministration und Sicherheitsmechanismen.

Einzelne Cells müssen in globale Gesamtstrukturen wie Wide-Area-Networks integrierbar sein. Diese unterscheiden sich von Cells durch lange Distanzen, zeitverzögerte Datentransporte, verschiedene Datensicherheitsmodelle, unterschiedliche Administrationsmethoden und sich laufend verändernde Systemkonfigurationen.

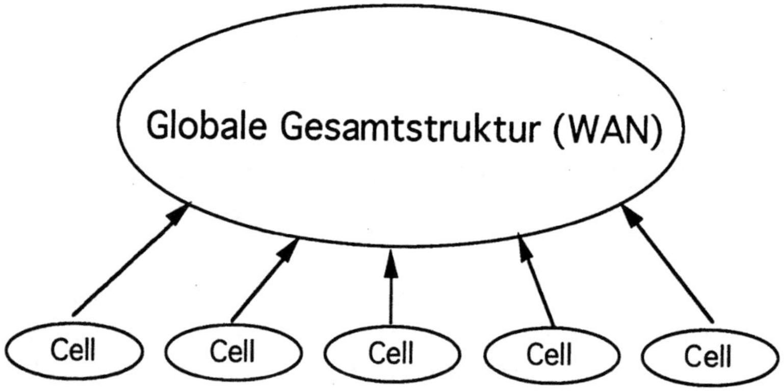

Abb. 1

Eine Architektur für DCE muß diesen Strukturverbund unterstützen können, das heißt optimale Unterstützung für die Kommunikation innerhalb einer Cell und transparente Erweiterbarkeit auf die Datenübermittlung zwischen Cells. Weiterhin muß DCE verschiedene unabhängige Rechnersysteme in ein kooperierendes Netzwerk integrieren können. Ein zusätzliches Kriterium ist die Unterstützung bei Erstellung, Verwendung und Wartung von verteilten Anwendungen. Außerdem muß DCE die Heterogenität von Hardware, Betriebssystemen und Netzwerken überwinden können. Schließlich sollen anerkannte Industriestandards genutzt werden und eine hohe Portabilität gewährleistet sein.

2.2 Die Architektur von DCE

Die Architektur von DCE ist ein klassisches Beispiel für eine Midware-Technologie, die zwischen Systemplattform und Anwendung angesiedelt ist. Sie zeigt, welche Architekturkomponenten auf eine Zielplattform portiert werden müssen, um DCE dort einsetzen zu können.

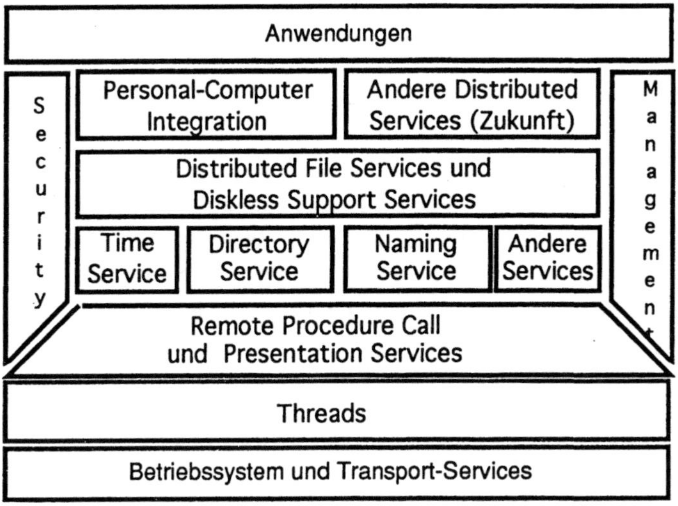

Abb. 2: Architektur von DCE

Die Komponenten des Schichtenmodells haben folgende Funktionen:

Threads erlauben die Generierung und Synchronisation mehrerer paralleler Kontrollflüsse innerhalb eines Prozesses. Eigentlich ist diese Komponente ein Teil der Betriebssystemschicht unterhalb DCE. Wenn die Systemplattform bereits Threads zur Verfügung stellt, können diese von DCE genutzt werden. Da aber nicht alle

Betriebssysteme Threads unterstützen, ist diese Komponente als Anwendungspaket im DCE-Offering enthalten.

Der Remote-Procedure-Call (RPC) besteht prinzipiell aus einem Entwicklungswerkzeug und einem dazugehörigen Laufzeitsystem. Das Entwicklungswerkzeug beinhaltet die Interface-Definition-Language (IDL) und den zugehörigen Compiler. Diese ermöglichen die Entwicklung von verteilten Anwendungen nach dem Client-Server-Modell. Der Compiler der IDL generiert automatisch Code, der Prozeduraufrufe transparent in Netzwerknachrichten transformiert. Das Laufzeitsystem implementiert die Netzwerkprotokolle, über die Client- und Server-Seite einer Anwendung kommunizieren können.

Die Directory- und Naming-Services sind die zentrale Verwaltung von Informationen über Ressourcen in einem verteilten System. Dies können Benutzer, Rechner oder weitere Services sein, die auf RPC basieren. Die Informationen bestehen aus dem Namen der Ressource und ihren Attributen. Beispiele dafür sind etwa das Home-Directory eines Benutzers oder der Standort eines RPC-Servers. Die Directory- und Naming-Services bestehen aus mehreren Komponenten. Dazu gehören der Cell-Directory-Service (CDS), der Global-Directory-Service (GDS), der Global-Directory-Agent (GDA) und eine Programmierschnittstelle zu den Directory-Services. Der CDS verwaltet die Informationen über Ressourcen innerhalb einer Cell. Der GDS ist eine ISO/OSI-Implementierung für einen globalen Directory- und Naming-Service, der eine lokale Cell in eine weltweite Netzwerkhierarchie einordnet. Der GDA fungiert als Agent zwischen CDS und GDS. Diese beiden Services werden gemeinsam über die Programmierschnittstelle des X/Open-Directory-Service (XDS) angesprochen.

Der Distributed-Time-Service (DTS) synchronisiert alle Rechner innerhalb einer verteilten Umgebung. DTS nutzt Coordinated-Universal-Time, einen internationalen Zeitstandard.

Der Security-Service bietet sichere Kommunikation und kontrollierten Zugriff auf Ressourcen im verteilten System. Dabei werden drei unterschiedliche Sicherheitsaspekte berücksichtigt: Authentifizierung, sichere Kommunikation und Autorisierung. Diese Aspekte werden von verschiedenen Services und Kontrollstrukturen implementiert: dem Registry-Service, dem Authentication-Service, dem Privilege-Service, der Access-Control-List-Facility (ACL) und der Login-Facility. Die Identität eines Benutzers oder Services wird durch den Authentication-Service verifiziert. Kommunikation wird durch Sicherheitsmechanismen des RPC geschützt. Sie kann verschlüsselt und auf Fremdeinwirkungen hin überprüft werden. Der Zugriff auf Ressourcen wird kontrolliert, indem die Zugriffsrechte des Benutzers, die er über den Privilege-Service erhalten hat, mit der ACL der angeforderten Ressource verglichen werden. Die Login-Facility initialisiert die geschützte Arbeitsumgebung eines Benutzers, und der Registry-Service verwaltet den Namen, das Paßwort und andere Sicherheitsattribute des Benutzers.

Der Distributed-File-Service (DFS) ermöglicht einem Benutzer den Zugriff auf Dateien, die irgendwo im Netz auf einem File-Server abgespeichert sind. Er braucht dafür den physikalischen Ort des Servers nicht zu kennen. Dateien sind innerhalb DCE Bestandteil eines einzigen globalen Namensraums. Egal, von wo im Netz ein Benutzer auf eine Datei zugreifen will, er braucht lediglich ihren Namen zu wissen. DFS nutzt Caching, um Netzbelastung und Zugriffszeiten zu minimieren.

Der Diskless-Support-Service stellt Werkzeuge zur Verfügung, die es einem Rechner ermöglichen, Betriebssystem, Konfigurationsdaten, virtuellen Speicher und andere Ressourcen über das Netz zu beziehen.

Die PC-Integration erweitert die MS-DOS-Umgebung um Bibliotheken, die den Zugriff auf exportierte Ressourcen wie Dateisysteme, Druckerdienste oder Mail-Services ermöglichen.

Managementkomponenten: Jeder DCE-Service enthält sein eigenes Administrationspaket, über das er im Netzwerk verwaltet werden kann. Zusätzlich sind einige DCE-Services selbst Administrationswerkzeuge. So werden Benutzer im Security-Service registriert und Netzwerkadressen von Servern im Directory-Service verwaltet.

2.3 DCE und Netzwerkprotokolle

Obwohl DCE unabhängig vom physikalischen Medium auf Ethernet, Token-Ring oder Twisted-Pair oder T1-Standleitungen ablauffähig ist, benötigt es gewisse Voraussetzungen, um in einem Netzwerk genutzt werden zu können.

Allgemein betrachtet, liegt DCE auf einem beliebigen Transportprotokoll auf. Dies können UDP, TCP/IP oder die ISO/OSI-Protokolle TP0 bis TP4 sein, welche durch eine Schnittstelle wie Sockets oder das X/Open-Transport-Interface (XTI) zugreifbar sind.

DCE setzt voraus, daß alle Knoten innerhalb seiner Netzumgebung durch ein schnelles Netz physikalisch verbunden sind. Dies können LANs, WANs oder eine Kombination davon sein. Damit DCE-Knoten miteinander kommunizieren können, müssen sie über dasselbe Protokoll verfügen und eine eindeutige Netzwerkadresse besitzen.

2.4 Der Einsatz von DCE

DCE wird im Frühjahr 1993 in mehr als 1000 Pilotinstallationen eingesetzt. Es ist mittlerweile auf fast allen offenen Plattformen verfügbar und auch Bestandteil der Atlas-Spezifikation von Unix International (UI). X/Open wird die DCE-Schnittstellen in den XPG4-Standard integrieren. DCE wird damit zu der allgemein akzeptierten und standardisierten Netzwerkarchitektur.

Angekündigt sind die Core-Services, das heißt RPC, Threads, CDS, Security- und Time-Services für die IBM-Systeme VM, MVS, AIX, OS/400 und OS/2. Damit wird DCE zu einem signifikanten Bestandteil von SAA. Auch Digital Equipment hat DCE für seine Systemplattformen inklusive OpenVMS angekündigt. Hitachi, Siemens-Nixdorf, Bull, Hewlett-Packard, SCO, NCR, Stratus und Pyramid vertreiben bereits die Core-Services für ihre UNIX-Plattformen. Sogar Microsoft bietet in Windows NT eine RPC-kompatible Schnittstelle an.

Auf DCE basierende Anwendungen sind zur Zeit in zwei Kategorien vorgesehen. Im Bereich der Systemadministration werden Computer Associates ihr Uni-center und NCR das StarSentry ausliefern. Auch Transaktionsmonitore sind bereits verfügbar: Transarc Encina, IBM CICS/6000, NCR TopEnd und USL Tuxedo. Atrium wird seinen DAZEL-Office-Server vorstellen. Sybase und Oracle haben ihre Datenbank-Anwendungen auf DCE bereits vorgeführt. Auch das Distributed-Management-Environment der OSF nutzt die Services von DCE.

3 Distributed Management Environment

3.1 Anforderungen für ein verteiltes Management

So wie DCE Entwicklern und Anwendern eine transparente, einfach zu nutzende verteilte Systemumgebung liefert, wird es die Aufgabe des Distributed-Management-Environment (DME) sein, ein heterogenes Netz beliebigen Ausmaßes einfach und konsistent zu administrieren.

Endanwender investieren zur Zeit den Großteil ihrer IT-Kosten in Verwalterschulungen und Systemadministration. Durch eine geeignete Administrationsplattform kann dieser Anteil reduziert werden.

Die Anforderungen des Markts sind unterschiedlich:

- Endanwender und Systemverwalter verlangen eine einfache Managementprozedur, um damit die Produktivität zu erhöhen und gleichzeitig Zeit-, Schulungsaufwand und Kosten senken zu können.
- Software-Häuser suchen nach neuen Betätigungsfeldern und möchten ihre Entwicklungsumgebungen vereinfachen.
- Hersteller wollen Entwicklungs- und Wartungskosten senken und suchen nach einer konsistenten Managementumgebung für heterogene Systeme.

Das Modell, das diese Anforderungen erfüllen kann, ist eine konsistente, kohärente Technologie, die sowohl Systeme als auch Netzwerke verwalten kann.

Abb. 3

Eine Lösung muß außerdem skalierbar sein und Standards wie SNMP und CMIP unterstützen. Außerdem muß eine Integration mit anderen Administrationsumgebungen und mit Personal Computern möglich sein, um ein zukunftsicheres Konzept darstellen zu können.

Im DME-RFT-Verfahren wurden Technologien von Tivoli Systems, Hewlett-Packard, Gradient Technologies, Bull, Wang/Banyan, IBM und auch dem Massachusetts Institute of Technology (MIT) als Architekturkomponenten ausgewählt.

3.2 Die Architektur von DME

Vergleichbar mit dem Distributed-Computing-Environment gibt es für DME eine Architektur, die die Relation der Komponenten zueinander widerspiegelt. Der Integrationsprozeß der Einzeltechnologien ist jedoch noch nicht abgeschlossen. Er hängt von Spezifikationen Dritter, wie etwa der Object-Management-Group (OMG) und dem Network-Management-Forum (NMF), ab. Daher ist die Beschreibung der Architekturkomponenten von DME derzeit abstrakter und weniger bindend als die von DCE.

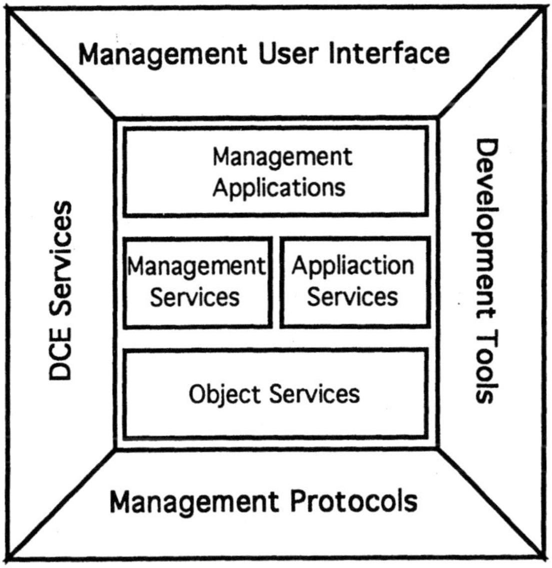

Abb. 4: Architektur von DME

Die DME-Architektur greift auch auf Services von DCE und auf Managementprotokolle zu, die von DCE im Netzwerk transportiert werden.

Die einzelnen Komponenten bestehen in der Regel aus mehreren Programmsystemen. Sie haben folgende Funktion:

Die Anzahl der Management-Applications ist innerhalb der DME-Architektur beliebig erweiterbar. Für das erste DME-Offering wurden Anwendungen ausgewählt, die kritische Verwaltungsaufgaben übernehmen. Sie dienen nicht zuletzt als Beweis für die Funktionstüchtigkeit von DME. Die Anwendungen bieten folgende Dienste an: Konfigurationsmanagement, Software-Distribution und -Installation, Software-Lizenzverwaltung sowie Druckerdienste. Sie basieren auf Technologien von Tivoli, HP und Gradient.

Die Application-Services unterstützen die Management-Applications. Sie sorgen in einem Rechnernetz für die verteilte Anwendung der Applications. Sie beinhalten die Software-Management-Services (SMS), die License-Management-Services (LMS) und die Print-System-Services (PRS). Diese Technologien stammen von HP, Gradient und MIT.

Die Oberfläche Management-User-Interface (MUI) ist speziell für Managementaufgaben ausgelegt und vereinfacht dem Administrator Wartung und Fehlerbehebung. Sie besteht aus drei Teilkomponenten: dem Command-Line-Interface für einfache ASCII-Konsolen, dem Dialog-View-Interface für graphische Terminals und dem Map-&-Collection-Interface zur graphischen Darstellung von Netzwerktopologien und deren Zuständen. Das MUI basiert auf Technologien von Tivoli und HP.

Die Object-Services sind die eigentliche Plattform für eine verteilte und zuverlässige Systemverwaltung. Ihre Aufgaben sind das Event-Management und das Data-Management. Der Object-Server besteht im wesentlichen aus einer objektorientierten Datenbank, die in der Lage ist, Administrationsdaten zu halten und zu verwalten. Der Management-Request-Broker behandelt eingehende Events und Signale, wie etwa das „Paper Out" eines Drucker-Servers im Netz. Die Basistechnologien für die Object-Services stammen von Tivoli, HP, Banyan/Wang und Bull.

Die Management-Services liefern ein einfaches Modell, um zueinander konsistente Managementanwendungen entwickeln zu können. Sie enthalten vordefinierte Objekte wie Collection-Objects und Policy-Objects in einer Klassenbibliothek sowie Charakteristika vordefinierter Management-Domains. Sie wurden von Tivoli und HP entwickelt.

DME bietet eine Schnittstelle zu insgesamt drei unterschiedlichen Administrationsprotokollen. Die angebotenen Management-Protocols sind das Simple-Network-Management-Protocol (SNMP) und das Common-Management-Interface-Protocol (CMIP). Zusätzlich kann auch noch der Management-RPC als Schnittstelle genutzt werden. Alle Protokolle werden über eine gemeinsame Schnittstelle, das standardisierte X/Open-Management-Protokoll (XMP) angesprochen. Sowohl SNMP als auch CMIP sind standardisierte Protokolle, die netzwerkfähige Systeme heute bereits verwenden. Dadurch werden Investitionen in vorhandene Systeme erhalten. Die Implementierungen der Protokolle kommen von Tivoli und HP.

Die Development-Tools dienen der einfachen Entwicklung von Managementanwendungen. Sie bieten eine ANSI-C- und eine C++-Schnittstelle zum Common-Management-Interface. Außerdem unterstützen die Dialog-Language und die Event-Language mit ihren Compilern eine komfortable Anwendungsentwicklung. Sie basieren auf Technologien von Bull, Tivoli und Wang/Banyan.

DME greift auf DCE-Services zu. Es nutzt für seine Aufgabe den Remote-Procedure-Call, die Directory-&-Naming-Services und die DCE-Security-Services.

3.3 Das DME-Schichtenmodell

Der Managementansatz innerhalb DME ist objektorientiert. Elemente innerhalb eines Systems oder eines Netzwerkes werden als Managed-Objects betrachtet. Sie werden von einem Object-Request-Broker verwaltet. Eine standardisierte Architektur dafür, CORBA, ist von der Object-Management-Group erarbeitet worden. Sie wird in DME integriert. Die DME-interne Architektur zur Verwaltung der Objekte wird Object-Management-Framework (OMF) genannt. Netzwerke können jedoch ohne das OMF durch die Network-Management-Option (NMO) verwaltet werden, die andere Teilkomponenten nutzt.

DME implementiert auch die Managed-Objects, die notwendig sind, um ISO/IEC 10164-5 & AOM221, General-Event-Report-Management, zu unterstützen.

Das folgende Schichtenmodell beschreibt den Zusammenhang der wichtigsten DME-Komponenten.

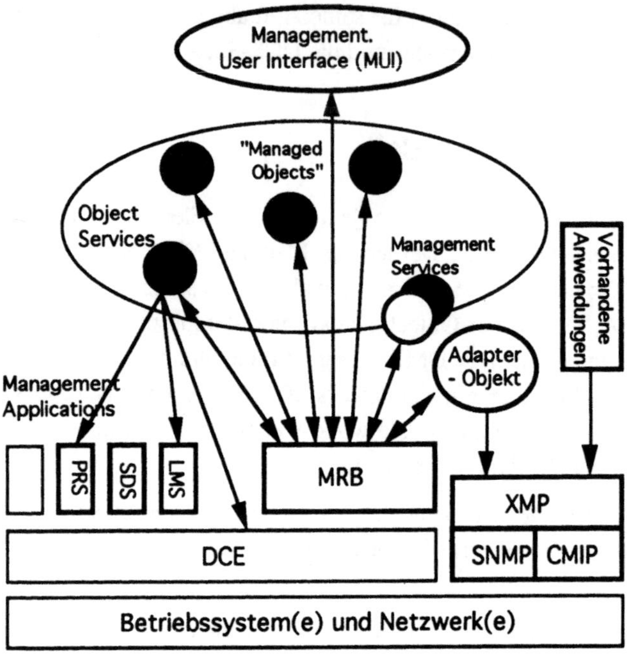

Abb. 5: Schichtenmodell der wichtigsten DME-Komponenten

3.4 Der aktuelle Stand der Entwicklung von DME

Der dritte DME-Snapshot wurde Ende Mai 1993 ausgeliefert. Die Referenzplattform dafür ist OSF/1 mit DCE auf einer Intel-80486-Prozessor-Architektur. Er enthält erste funktionsfähige Komponenten.

Weitere Distributed-Services sollen Ende 1993 veröffentlicht werden. Folgende Unternehmen arbeiten an ihrer Integration:

Event-Services:	Zeitgeist
License-Management:	Gradient
Print-Management	System Center
Software-Distribution:	OSF
PC-Services:	Gradient

Die Integration des DME-Frameworks hat noch nicht begonnen, da die OSF auf die Common-Object-Request-Broker-Architecture 1.1 (CORBA) der OMG warten mußte. Diese wird in DME implementiert. Es werden zur Zeit die Integrationsverträge mit verschiedenen Unternehmen geschlossen.

Die OSF-Management-SIG ist im Begriff, Managementobjekte zu definieren, die die Administration von DME, DCE und Betriebssystemen ermöglicht.

Um möglichst schnell viele Adapterobjekte für extern entwickelte Anwendungen zu generieren, bietet die OSF momentan Workshops und Kurse für Implementierer an. Ein Entwickler-Toolkit ist bisher jedoch noch nicht angekündigt.

Auf Grund des immensen Aufwandes bei der Integration des Frameworks wird die Komplettauslieferung von DME 1.0 nicht vor 1994 erwartet.

Software-Maintenance in LAN-/WAN-Umgebungen: Probleme und Lösungsansätze

J. Felix Hampe

Zusammenfassung

Eine mit der Verbreitung von LANs und deren Vernetzung untereinander stark wachsende Ressourcenanforderung liegt im Bereich der Software-Maintenance der Server- sowie der Client-Systeme in diesen Netzen. Diese Problematik läßt sich auf unterschiedlichen Betrachtungsebenen analysieren. Einerseits wird es darauf ankommen, das Dienstleistungsprofil an einer zu entwickelnden Modellvorstellung über Anforderungsprofile von Endbenutzern auszurichten. Dieses Modell muß sowohl die organisationalen Strukturen reflektieren als auch Anforderungen und Verhaltensmuster ähnlicher Benutzerprofile adäquat beschreiben. Andererseits ist die Netzwerk-Administrationsaufgabe in Ihrer Komplexität und bezüglich des personellen Aufwands für Betrieb und Betreuung insoweit zu beschränken, daß der Ressourceneinsatz wirtschaftlich vertretbar ist. Aus der Praxis läßt sich ableiten, daß damit in vielen Fällen antagonistische Zielsetzungen vorliegen. Zur Bewältigung dieser Problemsituation können neue Werkzeuge zur Netzstrukturierung sowie zum elektronischen Software-Management möglicherweise eine nachhaltige Unterstützung bieten.

1 Ausgangssituation

Betrachtet man die installierte Zahl von Personal Computern im nicht privaten Bereich, so ist die Tendenz zur flächendeckenden Vernetzung dieser Systeme nicht nur durch die Möglichkeiten der globalen Ressourcennutzung im LAN sowie der zusätzlichen Kommunikationsfähigkeit begründet. Darüber hinaus kann von Bedeutung sein, daß Einsparungen bei der Bereitstellung von Software-Lizenzen, beim Maintenance-Aufwand für System- und Anwendungs-Software sowie dem netzgestützten Benutzer-Support realisiert werden können.

Die Zielvorstellung ist, für jedes Endbenutzersystem in geeigneter Weise die Konfiguration von System- und/oder Applikations-Software server-seitig vorzuhalten und diese über wahlweise anstoßbare Prozeduren weitgehend automatisch zu installieren.

Bei näherer Betrachtung erkennt man, daß solche Vorstellungen in der Realität nur mit Schwierigkeiten zu realisieren sind. Tatsächlich findet sich in der Praxis nur eine geringe Automatisierung dieser Art; vielmehr ist eine Kluft zwischen hardware-technisch denkbaren Konzepten und software-seitiger Unterstützung zu vermerken.

So sind zwar komplexe LAN-/WAN-Strukturen aufgebaut, die heute eingesetzten Werkzeuge zur Strukturierung der Benutzer in logische, profilähnliche Gruppen zur Bestandserfassung vorhandener Hard- und Software-Komponenten oder gar zur automatischen Konfigurierung und Verteilung von Applikationen sind jedoch nicht verbreitet.

Generell läßt sich der heutige Status der Maintenance von Systeminstallationen, wie in Abb. 1 skizziert, durch eine fehlende Orientierung am häufigsten Systemtyp, dem Endbenutzersystem, beschreiben.

Abb. 1: *Durchdringung der Systembereiche mit Managementinstrumenten*

Belegt werden diese Überlegungen zur Notwendigkeit einer rechnergestützten Software-Maintenance und die These des Nachholbedarfs in der realen Administrationspraxis durch aktuelle Kostenschätzungen, die für den LAN-Support fast 60% veranschlagen [cf. 1]. Dieser enorm hohe Anteil stellt somit eine Herausforderung für das operationale Informationsmanagement dar. Gleichwohl ist festzustellen, daß es an einem methodischen Rahmen zur Bewältigung der aufgezeigten Aufgaben nach Ansicht des Verfassers heute noch mangelt.

Es kann auch im vorliegenden Aufsatz keine geschlossene Konzeption präsentiert werden. Im folgenden sollen aber exemplarisch Denkansätze und in der Entwicklung befindliche Produkte auf der Basis ihrer Spezifikationen vorgestellt werden, die einen Zugang zu den aufgeworfenen Fragestellungen versprechen.

2 Thesen und Forderungen

Versucht man die Sicht der Endbenutzer sehr vereinfacht zu charakterisieren, so ergibt sich folgende Forderungsliste:

- Der Benutzer gehört einer oder mehreren Gruppen an, in die er funktional eingebunden ist. Diese operationale Organisationsstruktur, die nicht notwendig mit der hierarchischen Struktur übereinstimmen muß, gilt es direkt in den zur Verfügung gestellten Netzfunktionen abzubilden.
- Die voraussetzbaren Kenntnisse des Endbenutzers sind als beschränkt anzunehmen. Er beherrscht nur wenige Systemkommandos (oder GUI-Clicks) und kennt die Namen der einzusetzenden Applikationen.
- Er möchte ein „optimal" konfiguriertes Desktop-System vorfinden, die Software nutzen aber nicht installieren, gleichwohl die Oberfläche nach seinen Vorstellungen dynamisch anpassen und diese an jedem anderen zu nutzenden System ebenfalls vorfinden.
- Bei Bedarf benötigt er die Möglichkeit, eine wohldefinierte Ausgangsinstallation mit wenigen Befehlen wiederherstellen zu können, wobei dem Verlust persönlicher Daten auf lokalen Plattenpartitionen vorzubeugen ist.

Diese Aufzählung ließe sich noch ergänzen, tatsächlich sind die damit verbundenen Aufgaben an die Software-Administration in größeren Netzen aber bereits erheblich. Generalisiert man den im ersten Punkt genannten Aspekt, so führt dies unmittelbar zur Bildung von Gruppenstrukturen und administrativen Einheiten, wie sie etwa im Windows-NT-Advanced-Server realisiert werden [cf. 7]. Angeboten werden hier differenzierte Gruppenbildungen sowie zur vereinfachten Administration logisch vereinte Server-Domänen. Die Abbildungen 2 und 3 zeigen diese Möglichkeiten exemplarisch.

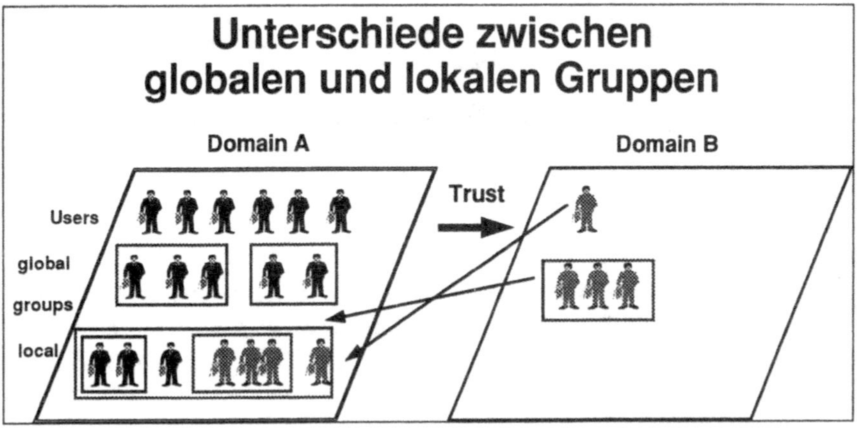

Abb. 2: Gruppenbildung über mehrere Server-Domänen mit Trust-Relationships

Die wesentliche Vereinfachung bei Gruppenbildung ergibt sich für die Zuweisung und den Änderungsdienst von Zugriffsrechten. Das verfeinerte Konzept der lokalen und globalen Gruppen ist ein gleichermaßen effektives wie begrifflich kompliziertes Instrument, wie aus Abb. 3 ersichtlich wird.

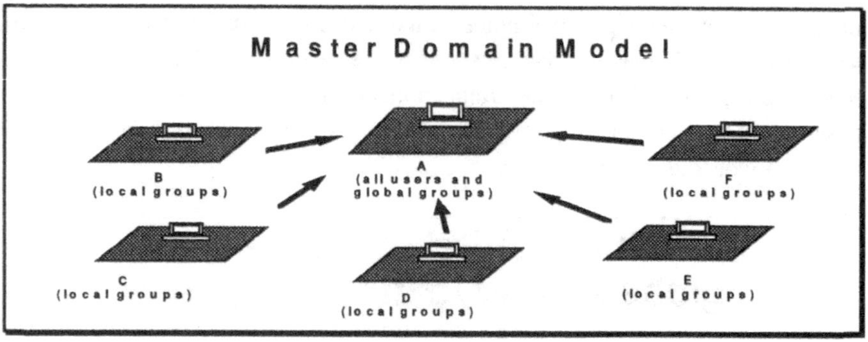

Abb. 3: Server-Domänen und Gruppenstrukturen darüber

Das Master-Domain-Modell, das für die meisten vorhandenen Installationen eine adäquate Komplexität besitzt, weist den Vorteil einer zentralisierten Administration von Nutzern und Gruppen bei gleichzeitiger Strukturierung in Einzeldomänen auf. Domain A wäre das klassische Rechenzentrum, B bis F könnten Fachabteilungen repräsentieren.

Unter Berücksichtigung der bisherigen Erörterung können folgende Arbeitsthesen zur Konzeption von Netzen und der Erwartungen von Benutzern an diese formuliert werden:

- Die adäquate Entwicklung eines konsistenten Modells der relevanten Benutzergruppen und ihrer Anforderungen an das Netz ist die eigentliche konzeptionelle Aufgabe beim Aufbau eines LAN.
- Der Aufwand für Software-Maintenance läßt sich über die wohlstrukturierte Modellierung möglichst weniger Benutzertypen beschränken.
- Die Akzeptanz der mit einem Netzwerk angebotenen Dienstleistung wird seitens der Benutzer in erster Linie an der einfachen Bedienbarkeit gemessen, zweitrangig sind Leistungskomplexität und Konfigurationsflexibilität.
- Erlernte Strukturen und Bedienmuster müssen kontinuierlich gelten, Fortbildung wird nur in der Situation des unmittelbaren Bedarfs wahrgenommen.

Daraus leitet sich die Frage ab, ob es Lösungsansätze gibt, die diesen Anforderungen begegnen und welche Merkmale diese auszeichnen. Hierauf soll im folgenden näher eingegangen werden.

3 Installationsspezifische Lösungskonzepte

Eine vom Autor zusammen mit Mitarbeitern über mehrere Jahre entwickelte und erprobte Administrationsvariante, die in ähnlicher Form sicherlich vielfach vorzufinden sein wird, basiert auf der Definition einer Minimal-Software-Konfiguration. Diese kann entweder über eine boot-fähige Diskette mit rudimentärem Netz-Software-Bestandteil oder bei bereits vorhandener Netzanbindung direkt vom Server geladen werden. Vorausgesetzt wird lediglich die betriebsbereite Hardware-Konfiguration des PCs mit physischem Netzanschluß sowie eine bereits erfolgte Festplattenpartitionierung. Für jeden bekannten Rechner, der über die Netzwerkadapternummer eindeutig identifiziert ist, liegt ein Satz von optimierten Konfigurationsdateien vor. Berücksichtigt wird dabei die individuelle Hardware-Ausstattung (z.B. Grafikkarte, Coprozessor etc.).

Sämtliche Betriebs- wie auch Anwendungs-Software mit Anpassung für den jeweiligen Systemtypus liegt dann ebenfalls konfiguriert in komprimierter Form auf einem Server und wird mittels einfacher Prozeduren auf das Endusersystem transferiert. Dabei wird bei server-basierten Applikationen lediglich der benutzerspezifische Teil geladen, auf die Kompression wird hier verzichtet.

In Abb. 4 ist dieser einfache Vorgang dargestellt, der sich in der Praxis bewährt hat. Dieses Vorgehen hat zwei wesentliche Vorteile: Zum einen wird eine erhebliche Speicherplatzeinsparung server-seitig erzielt, zum anderen können übersichtliche Verzeichnisstrukturen mit unterschiedlichen Versionen auf den Server-Platten leichter gepflegt werden. Durch zusätzliche Bereitstellung von jeweils einer Prozedur pro Applikation kann zudem jedem Benutzer die Möglichkeit eingeräumt werden, Software beliebig zu deinstallieren und bei Bedarf neu zu laden. Desgleichen kann die Zuordnung von jeweils eigenen Parameter- bzw. Initialisierungsdateien mittels geeigneter Startprozeduren erfolgen.

Dem Benutzer steht es frei, sein System von Grund auf neu zu konfigurieren, wobei neben der funktionsbereiten Hardware nur die Startdiskette benötigt wird. Weitere Rechner von bereits bekanntem Typ werden somit ohne jeglichen zusätzlichen Administrationsaufwand in Betrieb genommen.

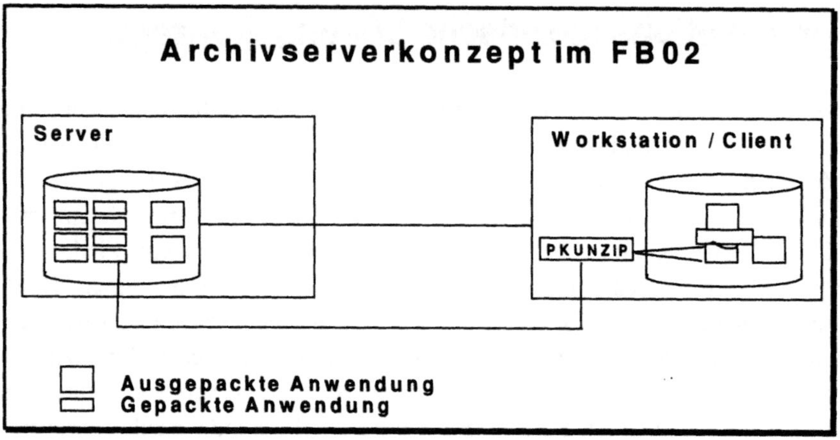

Abb. 4: Software-Verteilung über Ladeprozeduren von komprimierten Dateien

4 Produktentwicklungen

Man erkennt unmittelbar, daß sich die geschilderte Lösungsvariante generalisieren läßt. Interessant sind in diesem Zusammenhang die Fragen nach der Flexibilität, der Möglichkeit einer Bestandsaufnahme an tatsächlich vorhandener Hard- und Software zur Berücksichtigung von Konfigurationsalternativen, den dynamischen Dokumentationsmöglichkeiten sowie einer Software-Nutzungskontrolle. In einer gerade publizierten Übersicht über Produkte zum Thema Electronic-Software-Distribution [9] findet man eine Reihe von Angeboten, die bei näherer Betrachtung z.T. nur sehr bruchstückhaft ein solches Leistungsspektrum bedienen.

Zwei Produkte, die kurz vor der Markteinführung stehen, sollen hier kurz vorgestellt werden.

IBM hat unter der Bezeichnung CID (Configuration, Installation, Distribution) ein Konglomerat von Produkten, vorrangig für OS/2 2.x und den LAN Server 3.x [3, 4] angekündigt. Hier bietet sich die Möglichkeit zur unbeaufsichtigten oder auch begleiteten Installation von Software, je nachdem, ob am Endbenutzersystem eine Parametrierung vorgenommen werden soll oder alle Vorgaben bereits im Installationsskript niedergelegt sind. Im einzelnen handelt es sich um folgende Komponenten, soweit ausschließlich Mikrocomputer betrachtet werden:

- Configuration LAN NetView Start
- Installation NetView DM/2 oder NTS/2 (CID-fähige SW)
- Distribution NetView DM oder NetView DM/2

Nachteilig für die universelle Verwendbarkeit ist die Restriktion an eine zu distribuierende Software, „CID-enabled“ zu sein [10]. Es ist zum gegenwärtigen Zeitpunkt unklar, ob und wann die unabhängigen Anbieter von Software diese Eigenschaft für die Installationsprozeduren ihrer Software-Pakete realisieren werden.

Der aus derzeitiger Sicht weitestgehende Lösungsansatz findet sich in dem von Microsoft spezifizierten und entwickelten Produkt zum Software-Management [5], bisher bekannt unter dem Codenamen „HERMES“. Dieses als Zusatz zum Windows-NT-Advanced-Server entwickelte Paket bietet neben der bidirektionalen Kommunikation zwischen Client- und Server-Systemen zudem die Möglichkeit der Inventarisierung von Hard- und Software-Komponenten aller angeschlossenen Systeme im Netz. Unterstützt werden dabei sowohl über LAN-/WAN-Verbindungen angeschlossene als auch via DIAL-IN temporär angebundene Systeme (mit der Verbreitung von ISDN und geeigneten Adaptern eine leistungsstarke, zukünftig relevante Alternative). Das Verteilen von Software im Falle der Anbindung von mehreren Servern, die ihrerseits wiederum Endbenutzerstationen bedienen, an einen Distributions-Server (dies kann z.B. ein Domain-Controller sein) wird ebenfalls unterstützt [cf. 6]. Bei diesem Verteilungsmechanismus wird bereits auf den Daten des Inventarisierungsmoduls aufgesetzt. Neben einer zeitlichen Steuerung wird die Transaktion auch auf den erfolgreichen Abschluß hin kontrolliert, was bei instabilen Remote-Verbindungen unabdingbar ist. Damit kann die Integrität der Endgerätekonfigurationen gewährleistet werden.

Die folgende Abb. 5 zeigt schematisch den Messaging-Dienst zur Prozedursteuerung und Transaktionsabstimmung.

Auf den Vorgang und die Möglichkeiten des Inventarisierungsmanagement kann nicht im Detail eingegangen werden. Bemerkenswert, und in Hinblick auf eine breite Akzeptanz von großer Bedeutung, ist die Offenlegung der Schittstellendefinition, die es Drittherstellern erlaubt, zusätzliche Werkzeuge bzw. inventarisierungsfähige Komponenten zu konstruieren. Dies bezieht sich sowohl auf Hardware- als auch auf Software-Komponenten.

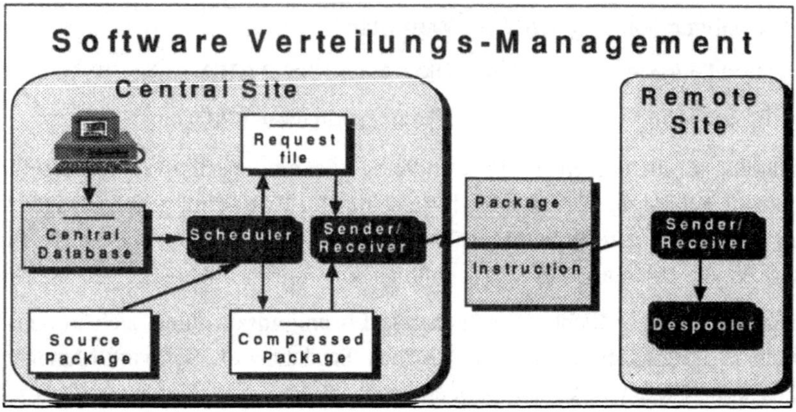

Abb. 5: *Software-Distribution und Steuerung in „HERMES“*

Das technische Gesamtszenario für die Möglichkeiten der Inventarisierung und der Software-Verteilung ist in der abschließenden Abb. 6 skizziert. Die dabei verwendeten Abkürzungen (z.B. SHICDOS := Software/Hardware Inventory Collection for DOS) zeigen jeweils Programmbausteine im spezifizierten Architekturmodell der Microsoft-Lösung zum Software-Management. Für eine ausführliche Abhandlung muß auf die Spezifikation [5] verwiesen werden.

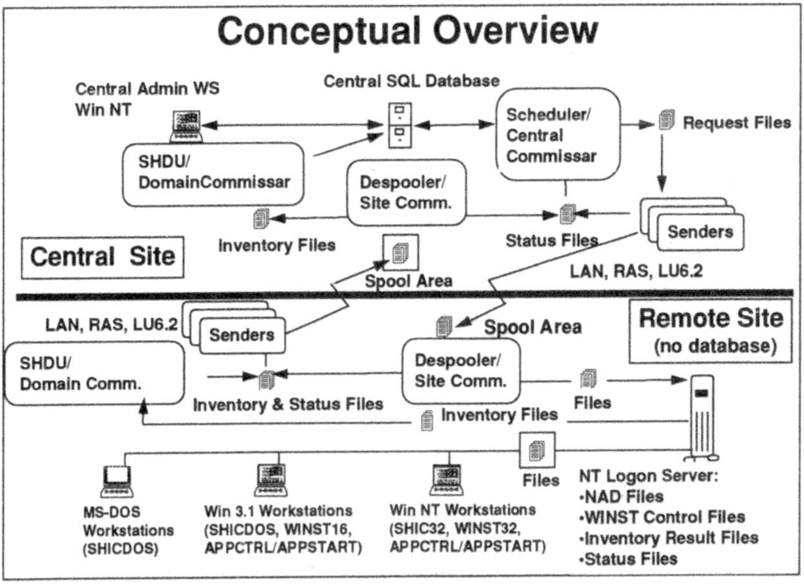

Abb. 6: *Gesamtkonzeption von „HERMES"*

Neben diesen von Microsoft vorangetriebenen Lösungen zeichnet sich ein weiterer Vorstoß ab, der von einer großen Zahl von Herstellern getragen wird. Diese Kooperation hat sich unter dem Namen Desktop-Management-Task-Force (DMTF) im Frühjahr 1992 formiert und entwickelt Standardisierungsvorschläge zur Verwaltung und Kontrolle von Desktop-Systemkomponenten. Ein erstes Ergebnis ist eine einheitliche Programmierschnittstelle mit der Bezeichnung „Desktop Management Interface" (DMI), auch als DMI-Architektur bezeichnet [2].

Abschließend ist noch anzumerken, daß die von der Open Software Foundation (OSF) entwickelte Spezifikation für das Distributed-Computing-Environment (DCE) ebenfalls die Basis für ein verteiltes Software-Management bieten könnte [cf. 8]. Hier wird in den nächsten Jahren eine beachtliche Entwicklung von Produkten u.a. zum Thema Distributed-Management-Environment (DME) zu erwarten sein.

5 Literatur

[1] o.V.: *Downsizing: An Expensive Way to Save Money.* Data Communications, March 1993, p. 17

[2] o.V.: *Desktop Management Interface Specification.* Draft 3.5.1, 10/92, unpublished, internal working paper

[3] o.V.: *Automated Installation for CID Enabled Extended Services, LAN Server V3.0 and Network Transport Services/2.* Doc. No. GG24-3781-00. IBM Corp. 1992

[4] o.V.: *Automated Installation for CID Enabled OS/2 V2.0.* Doc. No. GG24-3783. IBM Corp. 1992

[5] o.V.: *Development Guide: Microsoft Systems Management Development Information Guide.* Prel. Rel. 9/92. Microsoft Corp.

[6] Kahn, S. et al.: *Hermes Specification.* unpublished working paper, 7/1992. Microsoft Corp.

[7] o.V.: *Concepts and Planning Guide for LAN Manager for Windows NT.* Beta October 1992. Microsoft Corp.

[8] Rosenberry, W. et al.: *Understanding DCE.* O'Reilly Ass.; Sebastopol, CA, USA; 1992

[9] Salamone, S.: *Electronic Software Distribution: Diamond in the Rough.* Data Communications, 3/93, S. 109-116

[10] States, L.: *OS/2 Configuration, Installation and Distribution Services,* 1992, IBM Corp.

Sicherheitsprobleme vernetzter UNIX-Systeme

Gerhard Weck

Zusammenfassung

Es ist möglich, einen sicheren Betrieb von UNIX-Rechnern auch an einem lokalen und/oder Weitverkehrsnetz durchzuführen. Der dafür notwendige Aufwand und die resultierenden Einschränkungen für die Benutzer müssen jedoch als sehr hoch veranschlagt werden, und der kleinste Fehler in der Systemverwaltung eines Netzknotens kann alle Anstrengungen zunichte machen. Unter Kostengesichtspunkten ist es daher oft günstiger, sichere Netze nicht unter UNIX zu betreiben.

1 Einleitung

Zur Sicherheit von UNIX-Systemen hört und liest man die widersprüchlichsten Aussagen, die von einem generellen Verdammen des Systems als „völlig unsicher" bis hin zum Verweis auf Systemvarianten reichen, die nach der Sicherheitsklassifikation des Orange Books als B1 oder sogar als B2, also schon in eine der höheren Schutzklassen einzustufen sind. Eine Beurteilung der UNIX-Sicherheit wird nun in der Tat dadurch recht schwierig, daß es sowohl Varianten mit durchaus unterschiedlicher Sicherheit gibt als auch daß ein und dasselbe System je nach den daran gestellten Anforderungen, nach seiner Betriebsart und nicht zuletzt auch nach dem Kenntnisstand seines Systemverwalters in weiten Grenzen sicherer oder unsicherer betrieben werden kann.

Diese Unterschiede in der Systemsicherheit verschärfen sich noch, wenn ein UNIX-System nicht allein betrieben wird, sondern in ein Rechnernetz eingebunden ist. Es ist daher für den Betreiber vernetzter UNIX-Systeme von hoher Bedeutung, Klarheit über die Risiken und Schutzmöglichkeiten einer Vernetzung von UNIX-Systemen zu erhalten. Dazu empfiehlt sich eine in mehrere Stufen unterteilte Betrachtung, die die Aspekte

- Sicherheit der einzelnen Netzknoten
- Sicherung der Übertragung
- Schutz gegen Eindringen unbekannter Netzknoten
- Schutz der Knoten gegen Attacken vom Netz aus

zunächst einzeln und dann in ihrem Zusammenwirken betrachtet.

2 Sicherheit von UNIX-Systemen

Die Sicherheit vieler, wenn nicht sogar der meisten Systeme wird dadurch zunichte gemacht, daß einige Benutzer zu sorglos mit den ihnen gebotenen Schutzmöglichkeiten umgehen. Eine der Hauptsünden ist dabei ein ungeeigneter Umgang mit den Zugangspaßwörtern, die zu kurz und zu leicht erratbar gewählt und viel zu lange ungeändert beibehalten werden. Hier bieten die meisten UNIX-Systeme der Systemverwaltung nur geringe Möglichkeiten der Steuerung, doch können viele Systeme durch gekaufte oder selbst entwickelte Zusatz-Software so ergänzt werden, daß sie minimale Paßwort-Längen erzwingen, Paßwörter gegen ein Wörterbuch und/oder eine Historien-Datei prüfen und nach einer wählbaren Zeit einen Paßwortwechsel erzwingen. Eine solche Ergänzung der Zugangskontrollmechanismen sollte auf alle Fälle vorgenommen werden; ab System V Release 4 werden hierzu einige Standardmechanismen angeboten.

Eine gewisse Kontrolle der Benutzer läßt sich auch dadurch erreichen, daß schon beim Einrichten eines neuen Benutzerprofils einige Vorkehrungen getroffen werden, die zumindest gegen Nachlässigkeit, weniger jedoch gegen expliziten bösen Willen einen gewissen Schutz bieten.

Ein großes Problem bei der Gewährleistung eines sicheren Betriebs unter UNIX ist die Tatsache, daß die Zusammensetzung dieser Systeme aus Einzelprogrammen in vielen Fällen relativ undefiniert ist. Es ist häufig nicht klar, welche Dienstprogramme zu einer bestimmten UNIX-Variante gehören, und welche Versionen von ihnen vorhanden sind. Gerade hier entstehen oft Sicherheitsprobleme, da etliche Varianten beliebter Utilities sicherheitsrelevante Fehler und undokumentierte

Funktionen enthalten, die von einem Angreifer zur Unterwanderung der Systemsicherheit mißbraucht werden können.

Der Systemverwalter steht hier vor der — praktisch unlösbaren — Aufgabe, daß er eigentlich die gesamte Software-Konfiguration seiner Maschine kennen und von jedem einzelnen Programm wissen muß, ob die eingesetzte Version nicht eine mit einem in Hacker-Kreisen bekannten Sicherheitsloch ist. Hier kann zunächst nur der Einsatz einer sicherheitsüberprüften UNIX-Variante eine ausreichende Gewähr für das Fehlen versteckter Löcher bieten, womit jedoch die Herstellerunabhängigkeit weitgehend verloren gehen kann. Ist die Sicherheit des eingesetzten Systems einmal festgestellt, so muß der Systemverwalter nur noch durch geeignete Zugriffskontrollen auf allen relevanten Systemdateien und durch periodische Überprüfungen sicherstellen, daß die sichere Konfiguration nicht verändert wurde, doch auch dies kann mit nicht unerheblicher Arbeit verbunden sein.

3 Sicherung der Übertragung

3.1 Sicherheit lokaler Netze auf Ethernet-Basis

Lokale Netze sind normalerweise so konzipiert, daß das Aufschalten neuer Netzknoten oder das Entfernen existierender Knoten mit minimaler oder ganz ohne Störung des laufenden Netzbetriebs erfolgen kann. Bei Netzen auf (Thickwire-)Ethernet-Basis kann dies durch Auf- bzw. Abklemmen eines Transceivers auf das Ethernet-Kabel ohne jede Unterbrechung des Datenverkehrs geschehen; bei Thinwire-Ethernet muß dagegen eine kurzzeitige Auftrennung des Kabels in Kauf genommen werden.

Dies bedeutet, daß es relativ leicht möglich ist, einen zusätzlichen Netzknoten völlig unbemerkt in ein (Thickwire-)Ethernet-Netz einzubringen, und auch das Aufschalten auf ein Thinwire-Netz wird ohne eine spezielle Netzüberwachung in der Regel kaum auffallen. Solange ein solcher Knoten nicht selbst beginnt, Daten in das Netz einzuspeisen, wird er für die schon vorhandenen Knoten unsichtbar sein. Das verwendete CSMA/CD-Protokoll läuft immer direkt zwischen den kommunizierenden Rechnern ab; es werden keine dazwischenliegenden Übermittlungsknoten benötigt, so daß das Aufschalten eines zusätzlichen Knotens bestehende Kommunikationen nicht beeinflußt.

Der neue Knoten kann nun als Leitungsspion betrieben werden und den gesamten Datenverkehr auf dem Ethernet abhören und analysieren oder für eine spätere Analyse abspeichern. Dies ist unmittelbar einsichtig, wenn der zusätzliche Knoten ein Ethernet-Leitungsanalysator ist, doch kann auch ein normaler Rechner mit Ethernet-Anschluß sehr leicht so programmiert werden, daß er im sogenannten „Promiscuous Mode“ alle Daten aller Netzknoten empfängt.

Die Gefahr, die sich aus diesem Abhör-Risiko für Ethernet-Netze ergibt, ist jedoch nicht bei allen Netzkonfigurationen die gleiche, sondern sie hängt ganz wesentlich davon ab, in welcher Weise das Übertragungsmedium genutzt wird:

- Hat man ein Netz von im wesentlichen autonomen Rechnern, die nur gelegentlich einzelne Dateien austauschen, so besteht die Gefahr hauptsächlich in einem Verlust der Vertraulichkeit der übermittelten Daten.
- Wird das Netz jedoch auch zur Übermittlung interaktiver Terminal-Eingaben verwendet, was vor allem bei Anschluß von Terminal-Servern und bei Remote-Login von einem Knoten auf einen anderen der Fall ist, so werden hierbei auch Benutzer-Paßwörter über das Netz übertragen. Wenn diese abgehört werden, so hat der Eindringling damit die Möglichkeit, die entsprechenden Accounts der legalen Netzknoten zu mißbrauchen, was zu einem vollständigen Zusammenbruch jeglichen Schutzes führt, sobald sich hierunter hinreichend privilegierte Accounts (z.B. `root`) befinden.
- In jedem Fall ergibt eine Analyse des Datenverkehrs eine Liste der vorhandenen und zulässigen Netzadressen. Wird nun ein Netzknoten abgeschaltet, so kann der Eindringling dessen Adresse annehmen und somit die Identität dieses Knotens vortäuschen, um so zum Beispiel für diesen Knoten bestimmte Daten zu empfangen, die Ausführung von für diesen Knoten bestimmten Jobs zu übernehmen oder auch zu unterdrücken und Informationen mit einem falschen, vorgespiegelten Absender in das Netz einzugeben. Gerade die üblicherweise von UNIX-Systemen verwendeten Kommunikationsdienste bieten an dieser Stelle überhaupt keinen Schutz, da sie eine beliebige Fälschung der Knotenadresse zulassen und keinerlei Überprüfung durchführen.

Man sieht hier unmittelbar, daß die Sicherheit lokaler Netze und aller daran angeschlossenener Rechner im höchsten Maße bedroht ist, sobald es einem Angreifer möglich wird, sich auf das Netz aufzuschalten und den Datenverkehr abzuhören. Falls es nicht möglich ist, das Ethernet-Kabel physisch so zu schützen, daß ein unautorisierter Zugriff mit Sicherheit unterbunden wird oder zumindest zu einem Alarm führt, so muß gefordert werden, daß der gesamte Datenverkehr auf dem Ethernet verschlüsselt wird, da sich nur so die Abhörmöglichkeit ausschließen läßt.

Beschränkt man sich auf reinen File-Transfer im Netz, so genügt es, die zu übertragenden Dateien in den kommunizierenden Knoten auf Anwendungsebene zu ver- bzw. zu entschlüsseln. Dabei können sich jedoch erhebliche Probleme der Schlüsselverwaltung stellen, da man die verwendeten Schlüssel ja nicht ohne weiteres über das unsichere Medium vom Sender zum Empfänger übermitteln kann. Weiterhin besteht auch bei Verschlüsselung auf Anwendungsebene immer noch das Problem der Vorspiegelung falscher Netzadressen, sobald sich ein neuer Knoten der Adresse eines abgeschalteten Knotens bedienen kann.

Wesentlich sicherer, aber auch viel teurer ist die direkte Verschlüsselung aller über das Ethernet übermittelten Daten, wofür inzwischen auf dem Markt auch schon verschlüsselnde Ethernet-Controller angeboten werden. Diese bieten gegen die hier genannten Bedrohungen optimalen Schutz, sofern der verwendete Verschlüsselungsalgorithmus hinreichend stark ist und sofern auch das Problem der Schlüsselverteilung gelöst wird.

3.2 Sicherung der Übertragung über TCP/IP

3.2.1 Probleme der Zuordnung „vertrauenswürdiger" Rechner

Viele UNIX-Varianten kennen das Konzept der „vertrauenswürdigen" Knoten, mit denen ohne die Übermittlung von Paßwörtern kommuniziert werden kann. Während dieses Konzept die gefährliche Übertragung von Paßwörtern zu vermeiden hilft, hat seine Anwendung zur Folge, daß die Unterwanderung eines beliebigen Knotens, der vom lokalen Knoten als vertrauenswürdig vorgesehen ist, auch die Sicherheit des lokalen Knotens zusammenbrechen läßt. Daher ist auch jede Manipulation der Liste der vertrauenswürdigen Rechner (in der Datei

`/etc/hosts.equiv`) im höchsten Maße sicherheitsrelevant. Hinzu kommt noch, daß diese Liste in der Form, in der sie vom Hersteller geliefert wird, häufig alle beliebigen Rechner als vertrauenswürdig deklariert!

Mit einer privaten Datei `.rhosts` kann ein UNIX-Benutzer private Kombinationen von Knoten und Benutzer-Identifikationen definieren, die er als vertrauenswürdig betrachtet. Die Auswirkungen solcher Deklarationen auf die Sicherheit zumindest des Accounts, der sich eine solche Datei definiert hat, sind ähnlich zu denen der globalen Deklaration über `/etc/hosts.equiv`, so daß auch hier erhebliche Sicherheitslücken entstehen können. Hier besteht jedoch zusätzlich noch das Problem, daß die `.rhosts`-Dateien in den privaten Directories der einzelnen Benutzer liegen, so daß die Systemverwaltung kaum eine Kontrolle darüber hat, welche Tore ins System die Benutzer möglicherweise aufgestoßen haben.

3.2.2 Sonstige Schwachstellen

Das TCP/IP-System birgt eine Reihe weiterer Sicherheitsprobleme:

- Zunächst enthält das Internet-Protokollsystem keine expliziten Schutzfunktionen zur Gewährleistung der Übertragungssicherheit.
  - Es findet keine Verschlüsselung der Benutzer- oder Protokolldaten statt.
  - Da es keinen Replay-Schutz gibt, kann sich ein Rechner durch die Wiederholung einer Kommunikationssequenz eines fremden Rechners in der Vergangenheit maskieren.
  - „Verfälschte“ Absender können nicht erkannt werden.
  - Durch eine Fälschung von Routing-Informationen ist erreichbar, daß ein Teil des Datenverkehrs über den Rechner des Angreifers geschleust wird. Dieser kann dann die Informationen auswerten.
  - Durch die Fälschung von ICMP-Nachrichten kann die Verfügbarkeit der Netzdienste oder von TCP/IP-Knoten beeinträchtigt werden.
  - Zur Identifikation eines Benutzers übertragen die TCP/IP-Anwendungen `telnet`, `rlogin`, `ftp`, `tftp` Paßwörter unverschlüsselt über das Netz. Diese können dann leicht ausgespäht werden.

- Die Programme `mail` und `mailx` identifizieren nicht den Absender einer Nachricht, obwohl der Absender einer Nachricht verschieden vom realen Absender der Daten sein kann.

- Der Zugriff auf die TCP/IP-Dienste kann nicht für bestimmte lokale Benutzer verboten oder eingeschränkt werden.
- Es gibt keine Möglichkeit, den entfernten Zugriff (z.B. mit FTP) nur auf einen Teil des Dateisystems zu beschränken.
- Die Anwendungen `sendmail` und `fingerd` wiesen Implementierungsfehler auf, die es ermöglichten, auf dem entfernten Rechner beliebige privilegierte Kommandos ausführen zu lassen (z.B. vom Internet-Wurm vorgeführt).

3.2.3 Schutzmaßnahmen

Durch organisatorische Maßnahmen kann ein Abhören erschwert werden. Die Paßwörter müssen regelmäßig geändert werden und bestimmten Sicherheitsregeln entsprechen. In dieser Hinsicht sind also die Maßnahmen des allgemeinen System-Managements ebenfalls dienlich. Dies gilt auch für das Problem, daß die TCP/IP-Dienste nicht auf bestimmte Benutzer einschränkbar sind. Hier müssen die UNIX-Mittel zur Gruppenbildung und Zugriffskontrolle genutzt werden.

Dies gilt auch für den entfernten Zugriff durch TCP/IP-Dienste auf die lokalen Dateien. Die Zugriffsrechte für entfernte Benutzer müssen sorgfältig vergeben und die Zugriffsmöglichkeiten auf die entsprechenden Teile des Dateisystems sorgfältig gesetzt werden.

Die verschiedenen Schwächen in der Übertragungssicherheit sind grundsätzlich nicht zu verhindern. Die Risiken können jedoch gemindert werden, wenn möglichst wenige Personen Systemverwalterrechte auf Maschinen besitzen, die an das Netz angeschlossen sind.

Die Implementierungsfehler in den TCP/IP-Anwendungen wurden inzwischen behoben. Es ist darauf zu achten, daß nur die neuen korrigierten Software-Versionen zum Ablauf gelangen.

Eine Verminderung von Risiken kann in diesem Bereich auch durch die Abtrennung von sensitiven Teilnetzen mit LAN-Brücken und/oder „Firewall"-Rechnern erreicht werden.

3.3 Sicherheitsaspekte der ARPA-Dienste

3.3.1 Schwachstellen

Das File-Transfer-Protocol (FTP), Kommandos `ftpd` und `ftp`, erlaubt Benutzern, sich auf Remote-Rechnern anzumelden und Dateien zu kopieren. Ältere `ftpd`-Versionen (vor Dezember 1988) enthielten einige Fehler, die für ein Eindringen in fremde DV-Systeme ausgenutzt werden konnten. So wurden z.B. Paßwörter, verschlüsselt und/oder unverschlüsselt, über das Netz übertragen, die somit aufgezeichnet werden konnten. Mittlerweile wurden einige Fehler in Berkeley behoben.

Eine der hilfreichsten Funktionen des FTP ist die Möglichkeit des „anonymen FTP". Damit kann sich ein Benutzer auf einem fremden Rechner als Pseudobenutzer ohne Kenntnis des Paßworts anmelden. Werden die Rechte des „anonymen" Benutzers nicht auf ein Minimum eingeschränkt, z.B. nur Zugriff auf bestimmte Dateien, so entsteht hier ein erhebliches Sicherheitsrisiko.

Der „Trivial FTP" (TFTP) dient zum Hochfahren von plattenlosen Host-Rechnern im Netzwerk. Grundsätzlich ist TFTP eine abgemagerte Version des FTP, es fehlt eine Benutzer-Authentisierung und anstelle Transmission Control Program (TCP) wird User Datagram Protocol (UDP) verwendet. Da TCP z.B. logische Verbindungen mit zahlreichen Prüfungen für eine korrekte Datenübertragung verwendet, ist es wesentlich sicherer als UDP. Deshalb sind viele TFTP-Installationen ein Sicherheitsrisiko. Darüber hinaus haben viele TFTP-Implementierungen, weil sie an den sicherheitskritischen Punkten dann leider oft auch zu stark abgemagert wurden, Sicherheitslücken.

3.3.2 Schutzmaßnahmen

Wegen der verschiedenen Implementierungsfehler in älteren Versionen der Software der ARPA-Dienste ist grundsätzlich darauf zu achten, daß die entsprechenden korrigierten neuen Versionen zum Ablauf gelangen. Ein Mißbrauch der FTP bzw. TFTP eignen Schwächen kann z.B. durch folgende Maßnahmen begrenzt werden:

- Einrichten einer speziellen Benutzerkennung und eines Home-Verzeichnisses, z.B. `/usr/ftp` nur für FTP-Zwecke

- Einrichten mehrerer Unterverzeichnisse `~/ftp/etc`, `~/ftp/bin` und `~/ftp/pub`, alle mit Eigentümer FTP; alle anderen Benutzer haben keinen schreibenden Zugriff (mode `555`, lesen/ausführen für Eigentümer, Gruppe, Andere)
- Die Benutzerkennung sollte durch ein * im Eintrag des Paßwortfelds gesperrt werden.
- Das Programm `ls` wird in das Verzeichnis `~/ftp/bin` kopiert.
- Die Paßwort- und Gruppen-Dateien werden in das Verzeichnis `~/ftp/etc` kopiert, alle Paßwortfelder werden mit * ungültig gesetzt. Nur die Benutzerkennung für FTP ist verfügbar.
- Alle Dateien, die über „anonymes FTP" zugreifbar sein sollen, sind nur noch im Verzeichnis `~/ftp/pub` enthalten.

Dieser Dienst soll nur auf einem einzigen Host-Rechner im Netzwerk verfügbar sein (vorzugsweise Server oder "standalone" Host-Rechner). Das Verzeichnis `~/ftp/pub` ist durch den Systemverwalter auf Sicherheitsverletzungen zu überwachen. Verdächtige Dateien sind sofort zu löschen.

3.4 Zugriffsmöglichkeit über NFS

3.4.1 Schwachstellen

Das Network-File-System (NFS) erlaubt den gemeinsamen Zugriff mehrerer Host-Rechner auf in einem Netz verteilte Dateien.

Einer der zentralen und wichtigsten Teile des NFS ist die Datei `/etc/exports`. In ihr wird festgelegt, welche Dateisysteme zu anderen Systemen exportiert werden können. Über die Schlüsselwörter `root=` und `access=` erhalten nur die aufgeführten Host-Rechner Zugriff auf die Dateien des genannten Dateisystems und dürfen dieses auch einhängen. Wird hier für ein zu exportierendes Dateisystem nicht angegeben, welche Netzknoten darauf zugreifen dürfen, so bedeutet dies automatisch, daß alle Knoten Zugriff haben — eine höchst gefährliche Voreinstellung! Dies stellt aber auch ein generelles Sicherheitsrisiko dar, denn jeder, der ein Dateisystem über NFS einhängen kann, kann dies auch mißbräuchlich einsetzen. Die Risiken eines Mißbrauchs können dadurch eingeschränkt werden, daß über das Attribut ro (für readonly) nur ein eingeschränkter Zugriff auf ein exportiertes Dateisystem gestattet wird.

Einem Host-Rechner sollte nicht leichtfertig root-Zugriff zugestanden werden. Hat er diesen, so hat der Superuser dieses Host-Rechners vollständigen Zugriff auf das Dateisystem, so, als ob er das root-Paßwort auf dem Server hätte.

Hinsichtlich der Identifikation der Benutzer ist auf eine wichtige Schwachstelle hinzuweisen. Beim Zugriff auf eine entfernte Datei erfolgt keine Umsetzung der Benutzernummer, ausgenommen für den Superuser. Ein Benutzer kann auf einem fremden Rechner Zugriff auf die Dateien eines anderen Benutzers erlangen, wenn er nur zufällig die gleiche Benutzernummer hat. Sinnvollerweise müssen die Dateien /etc/passwd und /etc/group auf den mit NFS vernetzten Systemen übereinstimmen. Mithin ist eine globale Systemverwaltung erforderlich, was aber in der Regel aus organisatorischen Gründen in Weitverkehrsnetzen nicht machbar ist.

NFS verfügt standardmäßig über schwache Mechanismen der Authentisierung von Benutzern. Normalerweise schreibt der Client seine Identifikation (Rechnername) in einen Autorisierungssatz eines RPC-Aufrufs. Anhand der Identifikation überprüft der Server die Zugriffsrechte des Client. Dies kann von einem „Cracker" ausgenutzt werden, um vom Server Zugriff auf Dateisysteme zu erhalten, für die er eigentlich keinen Zugriff hat. Als Erweiterung zum Standard-NFS wird ein kryptographisches Verfahren zur Authentisierung der Benutzer angeboten. Die Verwendung dieses Verfahrens kann, sofern vorhanden, durch die Angabe des Attributs secure in der Datei /etc/exports erzwungen werden. Hiervon muß auf jeden Fall Gebrauch gemacht werden, wenn die korrekte Identität der Netzknoten nicht sichergestellt ist.

Zwei spezielle Schwachstellen sind durch das NFS-Remote-Execution-Verfahren gegeben. Obwohl Zugriffe des Superusers auf ein anderes System mit diesem Verfahren abgewiesen werden, gilt dies nicht für verschiedene andere Benutzerkennungen, die ebenfalls mit Privilegien ausgestattet sind (z.B. bin, sys, admin). Bei der Ausführung von Remote-Execution-Calls wird überdies für die Dauer der Ausführung das aktuelle Arbeits-Directory auf dem Server zur Verfügung gestellt. In beiden Fällen läßt sich nur durch die Betrachtung im Einzelfall feststellen, ob durch diese Schwächen in der konkreten Anwendungssituation Gefährdungen entstehen.

Beim „Mounten“ von Dateisystemen über NFS hat der lokale Systemverwalter insbesondere keinerlei Kontrolle mehr über die dabei in sein System gelangenden Dateien mit dem `setuid`-Recht. Solche konnten auf dem fremden Herkunftssystem des Dateibaumes von einem dort berechtigten Benutzer erstellt worden sein. Mit Hilfe dieser Datei kann er sich dann auf dem anderen System über NFS Superuser-Rechte verschaffen.

Für das ganze Netz zentrale Daten, wie etwa Paßwort-Dateien, werden häufig über die Network-Information-Services NIS (früher als "Yellow Pages" bezeichnet) allgemein zur Verfügung gestellt. Wenn auch dieser Dienst im allgemeinen hinreichend sicher ist, so hat seine Implementierung doch eine potentiell höchst gefährliche Schwäche: Der Verweis von der lokalen Paßwort-Datei auf NIS wird durch eine Zeile mit dem Text `+::0:0:::` in der Paßwort-Datei bewirkt; löscht man aus Versehen das erste Zeichen dieser Zeile, so hat man damit als Nebeneffekt einen privilegierten Benutzer ohne Namen und ohne Paßwort eingerichtet!

Weiterhin birgt NIS in sich die generelle Gefahr einer unnötigen Verteilung von Informationen wie Paßworteinträge, Gruppen, Rechneradressen usw. Darüber hinaus gibt es wegen einer fehlerhaften Implementierung des Paßwort-Änderungs-Servers `yppasswdd` bei manchen Herstellern eine Sicherheitslücke, durch die jeder einen beliebigen Benutzer mit beliebigen Rechten einrichten kann.

Schließlich leidet auch NFS an dem Mangel, den es mit den anderen UNIX-Netzwerksystemen teilt. Es gibt keine Möglichkeit, den Zugriff über NFS für bestimmte lokale Benutzer zu verbieten oder einzuschränken. Ebenso gilt, daß der Zugriff für spezifische entfernte Benutzer nicht gesperrt werden kann.

3.4.2 Schutzmaßnahmen

Ältere Versionen von NFS (bis Version 3.2) besitzen keine ausreichenden Sicherheitsfunktionen. Erst mit dem mit SunOS ausgelieferten Release 4.0 des NFS werden z.B. öffentliche Schlüssel für die Authentisierung von Benutzern verwendet, um somit einen autorisierten Zugang zu gewährleisten.

Der Datei `/etc/exports` kommt zentrale Bedeutung zu. Es ist wichtig, daß alle in `/etc/exports` aufgeführten Dateisysteme auch über `access=` definierte Host-Rechner zugewiesen bekommen haben. Nicht vertrauenswürdigen Host-Rechnern darf niemals `root`-Zugriff zu NFS-Dateisystemen gegeben werden.

Durch die Nutzung der netgroup-Datei können weitere Einschränkungen des Zugriffs in Zusammenarbeit mit der exports-Datei definiert werden.

Eine Manipulation der Protokollabläufe mit dem Ziel einer Maskierung ist nicht grundsätzlich zu vermeiden. Hier muß gewährleistet sein, daß die Systemverwaltung auf allen im NFS-Verbund beteiligten Rechnern vertrauenswürdig ist.

Die Schwächen im Authentisierungsverfahren von NFS wurden in verschiedenen Implementierungen durch zusätzliche Mechanismen ausgeräumt. Es ist dafür zu sorgen, daß nur Installationen mit diesen Zusatzfunktionen betrieben werden. Die Schwächen im Remote-Execution-Verfahren lassen sich nicht vermeiden. Falls die Schwächen aufgrund der konkreten Anwendung ausnutzbar sind, muß auf die Verwendung der on-Funktionalität verzichtet werden. Nur der Zugriff auf den Remote-Execution-Dienst läßt sich durch eine entsprechende Gruppenstruktur für bestimmte lokale Benutzer sperren. Dies stellt jedoch keine befriedigende Lösung dar.

Grundsätzlich ist darauf zu achten, daß eine neuere NFS-Version als 4.0 verwendet wird. So wird die Gefährdung aus setuid-Programmen hierdurch deutlich gemindert. Die Implementierungsschwächen von NIS sind damit nicht zwingend behoben. Gegebenenfalls muß auf die Installation des yppasswdd-Dämons verzichtet werden.

4 Sicherung des Netzzugangs

4.1 Verteilte Authentifikation

Wenn vor allem die Integrität, weniger jedoch die Vertraulichkeit der über das Netz zu übermittelnden Daten zu schützen ist, so kann man oft auf den Schutz durch Verschlüsselung der Nutzdaten verzichten. In diesem Fall kann es nämlich ausreichen, lediglich den aktiven Zugriff durch illegale Netzknoten zu verhindern, was sich mit wesentlich geringerem Aufwand erreichen läßt. Allerdings muß man sich darüber klar sein, daß der dann gebotene Schutz auch nur zusammen mit geeigneten organisatorischen Maßnahmen ausreichend sein kann, da es einem Insider sonst immer noch möglich ist, durch Abhören einzelne Login-Paßwörter in

Erfahrung zu bringen und diese dann zum illegalen „Einloggen" von legalen Netzknoten aus zu mißbrauchen.

Benötigt man trotz dieser Einschränkung nur einen Schutz gegen das Eindringen illegaler Netzknoten, so kann hierfür ein Authentifikations-Server eingesetzt werden, wie beispielsweise Kerberos oder der optional in Netzen von Sun-Workstations verwendete DES-RPC. Am Beispiel von DES-RPC soll nun kurz dargestellt werden, wie ein solches Authentifikationsverfahren arbeitet und auf welche Weise es das Eindringen aktiver fremder Netzknoten verhindern kann.

Damit zwei Rechner in einem durch DES-RPC geschützten Netz überhaupt Daten austauschen können, müssen sie einen Kommunikationskanal eröffnen, von dem beide sicher sein können, daß er bei dem gewünschten Partner und nicht bei irgendeiner anderen Maschine endet. Dazu sorgen zunächst beide an der Kommunikation beteiligte Maschinen für einen Abgleich ihrer Uhren, etwa durch Bezugnahme auf eine universelle Netzwerkzeit oder, sofern eine solche nicht vorhanden ist, durch den Austausch ihrer lokalen Uhrzeiten, was eine Berücksichtigung eventueller Abweichungen bei den späteren Protokollen erlaubt.

Anschließend verschlüsselt die Maschine, die die Kommunikation eröffnet, einen beliebigen Zufallsschlüssel `K` mit einem Public-Key-Verfahren, das nur von dem gewünschten Partner entschlüsselt werden kann, und sendet den so verschlüsselten Zufallsschlüssel als Basis für die weitere Kommunikation, zusammen mit der eigenen Maschinen-Identifikation und einer mit `K` verschlüsselten Angabe **w**, um wieviel sich Zeitangaben in der Kommunikation unterscheiden dürfen. Diese Angabe dient für die weitere Kommunikation als Identifikator der ersten Maschine. Als Authentikator wird jeweils die verschlüsselte Uhrzeit verwendet, die vom Kommunikationspartner mit dessen Identifikation und der um `1` verringerten, ebenfalls verschlüsselten Uhrzeit als dessen Authentikator beantwortet wird. Alle diese Verschlüsselungen, mit Ausnahme der Verschlüsselung von `K` selbst, werden dabei mit dem DES-Algorithmus unter Verwendung des Schlüssels `K` durchgeführt. Damit kann der Sender sicher sein, daß er mit dem korrekten Partner kommuniziert, da nur dieser die gesendete Uhrzeit entschlüsseln konnte. (Beim ersten Datenaustausch ergänzt der Sender seinen Authentikator noch um den verschlüsselten Wert **w**`+1`, um eventuelle Fälschungen der Kommunikation auszuschließen.) Bei allen weiteren Kommunikationsvorgängen identifiziert sich der Sender durch den vom Partner erhaltenen Identifikationswert und authentisiert sich durch eine neue, verschlüsselte Uhrzeit.

Damit ergibt sich der folgende Ablauf einer Kommunikation, wobei P_{AB} die Verschlüsselung mit dem nur zwischen den beiden Maschinen A und B verwendbaren Public-Key-Verfahren und K(x) eine DES-Verschlüsselung mit dem Schlüssel K bedeutet:

$$
\begin{array}{llll}
A & \rightarrow ID_A, P_{AB}(K), K(\mathbf{w}) \; + & K(t_1), K(\mathbf{w}+1) \longrightarrow & B \\
A & \longleftarrow & K(t_1-1) \; + \; ID_B \leftarrow & B \\
A & \longrightarrow ID_B \; + & K(t_2) \longrightarrow & B \\
A & \longleftarrow & K(t_2-1) \; + \; ID_B \leftarrow & B \\
A & \longrightarrow ID_B \; + & K(t_3) \longrightarrow & B \\
A & \longleftarrow & K(t_3-1) \; + \; ID_B \leftarrow & B
\end{array}
$$

Voraussetzung für dieses Verfahren ist die Verfügbarkeit eines gemeinsamen Schlüssels, der nur den beiden korrekten Kommunikationspartnern bekannt ist. Dieser Schlüssel läßt sich erzeugen, wenn jede (legale) Maschine im Netz über ein Public-Key-Schlüsselpaar verfügt, dessen öffentlicher Schlüssel E allen Maschinen bekannt ist, während ihr privater Schlüssel D geheim sein muß; dabei wird nach Diffie-Hellman E als α^D mit Hilfe einer globalen Konstante α berechnet. Die beiden Maschinen A und B können sich unter dieser Voraussetzung einen gemeinsamen Schlüssel K_{AB} erzeugen, indem jede Maschine $\hat{E}^D$ aus dem eigenen privaten Schlüssel D und dem öffentlichen Schlüssel $\hat{E}$ des Kommunikationspartners berechnet; die Ergebnisse dieser Rechnung sind für beide Maschinen identisch und können nur von diesen beiden Maschinen berechnet werden, da nur diese Maschinen die benötigten privaten Schlüssel kennen.

4.2 Einsatz eines Authentifikations-Servers

Ein etwas anderer Ansatz zur Bereitstellung eines authentifizierten Kommunikationskanals setzt einen (oder mehrere) Server im Netz voraus, mit deren Hilfe beim Aufbau einer Kommunikationsverbindung deren Authentizität, d.h. die Authentizität der Adressen der beiden Kommunikationspartner sichergestellt werden kann.

Dazu muß zunächst die Authentizität der Kommunikation mit einem dieser Server sichergestellt sein, da sonst keine der von diesem erhaltenen Informationen vertrauenswürdig wäre. Dies läßt sich etwa dadurch erreichen, daß der Server alle übermittelten Informationen mit seinem privaten Schlüssel eines Public-Key-Algorithmus unterschreibt. Die Kommunikationspartner können dann die Echtheit der übermittelten Informationen überprüfen, wenn sie den zugehörigen öffentlichen Schlüssel des Servers kennen.

Eine gesicherte Kommunikation unter Benutzung eines Authentifikations-Servers kann dann folgendermaßen ablaufen:

- Der erste der beiden Kommunikationspartner (der „Sender" in der folgenden Diskussion) meldet die gewünschte Kommunikation unter Angabe seiner eigenen Adresse und der Adresse des gewünschten Kommunikationspartners (des „Empfängers") beim Authentifikations-Server an. Diese Anmeldung wird mit dem privaten Schlüssel des Senders unterschrieben, so daß der Server die Sender-Adresse verifizieren kann. Um die Vertraulichkeit des Anmeldewunsches zu gewährleisten, wird die gesamte Anmeldung mit dem öffentlichen Schlüssel des Servers verschlüsselt, so daß nur dieser die beteiligten Adressen entschlüsseln kann.
- Der Server erzeugt einen beliebigen Schlüssel als Random-Bit-Folge und übermittelt diesen Schlüssel zusammen mit der Adresse des Senders an den gewünschten Empfänger; außerdem sendet er den Schlüssel dem Sender zu. Beide Nachrichten unterschreibt er mit seinem eigenen privaten Schlüssel, so daß Sender und Empfänger die Echtheit der übermittelten Adressen und des gemeinsamen Schlüssels verifizieren können, und verschlüsselt sie mit den jeweiligen öffentlichen Schlüsseln der beiden Kommunikationspartner.
- Sender und Empfänger können den gemeinsamen Schlüssel mit ihren privaten Schlüsseln entschlüsseln und seine Echtheit mit dem öffentlichen Schlüssel des Servers überprüfen. Sie verfügen nun über die Möglichkeit, einen Kommunikationskanal zu eröffnen, den sie geeignet schützen können, indem sie etwa alle übermittelte Information mit dem gemeinsamen Schlüssel, etwa mittels eines symmetrischen Verschlüsselungsverfahrens, verschlüsseln.

In der Praxis sind die verwendeten Protokolle in der Regel komplexer, da oft eine Reihe zusätzlicher Anforderungen zu erfüllen sind:

- In größeren Netzen, aber auch um sich gegen Ausfälle durch Nichtverfügbarkeit des Authentifikations-Servers zu schützen, werden häufig mehrere solcher Server vorgesehen. Die Informationen dieser Server müssen dann untereinander in geeigneter Weise abgeglichen werden.

- Falls jeder dieser Server nur einen Teil des gesamten Netzes betreut, muß der Fall behandelt werden, daß Sender und Empfänger verschiedenen Servern zugeordnet sind. Dies kann beispielsweise durch Einführung einer Hierarchie von Servern oder durch geeignete Abstimmungsprotokolle zwischen den einzelnen Servern realisiert werden.
- Das oben geschilderte einfache Szenario geht davon aus, daß die Server selbst vertrauenswürdig sind. Sofern diese Annahme nicht für alle beteiligten Server aufrecht erhalten werden kann, müssen die elektronischen Unterschriften der Server-Nachrichten von einer separaten vertrauenswürdigen Instanz, z.B. einem Notariats-Server bestätigt werden. In diesem Fall kann es auch notwendig werden, den eigentlichen Kommunikationsschlüssel vor dem Server zu verbergen, was eine weitere Erhöhung der Komplexität mit sich bringt.
- Schließlich müssen auch die verwendeten öffentlichen Schlüssel der beteiligten Rechner (Kommunikationspartner und Server) authentisch sein. Sofern diese Schlüssel nicht statisch ein für allemal im gesamten Netz festgelegt wurden — was selbst schon wieder ein Risiko darstellt —, müssen die öffentlichen Schlüssel einem vertrauenswürdigen Verzeichnis, etwa wieder auf einem Notariats-Server, entnommen werden.

Zur Zeit stehen zwar die einzelnen Bausteine für eine sichere und authentische Kommunikation zur Verfügung, doch sind diese in der Regel noch nicht als fertige Produkte einsetzbar. Authentifikationssysteme auf der Basis der hier geschilderten Prinzipien liegen zum Beispiel Kerberos und DECdas zugrunde, doch ist noch einige Arbeit zu tun, ehe solche Systeme in einer konkreten Umgebung zum Einsatz kommen können.

4.3 Grenzen des Schutzes durch Authentifikation

Mit diesen (oder ähnlichen) Verfahren ist es möglich, Netze zuverlässig gegen das Eindringen aktiver fremder Knoten zu schützen. Wenn alle Kommunikationen zwischen zwei Rechnern auf dem Austausch solcher Authentikatoren basieren, so ist es nicht möglich, mit einem Fremdrechner, dessen öffentlicher Schlüssel nicht beim Netz registriert wurde, eine Kommunikation zu einem der legalen Netzknoten aufzubauen; ein solcher Fremdrechner ist nicht in der Lage, den zum Aufbau der Kommunikation notwendigen ersten Schritt der Übermittlung des Kommunikationsschlüssels durchzuführen. Die Übermittlung einer verschlüsselten Uhrzeit verhindert weiterhin, daß der Fremdrechner frühere Kommunikationsvorgänge, die er eventuell aufgezeichnet hat, wieder ins Netz einspielen kann; da sich die zulässigen Uhrzeiten permanent ändern, werden auch solche Wiederholungen zurückgewiesen.

Man muß sich jedoch darüber im klaren sein, daß solche Authentifikationsverfahren keinen Schutz gegen passives Abhören des Netzes bieten. Sofern Paßwörter über das Netz übermittelt werden, was bei Zugriff über Terminal-Server oder (normalerweise) Remote-Login der Fall ist, so kann der Abhörer diese anschließend zum Eindringen in einzelne Netzknoten mißbrauchen, sofern er nur Zugriff auf einen der legalen Netzknoten hat. Selbst wenn es also akzeptabel ist, daß die — durch das Authentifikationsverfahren nicht geschützten — Nutzdaten abgehört werden, so ist die Sicherheit einzelner Netzknoten immer noch in hohem Maße gefährdet, sobald die Übermittlung von Paßwörtern nicht zuverlässig ausgeschlossen werden kann.

5 Sicherung gegen das Netz

Selbst wenn man das Netz durch Verschlüsselung und/oder Verwendung eines Authentifikationsverfahrens gegen Abhören bzw. Eindringen von Fremdrechnern abgesichert hat, so bleibt immer noch das Problem der Angriffe auf die Sicherheit einzelner Netzknoten von anderen legalen Knoten aus. Während man sich in völlig abgeschlossenen Anwendungsumgebungen, in denen die Benutzer der einzelnen Rechner keine Möglichkeit haben, auf die Kommandosprachenebene des Betriebssystems zuzugreifen, noch relativ gut gegen solche Bedrohungen schützen kann, ist der Schutz beliebiger UNIX-Systeme nur unter sehr starken Restriktionen und mit hohem Aufwand für die Systemverwaltung möglich.

Sobald es einem Benutzer eines UNIX-Systems möglich ist, sich Superuser-Privileg zu verschaffen, so hat er die betreffende Maschine vollständig unter seiner Kontrolle. Damit stehen ihm alle Möglichkeiten offen, diese Maschine zum Leitungsspion umzuprogrammieren und damit allen unverschlüsselten Datenverkehr im Netz abzuhören, mit den schon diskutierten Konsequenzen. Wird kein Authentifikationsverfahren verwendet, so kann er außerdem die Identität seiner Maschine beliebig verändern. Damit sind dem Superuser jeder Maschine alle Angriffswege offen, die bis jetzt für fremde Netzknoten geschildert wurden.

Selbst wenn sich die einzelnen Maschinen so konfigurieren lassen, daß sie kein Login als Superuser benötigen bzw. erlauben, so besteht in der Regel immer noch die Möglichkeit, durch Booten in den Single-User-Modus die Kontrolle zu erhalten und sich dann Zugriff auf die Superuser-Kennung zu verschaffen, sofern physischer Zugriff auf die Konsole und/oder den Rechner selbst besteht. Ohne physischen Schutz aller Netzknoten läßt sich daher das Netz in keinem Fall gegen Angriffe durch legale Netzknoten schützen.

Zu diesem generellen Problem der Netzsicherheit kommen in Netzen aus UNIX-Systemen in der Regel noch eine Reihe spezifischer Schwachstellen und Generierungsfehler, die es einem erfahrenen UNIX-Benutzer ermöglichen, die Sicherheit fremder Netzknoten zu unterlaufen; Beispiele hierzu wurden weiter oben aufgeführt.

Die Erfahrung zeigt, daß die korrekte und sichere Generierung der Netz-Software für ein UNIX-System sowohl versions- als auch variantenabhängig ist, und daß sie keinesfalls als eine einfache und leicht zu verifizierende Aufgabe anzusehen ist. Bei entsprechender Sorgfalt ist es durchaus möglich, hier einen akzeptablen Schutz zu erzielen, doch besteht die große Gefahr, daß schon kleine Fehler oder Nachlässigkeiten die Sicherheit völlig aushöhlen können. Hinzu kommt, daß eine Kontrolle über die erreichte Sicherheit nur dann möglich ist, wenn alle Maschinen dieser Kontrolle unterliegen und wenn die `.rhosts`-Dateien der Benutzer korrekt (oder besser überhaupt nicht vorhanden) sind — aber genau hierfür fehlen die Werkzeuge, um eventuelle Vorgaben auch tatsächlich durchzusetzen, und diese Werkzeuge lassen sich auch prinzipiell nicht mit der notwendigen Wirksamkeit schaffen.

Schutz einzelner Netzknoten gegen Angriffe anderer Rechner im Netz ist somit nur möglich, wenn genau definierte und bekannte Software unter strikten Zugriffskontrollen und unter einer aufmerksamen, fachkundigen Systemverwaltung eingesetzt wird. Die laufenden Kosten der Verwaltung eines Netzes von UNIX-Systemen können wegen dieser Anforderung sehr hoch werden, wenn nicht ein sehr hoher Aufwand in die erstmalige Generierung und in die Bereitstellung zusätzlicher Werkzeuge investiert wird — und selbst dann ist nicht für alle Anwendungen ein akzeptabler Schutz zu gewährleisten, da der Superuser jeder einzelnen

Maschine ohne Einsatz von Verschlüsselung oder zumindest von Authentifikationsverfahren die Sicherheit des gesamten Netzes kompromittieren kann.

6 Zusammenfassung

Die hier durchgeführten Betrachtungen zeigen, daß der Betrieb von UNIX-Rechnern in einem Netz erhebliche Sicherheitsprobleme mit sich bringen kann, wenn nicht gleichzeitig für die Sicherheit der Übertragungswege und für die Sicherheit der einzelnen Netzknoten adäquate Lösungen gefunden werden. Dabei müssen in der Regel drei Faktoren in Betracht gezogen werden:

- Durch die Verwendung von Verschlüsselungs- und/oder Authentifikationsverfahren im Netz müssen die Übertragungswege gegen passive und aktive Einwirkung geschützt werden, sofern man nicht den physischen Schutz des Ethernet-Kabels auf seiner ganzen Länge garantieren kann.
- Die Verwaltung der einzelnen Netzknoten muß sehr genau und sehr restriktiv erfolgen; nur die zentrale Netzverwaltung darf Zugriff auf Superuser-Privilegien haben, was eine Selbstverwaltung der einzelnen Rechner durch ihre Benutzer im allgemeinen ausschließt.
- Auch die logische Netzverwaltung muß sehr korrekt und unter permanenter Überwachung geschehen.

Wenn man diese Forderungen berücksichtigt, so läßt sich auch mit UNIX-Rechnern für die meisten Anwendungsumgebungen ein leidlich sicherer Betrieb in einem Netz erzielen, doch ist der dafür notwendige Aufwand, der sich auch in hohen Anschaffungs- und Betriebskosten niederschlagen kann, nicht zu unterschätzen. Ohne diesen Aufwand ist jedoch weder die Vertraulichkeit noch die Integrität der zu verarbeitenden Daten sicherzustellen. Unter diesen Randbedingungen sollte man auf den Einsatz von UNIX in Rechnernetzen besser verzichten, wenn die verarbeiteten Daten mehr als nur ganz geringe Sicherheitsanforderungen stellen. Es gibt heute bessere Betriebssysteme und Netzwerk-Software als UNIX und TCP/IP — Programme, die inzwischen ein Vierteljahrhundert alt sind und nur mit Mühe und großem Aufwand wenigstens teilweise auf den aktuellen Stand der Technik gebracht werden können.

7 Literatur

[1] D. A. Curry: *Improving the Security of your Unix System*; SRI Information and Telecommunications Sciences and Technology Division; Final Report ITSTD-721-FR-90-21, Menlo Park, April 1990

[2] S. Garfinkel, G. Spafford: *Practical Unix Security*; O'Reilly & Associates, Sebastopol CA, June 1991

[3] M. Groll: *Das Unix Sicherheits-Handbuch*; Vogel, Würzburg, 1991

[4] H. Kersten, H. Kreutz (Hrsg.): *Sicherheit unter dem Betriebssystem Unix*; Studien des Bundesamtes für Sicherheit in der Informationstechnik - BSI, Band 1; Oldenbourg Verlag, München, Wien, 1991

[5] H. Kersten, M. Weinand (Hrsg.): *Sicherheitsaspekte bei der Vernetzung von Unix-Systemen*; Studien des Bundesamtes für Sicherheit in der Informationstechnik - BSI, Band 2; Oldenbourg Verlag, München, Wien, 1991

[6] H. Kersten, M. Weinand (Hrsg.): *Sicherheitseigenschaften der Betriebssysteme 386/ix und SCO-Unix*; Studien des Bundesamtes für Sicherheit in der Informationstechnik - BSI, Band 3; Oldenbourg Verlag, München, Wien, 1991

[7] C. Noack, D. Hennig: *Systemsicherheit unter Unix*; Carl Hanser Verlag, München, Wien, Januar 1990

[8] E. H. Spafford: *The Internet Worm Program: Crisis and Aftermath*; Comm. ACM, Vol. 32, No 6, June 1989

[9] E. H. Spafford: *The Internet Worm Program: An Analysis*; Purdue Technical Report, in: Comp. Comm. Rev., Vol. 19, No 1, Jan. 1989

[10] Sun: *Security Features Guide*; Part No 800-1735-10, Rev. A, May 1988

[11] P. G. Wood, St. G. Kochan: *Unix System Security*; Hayden Books, Indianapolis IN, 1985

[12] X/Open Company Ltd.: *X/Open Security Guide - Programming Languages;* Prentice Hall, Englewood Cliffs NJ, Dec. 1988

Sind verteilte Systeme beherrschbar?

Hendrik Knopper

Zusammenfassung

Moderne Engineering-Data-Management-Systeme wie EDL von CONTROL DATA wurden für den Einsatz in heterogenen Workstation-Netzen entwickelt. Neben den Problemen der Produktdaten-Verwaltung und des Configuration-Managements werfen solche zunehmend komplexer werdenden Netzwerke wachsende administrative Probleme auf. Im Auftrag eines Kunden hat CONTROL DATA eine Studie über die zur Beherrschbarkeit eines solchen Netzwerks in einer CAD-Umgebung erforderlichen Werkzeuge und deren Einbindung in ein tragfähiges Gesamtkonzept erstellt. Die folgende Darstellung liefert eine Zusammenfassung des entwickelten Konzepts und der Systemarchitektur.

Nach einer kurzen Darstellung der gegebenen Ausgangssituation, die als typisch für einen Anwender im Strukturwandel von mainframe- zu netzwerkorientierten Umgebungen angesehen werden kann, folgt eine zusammenfassende Darstellung des vorgeschlagenen Lösungsansatzes. Wesentliche Komponenten dieses Konzepts wurden im Rahmen eines Pilotprojekts in einem verkleinerten Modell verwirklicht und damit deren Realisierbarkeit verifiziert. Es schließen sich einige Anmerkungen zur Implementation des Lösungsvorschlages im späteren Produktionsumfeld an.

1 Der Ausgangszustand

1.1 Die Software

Die eingesetzten Applikationen stammen von unterschiedlichen Anbietern und sind zum Teil nur auf der jeweiligen proprietären Hardware verfügbar. Im Rahmen dieses Projekts wurden zunächst die CAD-Anwendungen untersucht, da sie die überwiegende Mehrzahl der Arbeitsplätze stellen:

- Verschiedene Programme der CONTROL-DATA-ICEM-Suite unter NOS/VE und UNIX
- CATIA unter MVS
- EUCLID unter VMS
- CADDS unter SUN/OS

Zur Verwaltung der Konstruktionsdaten wird zur Zeit ein vom Kunden selbst entwickeltes MVS-basiertes System eingesetzt, das ausschließlich auf einem Mainframe verfügbar ist.

1.2 Die Hardware

Rechenintensive und administrative Aufgaben werden zur Zeit noch in großem Umfang von Zentralrechnern übernommen. Es befinden sich Systeme von CONTROL DATA, CRAY, DEC und IBM im Einsatz.

Der vor einiger Zeit begonnene Strukturwandel in Richtung verteilter Systeme hat sich zuerst im Bereich der Konstruktionsarbeitsplätze durchgesetzt. Neben den Systemen Cyber 910 des Hauptlieferanten CONTROL DATA mit zur Zeit 275 installierten Workstations werden auch Geräte von Intergraph, HP, Sun und DEC eingesetzt. Darüber hinaus sind einige PCs und X-Terminals angeschlossen.

1.3 Das Netzwerk

Der Betrieb einer derart heterogenen Systemlandschaft bedingt ein ebenso heterogenes Netzwerk. Neben den proprietären Protokollen CDCnet, DECnet und SNA hat sich im Bereich der Workstations der Übergang zu TCP/IP und den zugehörigen Applikationen und Netzwerkdiensten vollzogen. In drei IP-Netzen sind zur Zeit etwa 320 TCP/IP-Endgeräte installiert. Die derzeitige Auslastung der IP-Netze erlaubt keine regelmäßige übers Netz abgewickelte Datensicherung. Zu Spitzenzeiten arbeiten zumindest Teile dieser Netzwerke bereits im Sättigungsbereich.

1.4 Das Problem

Heute übertrifft die Zahl der eingesetzten Terminal-Lösungen noch die Zahl der eingesetzten Graphik-Workstations, wobei man davon ausgehen kann, daß sich dieses Verhältnis bis zum Jahresende zugunsten der UNIX-Arbeitsplatzsysteme verschieben wird. Wir gehen davon aus, daß Mitte des Jahres 1993 ca. 600 UNIX-Arbeitsplatzsysteme in Betrieb sein werden. Ein zukunftssicheres Gesamtkonzept muß den gesicherten Betrieb einer Gesamtanzahl von mehr als 1.000 Arbeitsplätzen ermöglichen.

Eine derartiger Strukturwandel im Rechnerbereich bringt neben den vielen bekannten Vorteilen auch einen gewichtigen Nachteil, nämlich eine Erhöhung der Komplexität der Datenhaltung, mit sich. Beim ausschließlichen Einsatz der oben erwähnten Großrechnerlösungen war die Haltung von Konstruktionsdaten relativ einfach, denn sie lagen alle auf den zentralen Plattensystemen vor. Dienste wie Backup, Archivierung oder Vergrößerung des Speicherbereichs waren hier selbstverständlich. Beim Einsatz der Graphik-Workstations geht genau diese Art von Service verloren. Die Anwender müssen ihre Konstruktionsdaten, die sie jetzt lokal halten, umständlich zum Rechenzentrum übertragen, um dessen Service wieder nutzen zu können. Da die mit Hilfe der Arbeitsplatzsysteme erstellten Konstruktionen und damit auch die entsprechenden Dateien immer umfangreicher werden, ist eine Übertragung zum Rechenzentrum aufgrund des großen Zeitbedarfs nicht mehr sinnvoll. Die Benutzer sichern ihre Daten direkt auf den Bandgeräten, die an die Workstations angeschlossen sind. Dieses Verfahren trifft auf alle Konstruktionsdaten zu, die nicht einen gewissen Freigabezustand erreicht haben. Freigegebene Daten werden in die auf den Großrechnersystemen verfügbaren Konstruktionsdaten-Verwaltungssysteme überstellt. Erst dort werden sie dann wieder in eine professionelle Datensicherung und Archivierung eingebunden.

Neben der dezentralen Datenhaltung mit ihrer beschriebenen Problematik gibt es ein zweites Gebiet, das beim Einsatz dezentraler UNIX-Workstations mit deren zunehmenden Verbreitung immer stärker ins Gewicht fällt: die Administration der Systeme. Die Installation neuer Versionen des Betriebssystems und der Applikationen sowie die Verwaltung der entsprechenden Informationen, gewinnt in einem Netzwerk autarker Endgeräte eine neue Dimension. Welcher Anwender welche Applikation auf welchem Gerät nutzen darf ist nur eine Frage aus diesem Komplex, die netzwerkweite Überwachung aller Hardware- und Software-Komponenten während des Betriebes eine andere.

Aus dieser Problematik heraus erwächst die Notwendigkeit eines Konzeptes zur Organisation der Arbeitsplatzsysteme mit deren Betriebssystemen und Applikationen und zur Verwaltung der dezentral anfallenden Benutzerdaten. Neben diesen Anforderungen ist die Verknüpfung der unterschiedlichen Rechnersysteme mit einem für den Benutzer transparenten Zugriff auf Konstruktions- und Berechnungsdaten aus anderen Bereichen eine weitere Forderung, die besonders im Zusammenhang mit der aktuellen Prozeßkettenthematik sehr an Bedeutung gewinnt.

2 Das Lösungskonzept

2.1 Der Anspruch

Die Bereitstellung eines möglichst einfach zu handhabenden CAD/CAM/CAE-Werkzeugs für den Anwender war der Ausgangspunkt unserer konzeptionellen Überlegungen, eine einfache und ressourcenschonende Administrierbarkeit des Gesamtsystems die wichtigste Randbedingung und die Schaffung eines unternehmensweiten, durchgängigen Rechnerverbundsystems im technisch-wissenschaftlichen Bereich die übergeordnete Leitlinie.

- *Der Anwender*

  braucht einen möglichst komfortablen Arbeitsplatz, der ihn von nahezu allen sachfremden, das heißt nicht konstruktiven Arbeiten entlastet. Die physikalische Verteilung von Daten und Diensten im Netz muß völlig transparent sein.

- *Der Systemadministrator*

  braucht ein System, dessen Administrierbarkeit dem eines Zentralsystems gleichwertig ist. Hierzu ist unter anderem ein einheitliches Systemverhalten unabhängig vom jeweiligen Workstation-Typ und Betriebssystem sowie der Netztopologie erforderlich.

- *Die Ausfallsicherheit*

  Die Anforderungen an die Datensicherheit und Ausfallsicherheit eines derartigen Gesamtsystems im produktiven Betrieb sind extrem hoch. Ausfälle und insbesondere Datenverluste verursachen nicht aktzeptable Folgekosten. Systemausfälle müssen, soweit möglich, von zentralen Arbeitsplätzen (remote) behoben werden. Im Gesamtkonzept müssen Vorkehrungen getroffen werden, die Datenverluste mit höchstmöglicher Sicherheit ausschließen.

2.2 Das Arbeitsgruppenkonzept

Unter Berücksichtigung der in Abschnitt 2.1 genannten unterschiedlichen Sichtweisen ist das Zusammenfassen von einzelnen UNIX-Workstations zu Arbeitsgruppen auf Basis von logischen und/oder räumlichen Zweckmäßigkeiten Grundlage der vorgeschlagenen Lösung.

In einer Arbeitsgruppe werden ca. 20 bis 40 UNIX-Workstations per Ethernet an einen zentralen Control-Data-4000-InfoServer angeschlossen. Sämtliche Benutzerdaten und verwendeten Applikationen werden auf den Magnetplatten des Servers gehalten. Auf den Workstations selbst wird lediglich das Betriebssystem und ein Plattenbereich zum temporären Auslagern von Hauptspeicherinhalten (Swapspace) vorgehalten. Verwaltet wird die Arbeitsgruppe durch die Engineering Data Library (EDL) von CONTROL DATA.

Die Anwendungsprogamme und Benutzerdateien werden beim Aufrufen über das Ethernet in den Swapspace der Arbeitsplatzsysteme geladen und können dann wie gewohnt lokal auf den UNIX-Workstations bearbeitet werden. Den Anwendern steht also weiterhin die gesamte lokale Leistung der Arbeitsplatzsysteme zur Verfügung. Wenn ein Konstruktionsvorgang beendet ist, werden die geladenen Daten wieder auf dem Arbeitsgruppen-Server gesichert. Diese Arbeitsweise ist für den Anwender vollkommen transparent und daher identisch mit seinem bisherigen Vorgehen.

Darüber hinaus bietet dieses Konzept eine Reihe bisher noch nicht realisierter Vorteile, sowohl für den Anwender als auch für den Systembetreuer.

- *Unabhängigkeit vom „eigenen" Arbeitsplatz*

  Wenn einem Anwender bisher „sein" Arbeitsplatz nicht mehr zur Verfügung stand, weil ein anderer diesen benutzte, war es nur für systemtechnisch versierte Benutzer möglich, auf einen anderen Arbeitsplatz auszuweichen. Innerhalb der Arbeitsgruppe sind mit Einführung des Konzepts alle UNIX-Workstations identisch konfiguriert. Daher spielt es nun keine Rolle mehr, auf welchen Arbeitsplatz der Anwender zugreift; aus seiner Sicht sind alle Systeme identisch und umständliches Kopieren oder Heranholen der eigenen Konstruktionsdaten entfällt.

- *Optimale Nutzung der Speicherressourcen*

  Bisher wird auf einer UNIX-Workstation der freie Speicherplatz auf den angeschlossenen Magnetplatten nicht verwaltet. Daher kann es vorkommen, daß auf dem einen Arbeitsplatz noch ein großer Speicherbereich frei bleibt, während ein anderer Anwender Teile seiner Daten „opfern" muß, um neue erzeugen zu können. Bei einer Zusammenfassung in Arbeitsgruppen lassen sich unter EP/IX Plattenplatzkontingente einzelnen Benutzern oder Projekten zuweisen, die dann durch EDL verwaltet werden. Dadurch ist eine flexible Anpassung an die sich in Projekten verändernden Anforderungen in Bezug auf Prioritätenvergabe und Datenvolumen mit einfachen Mitteln durchführbar.

- *Schutz gegen unautorisierten Zugriff*

  Ein Schutz gegen unautorisierten Zugriff auf Konstruktions- und Berechnungsdaten ist bei den heute installierten Arbeitsplatzsystemen unter UNIX nur bedingt möglich. Durch die Haltung auf zentralen Arbeitsgruppen-Servern kann man die Daten relativ einfach gegen unbefugten Zugriff schützen. Diese Server sollten nicht in den Arbeitsräumen, sondern in dafür speziell ausgelegten Räumlichkeiten (Rechenzentrum, Technikräume etc.) untergebracht werden, um Unbefugten den physikalischen Zugang zu den Systemen zu verweigern. Die Benutzerverwaltung der EDL verhindert jeglichen unautorisierten Zugriff, sowohl von den UNIX-Workstations der Arbeitsgruppe, als auch von anderen im Netzwerk befindlichen Systemen.

- *Gruppenweite Nutzung von ausfallsicheren Magnetplattensystemen*

  Durch den Einsatz von zentralen Arbeitsgruppen-Servern eröffnet sich die Möglichkeit, leistungsfähige Peripheriegeräte anzuschließen. Hierunter fällt insbesondere das Control-Data-Disk-Array-Subsystem (DAS).

  Die DAS-Konfigurationen von CONTROL DATA sind State-of-the-Art-Implementationen der RAID-III-Disk-Array-Architektur. Dieses DAS-System bedeutet gegenüber herkömmlichen Festplattensystemen einen bedeutenden Fortschritt in Hinblick auf Zuverlässigkeit, Datensicherheit, Speicherkapazität und Übertragungsgeschwindigkeit.

Das DAS-Konzept erlaubt, durch Definition eines Laufwerks als sogenanntes Parity-Drive bis zu drei Laufwerke durch Speicherung der Paritätsinformationen zu sichern. Bei Ausfall eines Laufwerks aus der so konfigurierten Vierergruppe gehen nicht nur keine Daten verloren, sondern die auf der ausgefallenen Platte gespeicherten Daten können nach dem Austausch des entsprechenden Laufwerkes ohne Unterbrechung des laufenden Betriebs rekonstruiert werden. Darüber hinaus erreicht das so konfigurierte System durch Parallelbetrieb der drei Datenlaufwerke die dreifache Übertragungsgeschwindigkeit gegenüber Einzellaufwerken.

- *Ständige Verfügbarkeit von Benutzerdaten*

  Durch die derzeitige Haltung der Benutzerdaten auf den UNIX-Workstations stehen die Daten für verteilte Prozesse, z.B. Batch-Verarbeitung auf Compute-Servern, nur dann zur Verfügung, wenn die Geräte eingeschaltet und vom Netzwerk aus auch erreichbar sind. Da dies nicht immer auf die entsprechenden UNIX-Workstations zutrifft, gibt es hierdurch Probleme bei der Realisierung von verteilten Diensten im Netzwerk. Dienste, wie ein automatisches Backup- und Archivierungskonzept, Job-Verteilung auf entsprechende Compute-Server oder die Verteilung von Anwendungs-Software und Betriebssystemen, setzen die ständige Verfügbarkeit der Daten bzw. der Speichermedien voraus. Dies ist im vorgestellten Konzept durch die Arbeitsgruppen-Server gewährleistet.

- *Entkopplung der Arbeitsgruppennetze vom Gesamtnetz*

  Netzwerkseitig ergeben sich durch die Einführung von Arbeitsgruppen und die daraus resultierende Aufteilung der Datenströme Vorteile im Hinblick auf den erreichbaren Datendurchsatz und die Ausfallsicherheit des Netzwerks. Da die Control-Data-4000-InfoServer eine Filterfunktion zwischen dem Arbeitsgruppennetz (Ethernet) und dem Verbundnetz (FDDI) übernehmen, wird die Netzbelastung, die im Augenblick auf den Workstation-Netzen liegt, extrem verringert. Ein NFS-Zugriff auf Daten, die auf einem Arbeitsgruppen-Server liegen, wäre ohne eine Entkopplung der Arbeitsgruppennetze vom Hauptnetz nicht praktikabel.

2.3 Der Arbeitsgruppenverbund

Die Verbindung der Arbeitsgruppen zu einem funktionalen Gesamtsystem erfolgt durch ein Netzwerk auf einer übergeordneten Stufe (Backbone). Im Rahmen von Voruntersuchungen durchgeführte Messungen haben gezeigt, daß innerhalb einer Arbeitsgruppe Ethernet als Verbindungsmedium zwischen den einzelnen Systemen ausreichende Leistung bietet. Aufgrund des prognostizierten Datenverkehrs zwischen den verschiedenen Arbeitsgruppen und zu den übergeordneten Systemen liegt hier die Notwendigkeit für ein Datenübertragungsmedium mit einer vielfachen Leistung des Arbeitsgruppennetzes vor. Da eine Konzentration auf nur eine Übertragungskomponente das Verbundsystem gegenüber einem eventuellen Ausfall sensibilisiert, ist die Forderung nach einem ausfallsicheren System mindestens ebenso hoch zu bewerten, wie eine möglichst hohe Übertragungskapazität. Unter den erläuterten Voraussetzungen bietet sich für das Verbundnetz ein Doppelring in FDDI-Technologie an. Diese bietet neben der hohen Übertragungskapazität von nominal bis zu 100 Mb/s eine systeminhärente Ausfallsicherheit. Dies gilt sowohl im Hinblick auf Hardware- als auch auf Protokollfehler.

2.4 Das Dual-Server-Konzept

Beim Einsatz zentraler Komponenten ist bei einem eventuellen Ausfall eines dieser Systeme eine größere Anzahl von Anwendern betroffen als in einer autarken, dezentralen Workstation-Umgebung. In diesem Konzept bieten sowohl das FDDI-Verbundnetz, als auch die an die Arbeitsgruppen-Server angeschlossenen Disk-Array-Subsysteme eine hohe Ausfallsicherheit durch die eingebaute Fehlertoleranz der benutzten Medien. Der einzige nicht in sich redundante Baustein des Konzepts ist der jeweilige Arbeitsgruppen-Server selbst. Die bei einer doppelten Auslegung dieser Systeme entstehenden Kosten verbieten eine solche Lösung. Sehr viel effektiver ist die Kopplung von je zwei Servern mit einem gemeinsamen Disk-Array-Subsystem. Die folgende Abbildung zeigt das grundsätzliche Konzept dieser Konfiguration.

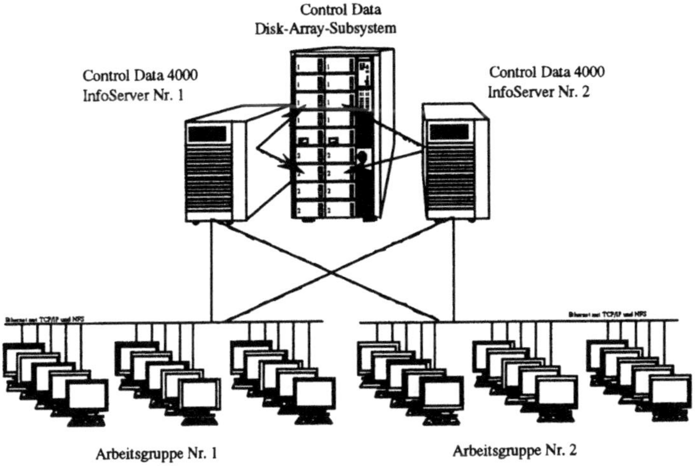

Abb. 1: Das Control-Data-Dual-Server-Konzept

Die Arbeitsgruppen werden quasi „über Kreuz" mit beiden Servern vernetzt. Dabei wird im Normalbetrieb nur die Verbindung zu dem jeweils „eigenen" Server genutzt. Die Daten liegen auf den der jeweiligen Arbeitsgruppe zugeordneten Laufwerken. Per IPI-Kanalanschluß werden die Arbeitsgruppen-Server an die Steuereinheiten des Magnetplattensystems angeschlossen, wobei im normalen Systembetrieb nur jeweils eine Verbindung für den Datenzugriff genutzt wird.

Bei einem Ausfall des Servers Nr. 1 wird der Fehler zunächst von den Netzüberwachungsdiensten erkannt und an der Konsole des Netzadministrators angezeigt. Von hieraus erfolgt gegebenenfalls ein Neustart des ausgefallenen Servers oder, sollte dies das Problem nicht beheben, eine Aktivierung der redundanten Datenpfade des Servers Nr. 2. Die Benutzer aus beiden Arbeitsgruppen greifen dann über den Server Nr. 2 auf dieselben Daten zu wie vor dem Ausfall. Bei unbesetzter Administratorkonsole kann die beschriebene Umschaltung auch automatisch erfolgen.

2.5 Das Konzept dedizierter Systeme

Aufbauend auf den oben beschriebenen Arbeitsgruppen sieht das vorgestellte Gesamtkonzept eine Reihe dedizierter Dienste für den gesamten Rechnerverbund vor. Ein dedizierter Dienst ist die Bereitstellung einer spezifischen Funktionalität, wie z.B. die Ausgabe von Plot-Dateien, für die Gesamtheit aller Arbeitsgruppen im Verbundsystem. Diese Dienste sind logisch eher zentraler Natur, weshalb sie in diesem Konzept dem Rechenzentrum zugeordnet werden, auch wenn die Systeme physikalisch außerhalb der Zentrale installiert sein können. Ein dediziertes System ist daher ein Server, der innerhalb des Verbundnetzes den jeweiligen Dienst für alle Arbeitsgruppen anbietet.

Für die Nutzung dedizierter Dienste ist es eine Notwendigkeit, daß die entsprechenden Server absolut ausfallsicher sein müssen. Daher sollten für sehr wichtige Verbunddienste, wie z.B. die Sicherheitsfunktionen des Netzwerk-Informations-Servers, die entsprechenden Informationen auf redundanten Systemen mit redundanten Zugriffspfaden gehalten werden. Es empfiehlt sich auch an dieser Stelle der Einsatz von paritätsgesicherten Disk-Array-Systemen.

Es gibt im Rechnerverbund eine Reihe von Systemen, die übergeordnete Funktionen haben. Auf den Nutzen, den sie den einzelnen Arbeitsgruppen und damit den Anwendern bringen, wird nachfolgend eingegangen.

- *Compute-Server*

  Zum einen übernimmt ein Compute-Server die klassischen Berechnungsfunktionen im CAE-Bereich, zum anderen kann hierbei aber auch an eine Verlagerung batch-fähiger Programmteile aus den CAD/CAM-Systemen gedacht werden. Darüber hinaus ist jedoch auch an zu den jeweiligen UNIX-Arbeitsplatzrechnern binärkompatible Systeme gedacht, die zur Bewältigung von CPU-intensiven Aufgaben herangezogen werden können. Zur Verteilung der entsprechenden Prozesse kann EDL eingesetzt werden, da sie bereits die notwendigen Daten verwaltet und zusätzlich die Möglichkeit bildet, ein Regelwerk festzulegen, das die Prozesse analysiert, in Klassen einteilt und auf den unterschiedlichen Rechnersystemen anstößt.

- *EDL-Server*

  EDL verwaltet alle Daten und alle anwendergesteuerten Prozesse im Systemverbund hierarchisch strukturiert. Sie hält die Informationen über die Vorgänge innerhalb der Arbeitsgruppe direkt auf den entsprechenden Servern. Für alle Aufgaben im Verbundnetz wird eine Zusammenfassung aller Informationen der einzelnen Arbeitsgruppen auf einem dedizierten System gehalten.

- *Plot-/Print-Server*

  Ein Plot-/Print-Server ist ein Rechnersystem, an das unterschiedliche Ausgabegeräte angeschlossen sind. Innerhalb des Systemverbunds können mehrere solcher Server in sinnvollen Lokationen eingesetzt werden. Der Plot-/Print-Server empfängt die Plot-Dateien, die von den Arbeitsgruppen-Servern über das Verbundnetz geschickt werden und übernimmt die Aufbereitung der Dateien, bevor er sie an die entsprechenden Ausgabegeräte weiterleitet. Der Anwender benutzt hierbei EDL, um die Plot-Inhalte zu identifizieren und das gewünschte Ausgabegerät auszuwählen.

- *Terminal-Emulations-Server*

  Innerhalb des Verbundsystems besteht die Notwendigkeit, von den UNIX-Arbeitsplätzen aus Informationsdienste der verschiedenen Großrechnersysteme per Terminal-Emulation zu nutzen. Dafür werden in den meisten Fällen VT52-, VT100-, VT240-, IBM3270-, IBM5080-, TEK41xx- und Xterm-Emulationen eingesetzt. Der Terminal-Emulations-Server ist für die Graphikdienste direkt mit den Großrechnersystemen und für die alpha-numerischen Dienste über den Gateway-Server verbunden. Zu den Endsystemen stellt das System seine Dienste über TCP/IP und die entsprechenden Netze, FDDI und Ethernet, zur Verfügung, während der Zugriff auf die Emulationen direkt in der EDL-Benutzeroberfläche eingebunden ist.

- *Archivierungs-Server*

  Aufgrund der hohen Ausfallsicherheit der vorgesehenen Server mit den angeschlossenen Disk-Array-Subsystemen wird auf eine zeitlich über mehrere Monate laufende Sicherung der Informationen verzichtet. Dem Anwender wird allerdings durch den Archivierungs-Server die Möglichkeit eröffnet, ausgewählte Daten auf einem Hintergrundspeicher abzulegen. Diese Funktionalität wird durch EDL, für den Anwender vollkommen transparent, direkt in der Benutzerschnittstelle bereitgestellt. Im vorgestellten Konzept ist der Administrations-Server selbst ein Control-Data-4000-System unter dem Betriebssystem EP/IX mit der CD-Archivierungs-Software UniTree.

- *Gateway-Server*

  Der Gateway-Server stellt alle notwendigen Netzwerkschnittstellen-Dienste im Verbundnetz zur Verfügung. Die Verknüpfung der auf den FDDI-Verbundnetzen und den angeschlossenen Netzen eingesetzten Protokolle

TCP/IP, OSI, DECnet, SNA und des Standards X.25 der angebundenen Wide-Area-Networks wird durch dieses System gewährleistet. Da sich die Großrechnersysteme (über FDDI-Adapter), die Arbeitsgruppen-Server und die dedizierten Systeme mit TCP/IP verständigen, tritt der Gateway-Server nur bei Zugriffen auf Systeme außerhalb des Verbundnetzes in Erscheinung.

- *Administrations-Server*

  Der Administrations-Server stellt die zentrale Komponente zur Verwaltung und Überwachung des gesamten Systemverbunds dar. Hier verwaltet eine EDL-angeschlossene ORACLE-Datenbank zusätzliche Informationen zu den Paßwort-, Benutzer- und Rechnerinformationen des Netzwerk-Informations-Servers über alle im Gesamtsystem eingebundenen Endgeräte, Server, Netzwerkkomponenten, Betriebssysteme, Applikationen und Zugriffsrechte. Diese Datenbank bildet die Voraussetzung für das automatische Verteilen neuer Applikationsversionen für die Arbeitsgruppen und von Betriebssystem-Updates für die UNIX-Workstations.

  Alle zur Verteilung anstehenden Komponenten befinden sich auf dem angeschlossenen Control-Data-Disk-Array-Subsystem. Die Betriebssystem-Updates für die Endgeräte werden zunächst ebenfalls nur bis zur Server-Ebene verteilt, danach fährt eine entsprechende EDL-Funktion die Version auf den erreichbaren Endgeräten ein und speichert die Informationen hierüber auf dem Administrations-Server. Alle in dieser Prozedur nicht erreichten Endgeräte werden entweder beim nächsten Einschalten geladen oder in der darauffolgenden Nacht automatisch vom Arbeitsgruppen-Server. Den erfolgten Upgrade trägt EDL in der Datenbank ein.

  Neben dem automatisierten Software-Update deckt der Administrations-Server Anforderungen zur Steuerung und Überwachung des gesamten dezentralen Rechnerverbunds ab. Dies schließt verschiedene graphische Konsolen ein, die den Zustand der einzelnen Netzwerkknoten, Arbeitsgruppen-Server und dedizierten Systeme ständig online anzeigen. Accounting-Funktionen wie Speicherkontingentierung, Benutzerverwaltung oder Prioritätensteuerung einzelner Prozesse im Rechnerverbund werden ebenfalls über EDL vom Administrations-Server aus gesteuert.

- *Mail-Server*

  Der Mail-Server stellt im gesamten Verbundsystem ein graphikorientiertes Mail-System für alle Arbeitsgruppen zur Verfügung. Die Benutzerschnittstelle basiert auf X-Window und ist von allen diesen Standard unterstützenden Systemen aus zugänglich. Mit dem System lassen sich auch Pixelbilder in einem Mail integrieren sowie Telekopien senden und empfangen. Das System nutzt das OSI-Protokoll X.400 und bietet Schnittstellen zu den gängigsten Mail-Systemen wie BITnet, EARN, Profs, Mail/VE, DECmail, All-in-One, Memo und Standard-UNIX-Implementationen an. Aus der Sicht des Anwenders geschieht das Senden und Empfangen von elektronischen Mitteilungen transparent im Hintergrund, da die Benutzerschnittstelle zum Mail-Server in der graphischen EDL-Oberfläche auf jedem Arbeitsgruppensystem integriert ist.

- *Netzwerk-Informations-Server*

  Der Netzwerk-Informations-Server übernimmt die Steuerung eines netzwerkweiten Sicherheitssystems. Im Verlaufe der Realisierung dieses Konzepts werden zunehmend Bestandteile des Distributed-Computing-Environments (DCE) von OSF eingeführt, wie ein zentraler Name-, Time- und Security-Service. Das heißt, Paßwort-, Benutzer- und Rechnerinformationen werden auf dem Name-Server zur Referenzierung durch alle im Verbundnetz arbeitenden Systeme bereitgehalten. Durch den Time-Service wird netzwerkweit sichergestellt, daß auf allen Systemen die Zeit synchronisiert wird. Der Security-Server übernimmt die Authentifizierung aller sich in die Systeme des Rechnerverbunds einwählenden Benutzer. Der Netzwerk-Informations-Server ist zusammen mit dem Administrations-Server der wichtigste Dienst des Rechnerverbunds, da alle eingebundenen Systeme direkt oder indirekt von ihm abhängen. Daher ist im Konzept vorgesehen, die Informationen für jede Arbeitsgruppe auch direkt auf dem entsprechenden Server zu halten, um im Falle eines Ausfalls des netzwerkweiten Dienstes innerhalb der Arbeitsgruppe voll funktionsfähig zu bleiben.

3 Die Realisierung

Bei der Entwicklung des Konzepts wurde auf eine Modularität der einzelnen Komponenten zur Erreichung der Gesamtfunktionalität geachtet. Speziell der Einsatz der Arbeitsgruppen-Server und der dedizierten Systeme kann schrittweise je nach Bedarf innerhalb des Verbundsystems vollzogen werden.

Zunächst werden geeignete Bereiche für die Pilotinstallation eines Arbeitsgruppen-Servers identifiziert. Dies können räumlich abgegrenzte Gruppierungen von UNIX-Workstations oder funktional verbundene Arbeitsplätze sein.

Danach wird der Arbeitsgruppen-Server in die Netzstruktur des Einsatzbereichs integriert, und die entsprechenden unabhängigen Netzverbindungen zu den UNIX-Workstations werden geschaffen. Durch die Installation der EDL-Produktdatenverwaltung und die beschriebene Installation von Betriebssystemen und Swapspace einerseits und der Anwendungs-Software und der Benutzerdaten andererseits ist diese Arbeitsgruppe als voll funktionsfähiger Bestandteil des Gesamtkonzepts realisiert.

Sobald zwei Arbeitsgruppen existieren, und damit der Dual-Server-Betrieb realisiert werden kann, ist die Umsetzung der maximalen Zugriffssicherheit und Datenverfügbarkeit innerhalb der Arbeitgruppen erreicht. Die Verbindung des Control-Data-4000-InfoServers mit den Rechenzentren durch Ethernet bietet bei einem Großteil der Datenkommunikation innerhalb der Arbeitsgruppe die notwendige Funktionalität.

Die Erweiterung des bestehenden Netzwerkes durch die Integration eines FDDI-Rings bietet die Möglichkeit, durch die Integration des EDL-Servers für die Arbeitsgruppen die volle beschriebene Funktionalität zu erreichen. Das zeitgleiche Installieren der Arbeitsgruppen und des FDDI-Rings ist nicht nur aus Gründen des Datenvolumens, sondern auch unter Sicherheitsaspekten sinnvoll. Der FDDI-Ring kann darüber hinaus auch zur Kommunikation zwischen den Großrechnersystemen verwendet werden.

Die bereits installierten UNIX-Arbeitsplätze arbeiten wie bisher mit lokalen Applikationen und Benutzerdaten auf den existierenden Ethernet-Verbindungen, bis sie in einer entsprechenden Arbeitsgruppe eingebunden werden. Über die Rechenzentren und die installierten FDDI-Adapter erreichen berechtigte Anwender auch die Benutzerdaten auf den Arbeitsgruppen-Servern. Voraussetzung ist hierbei allerdings der Einsatz von EDL, da andernfalls eine Integrität der Daten innerhalb des Arbeitsgruppenverbunds nicht mehr gewährleistet werden kann. Benutzer, die ständig EDL auch außerhalb der eingerichteten Arbeitsgruppen einsetzen, um Dienste innerhalb des Arbeitsgruppenverbunds zu erreichen, werden über Ethernet-Konzentratoren direkt mit dem FDDI-Ring verbunden.

Das Gesamtkonzept zielt auf die Verwaltung und den Betrieb aller im technisch-wissenschaftlichen Bereich eingesetzten Systeme ab. Die Basis für ein leistungsfähiges Verbundsystem heterogener Rechnersysteme, das den zukünftigen Entwicklungen gegenüber offen ist, wird durch die Realisierung dieses Konzeptes geschaffen.

Computer-Aided-Selling in dezentralisierten Vertriebsorganisationen

Harald Ackerschott

Unter dezentralisierten Vertriebsorganisationen verstehen wir Unternehmen, deren Schwerpunkt der Vertrieb von Produkten und Dienstleistungen ist und die in mehreren Geschäftsstellen organisiert sind. Wir wollen uns hier auf einen derart idealisierten Unternehmenstyp konzentrieren, um die Problematik der Produktions- und Fertigungssteuerung zunächst außer acht zu lassen.

1 Grundlagen

1.1 Verteilt stehende Rechner

Zur Unterstützung der in derartigen Unternehmen primär vorhandenen Funktionen zur Abdeckung der logistischen Kette wie Kunden- und Interessentenverwaltung, Aktivitätenplanung, Angebotsschreibung, Auftragserfassung, Auftragsverwaltung, Lieferung, Fakturierung, Vertriebssteuerung und -controlling hat man es geradezu zwangsläufig mit verteilten Systemen zu tun: In der Vertriebszentrale findet man Zentralrechner, in den Geschäftsstellen mehr oder weniger autonome Rechner, und der Außendienst-Mitarbeiter arbeitet nicht selten mit einem Laptop oder Notebook vor Ort. Ein Zentralrechner wird in den meisten Fällen Stammdaten wie Produkt- und Kundendaten sowie Tabellen (z.B. Branchen-Code-Tabelle, Zahlungsbedingungen-Tabelle) verwalten, aus denen zur Konsistenzgewährleistung alle übrigen Rechner und alle Funktionen mit Daten versorgt werden. Damit besteht ein (nicht notwendig hierarchisches, meistens autonomes) Netzwerk von **verteilt stehenden Rechnern** (vergl. Abb. 1.1).

1.2 Verteilte Aufgaben

Im operativen Geschäft wird der Außendienst häufig durch einen Innendienst unterstützt, so daß schon zwischen diesen Institutionen Informationen ausgetauscht werden müssen. Da sich Innen- und Außendienst gegenseitig unterstützen, hat man es mit **verteilten Funktionen** aus Sicht der Ablauforganisation zu tun. (Man denke etwa an ein „Tandem"-Konzept, bei dem Außen- und Innendienst-Mitarbeiter gemeinsam ein Projekt bearbeiten, vergl. Abb. 1.2). Die verteilt stehenden Rechner erledigen also unterschiedliche Aufgaben, und nur die richtige Koordinierung und Zusammenführung dieser Aufgaben ermöglicht die ordnungsgemäße Unterstützung der Funktionen entlang der logistischen Kette.

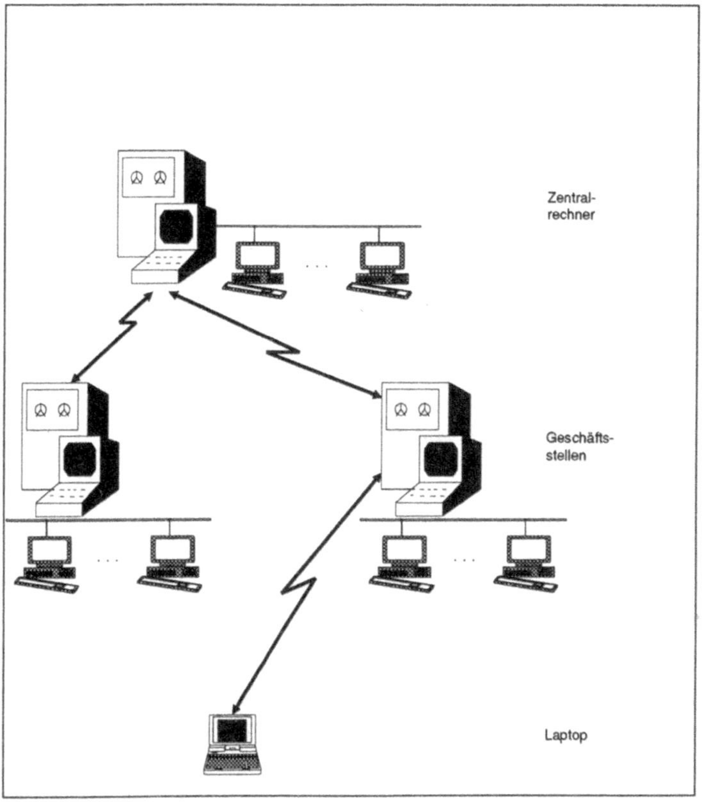

Abb. 1.1

1.3 Verteilte Datenhaltung

Innen- und Außendienst müssen somit auf dieselben Daten zugreifen. Der Laptop eines Außendienst-Mitarbeiters muß also auch Zugriff auf Daten ermöglichen, die auf dem Rechner gespeichert sind, an dem der zugehörige Innendienst-Mitarbeiter arbeitet. Andererseits muß der Innendienst-Mitarbeiter auf Daten zugreifen können, die der Außendienst-Mitarbeiter auf seinem Laptop erfaßt hat.

Dieses Szenario bedingt demnach eine **verteilte Datenhaltung** (Kundendaten, Produktdaten, Angebots- und Auftragsdaten, ...).

Eine Schwierigkeit besteht darin, daß aufgrund der Autonomie eines Laptops, dessen Daten für die restlichen Anwender des Gesamtsystems — also auch für den zugehörigen Innendienst-Mitarbeiter — nicht online verfügbar sind. Die Daten sind erst dann verfügbar, wenn sich der Laptop in das Netzwerk „eingedockt" hat, bzw. wenn er mit dem zugehörigen Rechner, an dem der Innendienst-Mitarbeiter arbeitet, die entsprechenden Daten ausgetauscht bzw. abgeglichen hat.

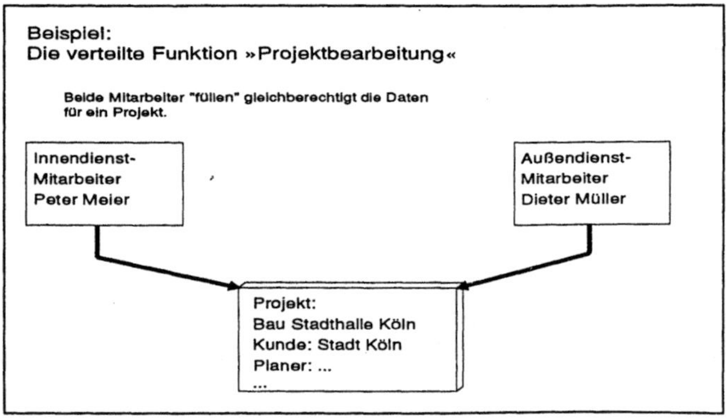

Abb. 1.2

Wären die Laptops permanent im Netzwerk eingebunden, so könnte man mit verteilten Datenbanken und einer Client-Server-Lösung arbeiten. Das würde jedoch der gewünschten Mobilität der Laptops widersprechen. Das heißt aber zwangsläufig, daß alle Daten, auf die nicht nur der Mitarbeiter an seinem Arbeitsplatz zugreifen soll, von einem Arbeitsplatz zum anderen transferiert werden müssen. Dabei ist der Konsistenzsicherung großes Gewicht beizumessen.

1.4 Klassifizierung der Daten nach ihrem Speicherort

Um den erforderlichen Datenaustausch nicht über Gebühr zu beanspruchen, muß festgelegt werden, welche Daten nicht auf jedem Rechner verfügbar zu sein brauchen. So könnte man z.B. Besuchsberichte rein lokal, d.h. an den jeweiligen Arbeitsplätzen speichern und nur gewisse verdichtete Daten daraus zum Geschäftsstellenrechner für Statistikauswertungen transferieren. Ausschließlich lokal gespeicherte Daten nennen wir **lokale Daten** im Gegensatz zu **globalen Daten** (vergl. Abb. 1.3).

Diese Einteilung hängt stark von der Ablauforganisation im Zusammenwirken von Innen- und Außendienst ab: Soll neben dem Außendienst-Mitarbeiter auch der Innendienst-Mitarbeiter einen Ansprechpartner eines Kunden anrufen können (z.B. zur Reklamationsbearbeitung), so müssen die entsprechenden Attribute des Entities »Ansprechpartner« globale Daten sein!

1.5 Daten-Eigentümer und Zugriffsberechtigte

Zusätzlich muß der Eigentümer von Daten (aus software-technischer Sicht) definiert werden. In den meisten Fällen wird der Ersterfasser der Eigentümer der Daten sein. Lokale Daten werden zunächst nur auf dem Arbeitsplatzrechner des Eigentümers vorgehalten. Neben dem Eigentümer gibt es **Zugriffsberechtigte** für Daten anderer Eigentümer. Diese Zugriffsberechtigten können für bestimmte Daten explizit definiert werden. Eine weitere Variante ist die, daß für alle Daten, deren Eigentümer ein Außendienst-Mitarbeiter ist, automatisch der zugehörige Innendienst-Mitarbeiter Zugriffsberechtigter ist und umgekehrt („Tandem"-Konzept). Natürlich müssen die Daten eines Zugriffsberechtigten auch auf dem Rechner verfügbar sein, mit dem er arbeitet.

1.6 Master-Beziehung von Daten

Zur Gewährleistung eines konsistenten Datenaustausches zwischen den Rechnern muß für jedes Entity, ja für jedes Attribut ein **Master** in folgendem Sinne festgelegt werden: Ist z.B. der Rechner A Master für das Attribut Debitoren-Nr. des Entities »Kunde«, so hat eine Übertragung eines Kunden-Datensatzes vom Rechner A auf den Rechner B zur Folge, daß in dem Fall, wo auf Rechner B schon ein

Datensatz dieses Kunden existiert, dort der Inhalt des Attributs Debitoren-Nr. einfach überschrieben wird, egal welcher Inhalt dort ursprünglich vorhanden war. Andersherum kann ein Kundendatensatz, der vom Rechner B zum Rechner A gesendet wird, dort niemals den Inhalt des Attributs Debitoren-Nr. automatisch überschreiben. So kann es sein, daß für einen Teil der Attribute des Entities »Kunde« wie z.B. die Attribute Kunden-Nr., Kunden-Bezeichnung, Kunden-Anschrift, Debitoren-Nr. der Zentralrechner der Master ist, ein dezentraler Rechner (Laptop) aber Master solcher Attribute wie Kunden-Bewertung, Akquisitions-Stufe, Potential usw. Andererseits wird meistens der Zentralrechner für alle Attribute der Produktstammdaten der Master sein. Wir tragen diesem Gesichtspunkt dadurch Rechnung, daß wir z.B. das Entity »Kunde« in die „Subentities" »Kunde_A« und »Kunde_B« aufsplitten und bei allen Entities die **Master-Beziehung** festhalten (vergl. Abb. 1.3).

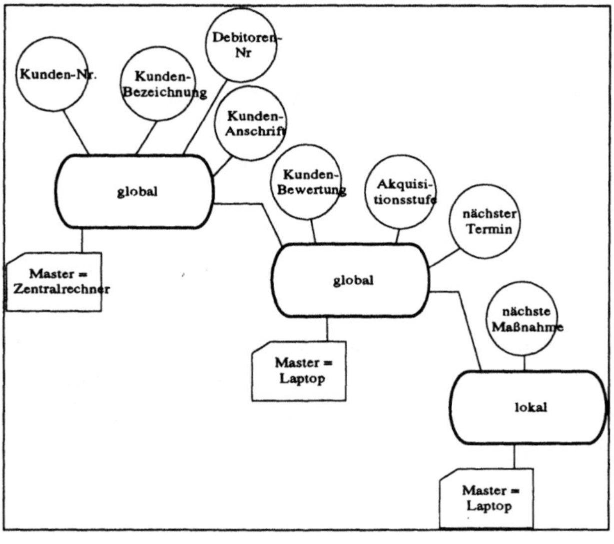

Abb. 1.3

Aber auch für die Attribute, deren Master der Zentralrechner ist, erfolgt der Anstoß zu Änderungen meist im operativen Feld, d.h. auf einem dezentralen Rechner (man denke daran, daß der Außendienst-Mitarbeiter meist als erster erfährt, wenn sich die Telefonnummer eines Kunden ändert). In diesem Fall werden die Daten zum Zentralrechner oder dem Rechner, an dem der zugehörige Innendienst-Mitarbeiter arbeitet, transferiert; hier muß dann manuell entschieden werden, ob die empfangenen Änderungen im zentralen Datenbestand aktiviert werden (**Freigabe-Prozedur**). Im Anschluß daran müssen die Änderungen auch den anderen betroffenen Rechnern übermittelt werden, falls es sich um globale Daten handelt. Analog kann die Freigabe-Prozedur auf einem Laptop laufen, z.B. dann, wenn vom Rechner des Innendienst-Mitarbeiters aus Daten transferiert werden, die auf dem Laptop schon vorhanden sind und für die der Laptop der Master ist.

1.7 Routing von Daten

Darüber hinaus hat man es mit einem Vorgang zu tun, den wir als **Routing** bezeichnen wollen: Von einem Rechner A müssen Daten zu einem anderen Rechner B transferiert werden, wobei Rechner A und Rechner B nicht direkt verbunden sind, beide aber an einen Rechner C angeschlossen werden. Man denke etwa daran, daß der Außendienst-Mitarbeiter Müller von seinem Laptop aus Nachrichten an den Laptop seines Kollegen Meier senden will (vergl. Abb. 1.4).

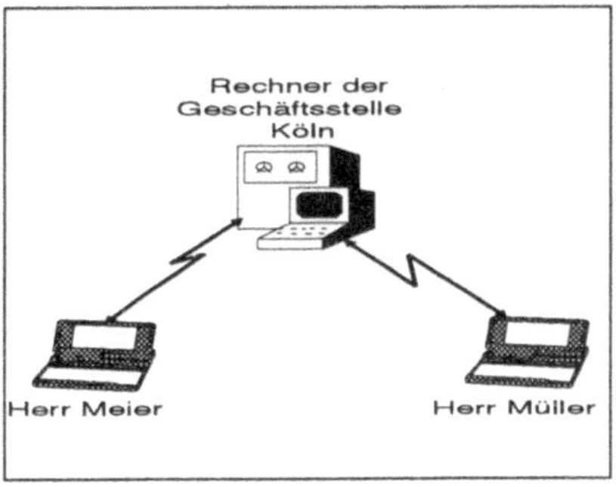

Abb. 1.4

Das für diesen Vorgang benötigte „Kommunikationsmedium" ist dann irgendein Geschäftsstellenrechner des Netzwerkes oder der Zentralrechner, an den Herr Müller seinen Laptop zwecks Datenübermittlung anschließt. Dort muß die Nachricht für Herrn Meier solange zwischengespeichert werden, bis dessen Laptop ebenfalls an den Rechner „angedockt" wird. Besteht keine feste Zuordnung, an welchen Rechner Herr Meier seinen Laptop „andockt", so muß die Nachricht an alle möglichen Rechner, an die Herr Meier seinen Laptop andocken kann, zur Zwischenspeicherung übermittelt werden. Nach erfolgtem „Abholen" der Nachricht auf den Laptop des Herrn Meier muß diese Tatsache allen Rechnern, die die Nachricht zwischengespeichert haben, mitgeteilt werden.

1.8 Datenkonsistenz

Wesentlich für die Konsistenzsicherung ist ein Verfahren, das sicherstellt, daß dem Gesamtsystem bekannt ist, an welchen Knoten des Netzwerks welche Daten vorhanden sind bzw. welchen Aktualisierungsgrad diese haben.

Zur Vorbereitung eines wie hier propagierten Datenaustausches ist eine entscheidende Anforderung an die Anwendungs-Software zu stellen:

Diese muß für jedes Subentity im obigen Sinne Änderungsdatum und Änderungszeit festhalten. Änderungen sind in diesem Falle die Erfassung neuer Daten, die Änderung von Daten und das Löschen von Daten.

Darüber hinaus muß auf jedem Rechner-Knoten festgehalten werden, wann an welche anderen Knoten zum letzten Mal welche Daten ordnungsgemäß transferiert wurden (**Transfer-Tabelle**), und andererseits, wann auf dem aktuellen Knoten zum letzten Mal erfolgreich Daten von welchen Rechnern geladen wurden (**Lade-Tabelle**). Diese Tabellen sind nicht nur im Fall einer Wiederholung eines Datenaustausches erforderlich.

1.9 Datenintegrität

Damit alle Rechner nur mit gültigen Daten arbeiten, muß die Anwendungs-Software einen Mechanismus beinhalten, der sicherstellt, daß entsprechende Funktionen (wie z.B. die Kalkulation) nicht mehr verfügbar sind, wenn eine bestimmte Zeitspanne seit dem letzten Datenaustausch überschritten wurde (man denke etwa an Preisänderungen). Diese Zeitspannen sind abhängig von der Funktion und von den betroffenen Daten. Einzelheiten werden in der auf jedem Knoten gespeicherten Tabelle »**Verfallzeit**« festgehalten.

1.10 Steuerung des Datenaustausches

Neben der Mobilität und der damit meist autonomen Arbeitsweise eines Laptops besteht noch eine weitere Besonderheit: der Anstoß zum Datenaustausch muß vom Laptop aus geschehen, d.h. der Zentralrechner bzw. der dem Laptop zugehörige Rechner muß solange für die jeweiligen Laptops die zu übermittelnden Daten sammeln, bis diese zum Datenaustausch angeschlossen werden.

Beim Datenaustausch, an dem ein Laptop beteiligt ist, ist der Laptop also der aktive Knoten. Er muß den Verbindungsauf- und -abbau sowie die Steuerung des Transfers übernehmen: Im ersten Schritt sendet er seine für den Partner-Knoten bestimmten Daten und im Anschluß daran muß er die dort für ihn bereitstehenden Daten „abholen“. Der zweite Schritt ist am einfachsten durchführbar, wenn der Laptop auf dem Partner-Knoten einen definierten Prozeß starten kann (»remote command execution«). Eine derartige Möglichkeit besteht z.B. mit dem Betriebssystem UNIX durch Einsatz des Befehls `uux`. Diese Problematik bedingt zusätzlich eine intensive Beschäftigung mit Themen der Daten- und Systemsicherheit.

1.11 Optimierung des Transfervolumens

Um den Speicherbedarf auf den Arbeitsplatzrechnern zu minimieren und das Volumen des Datenaustausches zwischen den einzelnen Knoten möglichst gering zu halten, sollten — außer auf dem Zentralrechner — nur die benötigten globalen Daten vorhanden sein, d.h. es sollten dorthin (unter Berücksichtigung existentieller Abhängigkeit und referentieller Integrität) nur die globalen Daten der Eigentümer bzw. Zugriffsberechtigten transferiert werden. Auf jedem Knoten muß also die Verwaltungstabelle vorhanden sein, aus der hervorgeht, welche Anwender an welchen Knoten arbeiten. Diese Tabelle muß netzwerkweit eindeutig sein.

2 Technische Realisierung

Für die Umsetzung des hier nur ansatzweise skizzierten Konzepts ist neben einer guten Kenntnis der betrieblichen Funktionen, Datenelemente und organisatorischen Abläufe eine unternehmensweite Datenmodellierung erforderlich, die neben den bekannten Aspekten den hier angeführten Kriterien Rechnung trägt.

Anwendungsentwicklung für Client-Server-Architekturen

Klaus D. Niemann

1 Veränderung der Anwendungsentwicklung

Die Anwendungsentwicklung für Großrechner im kommerziellen Bereich ist durch eine starke Orientierung auf Datenbankmanagementsysteme (DBMS) gekennzeichnet. Die vielfach als Designziel formulierte Unabhängigkeit der Anwendungsprogramme von der physischen Speicherung der Daten erhöht die Stabilität der Anwendungsprogramme, da Veränderungen im Bereich der Hardware, System- und Datenbank-Software anwendungsneutral erfolgen können. Der Stabilitätsgewinn durch Abkopplung der Anwendungen von der physischen Speicherung der Daten beschränkt sich aber auf Veränderungen im technischen Bereich. Eine weitergehende Anforderung ist es, Anwendungssysteme so stabil zu gestalten, daß auch Veränderungen im Bereich des Geschäftsfelds, der Aufbau- und Ablauforganisation effizient umgesetzt werden können.

In methodischer Hinsicht impliziert die Orientierung auf DBMS den Einsatz von Datenmodellierungstechniken, die bei ausreichender Konsolidierung dafür Sorge tragen, daß die Datenstruktur fachliche Zusammenhänge aus den Geschäftsprozessen des Unternehmens widerspiegelt und in 'Entities' mit deren 'Relationships' weitgehend redundanzfrei zusammenfaßt [1]. Nach Implementierung eines Datenmodells in einer relationalen Datenbank kann die Realisierung einer 'Entity' in Form einer Tabelle über die Schnittstelle des DBMS aus mehreren Anwendungen heraus verwendet werden, die dann Kenntnis über die Datenstruktur besitzen müssen. Eine Veränderung der Datenstruktur durch Veränderung des Geschäftsfelds hat Implikationen für alle Anwendungen, die eine Tabelle gemeinsam benutzen. Die Anpassung einer Anwendung an eine veränderte Ablauf- oder Aufbauorganisation ist mit einer Überprüfung der Datenstrukturen verbunden und tangiert somit auch andere Anwendungen.

Es wird deutlich, daß die Gestaltung stabiler Anwendungssysteme nicht allein durch eine Trennung der Anwendung von Realisierungsdetails (Speicherung, Netzwerk, Betriebssystem etc.) gelingt. Vielmehr muß der Grundgedanke des 'information hiding' auch für die Gestaltung der Anwendung selbst genutzt werden, indem das Konzept der Datenkapselung konsequent umgesetzt wird. Fachliche Zusammenhänge aus den Geschäftsprozessen des Unternehmens, die mit Hilfe von Datenmodellierungstechniken identifiziert wurden, werden in bestehenden Anwendungen häufig durch Anwendungsprogramme nicht wirksam gekapselt. Statt dessen wird die Logik von Geschäftsprozessen häufig mehrfach in disjunkten Anwendungsprogrammen abgebildet. Zumindest elementare Funktionen, die eine Integrität der Datenstruktur sicherstellen, werden mehrfach realisiert (Abb. 1.1).

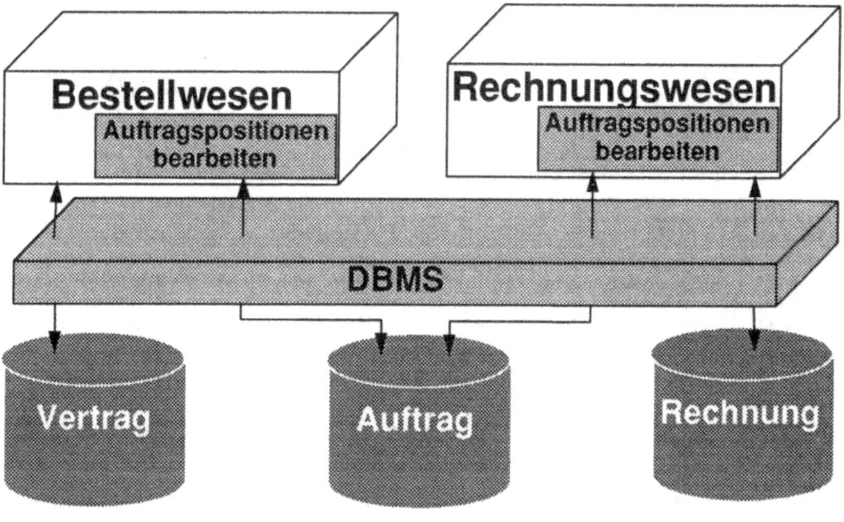

Abb. 1.1: Funktionale Redundanz in monolithischen Anwendungssystemen

Die zur Zeit überwiegend eingesetzten Methoden der Funktionsmodellierung (z.B. Structured Analysis) unterstützen mit ihrem Top-Down-Vorgehen nicht die Identifikation solcher Funktionen, die mehrfach in verschiedenen Anwendungsprogrammen benötigt werden. Führte dies in der Vergangenheit lediglich zu Mehrfachentwicklungen gleicher oder ähnlicher Funktionen und damit zu höheren Kosten, so verhindert es jetzt den erfolgreichen Umstieg auf die Anwendungsentwicklung für Client-Server-Architekturen. Denn die Grundidee dieser Architektur ist die Auslagerung von mehrfach benötigten Daten und/oder Funktionen auf einen Server und damit die Schaffung einer neuen Anwendungssystemarchitektur, die sich primär auf dem Gedanken der Wiederverwendbarkeit abstützt (Abb. 1.2).

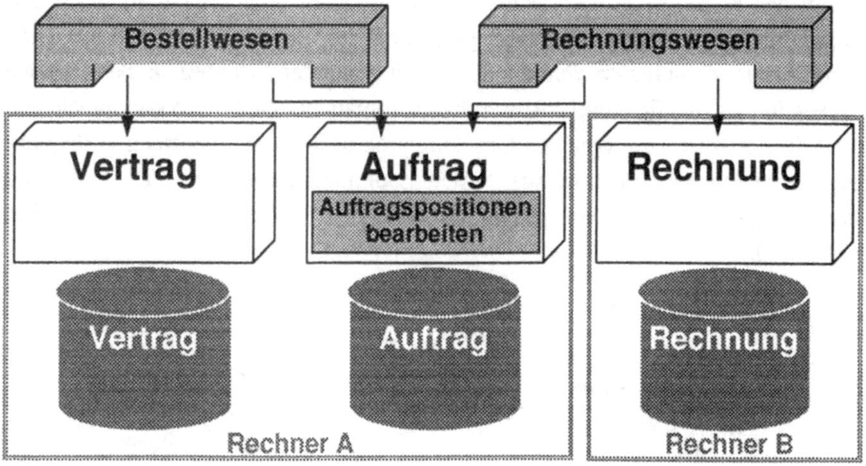

Abb. 1.2: Wiederverwendbare Daten-/Funktionsbausteine

Erste Client-Server-Systeme waren durch ihre Hardware-Architektur gekennzeichnet (Datei-Server). Sie entwickelten sich weiter zu Datenbank-Servern und Transaktions-Servern, in denen neben den Daten auch elementare Regeln abgelegt werden (z.B. 'stored procedures'). Eine konsequente Weiterentwicklung der Client-Server-Idee resultiert in der Kapselung von fachlichen Zusammenhängen (Datenstruktur und Operationen) in einem 'Application-Server'. Der Umstieg auf eine Client-Server-Architektur wird langfristig dadurch zum wirtschaftlichen Erfolg, daß nicht nur Systemdienste wie Datenbank- oder Kommunikationssysteme in Form von Servern (Datenbank-Server, Kommunikations-Server) installiert werden, sondern auch Anwendungsteile als 'Application-Server' wiederverwendet werden können (Abb. 1.3).

Die Erfahrung aus Praxisprojekten [2] unterstützt die Schlußfolgerung aus diesen Vorbemerkungen: der Umstieg auf eine Client-Server-Architektur macht die Modifikation des Anwendungsentwicklungsprozesses in methodischer Hinsicht erforderlich, da die gängigen Methoden der Funktionsanalyse die Identifikation wiederverwendbarer Funktionen und die Datenkapselung nicht unterstützen.

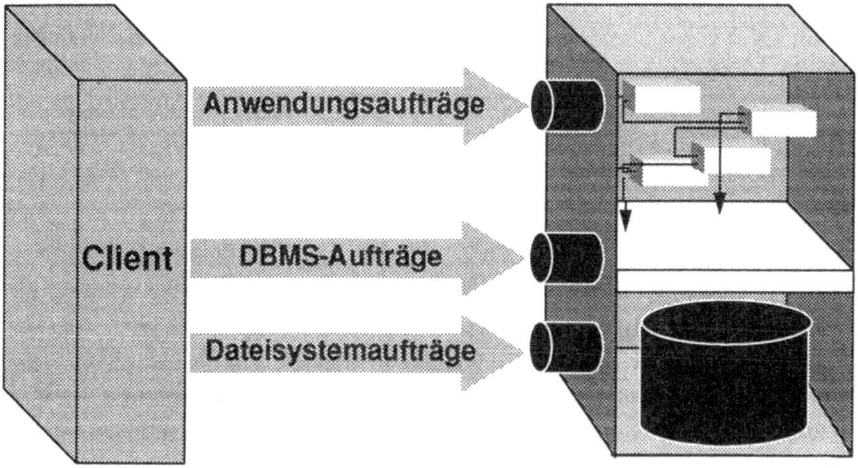

Abb. 1.3: Entwicklung vom Datei- zum Application-Server

2 Veränderung der Software-Produktionsumgebung

Der Anwendungsentwicklungsprozeß wird getragen von einer Software-Produktionsumgebung, in der das Zusammenspiel von Methoden und Werkzeugen im Rahmen eines Vorgehensmodells definiert ist. Der Umstieg auf die Zielumgebung einer Client-Server-Architektur hat primär Auswirkungen auf die im Anwendungsentwicklungsprozeß verwendeten Methoden. Fachliche Zusammenhänge aus den Geschäftsprozessen des Unternehmens müssen in Form von wiederverwendbaren Bausteinen modelliert werden. Dies betrifft sowohl die Datenstruktur wie auch die zugehörigen Funktionen. Die Datenmodellierung verfolgt einen Bottom-Up-Ansatz, der durch Zusammenfassung von Attributen zu 'Entities' wiederverwendbare Daten-Bausteine erzeugt. Eine konsequente Fortsetzung dieses Vorgehens auch für die Funktionsmodellierung bietet die Objekt-orientierte Analyse [3], in der nach Ableitung eines Datenmodells 'Entities' sukzessive zu Objekten erweitert werden, indem die Datenstruktur mit Hilfe von zugehörigen Funktionen in abstrakten Datentypen gekapselt wird. Die abstrakten Datentypen werden in Klassenhierarchien strukturiert, in denen mit Hilfe von Vererbungsmechanismen weitere Potentiale zur Wiederverwendung ausgeschöpft werden. Mit der Einführung eines abstrakten Kommunikationsverfahrens über Nachrichten entsteht das Objektmodell, in dem unabhängige Objekte über Nachrichten miteinander kommunizieren und so einerseits die Funktionalität des Anwendungsprogramms abdecken und andererseits auch die gekapselten Daten manipulieren. Wiederverwendbare Objekte implizieren Wiederverwendbarkeit von Daten, Datenstruktur und Funktionen.

Der wesentliche Unterschied zur Vorgehensweise gängiger Methoden ist darin zu sehen, daß Daten und Funktionen in der Objekt-orientierten Analyse während der gesamten Modellierung als Einheit betrachtet werden. Jede mittels einer Analyse der Geschäftsprozesse gefundene Funktion wird einem Objekt und damit einer Datenstruktur zugeordnet, so daß 'bottom-up' eine Datenkapsel entsteht. Ein Geschäftsprozeß ist in diesem Kontext als eine Folge von verketteten Objektfunktionen definiert.

Die mit diesem Verfahren gefundenen Objekte sind die Bausteine einer Client-Server-Architektur, denn mit ihrer Hilfe lassen sich 'Application-Server' konstruieren, die immer Daten und Funktionen zur Manipulation der Daten enthalten müssen.

Die Einführung der Objekt-orientierten Analyse ist eine der erforderlichen Modifikationen der Software-Produktionsumgebung. Wird die Partitionierung des Gesamtsystems in verteilbare Bausteine (Objekte) durch eine Objekt-orientierte Analyse unterstützt, so stellt sich anschließend die Frage nach der optimalen Allokation dieser Bausteine auf den Verarbeitungsknoten. Die Allokation muß als zusätzliche Aktivität im Vorgehensmodell in der Designphase definiert werden. In kommerziellen Anwendungsentwicklungsprojekten sind aufgrund der heterogenen Zielsystemstruktur feste Allokationen in der Regel notwendig, das heißt Objekte werden den Verarbeitungsknoten fest zugeordnet und verändern ihre Lokation zur Laufzeit nicht. Wenn auf den Zielsystemen mit verschiedenen Zielsprachen gearbeitet wird (z.B. COBOL auf dem Großrechner, C auf der Workstation), dann ist die in der Designphase vorgenommene Allokation nur mit hohem Aufwand (d.h. Neuimplementierung) änderbar. Deshalb muß die Allokationsentscheidung methodisch fundiert getroffen werden. Die bekannten Allokationsverfahren [4] [5] erwarten Informationen über das zu verteilende Anwendungssystem, die erst nach der Realisierung mit genügender Genauigkeit erhoben werden können (z.B. Zugriffshäufigkeiten, Schnittstellengrößen, notwendige Prozessorleistung). In der Praxis hat sich deshalb ein näherungsweises Verfahren bewährt, das die Allokationsentscheidung anhand von Abschätzungen und Ergebnissen der Designphase herbeiführt [6].

Eine geschlossene Vorgehensweise zur Erstellung von Client-Server-Applikationen besteht aus folgenden Aktivitäten (Abb. 2.1):

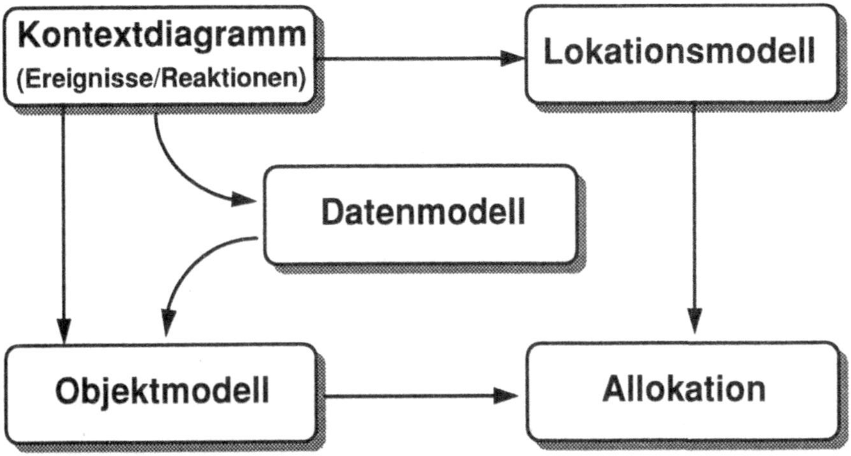

Abb. 2.1: Vorgehensweise zur Entwicklung von Client-Server-Applikationen

Das Kontextdiagramm hat sich zur Dokumentation der Anforderungen an das zu erstellende System bewährt, da es die Kommunikation mit Fachabteilungen unterstützt und die entstehenden Ereignis- und Reaktionslisten sich im weiteren Verlauf der Modellierung zur Qualitätssicherung des Modells eignen.

Das Lokationsmodell faßt zusammen, an welchen Orten bzw. Organisationseinheiten Ereignisse des Kontextdiagramms entstehen und Reaktionen erzeugt werden müssen. Auf dieser Basis wird die spätere Allokation vorgenommen, um sicherzustellen, daß Objekte auf den Verarbeitungsknoten des Client-Server-Systems installiert werden, auf denen sie primär benötigt werden.

Das aus dem Kontextdiagramm abgeleitete Datenmodell wird in ein Objektmodell überführt, indem die Entitäten zu abstrakten Datentypen erweitert werden. Durch Analyse der Geschäftsprozesse werden Objektfunktionen identifiziert und den Entitäten zugeordnet. Zusätzlich zu den so entstehenden Datenmodell-Objekttypen werden Dialog-Objekttypen definiert, die für die Präsentation der Inhalte von Datenmodell-Objekttypen verantwortlich sind. Die Dialog-Objekttypen beinhalten die Dialogsteuerung und verwenden die Datenmodell-Objekttypen, in denen der fachliche Kern der Anwendung abgelegt ist. Änderungen der Aufbau- und/oder Ablauforganisation implizieren lediglich Modifikationen der Dialog-Objekttypen; die mehrfach verwendbaren Datenmodell-Objekttypen bleiben stabil. Die Inhalte eines Datenmodell-Objekttyps können durch verschiedene Instanzen eines Dialog-Objekttyps präsentiert werden, so daß auf der Basis der Datenmodell-Objekttypen sowohl Anwendungen in Client-Server-Umgebungen mit graphischen Benutzeroberflächen wie auch Anwendungen in klassischen Großrechnerumgebungen realisiert werden können.

Die bei der Analyse der Geschäftsprozesse entstehenden Nachrichtenverbindungen zwischen Objekttypen werden in einem Objektkommunikationsdiagramm dokumentiert (Abb. 2.2), wobei Ereignisse und Reaktionen aus dem Kontextdiagramm als Klammer eines Geschäftsprozesses dienen.

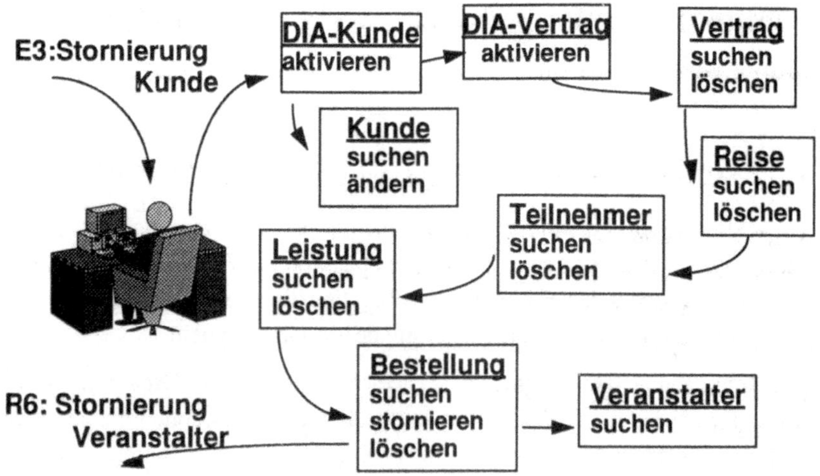

Abb. 2.2: Objektkommunikationsdiagramm

In der abschließenden Allokation wird die Zuordnung der Objekte zu den zur Verfügung stehenden Verarbeitungsknoten definiert, wobei das Ziel verfolgt wird, diejenigen Nachrichtenverbindungen zwischen Objekttypen aus der Analyse der Geschäftsprozesse durch Rechner-Rechner-Kommunikation zu realisieren, die das geringste Nachrichtenvolumen aufweisen. Damit wird die in einem Objektkommunikationsdiagramm dargestellte Bearbeitung eines Geschäftsprozesses über mehrere Rechner verteilt (Abb. 2.3).

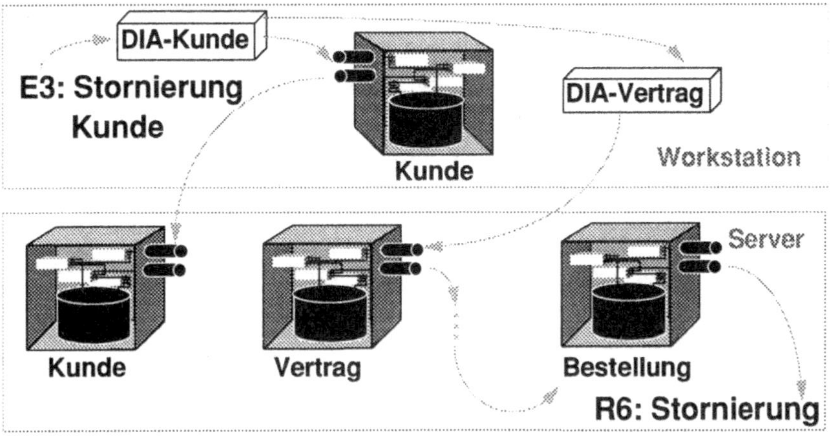

Abb. 2.3: Verteilung von Objekten

3 Zusammenfassung und Ausblick

Die Veränderung der Zielsysteme von homogenen Ein-Prozessor-Architekturen hin zu heterogenen verteilten Systemen geht mit einer Veränderung der Struktur der Anwendungssystemarchitekturen konform. Monolithische Anwendungsprogramme, die sich, auf einem gemeinsamen Rechner installiert, über die Schnittstelle eines Datenbanksystems Datenbestände teilen, weichen Anwendungsprogrammen, die aus 'Application-Servers' zusammengesetzt sind und verteilt in disjunkten Adreßräumen ablaufen. Der Umstieg auf eine Client-Server-Architektur macht die Veränderung des Anwendungsentwicklungsprozesses erforderlich.

Einige der notwendigen Veränderungen der Anwendungsentwicklung wurden kurz vorgestellt, wobei der Schwerpunkt auf methodische Aspekte gelegt wurde.

Weitreichende Veränderungen sind auch im Bereich der Werkzeugunterstützung abzusehen (z.B. Distributed-Computing-Environment der Open Software Foundation [7]). Gegenwärtig leiden Praxisprojekte unter dem Mangel an adäquater Werkzeugunterstützung, insbesondere in den frühen Phasen. So sind z.B. keinerlei Werkzeuge zur Unterstützung eines Allokationsverfahrens erhältlich.

Die Fixierung der Diskussion auf die rein Zielsystem-spezifischen Aspekte der Client-Server-Architektur (Workstation und LAN statt Großrechner) behindert den Blick auf die Implikationen dieses Themas: der Umstieg von einer monolithischen Anwendungssystemarchitektur auf eine Client-Server-Architektur ist ohne Adaptation des Anwendungsentwicklungsprozesses nicht erfolgreich durchführbar. Wenn aber diese Adaptation gelingt, so ist von dem Umstieg weitaus mehr zu erwarten als nur eine andere Hardware-Architektur der Zielsysteme. Dieser Umstieg wird langfristig zu neuen, flexibleren und wirtschaftlicheren Anwendungssystemarchitekturen führen.

Literatur

[1] Chen, P.: *The Entity-Relationship-Approach to Logical Data Base Design*, Wellesley 1977

[2] Niemann, K. D.: *Methodische Entwicklung verteilter DV-Systeme im Unternehmen*; in: Kurbel, K. (Hrsg.): Wirtschaftsinformatik 93, Heidelberg 1993

[3] *Datenmodell-Objekt-Methode (DMO)*, Plenum Management Consulting GmbH, Hamburg 1991

[4] Lorin, H.: *Aspects of Distributed Computer Systems*; New York 1988

[5] Chu, W. W.; Holloway, L. J.; Lan, M.; Efe, K.: *Task Allocation in Distributed Data Processing*; Computer, Nov. 1980, S. 57-69

[6] *Co-operative Processing*, Seminarunterlagen der Informatik Training GmbH, Radolfzell 1992

[7] Open Software Foundation: Introduction to OSF DCE; Cambridge 1992

ICOMA - Ein Werkzeug für ein integriertes Konfigurationsmanagement

Jan Gottschick, Lutz Nentwig und Malte Timmermann

Zusammenfassung

ICOMA (Integrated Configuration Management) ist ein Werkzeug für das Konfigurationsmanagement sehr großer Rechnernetze. Es erlaubt einem Systemanbieter, verschiedene „Managed Objects", die sowohl Systemobjekte als auch Anwendungen umfassen können, gemeinsam zu verwalten. Dazu hat das System ein Repository (Datenbasis), das die spezifischen Konfigurationsinformationen für das gesamte System enthält. Jeder Systembetreuer kann über eine einheitliche graphische Benutzungsschnittstelle auf das Repository zugreifen und es ändern, wobei er entsprechend seinen Aufgaben eine anpaßbare, individuelle Sicht auf das Repository hat. Nach Abschluß der Änderung werden die Managed Objects mittels dieser Daten konfiguriert. ICOMA unterstützt die Standards OSI, SMNP und OSF/DME.

1 Die Probleme beim Management verteilter Systeme

Die Innovationen auf dem Gebiet der Hard- und Software haben in den letzten Jahren nicht nur die Rechentechnik verändert, sondern bedürfen auch völlig neuer Organisationsstrukturen im Bereich der Rechnerbetriebe und Rechenzentren. Früher wurden Groß- und Minirechner zentral gepflegt. Mittelpunkt der Arbeiten waren die Administration der System-Software sowie Datensicherung und Anpassungsarbeiten. PCs wurden lediglich mit der benötigten Software installiert und ansonsten vom Benutzer selbst gepflegt. Durch die stärkere Verbreitung von Netzwerken und die ständig steigende Zahl von Rechnern stieg und steigt der Aufwand zum Administrieren von Rechnern überproportional. Die Probleme des Systemmanagements lassen sich durch folgende Faktoren verdeutlichen:

- steigende Anzahl installierter Rechner und Software-Systeme (mehrere hundert möglich),
- steigende Komplexität des Managements einzelner Software-Systeme und
- Heterogenität von Hard- und Software.

Die Administration mittlerer und großer Systeme, d.h. einer großen Anzahl verteilter Rechner, die durch ein Netzwerk verbunden sind, kann nicht durch den Benutzer selbst erfolgen. Zum einen ist das benötigte Fachwissen hoch und zum anderen sind die Aufgaben zentral effektiver und effizienter zu lösen. Rechnerbetriebe und Rechenzentren müssen sich allerdings den gegebenen Eigenschaften verteilter Systeme anpassen: Kooperation, Verteiltheit, Autonomie und Heterogenität der Systeme.

Die Technik der Rechner und Netzwerke wird ständig weiterentwickelt. Ebenso steigt die Funktionalität der Software. Die Anwendungen werden als verteilte Anwendungen realisiert, um die Zusammenarbeit zwischen verschiedenen Personen zu fördern. Das Management der Systeme und der Anwendungen trägt dem allerdings häufig noch nicht Rechnung. Während die Anwendungen komfortable Benutzungsoberflächen und mächtige Funktionen zur Vereinfachung ihrer spezifischen Aufgabe besitzen, werden für die Systemadministration meist noch einfachste Werkzeuge verwendet. Die Administration erfolgt für jede Applikation gesondert und nicht integriert für das ganze Anwendungssystem. Die Aufgabenverteilung für die administrativen Tätigkeiten orientiert sich an Einzelplatzrechnern und nicht an den Organisationsstrukturen und ihren Zuständigkeiten.

Im folgendem wird das Management nur für den funktionalen Bereich des Konfigurationsmanagements gemäß dem OSI-Systemmanagement [3] betrachtet. Dabei wird grundsätzlich nicht zwischen System- und Netzwerkmanagement unterschieden, wobei von Netzwerkmanagement dann gesprochen wird, wenn die Managementaspekte Ressourcen betreffen, die der Kommunikation zwischen Rechnern dienen, und von Systemmanagement bei Aspekten, die den Betrieb von Rechnerverbunden mit entsprechenden verteilten Diensten betreffen [1]. Allerdings orientieren sich die hier dargestellten Lösungen an den Problemen des Systemmanagements und der Integration des Konfigurationsmanagements.

Die Administration der verschiedenen Systemdienste bzw. Applikationen ist sehr unterschiedlich. Viele Applikationen speichern ihre Konfigurationsinformationen in Textdateien, beispielsweise der „passwd"-Datei. Die Konfigurationsinformationen in den Dateien können direkt mit Texteditoren bearbeitet werden. Das Format der Texte ist applikationsabhängig. Immer häufiger gibt es Shell-Scripts, die diese Dateien erstellen. Die Konfigurationsinformationen werden dazu vorher interaktiv abgefragt. Teilweise werden die Konfigurationsdaten in ISAM-Datendateien abgelegt, wie bei NIS [7] oder X.400-pp [9]. Andere Applikationen nutzen netzwerkweit verteilte Datenbasen wie DNS [8] oder X.500 [10], um auf Konfigurationsinformationen zuzugreifen, z.B. ftp, telnet, sendmail, ftam. Im Zuge der Standardisierungen sowie der Vereinheitlichung des Managements kommen langsam Standards wie SNMP [6] oder Normen wie CMIP [2] zum Einsatz. Diese definieren MOs (Managed Object), die abstrakte zu administrierende Ressourcen beschreiben und ein einheitliches Schema zur Administration darstellen. Ergänzend zu den Protokollen, die einen einheitlichen Zugriff auf die MOs definieren, werden noch MIBs (Management Information Base) definiert, die die konkreten Ausprägungen der Ressourcen beschreiben. Die Werkzeuge zur Administration der MOs und die Schnittstellen werden in einer Managementplattform wie OSF/DME [5] zusammengefaßt. Ergänzend zum Zugriff auf die realen Ressourcen in Form der MOs bieten Managementplattformen auch einen einheitlichen Zugriff auf ortsunabhängige Objekte, die das Management erweitern. Ein Beispiel hierfür ist CORBA (Common Object Request Broker Architecture) [4].

Aus dieser Situation ergeben sich für das Konfigurationsmanagement mehrere Probleme. Jede Applikation muß einzeln administriert werden. Konfigurationsänderungen sind komplex und können häufig nur durch einen Spezialisten ausgeführt werden. Dies wird durch die unterschiedlichen Arten, wie eine Applikation administriert wird und nicht nur welche der Applikationen administriert werden soll, zusätzlich aufwendiger. Nicht alle Konfigurationsinformationen werden netzwerkweit verteilt. Aus diesem Grund müssen die Rechner teilweise einzeln administriert werden. Weiterhin wird die Administration von teilweise autonomen Verwaltungsbereichen unzureichend unterstützt. Zusätzlich wird es bei der großen Anzahl von Systemen immer schwieriger, einen Überblick über alle Konfigurationen zu behalten.

2 Lösungsansätze für das Systemmanagement

Die existierenden Produkte für das Netzwerkmanagement lösen die Probleme bisher nur eingeschränkt oder verlagern sie teilweise nur. Sie orientieren sich bisher hauptsächlich an den Problemen des Netzwerkmanagements und nicht des Systemmanagements. Sie bieten generische Werkzeuge, die aber stark an die eigene Problemstellung angepaßt werden müssen. Für das Konfigurationsmanagement existieren kaum Lösungen oder nur sehr eingeschränkte, die sich auf ein bestimmtes Problem spezialisieren und kaum oder nur unter großem Aufwand erweiterbar sind. Typische Vertreter für Netzwerkmanagement-Plattformen sind HP/Openview, SUN/Netmanager, DEC/mcc oder Cabletron/Spektrum. Ein Beispiel für das Systemmanagement ist die Systemmanagement-Plattform von Tivoli. Dabei sind Teile der Produkte von HP und Tivoli neben Produkten von anderen Herstellern die Basis für OSF/DME.

Als einen Ansatz zur Lösung der oben genannten Probleme wurde am Institut für Software und Systemtechnik der Fraunhofer-Gesellschaft das ICOMA-System (Integrated Configuration Management) als Prototyp eines Konfigurationsmanagementsystems entwickelt. Die Entwicklung findet im Rahmen des Projekts SINUS statt. In diesem Projekt werden neben dem ICOMA-System auch Systeme für das Installationsmanagement und die Systemmodellierung entwickelt, die auf einer einheitlichen Managementplattform beruhen.

Für die Entwicklung von ICOMA wurden folgende wesentliche Ziele definiert:

- Die heutigen Schnittstellen zum Administrieren der Applikationen und Systemdienste müssen unterstützt werden.
- Die standardisierten Schnittstellen sollen adaptierbar sein.

So sollen später Management-Plattformen auf der Basis von OSF/DME den Rahmen für ICOMA bilden. ICOMA ist dann ein Werkzeug innerhalb der Plattform für das Konfigurationsmanagement. Es soll einen Rahmen für viele zu konfigurierende Applikationen bieten. Dabei wird eine einheitliche Benutzungsoberfläche sowohl für das Konfigurationsmanagement als auch innerhalb der Managementplattform gewährleistet.

Weiterhin „sieht" der Administrator nicht mehr die Konfigurierung für einzelne Applikationen, sondern hat eine anwenderspezifische, organisationsbedingte Sicht auf die Konfigurationsdaten. Das Management der einzelnen Applikationen wird integriert in Form einer gemeinsamen anwenderspezifischen Datenbasis. Zusätzlich können die Administratoren dabei definierte Rollen einnehmen, die jeweils eine an ihren Aufgaben orientierte individuelle Sicht auf die Konfigurationsdaten bieten. Dies ermöglicht eine Aufteilung der Aufgaben sowie Zuständigkeiten. Durch einen Datenaustausch zwischen verschiedenen Datenbasen können mit entsprechender Autorisierung und Authentifikation autonome Zuständigkeitsbereiche unterstützt werden.

Durch unterschiedliche und auch offene Schnittstellen zu den zu administrierenden Applikationen wird die Administration vorhandener Applikationen mit einbezogen, ohne daß diese geändert werden müssen, wie es bei einem Konfigurationsmanagement basierend z.B. auf X.500 der Fall wäre. Die anwenderspezifische Datenbasis erlaubt die Erstellung eines unternehmensweiten Konfigurationsdatenmodells. Um verschieden große Unternehmen zu unterstützen, basieren die Datenbasen auf verschiedenen Technologien, von Textdateien bis zu relationalen Datenbanken mit Transaktionsunterstützung.

So ist es möglich, daß das zentrale Rechenzentrum die unternehmensweite Infrastruktur administriert. Es konfiguriert das Netzwerk sowie unternehmensweite Netzwerkdienste wie DNS, X.500 oder auch X.400. An einem Standort gibt es lokale Administratoren, die das lokale Netzwerk administrieren, insbesondere auch konfigurieren. Weiterhin gibt es Organisationseinheiten wie Abteilungen, deren Administratoren die Verwaltung der eigenen Mitarbeiter im System selbst durchführen. Sie können dabei auch die Zugangsberechtigungen für die Mitarbeiter zu den Abteilungsdaten konfigurieren. Sie haben keinen Zugriff auf die Systemdaten bzw. Unternehmensdaten.

3 Das Konzept des ICOMA-Systems

Aus dem oben Erläuterten ergibt sich, daß es zum einen sehr viele zu verwaltende Konfigurationsinformationen gibt, die auch noch unterschiedlich angegeben werden können, und daß zum anderen viele Informationen redundant angegeben werden müssen. Ein Ziel des Konzeptes ist es daher, die Konfigurationsdaten einheitlich zu formatieren und in das Konfigurationsmanagement zu integrieren.

Das Konfigurationsmanagement mit ICOMA gliedert sich in drei Abschnitte (Abb. 1). Der Abschnitt „Logical View“ ermöglicht dem Administrator eine individuelle Sicht auf das Konfigurationsmanagement und bietet eine einheitliche Benutzungsoberfläche. Das Repository als Ganzes beinhaltet die notwendigen Daten für die anwenderspezifische Konfiguration. Das Repository kann in mehrere unabhängige Teil-Repositories zerlegt werden. Aus dem Repository werden dann die Daten abgeleitet, die für die Managed Objects benötigt werden. Die Schnittstellen zu den zu administrierenden Ressourcen werden durch Managementfunktionen realisiert. Diese haben die Aufgabe, die Daten im Repository an die Managed-Objects zu verteilen und anzupassen. Bei den Managed-Objects muß es sich nicht nur um OSI-MOs handeln, es können auch „Real Resources" in Form einer relationalen Datenbank mit SQL-Schnittstelle, SNMP-Agents, Textdateien oder nichtinteraktiven Managementprogrammen sein. Dies wird insbesondere in naher Zukunft der Fall sein, da bislang kaum OSI-MOs bzw. SNMP-Agents für den System- oder Anwendungsbereich verfügbar sind.

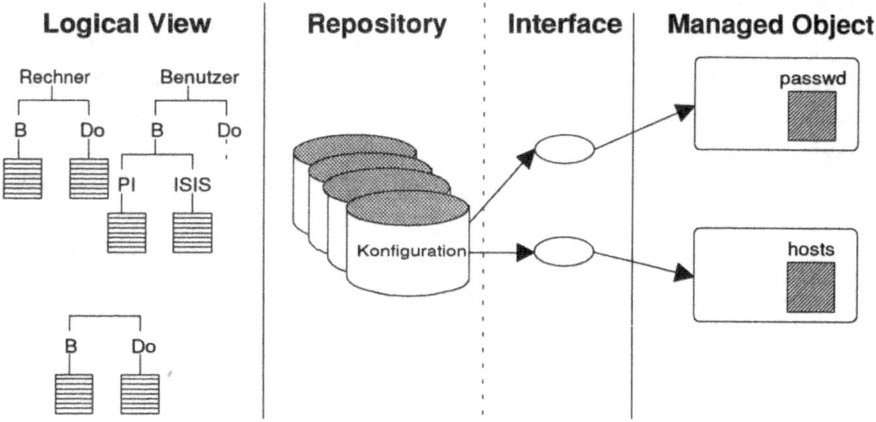

Abb. 1 : Konfiguration von Ressourcen

4 Das Konfigurationsmanagement mit ICOMA

ICOMA ist unter Verwendung der Internet-Protokoll-Familie (TCP/IP, SNMP), OSI/CMIP und OSF/DME in eine offene Management-Plattform integrierbar. ICOMA selbst ist als verteiltes System realisierbar. Das System ist in drei Teilbereiche gegliedert:

- den ICOMA-User-Agent, die graphische Benutzungsschnittstelle zur Darstellung, Eingabe und Manipulation der Konfigurationsdaten,

- das ICOMA-Repository, die verteilte Datenbasis der Konfigurationsdaten und
- den ICOMA-Konfigurator, der die Konfigurationsdaten des Repository mittels definierter Funktionen auf die Managed Objects abbildet.

In Abb. 2 ist die Architektur des ICOMA-Systems dargestellt.

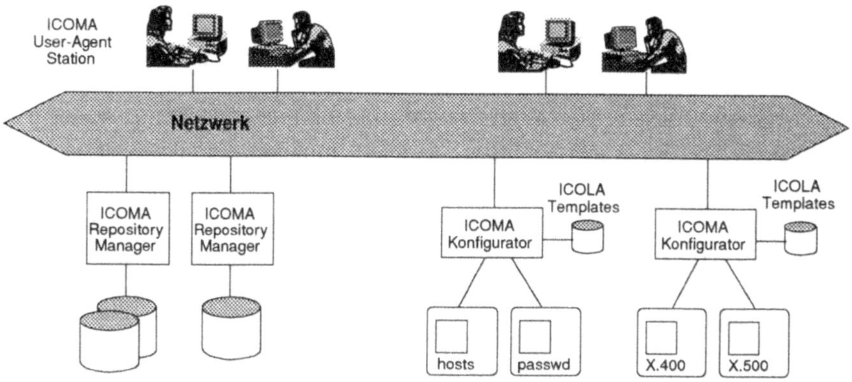

Abb. 2: Architektur des ICOMA-Systems

4.1 Der ICOMA-User-Agent

Der User-Agent bietet dem Benutzer eine graphische Benutzungsoberfläche zur Darstellung, Eingabe und Manipulation der Konfigurationsdaten. Jeder Benutzer kann mit Hilfe dieser Benutzungsoberfläche seine eigene anwendungsspezifische oder organisationsbedingte Sicht auf die Konfigurationsdaten definieren und sich anzeigen lassen.

Abb. 3 stellt den Zusammenhang zwischen dem User-Agent, dem Repository und dem Konfigurator dar.

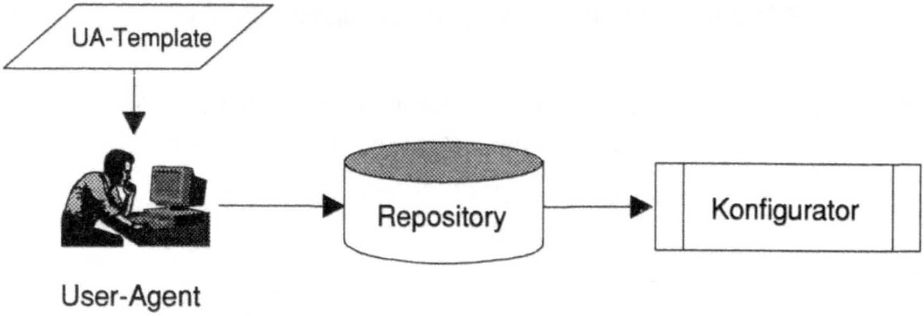

Abb. 3: Einbettung des User-Agents in den Konfigurationsablauf

Die Schemata, die der User-Agent zur Manipulation der Entitäten anbietet, werden durch die User-Agent-Templates definiert. In diesen Templates ist beschrieben, welche Daten mit welchen Typen zu erfragen und in das Repository einzutragen sind. Diese Daten und Typen sind redundant zu denen, die in den ICOLA-Templates (ICOMA Language, siehe Konfigurator) verwendet werden. Ein Beispiel für den Aufbau eines solchen Templates ist in Abb. 4 dargestellt.

```
Network = STRING
{
   INFO = "Netz";
   DEFAULT = "192.111.132";
   FIXED;
};
Number = INTEGER
{
   INFO = "Nr.";
};
Password = STRING
{
   INFO = "Passwort";
   HIDDEN;
};
```

Abb. 4: Aufbau des User-Agent-Templates (Ausschnitt)

Für jedes Element im User-Agent-Template wird der Typ und die zugehörige Information festgelegt. Beispielsweise kann ein `STRING` fest vorgegeben (`FIXED`) sein, oder Werte werden bei der Eingabe nicht angezeigt (`HIDDEN`).

4.2 Das Repository

Die Daten, die durch den Administrator mit Hilfe der Benutzungsoberfläche manipuliert werden, sind in einem Repository gespeichert. Das Repository kann über das Netzwerk und damit auch über mehrere Standorte verteilt sein. Für die Verwaltung der Einträge steht ein Repository-Manager zur Verfügung. Seine Aufgabe ist es beispielsweise, die Daten zu aktualisieren, aber auch den Zugriffsschutz zu gewährleisten. Dieser Zugriffsschutz beinhaltet sowohl die Behandlung der Zugriffsrechte einzelner Administratoren, als auch die Überwachung und Steuerung der Schreibzugriffe; es können verschiedene Zuständigkeitsbereiche festgelegt werden.

Das Repository kann in mehrere unabhängige Teil-Repositories zerlegt werden, die jedes für sich modelliert werden. Diese Repositories können über eine einheitliche Schnittstelle Daten austauschen. Die Daten werden verteilt an den jeweiligen Standorten gehalten. Die Aufteilung der Repositories erlaubt eine einfache Dezentralisierung der Zuständigkeiten für unterschiedliche Administratoren. Um eine physikalische Konsistenz der Repositories und damit eine logische Konsistenz der Sichten zu erhalten, muß jedoch für einen Zugriffsschutz gesorgt werden. Prinzipiell kann solch ein Repository in unterschiedlichen Formen realisiert werden, beispielsweise als relationale Datenbank, als Textdatei oder als MO.

Während der Konfigurierung wird im Repository ein temporärer zweiter Eintrag für den bearbeiteten Eintrag angelegt, der die neuen Daten enthält. Dieser Eintrag dient dem Konfigurator als Eingabeinformation. Kann die Konfigurierung korrekt beendet werden, werden die alten Daten durch die neuen ersetzt, andernfalls werden die alten Daten zur Restauration der Konfiguration verwendet und bleiben erhalten.

Jeder Datensatz enthält einen Flag, der die durchzuführende Bearbeitungsfunktion definiert (z.B. Hinzufügen, Ändern oder Löschen), sowie weitere Einträge, die Angaben, die zur Konfiguration der Entität notwendig sind, enthalten.

4.3 Der Konfigurator

Die Konfigurierung der zu administrierenden Ressourcen, d.h. das Abbilden der vom Benutzer über den ICOMA-User-Agent eingegebenen Daten auf die Konfigurationsdaten dieser Ressourcen, wird vom ICOMA-Konfigurator durchgeführt.

Er ändert die Konfiguration einer Ressource, d.h. es wird eine Rekonfigurierung der aktuellen Konfiguration durchgeführt.

Für die Beschreibung von Konfigurierungen wurde die Sprache ICOLA entwickelt. Mit Hilfe der Sprache ICOLA kann eine Konfigurierung in hierarchische Teilaufgaben zerlegt und strukturiert werden. Die Modularisierung von Aufgaben ist ein besonderer Vorteil von ICOLA. Als Beispiel soll hier die Benutzerverwaltung herangezogen werden (Abb. 5).

Zum Einrichten eines neuen Benutzers gehören z.B. das Eintragen des Benutzers in die Rechnerverwaltung (z.B. die „passwd"-Datei), in das Mail-System und in das Directory-System (X.500) und das Erzeugen eines Heimatverzeichnisses im Dateisystem. Die Konfigurationen der einzelnen Anwendungen werden dabei so geändert, daß jede Anwendung von dem neuen Benutzer verwendet werden kann.

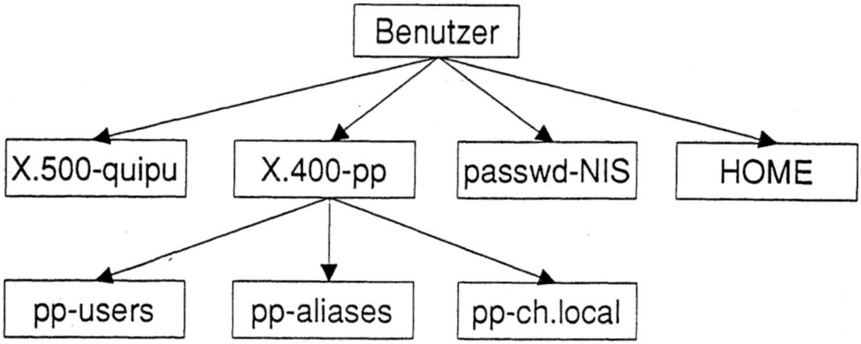

Abb. 5: Modularer Aufbau der Benutzerverwaltung

Eine Konfigurierung wird mittels ICOLA-Templates beschrieben. In einem Template wird spezifiziert, welche Daten für die Konfigurierung benötigt werden und aus welchen Teilaufgaben sich der Konfigurierungsprozeß zusammensetzt. Ferner enthält das Template einen Verweis auf das Repository, aus dem die konkreten Werte der Konfigurationsdaten extrahiert werden können.

Da sich eine Konfigurierung aus mehreren Teilaufgaben zusammensetzt, läßt sich dieser Vorgang gut modularisieren. Für jede Teilaufgabe müssen ebenfalls ICOLA-Templates geschrieben werden. In diesen Templates werden Funktionen definiert, die die konkreten Werte aus dem Repository auf die Konfigurationsdaten abbilden. Dabei können beliebige Funktionen integriert werden. Einerseits kann es sich um Funktionen handeln, die einfache Textdateien manipulieren, andererseits können auch SNMP-Funktionen zur Manipulation von MOs integriert werden. Jedes Template ist dabei nur für ein Managed Objekt zuständig. Durch dieses Baukastensystem lassen sich beliebige hierarchische Gliederungen realisieren. Durch die Modularisierung lassen sich leicht neue Objekte integrieren oder vorhandene ändern, indem Templates hinzugefügt oder geändert werden (s. Abb. 5).

In Abb. 6 ist der Konfigurator schematisch dargestellt. Die ICOLA-Templates werden vom ICOLA-Compiler in ausführbare Konfigurierungsprogramme übersetzt. Der Compiler benutzt dabei Makro-Funktionen (ICOLA-Frames), die bei bestimmten Konfigurierungen immer wieder benötigt werden. Der Ablauf einer Konfigurierung wird im „Hauptmodul" festgelegt, im obigen Beispiel (Abb. 5) ist dies das Modul „Benutzer".

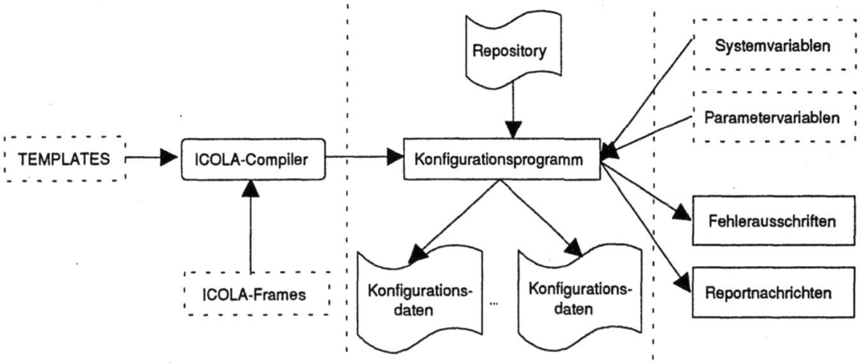

Abb. 6: Bausteine des Konfigurators

Der Konfigurator ruft das Hauptmodul des Konfigurierungsprozesses auf und arbeitet alle Teilaufgaben ab. Dabei ist nicht notwendig, daß alle Teilaufgaben eines Konfigurierungsprozesses ausgeführt werden. Soll beispielsweise ein Benutzer keinen Eintrag im Directory-System erhalten, so wird aus dem obigen Beispiel das Modul X.500-quipu nicht ausgeführt. Der Konfigurator liest die benötigten Daten aus dem Repository und bildet sie mit den definierten Abbildungsfunktionen der einzelnen Konfigurierungsprogramme auf die Konfigurationsdaten der Ressourcen ab. Von jedem Konfigurierungsprozeß wird ein Protokoll erstellt, so daß z.B. Fehlerfälle nachvollzogen werden können. Wurde eine Konfigurierung erfolgreich durchgeführt, so werden vom Konfigurator die neuen Daten ins Repository übernommen, im Fehlerfall unterbleibt die Übernahme.

Alle Konfigurierungsprogramme sind parametrisierbar. Dadurch lassen sie sich leicht an verschiedene Systemumgebungen und organisatorische Strukturen anpassen.

5 Status und Ausblick

Zur Zeit ist ein Prototyp von ICOMA realisiert, der lokal in einer homogenen Rechnerumgebung arbeitet. Die Implementierung erfolgte auf Sun-Workstations unter SunOS 4.1. Dabei wurde die Benutzungsoberfläche des User-Agents als Widget unter OSF/Motif erstellt. Die Daten des Repository können in Textdateien verwaltet oder in relationalen Datenbanken abgelegt werden. Zur Zeit werden die Konfigurierungsprogramme durch „perl“-Skripte realisiert.

Die weiterführenden Arbeiten sehen den Aufbau verteilter User-Agents und deren Einsatz in heterogenen Umgebungen vor. An der Implementierung eines ICOLA-Compilers wird gearbeitet. Die Schnittstelle zu den Managed Objects soll offen gestaltet werden, so daß beispielsweise auch SMNP-Agents eingesetzt werden können.

6 Literatur

[1] Hegering, Heinz-Gerd; Abeck, Sebastian: *Integriertes Netz- und Systemmanagement*. Addison-Wesley, 1993

[2] *Information Processing Systems - Open Systems Interconnection - Common Management Information Protocol Specification (CMIP)*; ISO 9596. International Organisation for Standardisation (ISO), 1990

[3] *Information technology - Open Systems Interconnection - System Management Overview*; ISO 10040. International Organisation for Standardisation (ISO), 1990

[4] *The Common Object Request Broker: Architecture and Specification*. Open Management Group, Document Number 91.12.1, 1991

[5] Open Software Foundation: *OSF Distributed Management Environment (DME) Architecture*. Open Software Foundation, 1992

[6] Case, J. D.; Fedor, M.; Schoffstall, M. L.; Davin, C.: *Simple Network Management Protocol (SNMP)*. Request for Comments 1157, 1990

[7] *Network Programming Guide*. SUN microsystems, Inc., 1990

[8] Wood, R.; Mensch, H.: *The Athena Network Services Environment: An Overview*. DEC, 1991

[9] Data Communication Networks Message Handling Systems; Recommendations X.400 - X.420, CCITT, 1988

[10] Data Communication Networks Directory; Recommendations X.500 X.521, CCITT, 1988

Integration eines massiv-parallelen Rechners in die Produktionsumgebung eines Rechenzentrums

Jutta Docter

Zusammenfassung

Das Forschungszentrum Jülich (KFA) installierte 1992 einen Intel iPSC/860 als Vorbereitung für einen Intel-Paragon. Die Erfordernisse an massiv-parallele Systeme innerhalb eines Rechenzentrumsbetriebs, mit vielen Benutzern, hohem Speicherplatzbedarf, dezentralem Zugang, gehen jedoch deutlich über die bisherige laborientierte Auslegung solcher Systeme hinaus. Dieser Artikel beschreibt die Probleme bei der Systemintegration, Benutzerbetreuung und beim Betrieb eines massiv-parallelen Systems der ersten Generation in einer Rechenzentrumsumgebung.

1 Einleitung

Das Zentralinstitut für Angewandte Mathematik (ZAM) im Forschungszentrum Jülich (KFA) ist verantwortlich für die Planung, Realisierung, den Betrieb und den Einsatz der zentralen Rechnersysteme und der allgemeinen KFA-übergreifenden Kommunikationssysteme und Rechnernetzwerke. Das ZAM betreibt außerdem die bei der KFA installierten Supercomputer für das HLRZ (Höchstleistungsrechenzentrum). Das HLRZ stellt über 150 Benutzergruppen an Universitäten und Forschungseinrichtungen Rechenkapazität zur Verfügung.

Die in der KFA installierten Supercomputersysteme sind CRAY Y-MP/M94, CRAY Y-MP8/832, Intel iPSC/860 und Paragon XP/S. Der iPSC/860 und der Paragon sind Bestandteil einer Kooperation mit der Firma Intel mit dem Ziel, massiv-parallele Systeme in Produktionsumgebungen einzusetzen.

Massiv-parallele Systeme werden seit Jahren hergestellt und wurden meistens in Universitäten und Forchungseinrichtungen als Testumgebungen für die Entwicklung paralleler Algorithmen eingesetzt. Aufgrund der enormen Rechenzeitanforderungen vorhandener Applikationen beschloß die KFA, diese neue Rechnerarchitektur auch als Teil ihrer Produktionsumgebung für die Benutzer der KFA und des HLRZ zur Verfügung zu stellen

Der iPSC/860 wurde im Januar 1992 installiert. Der Paragon XP/S, die Nachfolgeentwicklung der Firma Intel, wurde im Dezember 1992 installiert und wird den iPSC/860 so bald wie möglich ersetzen. Beide Systeme sind Multiprozessorsysteme mit verteiltem Speicher und einer großen Anzahl von Prozessoren, die nach dem Message-Passing-Programmiermodell arbeiten.

2 Installation

Der iPSC/860 bei der KFA besteht aus 32 Rechenknoten mit je 16 MByte Hauptspeicher und einem Netzwerk-Adapter DCM (Direct Connect Module). Mit Hilfe des DCM können alle direkten Nachbarknoten innerhalb der Hypercube-Topologie mit einer Bandbreite von 2.8 MByte/s erreicht werden. Der i860-Prozessor hat eine Peak-Performance von 60 MFLOPS bei 64-Bit-Arithmetik. In der Regel liegt die Performance pro Knoten für reale Anwendungen jedoch weit darunter. Gründe dafür sind die geringe Bandbreite und die komplizierte Architektur des Prozessors, die vom Compiler nicht optimal ausgenutzt wird.

Das Concurrent-File-System (CFS), bestehend aus 7 SCSI-Speicherplatten (insgesamt 4.7 GByte), stellt ein Medium für schnelle I/O dar. Die Konfiguration umfaßt weiterhin ein 2.3-GByte-Exabyte-Tape-Laufwerk.

Auf jedem Knoten läuft das Intel-eigene Betriebssystem NX/2. Der Zugang zu den Knoten und deren Verwaltung erfolgt über einen Front-End-Rechner, den System-Resource-Manager (SRM), einen PC mit UNIX System V.

In einer Mehrbenutzerumgebung ist der SRM nicht leistungsfähig genug für die interaktive Programmentwicklung. Intel bietet daher Cross-Development-Software und Remote-Host-Software für verschiedene Plattformen an. Die KFA installierte eine 2-Prozessor-Sun 670MP Model 120 mit 4 GByte Plattenplatz als zusätzlichen Zugang zum iPSC/860 (siehe Abb. 1). Die Cross-Compiler auf der Sun erzeugen iPSC/860-Code und die Remote-Host-Software erlaubt es, diese

Programme von der Sun aus auf dem Hypercube auszuführen. Außerdem wird die Sun zur Performance-Analyse verwendet und der zusätzliche Plattenplatz steht über Network-File-System (NFS) dem SRM für Benutzerdaten zur Verfügung.

Die iPSC/860-Knoten-Hardware erwies sich als durchaus zuverlässig. Im Laufe eines Jahres wurden drei Hardware-Ausfälle registriert. Es mußte zweimal ein Board ausgetauscht werden, sowie eine Platte des CFS. Die Platte des SRM zeigte Hardware-Probleme. Sie wurde versuchsweise formatiert und letztlich doch ausgetauscht. Dies hatte jeweils die Neuinstallation der Betriebs-Software sowie das Zurückladen der Benutzerdateien von den Sicherungskopien zur Folge.

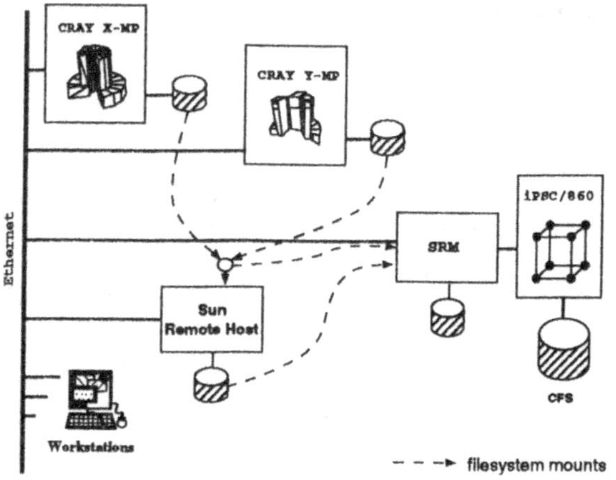

Abb. 1: Konfiguration des iPSC/860 in der KFA

3 Arbeitsweise

Benutzer können ihre parallelen Jobs auf dem iPSC/860 entweder interaktiv oder im Batch-Modus ausführen. Um ein Programm interaktiv auszuführen, fordert der Benutzer entweder 1, 2, 4, 8, 16 oder 32 Knoten des Hypercube an. Dann wird das Programm explizit auf diese Knoten geladen und die Knoten nach der Ausführung wieder freigegeben. Da nur eine begrenzte Anzahl Knoten zur Verfügung steht, sollen für die interaktive Programmentwicklung nur kleine Subcubes angefordert werden, um möglichst vielen Benutzern Gelegenheit zur Programmentwicklung zu geben. Manchmal können jedoch nicht alle Knoten belegt werden, da max. neun verschiedene Subcube-Konfigurationen angefordert werden können. Von der Remote-Host-Software aus ist die Anzahl der gleichzeitig zur Verfügung stehenden Subcubes auf fünf begrenzt. Die Programmentwicklung sollte mit Hilfe der Cross-Compiler von der Sun aus erfolgen. Die Benutzung des SRM ist dann nur noch für Tests mit dem Interaktiven Parallelen Debugger erforderlich.

Um lange Produktionsläufe zu starten oder Programme auf größeren Knotenanzahlen laufen zu lassen, submittieren die Benutzer Batch-Jobs. Die KFA nutzt MACS (Multiuser, Accounting and Scheduling System), basierend auf Network-Queueing-System (NQS) für den Batch-Betrieb. Es überwacht die Anforderung von Subcubes und verwaltet die Jobs in Abhängigkeit von Prioritäten und der Verfügbarkeit der Knoten. Jobs können vom SRM aus oder über das Netzwerk von der Sun aus submittiert werden.

Die maximale Auslastung einer massiv-parallelen Maschine wird unter anderem durch die Anzahl der Knoten bestimmt, die für interaktive Programmentwicklung zur Verfügung gestellt werden. Da die meisten der ca. 40 aktiven Benutzer ständig neue Programme entwickeln, werden tagsüber ¾ der Knoten für den interaktiven Zugriff bereitgestellt. Diese Strategie verhindert eine maximale Auslastung der Maschine, da nicht alle angebotenen Knoten jederzeit belegt sein können. Nachts sind alle 32 Knoten für den Batch-Betrieb reserviert. Um den Durchsatz zu optimieren, müssen die Jobs, die alle Knoten anfordern, zuerst laufen, da sonst zu viele Knoten leerstehen, wenn MACS versuchen würde, freie Knoten für das Laden großer Jobs zu schaffen. Jobs mit 8 oder 16 Knoten können bis zu 10 Stunden laufen, während Jobs mit 32 Knoten auf 5 Stunden begrenzt sind. Diese Strategie ermöglicht es, die vorhandene CPU-Zeit möglichst auf mehrere Anwender zu verteilen und erzwingt, daß in großen Anwendungen wenigstens nach dieser Zeit ein definierter Checkpoint erfolgt, der vom System nicht automatisch gemacht werden kann.

Um einen Überblick über die Auslastung des iPSC/860 zu erhalten, hat die KFA ein Programm entwickelt, das eine Übersicht über die Knotenbelegung erstellt. Das iPSC-Protokoll wird nach den Kommandos `getcube` (anfordern) und `relcube` (freigeben) durchsucht und die angeforderte Zeit pro Benutzer aufsummiert. Dabei kann jedoch nur die Belegung der Knoten, nicht die effektive Rechenzeit ermittelt werden. Das Programm liefert auch die Idle-Zeit und den Anteil der Batch-Nutzung. Die Ausfallzeiten wurden ab August 1992 von Hand protokolliert. Die Nutzung des Systems ist in Abb. 2 zu sehen.

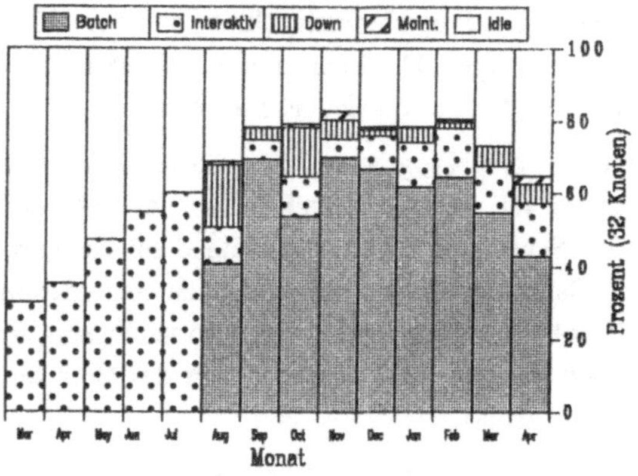

Abb. 2: Mittlere monatliche Auslastung des iPSC/860, 1992-1993

4 Operation und System-Administration

Nach einem Start des SRM müssen die Knoten des iPSC/860 initialisiert werden, um den Benutzerzugriff zu erlauben. Die Unausgereiftheit der NX/2-Software erfordert, daß der iPSC/860 von Zeit zu Zeit neu initialisiert werden muß, weil unerfahrene Benutzer einzelne Knoten des Systems zum Absturz bringen können. Das Kommando, das Intel hierfür vorsieht, umfaßt nur die Initialisierung der Knoten. Um die KFA-spezifische Systemumgebung wieder herzustellen, entwickelte die KFA eine Prozedur, die noch laufende NQS-Jobs ordnungsgemäß wieder zur Bearbeitung anstellt, die Protokolldateien sichert, die Knoten initialisiert, die Protokollierung wieder einschaltet und NQS neu startet.

Einige Software-Fehler machen ebenfalls die Reinitialisierung der Remote-Host-Software auf dem Sun-Front-End-Rechner notwendig, die durch die Benutzer selbst erfolgen kann. Die KFA erweiterte hier die Prozedur, um die Häufigkeit und die Zeitpunkte der Initialisierung zu protokollieren. Nach einem Reboot der

Sun muß sichergestellt werden, daß die Remote-Host-Verbindung und NQS initialisiert werden.

Es ist oft schwierig zu entscheiden, ob der iPSC/860 neu gestartet werden muß. Die Software zur Überwachung der Knoten ist nicht zuverlässig genug. Sie kann einen Ausfall anzeigen, obwohl alle Knoten noch funktionieren. Die Übersicht über die Knotenbelegung zeigt nur an, ob die Knoten angefordert wurden, jedoch nicht, ob sie wirklich benutzt werden. Die Entscheidung, ob alle oder Teile der Knoten nicht funktionstüchtig sind, erfordert einen Systemverantwortlichen, der sämtliche Bedingungen prüft. Die Interaktion mit dem NQS und die Software-Probleme verhindern die Implementierung einer automatischem Restart-Prozedur, wie die KFA sie schon vor langer Zeit für die CRAY-Systeme geschaffen hat [2].

Eine automatische Sicherung der SRM-Platte erfolgt, indem ca. 50 MByte Benutzerdaten regelmäßig ins NFS-Filesystem der CRAY übertragen werden. Eine Auswahl der von der KFA modifizierten oder hinzugefügten Systemdateien wird automatisch jede Nacht kopiert, um alle Veränderungen zu sichern. Die System-Software wird jeweils nach einer Neuinstallation gesichert. Das CRAY-NFS-File-System dient ebenfalls als Sicherungsplatz für iPSC/860- und NQS-Protokolldateien. Dies erlaubt eine langfristige Auswertung und Fehlerverfolgung.

Das CFS wird in unregelmäßigen Abständen auf das Exabyte-Tape am iPSC/860 geschrieben, indem Eins-zu-eins-Kopien der Platten angefertigt werden. Dies erlaubt, das gesamte CFS wieder herzustellen, nicht jedoch einzelne Files. Die Standard-UNIX-Routine `tar` kann nicht verwendet werden, da dann der Zugriff zum iPSC für mehrere Stunden gesperrt werden müßte.

5 Compiler und Bibliotheken

Für die Programmentwicklung stehen FORTRAN- und C-Compiler zur Verfügung, die auf den i860-Prozessor zugeschnitten sind. Ein offensichtlicher Performance-Verlust für einige KFA-Anwendungen liegt in der ineffizienten Implementierung der Intrinsic-Funktionen.

Intel bietet für numerische Operationen nur die Basic Linear Algebra Subroutines (BLAS) und die eindimensionale Fast-Fourier-Transformation (FFT) an. Um Anwendungsprogramme zu portieren und bessere Performance zu erzielen, installierte die KFA die für den i860 optimierten Bibliotheken NAG und Linear Algebra PACKage (LAPACK). Das parallele Software-Paket ProSolver enthält parallele Routinen zur Lösung großer linearer Gleichungssysteme mit dicht oder dünn besetzten Matrizen und wird von Intel geliefert.

6 Benutzerunterstützung

Während andere Installationen massiv-paralleler Systeme gezeigt haben, daß bestimmte Anwendungen von der hohen Parallelität profitieren, ist die generelle Anwendbarkeit noch unklar.

Bei der KFA ist eine Gruppe von sieben Mitarbeitern für die System-Administration, die Benutzerbetreuung und ein Forschungsvorhaben im Rahmen der Kooperation mit der Firma Intel gebildet worden. Jedem Benutzerprojekt ist ein Betreuer aus dieser Gruppe fest zugeordnet, der einen intensiven Kontakt mit den Anwendern pflegt.

Für KFA-Benutzer, die in langfristige Forschungsprojekte und viele Kooperationen eingebunden sind, ist eine nahtlose Integration des iPSC/860 in die Produktionsumgebung des Rechenzentrums notwendig. Deshalb sind eine hohe Verfügbarkeit und eine intensive Benutzerbetreuung notwendig.

Wegen der relativ schlechten Performance und der geringen Anzahl von Knoten geht die Performance der Anwendungen nicht wesentlich über die eines einzelnen CRAY-Prozessors hinaus, wenn das Programm vektorisierbar ist. Den Benutzern stehen CRAYs zur Verfügung und wegen der Komplexität ihrer Anwendungen sind sie nicht bereit, einen großen Zeitaufwand in die Parallelisierung zu stecken. Intel bietet keine Programmierhilfen für die automatische Parallelisierung, vergleichbar mit dem CRAY-Multitasking, mit dem die Benutzer vertraut sind. Die existierenden Performance-Analyse-Tools sind schwierig zu benutzen oder kaum hilfreich, und es fehlt eine Ermittlung der MFLOP-Rate pro Knoten, wie sie auf der CRAY verfügbar ist.

7 Software-Defizite

Die Integration des iPSC/860 in die Produktionsumgebung der KFA und die Erfahrungen mit realen Anwendungen brachte folgende Software-Mängel zu Tage:

- Obwohl die Compiler für den iPSC/860 optimiert sind, ist die Knoten-Performance noch unbefriedigend. Compiler-Direktiven können sich nur auf den gesamten Quellcode beziehen, nicht auf individuelle Schleifen, was für eine bessere Optimierung notwendig wäre.
- Das NFS des System V auf dem SRM sieht keine Benutzer-ID-Abbildung vor, d.h. die Benutzer-Directories können nur zugreifbar gemacht werden, wenn sichergestellt ist, daß die numerischen Identifikationen der Benutzer auf dem SRM und aller dezentralen Workstations identisch sind.
- Dem Batch-System fehlt ein Scheduling-Mechanismus, der verhindert, daß einzelne Benutzer die Job-Klassen monopolisieren, sowie flexiblere Möglichkeiten, interaktiven und Batch-Betrieb parallel zu betreiben.
- Die Systemprotokolle enthalten zuwenig Information, um Abrechnungsdaten entsprechend den KFA-Standards zu erzeugen. Es kann nur die Zeit abgerechnet werden, in der der Cube angefordert war. Dabei kann nicht festgestellt werden, ob der Benutzer sich zwischen zwei Testläufen befand oder vergessen hatte, die Knoten freizugeben.
- Andere wünschenswerte Funktionen wären ein Steuerungsmechanismus, der es erlaubt, den Benutzer wählen zu lassen, ob sein Job mit hoher oder niedriger Priorität und Kosten abgearbeitet werden soll, und das automatische Sperren der Zugangs, falls das gewährte Kontingent erschöpft wurde.

8 Ausblick

Die Anforderungen für eine effektive Nutzung eines massiv-parallelen Systems werden nur teilweise von der vorhandenen Software erfüllt. Zusammen mit Intel wird die KFA Methoden und Hilfsmittel entwickeln, um die Kluft zwischen den derzeitigen Nutzungsmöglichkeiten solcher Systeme und ihrem Einsatz in einer Produktionsumgebung zu schließen.

Ein massiv-paralleles System in einem Supercomputer-Zentrum zu betreiben, erfordert sehr viel größeren administrativen Aufwand als in einer Laborumgebung. Die Notwendigkeiten liegen in der zentralen Benutzer-Administration, verbesserten Bedienerhilfen, automatischem Restart nach einem Systemabsturz, optimiertem Batch-Betrieb, Ressourcen-Kontrolle auf der Basis von Benutzer und Benutzergruppen und ausführlichen Abrechnungsmechanismen.

Um die Intel-Software in einigen oder allen genannten Bereichen zu verbessern, wird die KFA die Paragon-Software untersuchen und die Erfahrungen zusammen mit den langjährigen Erfahrungen im Betrieb großer IBM- und CRAY-Systeme in die Kooperation mit Intel einbringen. Erfahrungen mit MACS auf dem iPSC/860 zeigten, daß die Batch- und Abrechnungsmöglichkeiten bis jetzt nicht den KFA-Anforderungen entsprechen. KFA und Intel vereinbarten, die vom San Diego Supercomputer Center (SDSC) entwickelte Paragon-MACS-Software näher zu untersuchen und eine Beta-Test-Installation durchzuführen.

Literatur

[1] R. Berrendorf, U. Detert, J. Docter, U. Ehrhart, M. Gerndt, I. Gutheil, R. Knecht: *Massively Parallel Computing in a Production Environment: iPSC-860 Installation at KFA Jülich*, Forschungszentrum Jülich, Interner Bericht, KFA-ZAM-IB-9304, 1993

[2] N. Attig, V. Sander, L. Wollschläger, P. Krotz: *Automatic Supervision of CRAY UNICOS Systems*, Forschungszentrum Jülich, Interner Bericht, KFA-ZAM-IB-9115,1991

Lastverteilung in verteilten Systemen

Gaby Herrmann

Zusammenfassung

Dieser Artikel bietet einen Einblick in die Charakteristika von Lastverteilungsverfahren, stellt einige Lastverteilungsverfahren vor und zeigt Klassifikationskriterien für solche Verfahren auf.

1 Einleitung

Da heute LANs sowohl im universitären Bereich als auch in Unternehmen weit verbreitet sind, sind die strukturellen Voraussetzungen gegeben, um Lastverteilung in großem Umfang einsetzen zu können. Ziel der Lastverteilung ist es, die Antwortzeiten über alle Aufgaben in einem verteilten System unter gegebenen Randbedingungen zu minimieren. Um dies zu erreichen, werden Aufgaben von stark belasteten Systemen auf schwächer belastete Systeme mit Hilfe von Lastverteilungsverfahren transferiert. Diese geben an, wann und wohin ein Prozeß migriert wird.

2 Strategien der Lastverteilung

Aus dem Ziel der Lastverteilung ist ersichtlich, daß ein Prozessor nur dann einen Prozeß migriert, wenn er überlastet ist und sich von der Verarbeitung des Prozesses auf einem anderen Prozessor eine Verbesserung der Antwortzeit verspricht (*Transferstrategie*). Es ist dazu notwendig, die Belastung der Prozessoren zu bestimmen. Ein Maß hierfür ist z.B. die Anzahl der Prozesse, die um die Zuweisung des Prozessors konkurrieren.

Um festzulegen, zu welchem Prozessor der zu migrierende Prozeß migriert werden soll, benötigt man eine *Plazierungsstrategie*, die für ihre Entscheidung eventuell Informationen über die Belastung der anderen Prozessoren benötigt. Die Art und Weise, wie diese Informationen ermittelt werden, wird durch die *Strategie der Informationserfassung* festgelegt.

Um zu vermeiden, daß ein migrationswilliger Prozeß unendlich lange im verteilten System wandert und von keinem Prozessor zur Verarbeitung angenommen wird, ist es notwendig, die Lastverteilungsverfahren einer *Stabilitätskontrolle* zu unterwerfen, die eine endliche Antwortzeit des Systems garantiert.

3 Klassifikationskriterien

Schabernack schlägt in [3] ein Begriffsschema zur Klassifikation von Lastverteilungsverfahren vor, an das sich die nachfolgenden Ausführungen anlehnen.

Bei Verfahren zur Verteilung der Prozesse im System muß eine Festlegung getroffen werden, ob Prozesse nur vor Beginn ihrer Bearbeitung (*statisch*) oder auch während dieser (*dynamisch*) migriert werden dürfen. Im zweiten Fall verursacht die Migration einen höheren Aufwand, da die gesamte Prozeßinformation mit übertragen werden muß. Dagegen kann man auf Schwankungen der Prozessorlast besser reagieren.

Ein weiteres Kriterium zur Klassifikation von Lastverteilungsverfahren ist der Ort der Migrationsentscheidung. Man unterscheidet *dezentrale* und *zentrale* Verfahren. Bei den dezentralen Verfahren treffen die einzelnen Stationen die Entscheidung. Bei zentralen Verfahren wird ihnen die Entscheidung von einer zentralen Station vorgegeben. Zentrales Scheduling hat den Vorteil, daß die entworfenen Verfahren wegen der einheitlichen Systemsicht besser theoretisch analysierbar sind. Dem steht gegenüber, daß die Station, die das zentrale Scheduling durchführt, bei großer Belastung einen Engpaß darstellt und Maßnahmen für den Fall ihres Ausfalls getroffen werden müssen. Des weiteren können Scheduling-Entscheidungen bei ihrem Eintreffen an den betroffenen Stationen bereits überholt sein.

Da man für ein *optimales* Lastverteilungsverfahren in einem verteilten System vollständige Information über alle möglichen Prozesse dieses Systems mit ihrem Betriebsmittelbedarf und ihren Interaktionen sowie über das Netz benötigt, ist man in der Realität nicht in der Lage, für ein verteiltes System ein optimales Lastverteilungsverfahren zu ermitteln. Auf Grund der unvollständigen Information oder des zu hohen Aufwands zur Ermittlung des optimalen Verfahrens begnügt man sich in der Regel mit einer *suboptimalen* Lösung.

Um bei einem Lastverteilungsverfahren eine Leistungsverbesserung durch die Beobachtung der Reaktion des Systems auf bereits durchgeführte Scheduling-Entscheidungen ohne Eingriff von außen zu erreichen, bieten sich *adaptive* Verfahren an, die durch Beobachtungen am System ihre gewählte Parametereinstellung ändern. Der Vorteil der Leistungsverbesserung und der Anpassung des Verfahrens an geänderte Bedingungen wird mit höherer Komplexität erkauft.

Bei dezentralen Lastverteilungsverfahren ist eine Unterscheidung in *autonome* und *kooperative* Verfahren möglich. Bei autonomen Verfahren legen die Knoten ihr Verhalten bezüglich der Lastverteilung ohne Kooperation (Informationsaustausch) mit anderen Knoten fest. Dies vermeidet einerseits Overhead, andererseits bieten kooperative Verfahren bessere Möglichkeiten der Leistungssteigerung.

Eine weitere Charakteristik eines dezentralen Lastverteilungsverfahrens ist die Strategie, die festlegt, welche Station einen Migrationsvorgang anstößt. Man unterscheidet zwischen *senderinitiierten* Verfahren, bei denen überlastete Stationen Migrationspartner suchen, und *empfängerinitiierten* Verfahren, bei denen die unterlasteten Stationen ihre Prozessorleistung für migrationswillige Prozesse anbieten.

Das letzte Klassifikationskriterium bezieht sich auf die Methode, die zur Modellierung und der Analyse des verteilten Systems angewandt wurde. Schabernack [3] unterscheidet die Analyse- und Modellierungsverfahren in Verfahren mit *graphentheoretischem* Ansatz, mit *warteschlangentheoretischem* Ansatz und in Verfahren, die durch *Simulation* und *Experiment* bestimmt sind. Beim warteschlangentheoretischen Ansatz werden die Stationen und das Netz durch Warteschlangen modelliert. Die Migration eines Prozesses von einer Station A zu einer Station B entspricht dem Transfer des Prozesses zwischen den Warteschlangen der beiden Stationen. Ein Nachteil dieses Modellierungsverfahrens ist, daß die entworfenen Modelle für komplexe Lastverteilungsverfahren zur Zeit noch nicht mathematisch lösbar sind. Beim Experimentieren ist es notwendig, das zu untersuchende Lastverteilungsverfahren zu implementieren, in einem vorhandenen Rechnernetz zu installieren und sein Verhalten zu beobachten. Diese Analysemethode beeinflußt das Verhalten des zugrundeliegenden Rechnernetzes. Ist dies nicht erwünscht, steht kein Rechnernetz für Versuche zur Verfügung oder soll das Lastverteilungsverfahren auf Modifikationen des Netzes getestet werden, ist die Methode der Simulation geeignet.

4 Beispiele für Lastverteilungsverfahren

4.1 Verfahren von Alonso und Cova

Bei der Realisierung von Transferstrategien sind Schwellwertverfahren weit verbreitet. Im von Alonso und Cova [1] vorgestellten Verfahren wird für jede Station eine High-Marke und eine Low-Marke ermittelt, die zeitlich schwanken können. Die Low-Marke ist ein Maß, inwieweit der Eigentümer der Station bereit ist, Prozessorleistung zur Bearbeitung von Aufgaben anderen Stationen zur Verfügung zu stellen und damit die Antwortzeiten der eigenen Prozesse zu verschlechtern. Die High-Marke gibt an, wann eine Station als überlastet bezeichnet wird. Die High-Marke darf nicht kleiner als die Low-Marke sein, da in diesem Fall in dem Lastbereich zwischen den beiden Schwellwerten keine Leistungsverbesserung erreicht wird, sondern lediglich der Kommunikationsaufwand erhöht wird (Prozessor versucht, neue Prozesse zu migrieren, ist aber gleichzeitig bereit, als Migrationspartner zu fungieren). Ein Prozeß kann nur vor Beginn seiner Bearbeitung migriert werden. Liegt die Prozessorlast der Ursprungsstation eines Prozesses zum Zeitpunkt des ersten Aufrufs dieses Prozesses unter der High-Marke, wird der Prozeß auf dieser Station gestartet. Sonst wird nach der Plazierungsstrategie der Migrationspartner ausgewählt. Dies geschieht im Verfahren von Alonso und Cova zufällig. Eine Station ist bereit, als Migrationspartner zu fungieren, wenn ihre Last unter ihrer Low-Marke liegt. Ist der potentielle Migrationspartner nicht bereit, einen Remote-Prozeß aufzunehmen, wird der Prozeß von der Ursprungsstation bearbeitet.

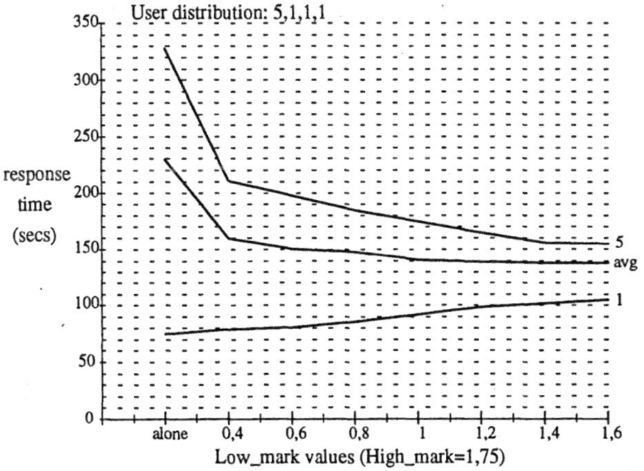

Abb. 1: Antwortzeit von Benutzeraufträgen unter niedriger Systemlast (vgl. [1] S. 285)

Als Experimentumgebung dienten 5 identische Rechner, die über Ethernet verbunden waren und von denen ein Rechner als File-Server diente. Die obige Abbildung zeigt die Antwortzeiten der Rechner bei fixer High-Marke und variabler Low-Marke. Auf einem Rechner sind 5 Benutzer tätig, auf jedem der anderen Rechner arbeitet nur ein Benutzer.

Alonso und Cova stellten fest, daß das entwickelte Lastverteilungsverfahren bereits mit einer niedrigen Low-Marke eine beträchtliche Leistungssteigerung der belasteten Stationen bewirkt und dafür nur eine geringe Verschlechterung der Antwortzeiten der wenig belasteten Stationen in Kauf genommen werden muß. Weitere Untersuchungen über die Bestimmung der Schwellwerte mit Hilfe der Information über die Arbeitslast, den Leistungsdaten des Rechners und der Bereitschaft des Benutzers, Rechenleistung an andere Stationen abzutreten, werden von Alonso und Cova durchgeführt.

4.2 Verfahren von Eager, Lazowska und Zahorjan

Das von Eager, Lazowska und Zahorjan [2] vorgestellte Verfahren verwendet bei der Plazierungsstrategie ein Schwellwertverfahren. Im Gegensatz zu dem Verfahren von Alonso und Cova besitzt es nur einen Schwellwert (High-Marke = Low-Marke). Eager, Lazowska und Zahorjan untersuchten in ihrer Arbeit die Auswirkungen verschiedener Plazierungsstrategien auf das Leistungsverhalten des Systems, das aus identischen Knoten mit der gleichen durchschnittlichen Ankunftsrate und einem lokalen Broadcast-Netz bestand. Die Modellierung und Analyse erfolgte mit Hilfe von Warteschlangennetzen und wurde durch Simulation überprüft. Die untersuchten Plazierungsstrategien wurden mit den Leistungswerten ohne Lastverteilung (M/M/1) und mit denen unter der Bedingung der perfekten Lastverteilung, die keine Kosten verursacht, (M/M/K) verglichen.

- Die Transferstrategie der zufälligen Auswahl ermittelt einen möglichen Migrationspartner. Lehnt dieser die Prozeßübernahme ab, ermittelt sie nach demselben Verfahren einen neuen möglichen Migrationspartner. Sobald das Transferlimit (maximale Anzahl der Versuche, einen Migrationspartner zu finden) erreicht ist, muß die ausgewählte Station den Prozeß ausführen.
- Bei der Auswahl durch Schwellwert sendet die Ursprungsstation des zu migrierenden Prozesses eine Anfrage an die ausgewählte Station. Lehnt diese den Prozeßtransfer ab, ermittelt die Ursprungsstation einen anderen möglichen Migrationspartner. Bei Erreichen des Transferlimits wird der Prozeß von der Ursprungsstation ausgeführt. Durch das Versenden von Anfragen anstatt der gesamten Prozeßinformation bei der Suche nach einem geeigneten Migrationspartner wird der Kommunikations-Overhead verringert.
- Die Strategie der Kürzesten Warteschlange erfragt bei L_t (= Transferlimit) Stationen, die zufällig ausgewählt wurden, die Warteschlangenlänge und die Bereitschaft, einen weiteren Prozeß aufzunehmen. Ist keine der befragten Stationen dazu bereit, wird der Prozeß am Ursprungsknoten bearbeitet, sonst wird er zu der aufnahmewilligen Station mit der niedrigsten Warteschlangenlänge migriert.

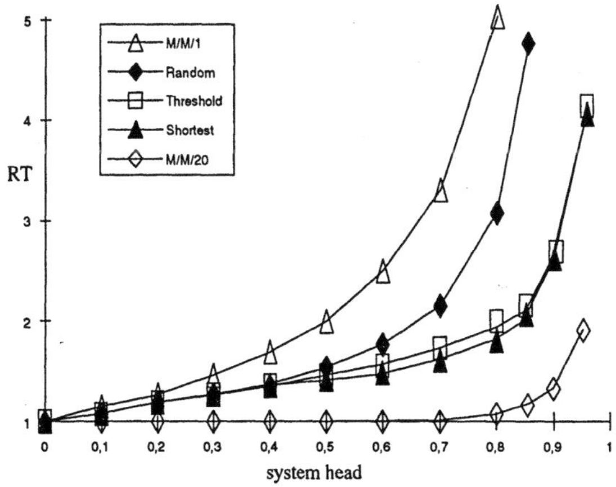

Abb. 2: Leistungsvergleich: Antwortzeit - Last. Bedienzeit = 1; Transferkosten einer Task = 0,1; Schwellwert = 2; Proben-Limit = 3; Transferlimit = 1 (vgl. [2] S. 666)

Wie aus Abb. 2 ersichtlich ist, erzielt man durch das einfache Verfahren der zufälligen Auswahl bereits eine beträchtliche Verbesserung der Antwortzeiten, die durch das Schwellwertverfahren noch gesteigert wird. Die Ermittlung der Station mit der kürzesten Warteschlange bringt hierzu keine signifikante Verbesserung. Eager, Lazowska und Zahorjan untersuchten die Auswirkungen von verschiedenen Transferlimits, Transferkosten und Schwellwerten. Sie stellten fest, daß über einen großen Bereich der Systemlast ein niedriger Schwellwert für das Verfahren geeignet ist, und die Leistung des Schwellwertverfahrens im Vergleich zum Verfahren der Kürzesten Warteschlange abhängig von den Transferkosten nicht wesentlich differiert.

4.3 Verfahren von Schaar, Efe, Delcambre und Koppolu

Die bisher vorgestellten Lastverteilungsverfahren sind unabhängig von der jeweiligen Netzstruktur. Andere Entwürfe basieren auf speziellen Netzstrukturen. Es ist das Ziel dieser Arbeit [4], den expliziten Informationsaustausch zwischen Stationen zur Ermittlung der jeweiligen Lastsituation zu vermeiden, da dies das zugrundeliegende Netz zusätzlich belastet und die Entscheidungsfindung verzögert, zu welcher Station migriert wird.

In ihrer Untersuchung legten Schaar, Efe, Delcambre und Koppolu ein Ethernet-Netz als Kommunikationsmedium zugrunde. Jede Station wird durch drei Warteschlangen modelliert. Eine für ankommende Prozesse, eine für Prozesse, die migriert werden sollen, und eine für Prozesse, die auf ihre Bearbeitung warten. Neu ankommende Prozesse werden der Ankunftswarteschlange angefügt. Falls die Anzahl der Prozesse in der Bearbeitungswarteschlange unter einem Schwellwert T liegt, wird ihr der erste Prozeß der Ankunftswarteschlange hinzugefügt. Sonst wird der Prozeß in die Migrationswarteschlange geschrieben, falls diese leer ist. Die Bedienstrategie ist FIFO.

- Der grundlegende Gedanke der hier vorgestellten Plazierungsstrategie sagt aus, daß bei einem zentralen Verteilungsverfahren die Station eine schlechte Wahl als Migrationspartner ist, die die Migrationsanfrage stellte. Ebenfalls sind die Stationen, die am häufigsten ausgewählt wurden, nicht geeignet. Der zentrale Scheduler wird die Station auswählen, die die wenigsten Anfragen stellte und die am wenigsten als Migrationspartner ausgewählt wurde. Das Verfahren der Centralized-Control (CC) realisiert dies mit Hilfe einer Warteschlange QDS (Queue Data Structure), deren Einträge alle Stationen des Systems umfassen, die eventuell bereit sind, Remote-Prozesse zu bearbeiten. Die Station, die die Migrationsanfrage stellte, wird an das Ende der QDS gestellt. Die Station des ersten Eintrags wird als Migrationspartner gewählt und ebenfalls an das Ende der QDS geschoben. Als zentraler Scheduler dient eine zusätzlich in das System integrierte Station, die auch bereit ist, als Migrationspartner zu dienen und Systemlast zu übernehmen. Dies gilt auch für das Verfahren des Centralized Control with Probes (CP).

- Eine Modifikation des CC-Verfahrens ist die Verwendung von Anfragen an den zentralen Scheduler (Centralized Control with Probes, CP). In diesem Fall wird nicht der zu migrierende Prozeß an den zentralen Scheduler gesendet, sondern nur eine Anfrage. Der Scheduler sendet die Identifikation des ausgewählten Migrationspartners an die anfragende Station, die nun ihren Prozeß migriert. Durch dieses Verfahren wird der Prozeß direkt zur ausführenden Station verlagert und der Kommunikationsprozessor des Schedulers entlastet.

- Das Verfahren der Decentralized-Control (DC) sieht vor, daß jede Station eine eigene QDS besitzt, die sie wie folgt aktualisiert: Wird sie als Migrationspartner ausgewählt, so wird der Eintrag der sendenden Station an das

Ende der QDS geschrieben. Dasselbe geschieht mit dem Eintrag einer Station, zu der sie einen Prozeß migriert. Eine Station, die einen migrierten Prozeß erhält, muß diesen ausführen. In diesem Verfahren existiert keine einheitliche QDS.

- Da in einem Ethernet-Netz jede Station die auf dem Netz gesendeten Nachrichten mithören kann, ist es durch Abhören der bei einer Migration entstehenden Nachrichten möglich, festzustellen, welche Station einen Prozeß migriert und welche einen Prozeß aufnimmt. Das Verfahren des Decentralized Control with Channel Listening (DCLS) verwendet diese Kenntnisse, um in der QDS der Station A nicht nur Migrationsvorgänge, bei der die Station A selbst beteiligt ist, zu berücksichtigen, sondern um die Einträge der an anderen Migrationsvorgängen beteiligten Stationen ebenfalls an das Ende der QDS zu schieben. Die dazu notwendige Information erhält jede Station durch das Abhören der Netznachrichten. Durch dieses Verfahren sind alle QDS des Systems identisch, ohne die Notwendigkeit einer zentralen Instanz.

Schaar, Efe, Delcambre und Koppolu verglichen die obigen Verfahren mit dem Verfahren PROBE, das dem Schwellwertverfahren von Eager, Lazowska und Zahorjan [2] mit der Änderung, daß in PROBE die Netzverzögerung berücksichtigt wurde, entspricht. Die Leistung der Verfahren wurde durch Simulation ermittelt.

Sie stellten fest, daß die vier von ihnen entwickelten Verfahren bei niedriger und mittlerer Last (≤ 0,7) ungefähr die selbe Antwortzeit liefern. Bei einer Last zwischen 0,7 und 0,9 der maximalen Last lieferten die zentralen Verfahren CC und CP die besten Antwortzeiten, da durch die zusätzliche Station des zentralen Schedulers, der ebenfalls als Migrationspartner dienen kann, zusätzliche Rechnerleistung zur Verfügung steht. Bei größerer Last wird diese Station allerdings zum Engpaß des Systems. Trotzdem zeigt bei einer Last größer als 0,9 das zentrale Verfahren mit Anfragen (CP) die beste Leistung. Eine weitere Überraschung war die Beobachtung, daß sich das dezentrale Verfahren DC nur unwesentlich schlechter verhielt als das Verfahren DCLS. Schlechter als alle anderen Verfahren, außer dem Verfahren CC bei sehr hoher Last, verhielt sich das Verfahren PROBE. Dies ist ein schlechteres Ergebnis als in [2] festgestellt wurde, da Schaar, Efe et. al. die Netzverzögerung mit berücksichtigten. Sie vertreten die Ansicht, daß dies notwendig ist, da sie bei hoher Last einen großen Einfluß auf die Leistung von Lastverteilungsverfahren hat. Ihre Untersuchungen bestätigten die Erkenntnis aus [2], daß bei niedriger Last ein niedriger und bei hoher Last ein höherer Schwellwert am geeignetsten ist, die Werte der Schwellwerte aber insgesamt niedrig sind. Die Anzahl der Stationen im System ist ebenfalls nicht unerheblich für die Leistung der Lastverteilungsverfahren. Schaar, Efe et. al. stellten fest, daß bei einer mittleren Last ein Netz mit sehr wenigen Stationen durch den Einsatz von Lastverteilungsverfahren eine geringere Leistungsverbesserung zeigt als ein System mit einer etwas größeren Anzahl von Stationen. Dies ist dadurch zu erklären, daß durch eine größere Anzahl von Stationen die Wahrscheinlichkeit, eine Station zu finden, die bereit ist Last zu übernehmen, steigt. Erhöht sich die Anzahl der Stationen im Netz allerdings stark, führt dies zu einer Verschlechterung der Antwortzeiten, da das Netz zu einem Flaschenhals wird.

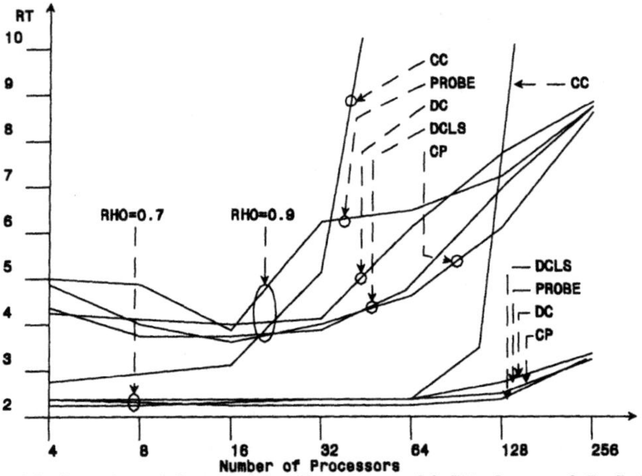

Abb. 3: Auswirkungen der Knotenanzahl. Für Last = 0,7: Schwellwert = 3. Für Last = 0,9: Schwellwert = 4. Transferzeit/Bedienzeit = 0,1; Packing-Kosten = 0,1Bedienzeit; Paketlänge = 10Kbits; Proben-Limit = 3 (vgl. [4] S.768)

4.4 Klassifizierung der vorgestellten Verfahren

- Verfahren von Alonso und Cova statisch; suboptimal; dezentral; senderinitiiert; autonom; nicht adaptiv; experimentell
- Verfahren von Eager, Lazowska und Zahorjan statisch; suboptimal; dezentral; senderinitiiert; kooperativ, autonom; nicht adaptiv; warteschlangentheoretisch

- Verfahren von Schaar, Efe, Delcambre und Koppolu statisch; suboptimal; zentral (CC, CP), dezentral (DC, DCLS); senderinitiiert; kooperativ; nicht adaptiv; simulativ

5 Schlußbetrachtung

Diese Arbeit hat Strategien der Lastverteilung aufgezeigt und ein mögliches Klassifikationsschema für Verfahren der Lastverteilung vorgestellt. Durch die vorgestellten Lastverteilungsverfahren wurde versucht, diese grundsätzlichen Betrachtungen mit Leben zu füllen. Es ist festzustellen, daß bereits einfache Verfahren eine beträchtliche Verbesserung der Antwortzeiten des Systems liefern. Schaar, Efe, Delcambre und Koppolu [4] stellten fest, daß Lastverteilungsverfahren nur bis zu einer maximalen Anzahl der Stationen des Systems, abhängig vom Verfahren und der Last, eine Verbesserung der Antwortzeiten ermöglichen, da sonst das Netz zu einem Engpaß wird. Sie stellten außerdem fest, daß das von ihnen entwickelte CP-Verfahren ein besseres Verhalten als die dezentralen Verfahren DC und DCLS aufweist. Dies ist durch die zusätzliche Station des zentralen Schedulers zu erklären, da mit ihm eine Station in das System integriert wurde, die neben der Aufgabe des Schedulings bereit ist, Last von anderen Stationen zu übernehmen. Da dadurch die gesamte Rechnerleistung des Systems verändert wurde, vergleicht man das Leistungsverhalten zweier unterschiedlicher Systeme.

6 Literaturverzeichnis

[1] Rafael Alonso, Luis L. Cova: *Sharing Jobs among independently owned Processors; Distributed Computing Systems*; Proceedings of the 8th International Conference of Distributed Computing Systems, San Jose, California, June 1988; IEEE Computer Society Press

[2] Derek L. Eager, Edward D. Lazowska, John Zahorjan: *Adaptive Load Sharing in Homogeneous Distributed Systems*; IEEE Transactions on Software Engeneering, Vol. SE-12, No. 5, Mai 1986

[3] Jörg Schabernack: *Lastausgleichsverfahren in verteilten Systemen - Überblick und Klassifikation*; Informationstechnik it 34; (1992) 5

[4] Margret Schaar, Kemal Efe, Lois Delcambre, Srinivas Koppolu: *Heuristic Algorithms for Adaptive Load Scharing in Local Networks; Systems Integration `90*; Proceedings of the First International Conference on Systems Integration; IEEE Computer Society Press; 1990; S. 762-770

[5] Xing He: *Eine Übersicht über die Lastverteilung in verteilten Systemen*; Interner Bericht Nr. 190/89, Fachbereich Informatik, Universität Kaiserslautern

Installation und Wartung eines homogenen UNIX-Netzes

Hadmut Danisch und Steffen Stempel

Begünstigt durch den Preisverfall bei Massenspeichern ist man in den letzten Jahren von reinen Server/Diskless-Client-Architekturen abgekommen. In heutigen, vernetzten, homogenen Rechnersystemen besitzen die „Clients" zunehmend lokale Festplatten, auf denen Betriebssystem, Konfigurationsdateien und häufig benötigte Applikationen installiert sind. Der „Server" ist nur noch für die Speicherung von Benutzerdaten und selten gebrauchten Anwendungen zuständig.

Ein großes Problem dieser Architektur ist die Installation von neuen Systemen, sowie die „Pflege" der Konfigurationsdaten auf bestehenden Clients.

Besitzt ein homogenes Netz außerdem noch mehrere gleichberechtigte File-Server, so müssen Strategien entwickelt werden, die einen zuverlässigen und automatischen Backup der nicht rekonstruierbaren Daten erlauben.

Am E.I.S.S./IAKS wurden zur Bewältigung der Installationsprobleme und zur Administration des Sun-SPARC-Clusters diverse Skriptsysteme zur automatischen Installation und Pflege von Clients entwickelt. Ein verteiltes Backup-System ermöglicht außerdem das vollautomatische Speichern aller relevanten Daten auf Band.

1 Einleitung

Auf Grund der Weiterentwicklung der Computer-Technik in den letzten Jahren, die bei erheblicher Leistungssteigerung zu einer immer höheren Integrationsdichte und zu immer kompakteren Rechnern geführt hat, steht heute eine Vielzahl kostengünstiger und leistungsstarker Workstations zur Verfügung. Bestand das typische UNIX-System früher aus einem zentralen Rechner, an den eine Vielzahl von Terminals als Arbeitsplätze angeschlossen waren, so ist heute oftmals ein Netz von „kleinen" Rechnern anzutreffen. Trotz steter Fortentwicklung hat das Betriebssystem UNIX den Schritt zu dieser verteilten Struktur noch nicht vollständig hinter sich gebracht. So gibt es zwar mittlerweile eine Anzahl von netzwerkunterstützenden Erweiterungen, wie z.B. das *Network File System* (NFS) [2], das *Remote File System* (RFS), das *Network Information System* (NIS) und dessen Nachfolger (NIS+) [3]. Die Wartung eines solchen Netzwerks erfolgt aber noch immer nicht vollständig transparent. Bei der Administration der laufenden Maschinen, der Installation von neuen Maschinen und bei regelmäßigen Diensten (z.B. Backup) sind immer wieder die gleichen Arbeitsschritte auszuführen, wobei jedesmal die verteilte Struktur des UNIX-Netzwerks berücksichtigt werden muß. Dabei ist in sehr hohem Maße auf die Vollständigkeit, die richtige Reihenfolge, die Korrektheit und die Konsistenz der vorgenommenen Arbeiten zu achten. Erfahrungsgemäß können ein ausgelassener Arbeitsschritt, Schreibfehler usw. die Funktionsfähigkeit des Netzwerks stark beeinträchtigen. Eine Automatisierung bietet sich an.

Für das am Institut für Algorithmen und Kognitive Systeme (IAKS) und dem Europäischen Institut für Systemsicherheit (E.I.S.S.) vorhandene Rechnernetz wurden, in Anbetracht der ständig wiederkehrenden Arbeiten, Werkzeuge zur schnellen, sicheren und einfachen Ausführung dieser Verwaltungsarbeiten erstellt. Dieser Eigenentwicklung wurde der Vorzug gegenüber kommerziellen Produkten gegeben, um das Paket jederzeit einfach und schnell modifizieren, erweitern und portieren zu können. Außerdem stellt es nur ein Minimum an Anforderungen an das UNIX-System. Die erstellten Werkzeuge benutzen vorhandene Programme und die Administrationssprache „Perl" [1]. Das gesamte Paket besteht ausschließlich aus Schritten. Alle Programme und Steuerungsdateien liegen im Klartext vor und können daher mit jedem gewöhnlichen Texteditor erstellt und geändert werden. Auf eine graphische Benutzerschnittstelle wurde verzichtet, um die Bedienung von jedem einfachen Text-Terminal aus zu ermöglichen. Alle veränderlichen Informationen (z.B. Host-Namen, Internet-Adressen) werden zentral gehalten. Inkonsistenzen und unvollständige Informationsverteilung sind damit weitestgehend ausgeschlossen.

Das im folgenden vorgestellte Programmpaket läuft zur Zeit unter SunOS 4.1.3, wird aber im Rahmen der Umstellung der Rechner im IAKS und E.I.S.S. auf Solaris 2.x auch an dieses Betriebssystem angepaßt werden. Eine Portierung auf andere UNIX-Versionen ist denkbar.

2 Das Institutsnetz

Im E.I.S.S./IAKS werden Rechner der verschiedensten Hersteller und Architekturen eingesetzt. Im folgenden sollen nur diejenigen Systeme betrachtet werden, die aus Sicht des UNIX-Netzes in Erscheinung treten. Dabei handelt es sich um Rechner, die über TCP/IP-Software verfügen. Diese Systeme lassen sich in die folgenden Kategorien einteilen:

- UNIX-Workstations (Sun-SPARC) als Server-Maschinen, die über NFS die Benutzerdateien und allgemeine Datenbestände exportieren, die Verteilung von Mail übernehmen, Informationen liefern (NIS, NIS+) und besondere Aufgaben durchführen (z.B. die im folgenden vorgestellten Funktionen). Im beschriebenen Netzwerk gibt es nur eine Server-Maschine, den Zentral-Server.
- UNIX-Workstations (Sun-SPARC) als Arbeitsplatzrechner, denen die wesentlichen Teile des UNIX-Systems auf einer lokalen Platte zur Verfügung stehen, die aber keine Benutzerdaten und keine Anwendungsprogramme enthalten („Dataless-Client")
- UNIX-Workstations (Sun-SPARC) als Arbeitsplatzrechner, die mit einer zusätzlichen Festplatte ausgestattet sind und zur Entlastung des Zentral-Servers weitere Dateisysteme exportieren („Sekundär-Server")
- UNIX-Workstations (Sun-3) ohne Platte, die in einer Minimalkonfiguration als reine X-Terminals betrieben werden
- weitere Rechner (PC, Macintosh, VAX, IBM-Risc usw.), die nicht zu den zentral administrierten UNIX-Rechnern gehören, aber über TCP/IP mit diesen in Verbindung treten.

3 Administration und Konfiguration

In jedem UNIX-System gibt es eine Reihe von Dateien, die sehr stark von der jeweiligen Konfiguration, der Struktur des Netzwerkes und der Funktion der jeweiligen Maschine abhängen und das Verhalten der Maschinen beeinflussen. Solche Dateien sind beispielsweise `hosts` und `hosts.equiv`, `ethers`, `sendmail.cf`, `printcap`, `termcap`, `rc.local`, `fstab`, `passwd`, `inetd.conf` usw.

Diese Dateien müssen oftmals im Rahmen der Systempflege und der Benutzeradministration geändert werden. Dabei sind die Korrektheit und die Aktualität dieser Dateien von großer Wichtigkeit. Die Änderung dieser Dateien erfordert aber weit mehr Aufwand als nur simples Kopieren der neuen Version. Teilweise müssen host-spezifische Einstellungen berücksichtigt, die Daten auf Plausibilität geprüft oder Dämonen über die Änderung der Dateien informiert und zur Rekonfiguration veranlaßt werden.

Um auch bei host-spezifischen Dateien, wie z.B. `/etc/ttytab`, die nötige Konsistenz und Systemhomogenität zu sichern, werden nicht verschiedene Dateien für verschiedene Rechner gehalten, sondern nur ein zentraler *Prototyp*, aus dem alle Host-Dateien extrahiert werden. Ähnliches gilt für Dateien, deren Einträge eine bestimmte Struktur haben und die sich daher durch Makros erzeugen lassen (z.B. `/etc/printcap`). Dieser zentrale Prototyp enthält die notwendigen Makros und „if/else"-Konstruktionen, um für jeden Host eine Datei mit den entsprechenden Einträgen zu erzeugen.

3.1 Die zentralen Systemdatenbanken

Die richtige Konfiguration des Servers mit seinen zentralen Netzwerkdiensten, die korrekte Ausführung aller Dienste (auch der Installation und Konfiguration von Arbeitsplatzrechnern) und die Konsistenz aller Daten sind für die Funktionsfähigkeit des Rechnernetzes von größter Wichtigkeit.

Wird dem Netz etwa ein neuer Rechner namens *orion* hinzugefügt, muß dieser Rechner nicht nur in die Host-Tabellen eingetragen werden, es müssen ggf. auch *rarp*-Responses für diesen Rechner erzeugt, File-Systeme exportiert und Zugriffsrechte eingeräumt werden. Wird dabei ein Eintrag vergessen oder falsch geschrieben (z.B. *oroin* statt *orion*), beeinträchtigt das die Funktionsfähigkeit des Netzes. Daher werden alle diese Daten in einer einzigen Datei — der *Rechner-Datenbank* — zentral gehalten und sämtliche betroffenen Dateien (u.a. auch Prototypen) automatisch erzeugt. Wird der Rechner *orion* in dieser Datei fälschlicherweise *oroin* genannt, so findet sich diese Schreibweise in sämtlichen Dateien wieder. Auch der Rechner wird bei der weiter unten beschriebenen automatischen Installation so benannt. Weil alle Referenzen auf diesen Rechner aus der Datenbank abgeleitet werden, ist die volle Systemkonsistenz gewährleistet. Die Umbenennung eines Rechners oder das Hinzufügen eines neuen Systems beschränken sich auf die Änderung des Datenbankeintrags und das Starten der Installationsprogramme.

Die Rechnerdatenbank enthält die Beschreibungen *aller* Rechner, die innerhalb des Institutsnetzwerks TCP/IP-Kontakte aufnehmen können. In der Datenbank sind dabei für jeden Rechner mindestens der Rechnername, die Internet-Adresse und eine Rechnerbeschreibung gespeichert. Für Rechner, die vom Zentral-Server abhängig sind, werden zusätzliche Informationen wie Ethernet-Adresse, HostID, Hardware-Typ und Architektur, Speicherausbau, Plattentyp und -größe, Kerneltyp, Installationsinformationen und Daten über die Berechtigung für diverse Dienste gehalten. Ein Großteil der in `/etc` vorhandenen Konfigurationsdateien wird aus dieser Datenbank abgeleitet.

3.2 Erzeugung und Verteilung von Konfigurationsdateien

Das Problem der zu verteilenden Dateien läßt sich verallgemeinern. Die betroffenen Dateien können ebenso wie andere Systemeinstellungen (z.B. EEPROM-Inhalt, Uhrzeit, Konfiguration angeschlossener Hardware) als Objekte aufgefaßt werden. Alle Informationen zu einem Objekt werden in der *Installationsdatenbank* zusammengefaßt. Diese enthält die folgenden Einträgen:

Objektbezeichnung: ein eindeutiger Name, unter dem das Objekt bei Bedarf individuell referenziert werden kann (z.B. „/etc/motd“ oder „uhrzeit“)

Quelldatei: eine Systemdatei oder ein Prototyp, aus der das Objekt generiert wird: Ist diese Quelldatei neueren Datums als das Objekt selbst, ist eine Installation erforderlich.

Rechnermuster: Es beschreibt, für welche Systeme aus der Rechnerdatenbank eine Installation erfolgen soll (z.B. „Nicht für X-Terminals“ oder „Nur für orion“).

Vorverarbeitung: Hierbei handelt es sich um eine Methode (ein einzelner Befehl oder ein Skript), welche vor der Installation des Objektes aus den verschiedenen Zielrechnern einmalig auf dem Zentral-Server ausgeführt wird.

Installationsmethode: Sie wird für jeden zu installierenden Rechner auf dem Zentral-Server ausgeführt. Per `rsh` ist auch ein Aufruf von Befehlen auf den Clients möglich.

Der Installations-Manager führt anhand der zentralen Datenbanken die notwendigen Arbeitsschritte aus. Es besteht die Möglichkeit, die Installation auf bestimmte Objekte oder Rechner einzuschränken. Der mögliche Ablauf einer Installation ist in Abb. 1 dargestellt. Abb. 2 beschreibt mittels „Pseudo-Code" die internen Abläufe im Installations-Manager.

Auch die Konfigurationsdateien des Zentral-Servers werden als Objekte in die Installationsdatenbank eingetragen. Sind Konfigurationsdateien spezifisch für den Zentral-Server, so wird deren Installation auf diesen eingeschränkt.

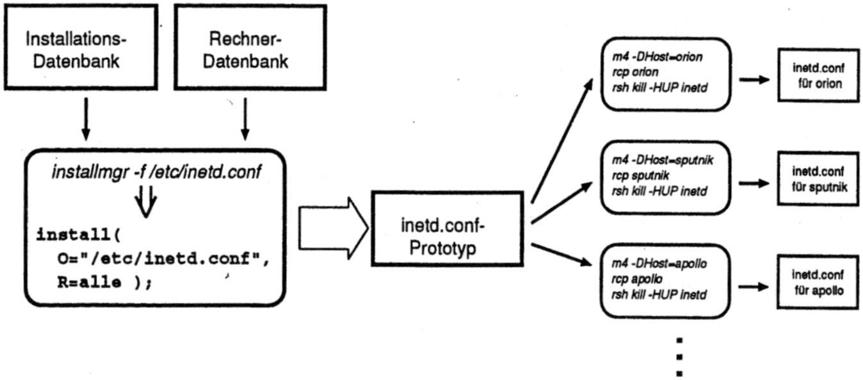

Abb. 1: Ablauf der Steuerung am Beispiel `/etc/inetd.conf`

```
install(O:Objektmenge, R:Rechnermenge)

for o in O
    if
        (Quelldatei[o] „jünger als“ o) ∧ (R∩Rechnermuster[o]≠∅)
        then
            Führe Vorverarbeitung[o] aus;
            for r in R∩Rechnermuster[o]
                Führe Installation[o][r] aus;
```

Abb. 2: Installations-Pseudo-Code

4 Installation von Maschinen

Eine regelmäßig wiederkehrende Arbeit ist die Installation des kompletten UNIX-Systems auf einer neuen, einer ausgetauschten oder einer bestehenden Maschine. Die Arbeitsschritte hierzu sind langwierig, monoton und fehlerträchtig. Darüber hinaus stellt sich bei Maschinen, die noch nicht über das notwendige Minimalsystem verfügen, um überhaupt Kontakt zum Netzwerk aufzunehmen, die Problematik des initialen Boot-Vorgangs.

Zur Vereinfachung der Installation stellt der Zentral-Server, der auch die automatische Installation der Konfigurationsdateien übernimmt, eine Partition zum Booten eines „Diskless-Client“ zur Verfügung. Diese ist für alle vom Zentral-Server bedienten Maschinen, die in der Rechnerdatenbank mit entsprechenden Zugriffsrechten eingetragen sind, zugänglich. Wird eine neue Maschine hinzugefügt, müssen in der Datenbank die notwendigen Informationen eingetragen werden. Der Server erzeugt dann neue Konfigurationsdateien, die es auch dieser Maschine erlauben, die Diskless-Client-Partition zu benutzen. Dabei kann eine Partition von mehreren Maschinen benutzt werden, wenn sichergestellt ist, daß zu jedem Zeitpunkt nur jeweils ein Rechner darauf zugreift.

Hat die Maschine die Rechte zum Zugriff auf die Boot-Partition, wird sie zum Reboot über das Netzwerk veranlaßt. Dabei nimmt sie die Identität „netboot" an und lädt wie eine plattenlose Maschine ihr UNIX-System ausschließlich über das Netzwerk. Anschließend beginnt sie mit der Abarbeitung der Installationsprogramme, die in der vom Server importierten Partition bereitgestellt werden.

Anhand der Ethernet-Adresse und der Rechnerdatenbank wird die zukünftige Identität der Maschine festgestellt, die lokale Platte wird formatiert, partitioniert und mit File-Systemen versehen. Dann werden in Abhängigkeit von Plattengröße und Maschinentyp verschiedene Teile des UNIX-Systems und der weiteren Software aus den Datenbeständen des Zentral-Servers einkopiert. Nach Vervollständigung der Software nimmt die Maschine durch einen Reboot ihre tatsächliche Identität an und wird sofort vom Server konfiguriert und in das Netzwerk eingefügt. Nach einem erneuten Reboot ist die Maschine vollständig in das Gesamtsystem integriert und nimmt ihren Dienst als Benutzermaschine auf.

Der gesamte Vorgang dauert je nach Maschinentyp, Plattengröße und dem Umfang der notwendigen Installationsarbeiten ca. 10–120 Minuten. Es besteht die Möglichkeit, alle Rechner des Netzwerks der Reihe nach programmgesteuert neu zu installieren.

Muß nach einem Hardware-Verlust (z.B. durch Brand- oder Wasserschaden) das System auf neuen Maschinen reinstalliert werden, so ist lediglich das Sicherungsband des Zentral-Servers einzukopieren und die Rechner-Datenbank an die neue Hardware anzupassen. Nach einem automatischen Installationsdurchlauf aller Clients müssen noch die Daten der Sekundär-Server vom Band geladen werden. Dann steht das neue „alte" System wieder zur Verfügung.

5 Backup-Strategie

Um bei technischen Problemen mit den Festplatten oder bei äußeren Einflüssen (Brand, Wasserschaden) sowohl das gesamte System als auch alle benutzerspezifischen Daten rekonstruieren zu können, ist eine regelmäßige Sicherung aller wesentlichen Festplatten auf Band erforderlich.

Weil die „Dataless-Clients" und die Systempartitionen der Sekundär-Server vollständig vom zentralen Server reinstalliert werden können, kann der regelmäßige

Backup auf den Zentral-Server und Teile der Sekundär-Server beschränkt werden. Wichtige Protokolldateien von anderen Rechnern kopiert der Zentral-Server vor dem Backup an eine Stelle seines File-Systems, die mitgesichert wird.

Durch die Kombination von vollem und inkrementellem Backup auf einem Band kann Bandmaterial gespart werden. Trotzdem ist die Rekonstruktion des gesamten Systems von nur einem Sicherungsband möglich.

Ein Backup-System sollte die folgenden Eigenschaften besitzen:

Arbeitsminimierung: Der Backup soll automatisch erfolgen, so daß die Administratoren nur im Fehlerfall eingreifen müssen. Bei Problemen soll das Backup-System sich per Mail melden.

Bandmengenminimierung: Die zu sichernden Festplattenpartitionen werden anhand der darauf gespeicherten Daten klassifiziert. Für jede Kategorie kann die Art und Häufigkeit des Backups eingestellt werden. Somit müssen nicht alle Platten bei jedem Backup vollständig gesichert werden.

Konsistenz: Der Backup muß im „Single User Mode" durchgeführt werden, um Inkonsistenzen zu vermeiden. Daher ist es erforderlich, den Backup außerhalb der normalen Arbeitszeiten durchzuführen.

Vollständigkeit: Es sollen sowohl der Zentral-Server als auch die sekundären NFS-Server gesichert werden. Die Platten der „Dataless-Clients" können im Rahmen des automatischen Installationssystems rekonstruiert werden und müssen daher nicht gesichert werden. Aus jedem einzelnen Backup-Band soll das gesamte System restaurierbar sein.

Als Backup-Laufwerk kommt ein Exabyte-Video-8-Streamertape mit einer Kapazität von 5 GByte (unkomprimiert) bis 25 GByte (komprimiert) zum Einsatz. Auf einem Band können die Backups einer ganzen Woche (ein voller Backup und tägliche inkrementelle Backups der Benutzerdaten) gespeichert werden.

5.1 Klassifikation der Festplattenpartitionen

Das Backup-System unterscheidet anhand einer eindeutigen Kennzahl zwischen eins und neun die folgenden Arten von Partitionen:

1. **Systemplatten:** Diese enthalten das Betriebssystem und diverse Protokolldateien. Ein tägliches Sichern ist nicht notwendig.

2. **Local- und Sourcecode-Platten:** Darauf befinden sich Applikationsprogramme, die nicht Teil des vom Hersteller gelieferten UNIX sind. Neben kommerzieller Software werden hier auch der Quellcode sowie die ausführbaren Objektdateien diverser Hilfsprogramme aus dem Internet (GNU-C-Compiler, X-Window-System etc.) aufbewahrt. Der Platteninhalt ändert sich nur selten, so daß hier ebenfalls kein täglicher Backup notwendig ist.
3. **User-Platten:** Darauf befinden sich die Daten der Anwender. Diese Dateien ändern sich häufig und sind bei Verlust nur schwer wiederzubeschaffen. Deshalb ist für die User-Platten ein täglicher Backup zwingend notwendig.

Neben diesen drei Kategorien sind auch weitere Klassen (z.B. Datenbereich eines News- oder FTP-Servers) denkbar. Auf jedem Rechner stellt eine Konfigurationsdatei den Zusammenhang zwischen den Partitionen und ihren Klassen her.

Beim Ablauf des Backup-Systems kann nun anhand der Klassifikation entschieden werden, ob eine bestimmte Partition gesichert werden soll.

5.2 Automatisches Ausführen einer Kommandodatei im Single-User-Mode

Ein Sichern von Festplatten während des vollen Betriebs kann zu Inkonsistenzen auf dem Band führen. Ändert ein Prozeß eine Datei, während sie auf Band gesichert wird, so ist nach einem Restaurieren diese Datei nicht mehr konsistent und im schlimmsten Fall völlig wertlos. Daher muß dafür gesorgt werden, daß kein Prozeß während des Backups auf das betroffene File-System zugreifen kann.

Durch kleine Modifikationen an den Skripten des „Single-User-Mode" kann man erreichen, daß eine bestimmte Datei als Skript abgearbeitet wird und die Maschine anschließend wieder in den normalen Betriebszustand wechselt. Der Übergang in den „Single-User-Mode" wird von einem privilegierten Prozeß zu gegebener Zeit angestoßen.

Diese Maßnahme betrifft nur den jeweils sichernden Server. Da im „Single-User-Mode" wegen der fehlenden Systemprozesse insbesondere kein NFS zur Verfügung gestellt wird, ist es den Clients nicht möglich, Daten auf den Platten der Servers zu verändern. Programme, die auf den Clients während des Backups versuchen, auf die File-Systeme des Servers zuzugreifen, werden vom Kernel angehalten bis das NFS wieder zur Verfügung steht. Somit können Prozesse auf den „Dataless-Clients“ deutlich länger laufen, als es das Intervall zwischen zwei Backups auf dem Server zulassen würde.

5.3 Backup-Kette über alle Server

Ein weiteres Problem des Backup-Systems ist die Existenz mehrerer NFS-Server, deren Platten alle regelmäßig auf Band gesichert werden müssen. Da der Backup der einzelnen (Sekundär-)Server auf das am zentralen Server angeschlossene Bandlaufwerk nicht unabhängig voneinander erfolgen kann, wird anhand der Einträge in der zentralen Rechnerdatenbank eine „Backup-Kette“ festgelegt: Ein ausgezeichneter Server beginnt mit dem Sichern seiner Platten über das Netz auf Band. Ist er fertig, wird der nächste Server angestoßen. Neben der Aufforderung, mit dem Backup weiterzumachen, werden außerdem noch Verzeichnis- und Protokollinformationen weitergegeben. Da jeder sichernde Server die Meldungen seines Backup-Durchlaufs an diese Dateien anhängt, steht auf dem letzten System schließlich ein Protokoll des gesamten Backups zur Verfügung.

5.4 Die Backup-Gesamtsteuerung

Das Herz des Backup-Systems ist ein Skript, welches per `cron` jede Nacht gestartet wird. Dieses Skript stellt zunächst fest, ob seit dem letzten Backup ein neues Band eingelegt wurde. Ist dies der Fall, so wird eine vollständige Sicherung aller File-Systemklassen veranlaßt. Befinden sich schon ein oder mehrere Backups auf dem Band, so erfolgt eine inkrementelle Sicherung der User- und Local-Plattenklassen. Das Backup-System führt auf jedem Server die folgenden Schritte in Abhängigkeit von der Betriebsart aus:

1. Erstellen des Single-User-Mode-Skripts, welches die gewünschten Partitionen in der geforderten Art und Weise sichert
2. Erstellen eines Verzeichnisses der zu sichernden File-Systeme
3. Übergang des Systems in den „Single-User-Mode“: Dabei werden von dem soeben erzeugten Single-User-Mode-Skript die gewünschten Partitionen gesichert. Die Meldungen des UNIX-Kommandos `dump` sowie alle weiteren

Ausgaben des Skripts werden gespeichert. Zum Abschluß geht das System wieder in den normalen Betriebszustand über.

4. Im Anschluß überprüft das System, ob es zu Fehlern gekommen ist. In diesem Fall werden die Administratoren per Mail benachrichtigt und das Backup-System angehalten. Das System muß explizit von einem Administrator nach dem Beheben der Fehlerursache wieder gestartet werden. Durch das Anhalten wird eine Beschädigung der auf dem Band gespeicherten älteren Daten vermieden.

5. Ist kein Fehler aufgetreten, so werden die gerade erstellten bzw. erweiterten Verzeichnis- und Protokolldateien auf den nächsten Server kopiert und dieser zum Sichern seiner Platten aufgefordert.

5.5 Administratoreingriffe

Im fehlerfreien Betrieb besteht die einzige Aufgabe der Administratoren im regelmäßigen Wechseln der Bänder. Da ein neues Band automatisch erkannt wird, sind nach dem Tausch keine weiteren Schritte erforderlich.

Bei einem Fehler meldet das Backup-System sich täglich bei den Administratoren per Mail, bis die Ursache behoben ist. So kann das Wiederanstoßen des Backups nicht vergessen werden.

6 Ausblick

Eine Integration der Benutzerverwaltung ist ebenfalls denkbar. Dabei werden in einer zentralen Datei alle für das System wichtigen Kenndaten von aktiven oder ehemaligen Benutzern gehalten. In Zusammenarbeit mit dem Backup-System ist sogar ein vollautomatisches Auslagern von inaktiven Benutzern möglich. Eine zentrale Überwachung bestimmter Benutzeraktivitäten bietet auch einen gewissen Schutz gegenüber Angriffen.

Eine Erweiterung des hier beschriebenen Systems zur Unterstützung heterogener Netze ist denkbar. Hierzu wird die Installationsdatenbank um Klassen von Systemen erweitert, die jeweils auf ähnliche Art und Weise konfiguriert werden müssen. Eine Erweiterung um andere Netzwerkprotokolle ist ebenfalls denkbar.

7 Danksagung

Wir danken Prof. Dr. Th. Beth und Priv.-Doz. Dr. P. Horster für ihre großzügige Unterstützung, außerdem unseren Kollegen B. Klein und P. Wichmann für ihre Hilfestellung. Unser besonderer Dank gilt Th. Maus für seine Mitarbeit bei der Planung und Realisierung des Installationssystems.

Literatur

[1] Larry Wall, Randal L. Schwartz *Programming perl*, O'Reilly & Associates, Inc. 1992

[2] Sun Microsystems: *NFS: Network File System Protocol Specification*, RFC 1094, März 1989

[3] Sun Microsystems: *Administering NIS+ and DNS*, Manual zu SunOS 5.1

Einführung verteilter Systeme in einem Unternehmen der Markenartikelindustrie - Organisatorische Konsequenzen

Wolfgang Stadler

1 Das Unternehmen

Die MUELHENS-Unternehmensgruppe ist ein Markenartikelunternehmen im Parfum- und Kosmetikbereich mit Hauptsitz in Köln sowie Tochtergesellschaften und Distributoren in allen wichtigen Weltmärkten. Die weltweit ca. 2.400 Mitarbeiter erzielten 1992 einen Umsatz von ca. 600 Mio. DM. Das unternehmerische Umfeld im Konsumgüterbereich und insbesondere im Parfum- und Kosmetiksektor ist durch intensive Konkurrenz, schnell wechselndes Konsumentenverhalten, kurze Produktentwicklungszyklen und rasche Wechsel der angebotenen Produkte geprägt.

2 Die alte Welt

Wie sieht nun die Organisations- und Datenverarbeitungs-Welt aus, die Geschäftsprozesse unterstützen soll, die in diesem schnell wandelnden Umfeld ablaufen?

2.1 Die Organisationsstruktur

Die zentrale Abteilung Organisation und Datenverarbeitung hat folgende organisatorischen Elemente:

- Organisation inkl. PC-Beratung
- EDV-Koordination / Benutzerservice
- Anwendungsprogrammierung für den zentralen IBM-Host-Rechner
- Systemprogrammierung für den Betrieb des zentralen IBM-Host-Rechners
- Datenerfassung
- Registratur

2.2 Die System- und Anwendungslandschaft

Die System- und Anwendungslandschaft ist folgendermaßen zu charakterisieren:

- Zentralrechner IBM 3090 mit VSE und VM
- überalterte Individual-Software für die Bereiche Vertrieb, Produktion, Materialwirtschaft und Logistik
- Standard-Software für die Bereiche Personalwesen, Finanzbuchhaltung und Kostenrechnung
- Tabellenkalkulation, Textverarbeitung und Graphik auf dem IBM-Host
- dezentrale PCs, deren Hardware und Software nicht standardisiert sind; wenige davon sind mit dem IBM-Host vernetzt; die PCs werden als Textsysteme benutzt, es existieren keine Anwendungslösungen
- dezentrale Schreibsysteme, die nicht in operative Anwendungen integriert sind
- dezentrale UNIX-Systeme als Insellösungen für Bürokommunikation
- IBM/36 für den Bereich Export
- Nixdorf-System für den Bereich Datenerfassung

3 Die erste These

Da diese System- und Anwendungslandschaft die Unternehmensziele sicherlich nicht optimal (Kosten und Flexibilität in der Informationsaufbereitung) unterstützen kann und durch eine neue ersetzt werden soll, ist zunächst zu untersuchen:

Warum hat das Unternehmen diese System- und Anwendungslandschaft?

Zieht man hierbei die Struktur der zentralen Abteilung Organisation und Datenverarbeitung ins Kalkül, so ergibt sich eine erste These:

Die Struktur des Bereiches „Informationssysteme" bestimmt die System- und Anwendungslandschaft eines Unternehmens.

Diese These läßt sich an diesem Beispiel wie folgt untermauern:

- Die Gruppe „Organisation" - in der Abteilung „Organisation und Datenverarbeitung" für die PCs zuständig - setzt PCs nur dort ein, wo diese Gruppe das originäre Know-how besitzt, nämlich bei Schreibsystemen. Andere Geschäftsprozesse werden nicht durch PC-Lösungen unterstützt.
- Die klassischen Datenverarbeiter in der Abteilung „Organisation und Datenverarbeitung" lösen alle Anforderungen aus den Fachbereichen unter Zuhilfenahme des IBM-Hosts; so z.B. auch Anwendungen der Tabellenkalkulation, Textverarbeitung und Graphik. Dies führt dazu, daß der Betrieb des zentralen Rechenzentrums immer komplexer und damit aufwendiger wird.
- Durch die „nicht stattfindende Kommunikation" der klassischen Datenverarbeiter mit den „PC-Zuständigen" erfolgt auch keine Kommunikation, sprich Vernetzung, der Systeme.
- Der Benutzerservice ist in zwei unterschiedlichen Organisationselementen angesiedelt und wird zudem fachlich nicht koordiniert. Dies führt zu unterschiedlicher Beratung der Fachbereiche und somit zu unterschiedlichen Hardware- und Software-Lösungen.
- Da in der Gesamtorganisation niemand für Anwendungslösungen auf PC-Basis verantwortlich ist, gibt es diese dispositiven Anwendungen entweder überhaupt nicht oder als Insellösung in Verantwortung des Fachbereichs.

Die Konsequenzen, die sich aus einer solchen System- und Anwendungslandschaft für ein Unternehmen ergeben, sind:

- Die Informationsverarbeitung ist zu teuer.
- Die Anwender in den Fachbereichen haben nicht die richtigen Informationen, um fachliche Entscheidungen treffen zu können. So wird der Fachbereich Marketing in einem marketinggetriebenen Unternehmen durch keine Anwendung unterstützt.

4 Die neue IS-Strategie

Diese offensichtlichen Mängel im Bereich Organisation und Datenverarbeitung führten zur Entwicklung einer neuen Strategie für den Bereich Informationssysteme (IS), die zum Ziel hatte,

- die IS-Kosten zu senken,
- Anwendungen zu realisieren, mit denen das Unternehmen langfristig Vorteile am Markt gegenüber den Wettbewerbern erzielen kann.

Die Umsetzung der neuen IS-Strategie sieht den Aufbau eines Corporate-Business-Information-Systems (ein Informationssystem für das ganze Unternehmen und alle Geschäftsbereiche) vor.

Die Ideen, mit denen dieses Ziel erreicht werden soll, können folgendermaßen klassifiziert werden:

4.1 Standardisierung

- Es kommen nur noch vernetzte PC-Arbeitsplätze eines Herstellers zum Einsatz, die über Novell-LANs an Server angeschlossen werden.
- An zwei räumlich getrennten Token-Ring-Backbones werden die Server, die AS/400-Rechner, der 3090-IBM-Host und das mobile Versorgerrechenzentrum angeschlossen.
- Als Betriebssystem/Oberfläche wird MS-DOS/Windows/Rumba eingesetzt.
- Die Elemente der Bürokommunikation sind Word, Excel, Freelance und MS-Mail.
- Als Zentralrechner für die operativen Anwendungen (Produktion, Materialwirtschaft, Vertrieb, Finanzbuchhaltung, Reisekostenabrechnung, Kostenrechnung und Personalwesen) wird ein AS/400-Rechnernetzwerk eingesetzt. Wenn möglich, ist für operative Anwendungen Standard-Software einzusetzen.

4.2 Rightsizing

- Hardware und Software werden im Rahmen der Standards so ausgewählt, daß sie die Anforderungen des Fachbereichs am besten unterstützen.
- Der IS-Bereich ist so zu strukturieren, daß die eigentliche Kernaufgabe am besten wahrgenommen wird.

4.3 Internationalisierung

- Das gleiche IS-Konzept wird auch für die Tochtergesellschaften mit dem Ziel umgesetzt, IS-Synergien zu erreichen, mehr Flexibilität bei der Verlagerung von Geschäftsprozessen zu haben und ein einheitliches Berichtswesen zu schaffen.

4.4 Dezentralisierung

- Die Investitionsentscheidung in ein neues Anwendungssystem muß immer durch den Anwender/Unternehmer erfolgen. Dieser muß in der Realisierung die Projektverantwortung übernehmen, und die Leiter der Fachbereiche bzw. die Geschäftsleitung müssen in den Organen der Projektorganisation vertreten sein.
- Die eigentliche IS-Leistung muß möglichst nahe am Arbeitsplatz erbracht werden.
- Um sich dieser IS-Leistung bedienen zu können, muß eine umfangreiche Qualifizierung der Anwender erfolgen.

5 Die zweite These

Soll nun im Rahmen der IS-Strategie eine neue System- und Anwendungslandschaft entstehen, so ergibt sich aufbauend auf die erste These eine zweite These:

Wenn die IS-Strategie erfolgreich umgesetzt werden soll, so müssen zunächst in der Struktur des Bereiches „Informationssysteme" die Voraussetzungen dafür geschaffen werden.

6 Die neue IS-Organisation

Diese organisatorischen Voraussetzungen lassen sich wie folgt zusammenfassen:

- Einrichtung der Funktion eines Information-Managers in den Fachbereichen (Vertrieb, Marketing, Produktion, Materialwirtschaft und Logistik, Controlling und Rechnungswesen); dieser Information-Manager nimmt im wesentlichen zwei Aufgaben wahr:
  - Benutzerservice für den zugeordneten Fachbereich
  - Planung und Durchführung von IS-Aufgaben im Fachbereich

Die fachliche Steuerung der Information-Manager erfolgt durch den Bereich Informationssysteme durch Workshops und gemeinsame Projekte.

- Es gibt eine Gruppe Anwendungsberater, speziell für die Entwicklung von dezentralen, verteilten Anwendungen.
- Der Betrieb des Netzwerkes erfolgt zentral im Rechenzentrum. Dort ist auch die Hotline angesiedelt.
- Der Bereich Informationssysteme versteht sich als Dienstleistungs- und Beratungsgruppe für das Unternehmen.

7 Die Erfahrungen

Die Erfahrungen, die bislang mit der Umsetzung der IS-Strategie und der Einführung von verteilten Systemen gemacht wurden, lassen sich am besten an den Projekterfolgen messen. Dabei muß zwischen dem Aufbau einer Netz-Infrastruktur und neuen Anwendungslösungen unterschieden werden.

7.1 Das Netzwerk

Das Netzwerk und die darauf sehr schnell ablauffähigen Bürokommunikationslösungen unter Windows haben eine sehr hohe Nutzerakzeptanz und erhöhen die Produktivität der Sachbearbeiter. Allerdings läßt die Stabilität des Netzwerks noch einige Wünsche offen. Der Innovationszyklus der Produkte und die damit enthaltenen Fehler sind zu hoch. Die Konzepte für das Zusammenspiel der verschiedensten Komponenten sind noch nicht ausgereift.

7.2 Die neuen Lösungen

Projekte, die im Bereich verteilte Anwendungen realisiert werden, wie z.B. Analysesysteme für externe Marktdaten, flexible Absatzsimulations- und Bedarfsplanungsinstrumente sowie Vorgangsverarbeitung mit elektronischem Archiv, sind in der Realisierung schneller und günstiger, erreichen mehr die Wünsche der Anwender und sind somit für das Unternehmen erfolgreicher als zentrale Projekte der operativen Datenverarbeitung.

8 Die dritte These

Aus den gemachten Erfahrungen mit der Umsetzung der IS-Strategie läßt sich eine dritte These formulieren:

Downsizing, Verteilung und Dezentralisierung der Technologie setzen Downsizing, Verteilung und Dezentralisierung der Organisation voraus. Dieses Konzept ist langfristig nur dann erfolgreich,

- wenn Standards gesetzt werden,
- wenn eine starke zentrale fachliche Steuerung erfolgt,
- wenn alle Komponenten des Netzwerkes zentral betrieben werden.

RZ-Outsourcing in Verbindung mit lokalen Netzwerk-Architekturen

Uwe Sellmer

1 Die Ausgangslage

Bei einer Anfang 1990 im Unternehmen durchgeführten Analyse der EDV-Strukturen wurde festgestellt, daß die Unterstützung betriebswirtschaftlicher Funktionen durch Informationsverarbeitung lediglich bei etwa 25 % des aktuellen Bedarfs lag und die Tendenz fallend war. Gleichzeitig wurde davon ausgegangen, daß der Bedarf des Unternehmens kurzfristig sehr stark zunehmen würde und in einzelnen Betriebsbereichen bereits ein dringender Handlungsbedarf nach EDV-Unterstützung bestand. Typisch für diesen Zustand war die gleichzeitige Entwicklung diverser Insellösungen auf PC-Basis, die weder konzeptionell noch dateninhaltlich abgestimmt waren.

Hardware-technisch bestand zu diesem Zeitpunkt die Ausstattung aus einer AS/400 mit etwa 70 Terminals, die über Twinax-Verkabelung vorwiegend in den Verwaltungsbereichen eingesetzt waren. Die Fertigung arbeitete mit VAX-Rechnern und PDP-11, die über ein Ethernet (Yellow-Cable) miteinander verbunden waren. Weiterhin bestanden zwei CAD-UNIX-Arbeitsplätze, die eine separate Verbindung untereinander benutzten.

2 Strategieentwicklung

Die Lösungsmöglichkeiten zur Abdeckung der zukünftigen Anforderungen an Informationsverarbeitungsleistung im Unternehmen wurden in mehreren Szenarien durchgespielt. Neben der Notwendigkeit, für die betriebswirtschaftliche Abbildung des Unternehmensgeschehens eine umfassende Standard-Software einzusetzen, bestanden für die Fragestellung möglicher Hardware, Betriebssysteme, Einbindung von PC-Applikationen und weiteren dezentralen Systemen durchaus unterschiedliche Ansätze.

Die Gesamtkonzeption wurde in mehrere Ebenen untergliedert, wobei davon auszugehen war, daß die jeweiligen Ebenen möglichst unabhängig voneinander definiert werden konnten:

1. Hardware-Plattform und Verkabelungen
2. Physische Netzwerkstrukturen
3. Logische Netze und Betriebssysteme einschließlich Anwendungsoberfläche
4. Anwendungssysteme

Zu den jeweiligen Ebenen wurden Key-Anforderungen definiert, die neben den diversen Einzel-Funktionsforderungen der Pflichtenhefte auch das Grundverständnis der Gesamtlösung verdeutlichen sollten.

Für die Verkabelungskonzeption wurde z.B. festgelegt, das Werksgelände so auszurüsten, daß unabhängig von zukünftig verwendeten logischen Netzen, Protokollen u.ä. der Anschluß eines jeden informationstechnischen Endgeräts oder Rechners datentechnisch an jedem Ort möglich ist. Daraus resultierte die Forderung, Datensteckdosen eines einheitlichen Typs zu installieren und bereits von Anfang an die Menge der Anschlußpunkte auf eine maximal mögliche Endgerätezahl je Raum zu dimensionieren. Spätere Umzüge von Fachabteilungen innerhalb des Werksgeländes u.ä. sollten nicht die Notwendigkeit neuer oder veränderter Verkabelung zur Folge haben. Dieser Ansatz wurde nicht nur für Bürogebäude sondern ebenso für die Werksflächen der Fertigung formuliert.

Auf der Anwendungsebene wurde die Forderung formuliert, daß es für jeden Anwender im Betrieb möglich sein muß, sich an einem beliebigen Bildschirmendgerät des Gesamtsystems mit seinem Namen anzumelden und dort die Auswahl der für ihn definierten, zugelassenen Anwendungen zu erhalten, d.h. das Gesamtnetz verhält sich gegenüber dem Endanwender wie ein einziges System. Kenntnisse oder sogar Handling-Anforderungen an den Anwender der Fachabteilung, zwischen verschiedenen Hintergrundsystemen zu manövrieren, sollten hierbei auf ein Minimum reduziert werden.

Bei der Suche nach einem betriebswirtschaftlichen Standardsystem, das die weitgesteckten Anforderungen abdeckt, stellte sich sehr bald heraus, daß alle in Frage kommenden Systeme zum Zeitpunkt der Entscheidungsfindung (1990) ausschließlich auf Großrechnern zur Verfügung standen. Hierfür fehlte es im Unternehmen an technischen, räumlichen und personellen Voraussetzungen. Die finanziellen und zeitlichen Aufwendungen, die erforderlich gewesen wären, um den Einstieg in die Großrechnerwelt zu realisieren, stellte die Entscheider vor ein schwieriges Problem.

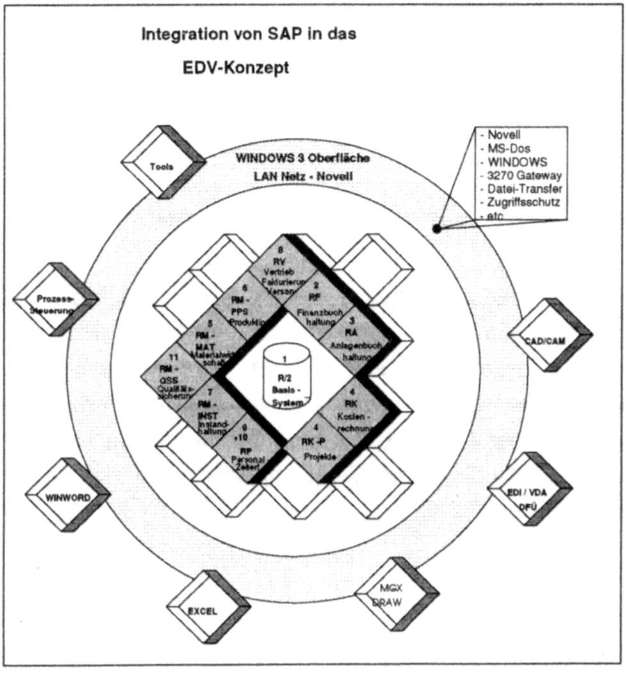

Abb. 2.1: Integration von SAP in das EDV-Konzept

Gleichzeitig war es angesichts der technischen Entwicklungen auch strategisch nicht ratsam, einen solchen Einstieg vorzunehmen. Die Möglichkeit, sich hier eines Outsourcing-Partners zu bedienen, der das gesamte betriebswirtschaftliche Kernsystem lauffähig zur Verfügung stellt, ergab in einem Verfahrensvergleich diverse Vorteile: Zum einen konnte die Gesamtumstellzeit um mindestens 1½ Jahre verkürzt werden; die Gesamtprojektkosten fielen bei der Outsourcing-Lösung um etwa 30 % niedriger aus als bei Eigenleistung. Die Risiken des Gesamtprojekts wurden dadurch erheblich reduziert. Gleichzeitig wurde vermieden, daß ein Personalstamm zum Großrechnerbetrieb aufgebaut werden mußte, der in Folge der technischen Entwicklung langfristig nicht benötigt wird. Die Tatsache, daß sich als Anwendungs-Software inzwischen das System SAP als einer der Favoriten herausgestellt hatte und dieses System in mehreren Outsourcing-Rechenzentren verfügbar war, erleichterte die Entscheidung für diesen Weg.

3 Realisierungsschritte

Das Realisierungsprojekt teilte sich in zwei Schwerpunktbereiche:

1. die Realisierung der betriebswirtschaftlichen Anwendungen auf Basis des SAP-Systems
2. die Neugestaltung der lokalen Infrastruktur auf Basis der Netzwerktechnologie

Auf den ersten Teil soll hier nicht weiter eingegangen werden. Gemeinsam mit dem Outsourcing-Partner und potentiellen Anbieterfirmen wurden die verschiedenen technischen Lösungsmöglichkeiten untersucht. Da die vorhandene Systemtechnik und die unter Großrechnerumgebung zunächst naheliegende Versorgung mit 3270-Bildschirmen mindestens über den Zeitraum der Umstellung, der auf 3-4 Jahre angesetzt war, gemeinsam betrieben werden mußten, stellte sich für die technische Anforderung folgendes Bild dar:

1. AS/400-5250-Bildschirmtechnik
2. SAP mit 3270-Bildschirmtechnik
3. vernetzte PC-Anwendungen mit Server-Betrieb (Token-Ring)
4. VAX-Rechner und UNIX-Workstation auf Ethernet Basis
5. optional Verwendbarkeit für Telekommunikationsgeräte

Auch wenn diese Techniken letztendlich nicht alle zum Einsatz kamen, wurde die Gesamtkonzeption zunächst auf dieser Basis durchgeführt. Zugunsten einer zukünftig einheitlichen Anwenderoberfläche unter Windows wurde auf die Anschaffung von 3270-Geräten vollständig verzichtet und alle neuen Geräte in PC-Technologie ausgestattet.

Zunächst mußten auf dem Werksgelände geeignete Wegeführungen gefunden werden, die es ermöglichten, die verschiedenen Technologien, die über das Gesamtnetzwerk transportiert werden sollten, mit einer einheitlichen Kabelverlegung abzubilden. Dies wurde dadurch erreicht, daß im gesamten Werksgelände ein gutes Dutzend Verteilerschränke installiert wurde. Von diesen Verteilerschränken aus ist eine Typ-1-Kabelverbindung zu allen denkbaren Endpunkten als Datensteckdose ausgeführt. Die Verteilerschränke unter sich sind mit einem Backbone-Glasfaser-Netz verbunden.

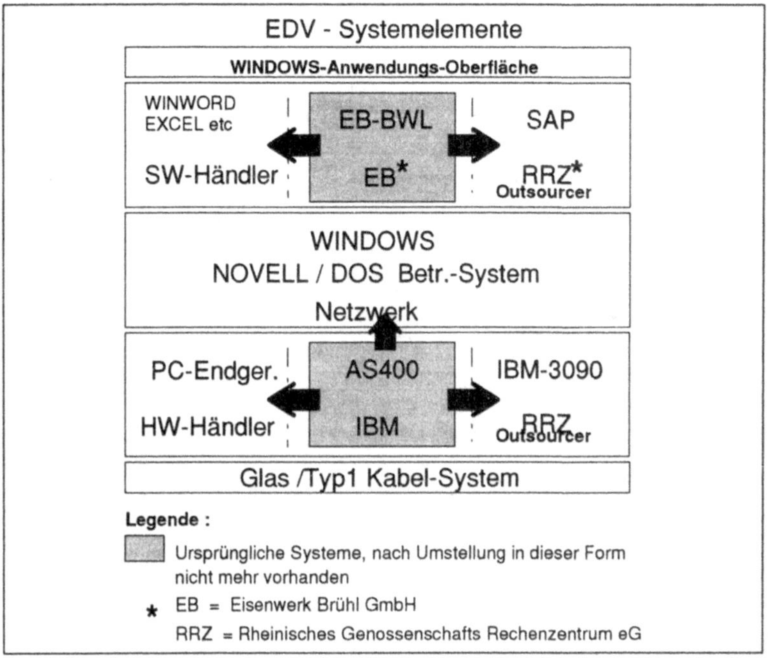

Abb. 3.1

Zur Ermittlung der Anzahl sternförmig zu verlegender Datenanschlußleitungen ist aus den Werksgegebenheiten empirisch eine Formel ermittelt worden, die es erlaubt, die maximale Anzahl der benötigten Datendosen im Einzugsbereich festzustellen. Die Dimensionierung des Glasfaser-Backbones wurde unter Berücksichtigung einer alternativen Wegeführung sowie einer Ausfallstrategie für den Fall, daß Kabeltrassen und Glasfaserleitungen durch das Betriebsgeschehen zerstört werden, durchgeführt. Hierbei fand auch Berücksichtigung, daß im Zweifelsfall alle Kommunikationstechnologien in gemischter Form in allen Verteilungsbereichen genutzt werden können müssen.

Für die Realisierung der einzelnen Bauabschnitte wurden Ausstattungsregeln nach dem Baukastenprinzip entwickelt, so daß jeder Bauabschnitt grundsätzlich den gleichen strukturellen Aufbau hat. Entsprechend den individuellen Bedarfssituationen in den Bauabschnitten konnten dann unterschiedliche Mengengerüste sowie Funktionsausstattungen realisiert werden.

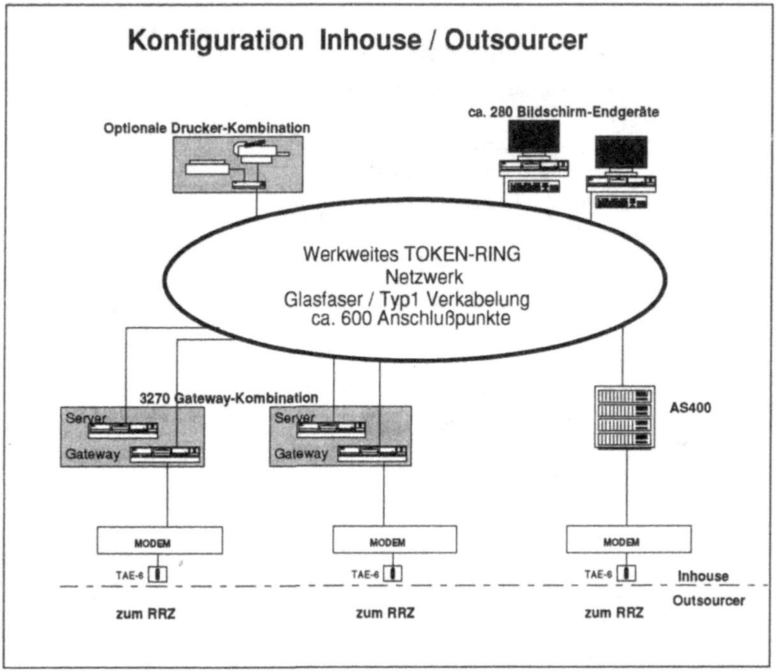

Abb. 3.2

Als zentrales Element der Integration durch das Netzwerk wurde der Token-Ring definiert. In diesem Ring ist die überwiegende Anzahl der PCs als Bildschirmendgerät angeschlossen. Der Ring verfügt über drei Gateways, die den Durchgriff zum externen Rechenzentrum und damit zur SAP-Anwendung ermöglichen. Die vorhandene AS/400 übernimmt die Aufgabe eines dieser Gateways. Die beiden übrigen sind ebenfalls in PC-Technologie ausgeführt. Dadurch ist es möglich, unter der Windows-Oberfläche neben den PC-Anwendungen gleichzeitig die

SAP-Anwendungen und die Programme der AS/400 zu nutzen. Die zunächst installierte Doppel-Server-Konfiguration mit einem Programm- und einem Daten-Server wurde inzwischen zugunsten einer zentralen Server-Lösung umgebaut. Hierdurch konnte noch einmal der Netzwerkverwaltungsaufwand verringert werden. Gleichzeitig ist der zentrale Server mit einem automatischen Datensicherungs- und -archivierungssystem ausgerüstet, das über eine Gesamtkapazität von bis zu 20 GigaByte online verfügt.

Eine weitere Besonderheit der Gesamtkonfiguration bildet der Druckerbetrieb. An alle Drucker, die im Netzwerk eingesetzt werden, wird die Forderung gestellt, daß sie in der Lage sind, im beliebigen Wechsel Dokumente der verschiedenen Anwendungen zu erzeugen, ohne daß für den Endanwender aufwendige Umstellmaßnahmen erforderlich sind. Da Drucker grundsätzlich von mehreren Personen gemeinsam genutzt werden, ist der Anschluß an Bildschirmendgeräte nicht zugelassen. Die Drucker müssen unbeobachtet ständig verfügbar sein und dürfen nicht durch das Abschalten einzelner Bildschirmendgeräte gestört oder außer Betrieb gesetzt werden. Dies hat zur Folge, daß alle Drucker mit eigenen „Druck-Servern" ausgestattet sind (nicht zu verwechseln mit dem in der Novell-Welt gebrauchten Ausdruck Printserver). Hierfür bestehen grundsätzlich drei Lösungsvarianten, die auch gemischt einsetzbar sind:

1. Die Zentraleinheiten ausgedienter PC-Geräte (z.B. mit 8086- oder 80286-CPU) werden ohne Bildschirm und Tastatur mit dem Drucker installiert und übernehmen die Funktion des „Druck-Servers".
2. Intelligente Zusatzgeräte, wie sie im Zubehörhandel erhältlich sind, werden als Verbindung zwischen Drucker und Netzwerk eingesetzt. Der „Druck-Server" selbst ist hierbei an beliebiger Stelle im Netz installiert.
3. Der Drucker selbst verfügt über einen direkten Netzwerkanschluß. Auch hier ist der eigentliche „Druck-Server" an anderer Stelle im Netz installiert.

Bei allen drei Varianten besteht die Möglichkeit, mit einem „Druck-Server" auch mehrere Drucker zu versorgen. Der „Druck-Server" selbst ist ein PC, auf dem eine oder mehrere Host-Sessions laufen, die jeweils einen an beliebiger Stelle im Netz befindlichen Drucker ansteuern. Bei Lösung 2 und 3 sind, wenn man auf Host-Ausdrucke verzichtet, auch ohne „Druck-Server" Ausdrucke aus DOS- bzw. Windows-Anwendungen möglich. Kriterium ist hierbei, daß außer der vorhandenen Netzwerkverkabelung keine neue Verkabelung für den Drucker erforderlich wird.

Netzwerkseitig wird durch die Novellnetz-Verwaltung sichergestellt, daß die verschiedenen Datenströme aus der 3270-Welt, der AS/400, den UNIX- und VAX-Systemen mit ihren unterschiedlichen Ansteuerungsparametern störungsfrei an den Drucker geleitet werden.

Für das Management des Gesamtsystems bestehen zwischen dem Outsourcing-Rechenzentrum und dem betriebseigenen DV-Bereich klare Absprachen und Regelungen über Eingriffe am laufenden Betrieb sowie die Vorgehensweise bei Modifikationen und Erweiterungen. Wesentlicher Punkt hierbei ist, daß das werkseigene Netzwerk von der EDV-Abteilung vor Ort betrieben wird. Das externe Rechenzentrum stellt an den Modem-Übergabepunkten die lauffähigen SAP-Anwendungen zur Verfügung. Über Adressenbelegungen für Bildschirmendgeräte und Drucker werden vierteljährlich Planungsabgleiche durchgeführt. Die Gesamtverantwortung für die Betriebsbereitschaft der Systeme liegt bei der hauseigenen EDV, so daß der Endanwender es nur mit einem Ansprechpartner zu tun hat. Das externe Rechenzentrum fungiert als Zulieferer der eigenen EDV-Abteilung.

4 Organisation und Technik des Benutzerservice

Dem Benutzerservice kommt in der Verbindung des RZ-Outsourcings mit dem lokalen Systembetrieb eine besondere Bedeutung zu. Er ist die zentrale Anlaufstelle für das gesamte operative Tagesgeschäft. Er fungiert als „Clearing Center" für alle Störungen des täglichen Ablaufs und sorgt für eine schnelle, fachkundige Beratung der Endanwender bezüglich des optimalen Nutzens ihrer EDV-Systeme. Vor dem Hintergrund der hochkomplexen Technik einer heterogenen vernetzten Systemwelt muß die Qualität des Benutzerservice, der über alle Systemgrenzen hinweg Ansprechpunkt ist, als der kritische Erfolgsfaktor der gesamten EDV-Dienstleistung angesehen werden.

Bei der Komplexität des Gesamtsystems ist es für den Endanwender nicht zumutbar, sich bei Problemen mit den jeweils zuständigen Lieferanten oder Partnern in Verbindung zu setzen. Oft bestehen Probleme auch aus einer Kombination von Ursachen, die nicht einem einzigen System zuzuschreiben sind. Der Anwender erhält vom Benutzerservice die Garantie, daß er spätestens innerhalb von 24 Stunden auf jedes gemeldete Problem eine Antwort bekommt. In der überwiegenden Zahl der Störungsfälle und Anfragen liegt die Beseitigungszeit unterhalb von 15 Minuten, aber auch größere Aufgabenstellungen, die beim Benutzerservice angefragt werden, können innerhalb der 24-Stunden-Frist zumindest mit einer geschätzten Aufwands- und Terminangabe beantwortet werden. Der Benutzerservice übernimmt auch die Koordination zwischen eigenen EDV-Mitarbeitern, Zulieferern und dem Outsourcing-Partner.

Die hohen Ansprüche an die Qualität dieser Serviceleistung erfordern eine entsprechende technische Ausstattung, wobei gleichzeitig auch die Kosteneffizienz zu beachten ist. Auf Basis des ?SAP-RM-Inst Moduls? (Instandhaltung) wurde eine Anwendung aufgebaut, mit der alle Hard- und Software-Konfigurationen im Netzwerk dokumentiert sind. Hierbei werden nicht nur Bildschirmendgeräte und Drucker mit ihren Standorten und Anwendern festgehalten sondern auch die zum jeweiligen Gerät bzw. Benutzer gehörenden Software-Lizenzen einschließlich deren Seriennummern.

Bei Störungen, aber auch bei Anforderungen zu Standortveränderungen oder Benutzerwechsel kann auf diese Weise sehr schnell festgestellt werden, welcher Soll-Zustand für den jeweiligen Benutzer existiert. Trotz der hohen Bedeutung des Benutzerservice wurde auf eine mehrschichtige Personalbesetzung verzichtet. Für die nicht besetzten Schichten ist ein Anrufbeantworter installiert, auf dem die Anwender Probleme und Anfragen hinterlassen können. Der Rückruf erfolgt dann durch den Benutzerservice am nächsten Morgen. Diese Einrichtung soll zukünftig durch ein Mail-Box-System ergänzt werden und wurde von den Anwendern nach einer gewissen Eingewöhnungszeit auch positiv aufgenommen.

5 Wirtschaftlichkeitsbetrachtung

Bei der Wirtschaftlichkeitsbetrachtung des vorliegenden Konzepts muß zunächst zwischen dem Outsourcing-Anteil und dem lokalen Netzwerkbetrieb unterschieden werden.

Die Investitionen in Netzwerkinfrastruktur stellen einen relativ großen Kostenblock dar. Relativ deshalb, weil durch den hohen Grad der Standardisierung und die flexible Nutzung der Technik die Folgekosten bei Veränderung extrem niedrig sind. Dieses erlangt besondere Bedeutung durch die sich schnell verändernde Hardware-Technologie im Endgerätebereich und bei den Netzwerkkomponenten selbst. Beispielsweise sind durch die Verwendbarkeit der Kabelverbindungen für unterschiedliche Technologien insgesamt gesehen die Erschließungskosten eines Gebäudes niedriger als bei einer systembezogenen Einzelverkabelung.

Vor solchen Hintergrundüberlegungen muß jedoch, wie bei jeder anderen Investition auch, zunächst durch Verfahrensvergleich festgestellt werden, welches insgesamt die kostengünstigste Lösung ist.

Für den Outsourcing-Anteil ist die Wirtschaftlichkeit in zwei Bereiche einzuteilen:

Erstens die direkten Kostenvorteile, die durch „Economy of Scale" direkt erreicht werden können. Hierzu gehören im wesentlichen die nur an der Bedarfsmenge orientierten Hardware-Kosten, die in der Regel nur anteilig zu bezahlenden Software-Lizenzen, geringere oder keine Raumkosten sowie die beim Outsourcer vorhandenen Sicherheitseinrichtungen, deren Investition im eigenen Haus fast vollständig wegfällt. Je nach Ausgangssituation sind diese Vorteile durch nicht benötigte Eigenanschaffungen oder Abschaffung vorhandener Einrichtungen zu realisieren.

Zweitens die indirekten Kostenvorteile, zu denen in der Regel kürzere Umstellungszeiten, flexiblere Reaktionsfähigkeit auf Anforderungswechsel und die größere Unabhängigkeit von Einzelpersonen gehören. Sie sind zwar schwer zu berechnen, haben aber aus der Erfahrung ein erhebliches Einsparungspotential. Hierbei kommt insbesondere zum Tragen, daß durch Outsourcing die Möglichkeit gegeben wird, die eigenen Kapazitäten im Hause auf „Vor-Ort-Bedürfnisse" zu konzentrieren und damit letztendlich die Servicequalität für den Endanwender erheblich zu steigern. Hieraus kann bei ehrlicher Betrachtung ein erheblicher Kostenvorteil, vor allen Dingen in den Fachabteilungen, generiert werden.

Zusammenfassend sollte bei den Überlegungen zur Wirtschaftlichkeit von Outsourcing-Projekten auch berücksichtigt werden, daß die ständig komplexer werdenden Systemumgebungen immer höhere Anforderungen an die Bandbreite des Wissens der EDV-Spezialisten stellen. Während sich in der Vergangenheit externe Kapazitäten in der Regel auf Programmieren und Systemanalyse beschränkten, wird dieses in Zukunft auch für den normalen Einsatzbetrieb von Software- und Hardware-Produkten notwendig werden.

Unterstützung der Fehlerdiagnose durch ein Trouble-Ticket-System: Anforderungen, Design und Einsatzerfahrungen

Robert Valta, Victor Apostolescu, Gabi Dreo und Riaan de Jager

1 Einleitung

Durch die zunehmende Komplexität von Kommunikationsnetzen und -diensten wird der Prozeß der Fehlerverfolgung und -behebung zu einem schwierigen und zeitaufwendigen Vorgang. Durch den Einsatz eines Trouble-Ticket-Systems (TTS) kann dieser Vorgang jedoch wirkungsvoll unterstützt werden. Hauptaufgabe eines TTS ist dabei die Dokumentation aller auftretenden Störfälle sowie der Maßnahmen, die zu ihrer Behebung ergriffen werden. Durch Erweiterung dieser Grundfunktionalität kann ein wirkungsvolles Instrument geschaffen werden, das es einem Netzbetreiber erlaubt, Verfügbarkeit und Qualität der von ihm angebotenen Dienste zu verbessern. Wichtige Voraussetzung hierfür ist es jedoch, daß ein TTS optimal in die Organisationsstruktur einer Betreiberorganisation integriert wird.

Das Leibniz-Rechenzentrum ist als Dienstleistungsrechenzentrum für die Universitäten und Fachhochschulen im Münchener Raum und als Standort des Bayerischen Landesvektorrechners unter anderem für die gesamte Kommunikationsinfrastruktur in diesem Bereich zuständig. Das geographisch ausgedehnte Kommunikationsnetz zeichnet sich durch seine Heterogenität an Kommunikationskomponenten und Endgeräten aus, die zum Teil von den Instituten in Eigenregie beschafft werden. Um den praktischen Einsatz eines TTS am Leibniz-Rechenzentrum vorzubereiten, wurde eine Projektgruppe ins Leben gerufen, deren Aufgabe darin bestand, ein speziell auf unser Umfeld abgestimmtes Anforderungsprofil zu erstellen, einen einfachen Prototypen zu entwickeln und die Einbettung in den Betriebsablauf vorzubereiten. Als Einsatzschwerpunkt war der Bereich des Kommunikationsnetzes vorgesehen.

In diesem Beitrag werden zunächst die Anforderungen eines Netzbetreibers an ein TTS erläutert. Ausgehend von diesen Anforderungen wird in Kapitel 3 der allgemeine Aufbau eines TTS beschrieben. Auf mögliche Erweiterungen der von einem TTS bereitgestellten Grundfunktionalität, nämlich auf die Gruppierung und Korrelation von Trouble-Tickets (TT) sowie die Kooperation und Koordination der Diagnosemaßnahmen, wird dann in Kapitel 4 näher eingegangen. Über die Erfahrungen bei der prototypischen Implementierung und Einführung eines TTS am Leibniz-Rechenzentrum wird in Kapitel 5 berichtet. Einige Schlußbemerkungen und ein Ausblick bilden den Abschluß dieses Beitrags.

2 Anforderungen an ein TTS

Aufgabe eines TTS ist die Unterstützung des Netzbetreibers in allen Phasen der Bearbeitung eines Fehlers, beginnend mit der Fehlererkennung, der Fehlerannahme, der Fehlerdiagnose bis hin zur Fehlerbehebung. Grundlegende Anforderungen an ein TTS finden sich in aktuellen RFC- und CCITT-Dokumenten zu diesem Themenbereich ([5], [1]). Grunddienste, die dabei von einem TTS bereitgestellt werden müssen, umfassen

- das Eintragen und Bearbeiten von Fehlermeldungen, die in Form von Trouble-Tickets (TT) abgelegt werden;
- das Abfragen von gespeicherten TT einschließlich ihres aktuellen Bearbeitungszustands sowie der Bearbeitungshistorie;
- das Erstellen von Statistiken und Berichten, z.B. bzgl. der mittleren Bearbeitungsdauer oder der Auslastung des mit der Bearbeitung betrauten Personals.

Neben diesen funktionalen Anforderungen muß ein TTS insbesondere ein hohes Maß an **Flexibilität** aufweisen, damit eine Anpassung an die Organisationsstruktur und die Einsatzumgebung möglich ist. So existieren in vielen Fällen innerhalb einer Organisation bereits vorgegebene Prozeduren und Verfahren, wie Fehlermeldungen zu bearbeiten sind. Um die Vielzahl und Heterogenität der im Netz vorhandenen Ressourcen und Dienste und die damit verbundenen unterschiedlichsten Fehlermeldungen bewältigen zu können, ist eine flexible Gestaltung der zur Klassifizierung von Fehlern verfügbaren Listen notwendig.

Weiterhin muß durch die **Offenheit** eines TTS sichergestellt sein, daß das TTS in eine bereits vorhandene Managementumgebung (Managementstation, Netzdokumentationssystem, Personendatenbank, Expertensystem zur Diagnoseunterstützung etc.) integriert werden kann (Abb. 1).

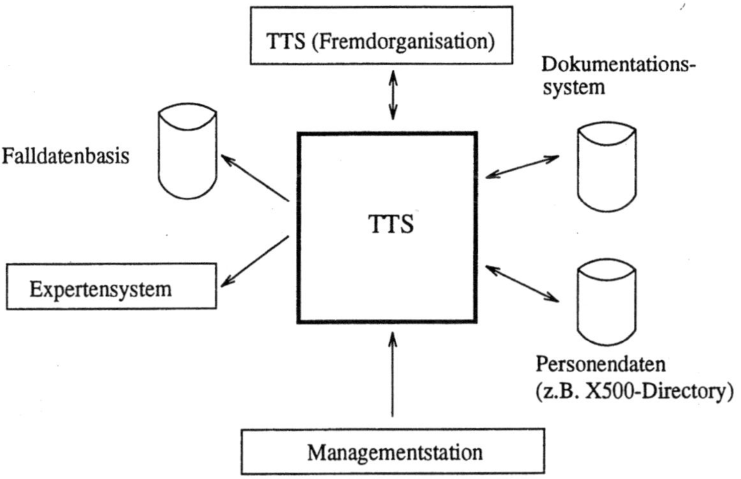

Abb. 1: Einbettung eines TTS in die Managementumgebung

Die **Benutzerschnittstelle** des TTS muß auf die Anforderungen unterschiedlicher Nutzergruppen zugeschnitten sein, wie z.B. Endbenutzer, Hilfspersonal (Studenten und Teilzeitkräfte mit häufigem Wechsel), Operateure und Spezialisten. Die Benutzerschnittstelle muß deswegen mit großer Sorgfalt vor dem Hintergrund verschiedener Benutzerprofile entworfen werden, da eine anspruchsvolle und schwer erlernbare Benutzerschnittstelle Akzeptanz und Einsatz eines TTS erschwert. Die Benutzerschnittstelle sollte insbesondere auch so ausgelegt sein, daß einfache Probleme und Fehlermeldungen in einfacher Weise behandelt werden können.

3 Die Architektur eines TTS

Grundbaustein eines TTS ist die TT-Datenbasis, in der alle zu einer Fehlermeldung gehörenden Informationen einschließlich der während der Bearbeitung durchgeführten Aktionen abgespeichert sind. Aufsetzend auf diese Datenbasis werden von verschiedenen Bausteinen Funktionen zur Verfügung gestellt (Abb. 2). Dabei kann unterschieden werden zwischen der Basisfunktionalität (Eintragen, Verwalten, Ändern von TT sowie Erstellen von Statistiken) und einer erweiterten Funktionalität mit Bausteinen, die die Diagnose von Fehlern erleichtern.

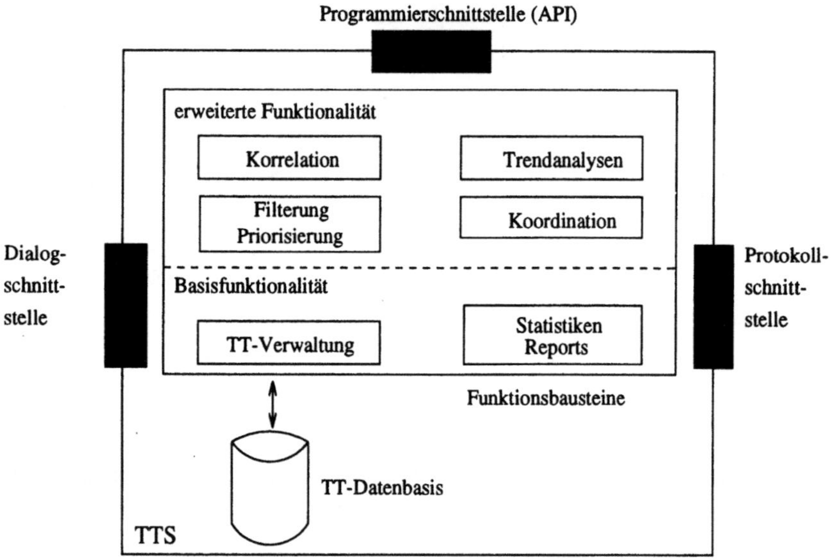

Abb. 2: Allgemeiner Aufbau eines TTS

Auf zwei dieser Bausteine wird im Kapitel 4 näher eingegangen. Beispiele für Erweiterungen der Basisfunktionalität sind:

- Bereitstellung von Filtermechanismen, z.B. um TT hoher Priorität einfach und schnell erkennen zu können;
- Generieren von Trendanalysen unter Auswertung topologischer und funktionaler Abhängigkeiten, um mögliche Schwachstellen lokalisieren zu können

Der Zugang zum TTS wird über drei Arten von Schnittstellen ermöglicht. Über die **Dialogschnittstelle** kann interaktiv mit dem TTS gearbeitet werden. Die **Programmierschnittstelle** dient der Anbindung anderer Managementsysteme. So kann z.B. ein entsprechender Gateway-Baustein die an einer Managementstation eingehenden Ereignisse (Events oder Traps) analysieren und gegebenenfalls über die Programmierschnittstelle direkt als TT im TTS ablegen. Über die **Protokollschnittstelle** kann von entfernten Systemen aus auf das TTS zugegriffen werden. Beispiele hierfür sind das Kreieren eines TT mittels Electronic-Mail oder der Zugriff auf ein TT mittels eines Managementprotokolls (z.B. SNMP oder CMIP).

4 Beispiele für funktionale Erweiterungen

Im folgenden wird auf zwei Beispiele für funktionale Erweiterungen näher eingegangen. Es ist zu beachten, daß diese Erweiterungen in derzeit verfügbaren Produkten nicht oder nur sehr rudimentär implementiert sind. Vielmehr sind die zugrundeliegenden Konzepte und Methoden noch Gegenstand der Forschung.

4.1 Kooperation bei der Fehlerbehandlung

In einer komplexen und heterogenen Umgebung lassen sich viele der auftretenden Probleme nur dadurch lösen, daß Personen mit unterschiedlichen Aufgabenbereichen und unterschiedlicher Qualifikation zusammenarbeiten. Eine schnelle Fehlerbearbeitung hängt daher nicht zuletzt von einer effizienten Koordination und Kooperation der beteiligten Personen ab ([4]).

Wie bereits in Abschnitt 3 angedeutet ist es daher notwendig, die Basisfunktionalität eines TTS um einen Kooperations- und Koordinierungsbaustein zu erweitern. Für die Realisierung eines solchen Bausteins kann z.B. auf Methoden und Techniken aus dem Bereich Computer-Supported-Cooperative-Work (CSCW) zurückgegriffen werden ([6]). Insbesondere bietet für den hier betrachteten Aufgabenbereich der Fehlerdiagnose das sogenannte Task-Management interessante Lösungsansätze, die nachfolgend kurz erläutert werden sollen.

Bei der Annahme eines TT kann auf der Basis der mitgelieferten Informationen ein Ablaufplan erstellt werden, der als Rahmen für die durchzuführende Fehlerbehebung gilt. Ein derartiger Ablaufplan besteht aus Aktionen (Tasks), die von verschiedenen Personen gleichzeitig oder parallel auszuführen sind. Aktionen selbst können weiter strukturiert werden in Teilaktionen (Subtasks), so daß insgesamt eine baumartige Strukturierung eines gesamten Ablaufs möglich ist. Aufgabe eines Task-Management-Systems ist es, die Durchführung von Aktionen zu überwachen und zu steuern. Teilaufgaben sind dabei

- die Zuordnung von verantwortlichen Personen zu Aktionen;
- das Informieren von Personen, daß eine Aktion von ihnen auszuführen ist;
- die Behandlung von Ausnahmefällen, z.B. mittels Zeitüberwachung, wenn eine Aktion innerhalb einer vorgegebenen Frist nicht zu Ende geführt wird.

4.2 Korrelation von Fehlermeldungen

Beim Einsatz eines TTS treten immer wieder Situationen auf, in denen mehrere Fehlermeldungen in das TTS aufgenommen werden, die auf eine einzige Fehlerursache zurückzuführen sind. Durch die Korrelation derartiger TT, d.h. durch ihre frühzeitige automatische Zusammenfassung und Abbildung auf ein einziges TT, kann der Aufwand der Fehlerbehandlung erheblich reduziert werden. Insbesondere wird das Rechenzentrumspersonal bei der Fehlerbehandlung nicht mit redundanten Informationen überflutet. Die Korrelation von TT kann in verschiedenen Stufen stattfinden, wie in Abb. 3 dargestellt.

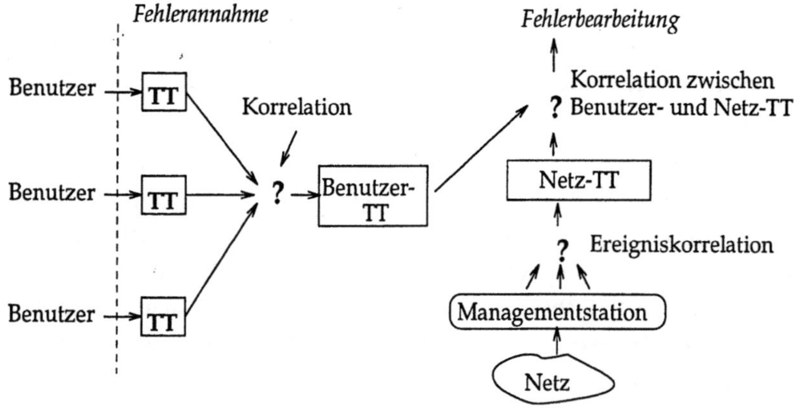

Abb. 3: Korrelation von Trouble-Tickets bzw. Fehlermeldungen

In [2] wird ein Verfahren beschrieben, wie anhand von Topologieinformation die an einer Managementstation eingehenden Ereignisse korreliert werden können, bevor sie als sogenanntes Netz-TT an das TTS übergeben werden.

Die automatische Korrelation der von Benutzern gemeldeten TT setzt voraus, daß die in einem TT enthaltene Information gut strukturiert und formalisiert ist (Klassifizierung des Fehlers, eindeutige Identifizierung von Endsystemen oder Netzkomponenten etc.). Fehlerbeschreibungen durch freien Text, z.B. *Verbindung zum Server XY geht nicht*, können nur schwer für die Korrelation genutzt werden.

Als Grundlage für die Realisierung eines Korrelationsbausteins kann z.B. die Methode der fallvergleichenden Diagnostik (Case-Based-Reasoning) eingesetzt werden, wie in [3] beschrieben. Bei der fallvergleichenden Diagnostik wird zu einem gegebenen Fall ein möglichst ähnlicher Fall aus einer Falldatenbank gelöster Fälle gesucht und gegebenenfalls dessen Lösung übernommen. Die Falldatenbank besteht dabei aus den bereits erfolgreich abgeschlossenen und in der TT-Datenbasis dokumentierten TT mit Informationen über Fehlerbeschreibung (Symptominformation), durchgeführte Testaktionen und Fehlerbehebungsmaßnahmen. Das identische Verfahren kann verwendet werden, um verschiedene innerhalb eines bestimmten Zeitraums eingehende TT durch Vergleich auf ein einziges zu bearbeitendes Benutzer-Ticket zusammenzufassen.

5 Das TTS des LRZ

Das TTS des LRZ wurde entwickelt unter Verwendung des Datenbanksystems ORACLE. Die Benutzung erfolgt über Formulare, die mittels SQLFORMS implementiert wurden.

5.1 Design

Hauptziel der Entwicklung war zunächst die Bereitstellung eines Grundsystems, das die Dokumentation der Fehlerbearbeitung unterstützt. Dieses Grundsystem soll dann schrittweise um Zusatzbausteine erweitert werden.

Jedes TT enthält Informationen über Personen, die einen Fehler gemeldet bzw. eine Fehlermeldung entgegengenommen haben, eine Beschreibung der aufgetretenen Störung, eine Dringlichkeit und wer für die Bearbeitung zuständig ist. Die Bearbeitung eines TT erfolgt zustandsgesteuert auf der Basis eines vordefinierten Zustandsgraphen. Abhängig vom aktuellen Zustand können verschiedene Aktionen zur Bearbeitung gewählt werden, wobei durch einige dieser Aktionen der Zustand des bearbeiteten TT verändert wird.

Beispiel: Ein TT befindet sich im Zustand FEHLER GEFUNDEN, wenn der Fehler zwar lokalisiert, aber noch nicht behoben ist. Wenn zur Behebung des Fehlers auf externe Reaktionen gewartet werden muß, z.B. das Eintreffen eines HW-Ersatzteils oder einer neuen SW-Version, kann durch die Aktion WARTEN das TT in den Zustand EXTERNES WARTEN gesetzt werden.

Alle durchgeführten Aktionen werden mitprotokolliert und können somit später mit allen verfügbaren Detailinformationen abgerufen und analysiert werden. Einem TT ist derzeit immer genau eine verantwortliche Person zugeordnet. Bei Neueintrag eines TT bzw. bei Änderung des aktuell Verantwortlichen wird dem neuen Verantwortlichen automatisch mittels Electronic-Mail eine entsprechende Nachricht zugeschickt.

5.2 Erfahrungen

Erste Erfahrungen mit dem Einsatz des TTS zeigen, daß die Einführung eines derartigen Systems einen nicht zu unterschätzenden Aufwand darstellt. Folgende Probleme konnten festgestellt werden:

- Das TTS formalisiert bis zu einem gewissen Grad den Vorgang der Problemlösung. Es muß daher überprüft werden, ob bisher verwendete, historisch gewachsene Verfahren bei Einsatz eines TTS beibehalten werden können. Eventuell sind neue Verfahren zu definieren und entsprechende organisatorische Maßnahmen durchzuführen. So ist z.B. zu klären, ob eine zentrale Instanz installiert werden soll, die für die Zuordnung eines TT zu einem Bearbeiter verantwortlich ist, und wer für die Überwachung der Bearbeitung eines TT zuständig ist.
- Das TTS wird vielfach vom Rechenzentrumspersonal als Zusatzaufwand empfunden, da Diagnose- und Fehlerbehebungsmaßnahmen nach ihrer Durchführung im TTS dokumentiert werden müssen.
- Manchen Nutzern des TTS ist die durch den Zustandsgraphen vorgegebene Strukturierung der Fehlerbearbeitung nicht vertraut. Vielfach werden Dia-

gnosemaßnahmen, Fehlerursache und Fehlerbehebung nicht klar voneinander getrennt.

- Das TTS sieht vor, daß Fehlermeldungen, durchgeführte Aktionen und Fehlerursachen vom Benutzer soweit wie möglich klassifiziert werden müssen. Diese Klassifizierung hat gegenüber der Verwendung von freiem Text den Vorteil, daß spätere Auswertungen leichter durchzuführen sind. Für die Klassifizierung müssen jedoch Listen vorgegeben werden, aus denen der Benutzer die jeweils relevante Klasse auswählen kann. Das Erstellen dieser Listen (und die damit verbundene Klassifizierung von Meldungen, Fehlerursachen, Testaktionen) ist dabei relativ aufwendig und muß immer wieder neu überarbeitet werden. Vielfach haben die Benutzer Probleme, eine Klassifizierung eindeutig durchzuführen.

Zusammenfassend läßt sich sagen, daß vor Einführung eines TTS umfangreiche Analysen und Studien innerhalb der Betreiberorganisation notwendig sind.

6 Ausblick

Derzeit ist das implementierte TTS im Rahmen eines Pilotbetriebs im Einsatz. Schon innerhalb eines kurzen Zeitraums ließen sich dabei interessante Erkenntnisse über Anforderungen an ein solches System innerhalb des LRZ erkennen. Schrittweise wird nun die Grundfunktion erweitert um

- eine Anbindung an eine Managementstation (HP OpenView), um Ereignisse (z.B. **Node down**) direkt in ein TT umsetzen zu können;
- die Koordination von Arbeitsabläufen;
- die prototypische Einführung einer sog. „intelligenten“ Unterstützung für den Operateur beim Eintragen und Bearbeiten eines TT.

7 Danksagung

Das Papier entstand im Rahmen von Arbeiten des Münchner Netzmanagement-Teams, einer von Prof. Dr. H.-G. Hegering geleiteten Forschungsgruppe, die sich aus wissenschaftlichen Mitarbeitern der Münchner Universitäten und des Leibniz-

Rechenzentrums zusammensetzt. An dieser Stelle möchten wir uns bei dem gesamten Forschungsteam und allen am Projekt beteiligten Mitarbeitern des Leibniz-Rechenzentrums für wertvolle Diskussionsbeiträge bedanken.

8 Literatur

[1] CCITT, *Trouble Management Function - An overview*, Oktober 1992

[2] J. F. Jordaan und M. E. Paterok: *Event Correlation in Heterogeneous Networks Using the OSI Management Framework.* In: H.-G. Hegering; Y. Yemini (eds.): Integrated Network Management III, Elsevier Publ., Amsterdam, New York, 1993, S. 683-695

[3] Lundy Lewis: *A Case-Based Reasoning Approach to the Resolution of Faults in Communications Networks.* In H.-G. Hegering; Y. Yemini (eds.): Integrated Network Management III, Elsevier Publ., Amsterdam, New York, 1993, S. 671-682

[4] K. R. Meyer und D. S. Johnson: *Experience in network management: The merit network operation centre.* In: I. Krishnan; W. Zimmer (eds.): Integrated Network Management II, Elsevier Publ., Amsterdam, New York, 1991, S. 301-311

[5] IAB: *NOC Internal Integrated Trouble Ticket System, Functional Specification Wishlist.*, RFC 1297, Januar 1992

[6] Robert F. Valta, Riaan de Jager: *Deploying Group Communication Techniques in Network Management.* In: H.-G. Hegering; Y. Yemini (eds.): Integrated Network Management III, Elsevier Publ., Amsterdam, New York, 1993, S. 751-763

Zentrale Datensicherung bei dezentraler Datenhaltung

Lothar Wollschläger

1 Einleitung

Das Forschungszentrum Jülich (KFA) ist die größte Großforschungseinrichtung der Bundesrepublik Deutschland. Das Forschungszentrum ist in ungefähr 30 Institute gegliedert. Eins davon ist das Zentralinstitut für Angewandte Mathematik (ZAM), welches neben anderen Aufgaben das Rechenzentrum für das gesamte Forschungszentrum betreibt.

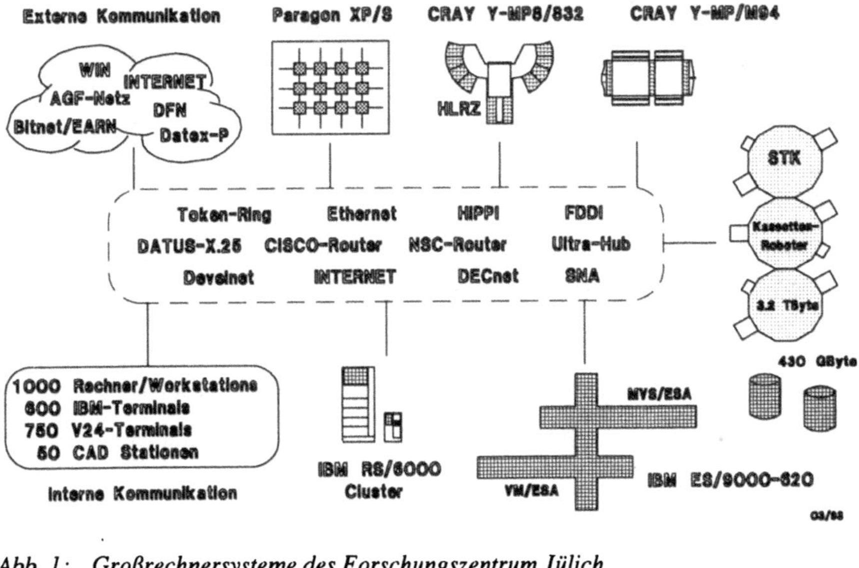

Abb. 1: Großrechnersysteme des Forschungszentrum Jülich

In den letzten Jahren hat der Bestand an UNIX-Workstations und PCs stark zugenommen, und wir erwarten, daß in den nächsten Jahren alle alten IBM-Terminals durch intelligente Workstations (PCs, X-Terminals oder UNIX-Workstations) ersetzt werden. Es wird eine der Hauptaufgaben des ZAM sein, alle diese Workstations in die Computer-Umgebung der KFA zu integrieren. Ein wichtiger Bestandteil dieser Integration wird sein, den Benutzern dieser Workstations Möglichkeiten der Datenverwaltung an die Hand zu geben, die denen entsprechen, die gegenwärtig bei den zentralen Großrechnern eingesetzt werden. Dies sind insbesondere die Sicherung und Archivierung von Workstation-Dateien und die Speicherverwaltung von Workstation-Platten.

2 Begriffsbestimmung

Datensicherung ist die zusätzliche Speicherung einer Datei, um im Falle eines Fehlers der Hardware (Platten-Crash), der Software (Betriebssystemabsturz), des Bedieners (falsches Band aufgelegt) oder des Benutzers (versehentliches Löschen) die Datei wieder in einen brauchbaren Zustand zu bringen. Die gesicherte Datei bleibt bei der Workstation erhalten. Im Fehlerfall besteht die Möglichkeit, die Datei mit der letzten (oder eventuell auch älteren) Sicherungskopie wiederherzustellen.

Archivierung ist die Speicherung einer Datei in einem speziellen System, um diese Version der Datei sicher aufzubewahren (Rechtsvorschriften), um Platz für neue Dateien zu schaffen (Verlagern von Dateien, die nur selten oder gar nicht mehr benutzt werden) oder um viele Versionen einer Datei zu verwalten. Die archivierte Datei kann bei der Workstation gelöscht werden. Das Archivierungssystem bietet Möglichkeiten, die Datei nach bestimmten Kriterien wiederzufinden (zusätzliche Dateibeschreibung) und dann zur Workstation zurückzuholen.

Speicherverwaltung bedeutet, daß bei einem bestimmten Füllungsgrad der Platte Dateien nach einem vorher definierten Algorithmus (Alter, Größe, Zugriffshäufigkeit) auf ein billigeres Speichermedium ausgelagert werden, um Platz für neue Dateien zu schaffen. Sollten ausgelagerte Dateien angesprochen werden, werden diese ohne weiteren Benutzereingriff wieder auf die Platte zurückgeholt.

Im folgenden soll hauptsächlich die Datensicherung betrachtet werden.

3 Anforderungen an ein KFA-weites Sicherungssystem

Um die Anforderungen festlegen zu können, die in der KFA an ein Produkt gestellt werden müssen, das eine Sicherung der Workstation-Daten über das Netzwerk ermöglicht, wurden umfangreiche Voruntersuchungen durchgeführt.

Von besonderem Interesse war dabei die zu erwartende Datenmenge, die täglich anfallen würde. Als mittelfristiger Bestand wurde von 500 Workstations mit einer Plattenkapazität von je einem GigaByte (BG) ausgegangen, also insgesamt 500 GB Datenkapazität. Um diese Daten überhaupt sichern zu können, kommt nur eine inkrementelle Sicherung in Frage, das heißt, daß nur die im Laufe des Tages geänderten Dateien gesichert werden können. Auch sollte eine dauernde inkrementelle Sicherung möglich sein, denn wenn z.B. jede 10 Tage eine vollständige Sicherung notwendig wäre, würde dies ein zusätzliches Volumen von 50 GB pro Tag bedeuten. Um Anhaltswerte über die Menge der täglich geänderten Dateien zu erhalten, wurden mehrere Untersuchungen durchgeführt. Zum einen wurden die täglichen Sicherungsläufe auf den zentralen Rechnern (IBM mit MVS und VM, CRAY mit UNICOS) ausgewertet, zum anderen wurden den vorhandenen Workstation-Benutzern die Möglichkeit geboten, ihre Daten mit Hilfe des Kommandos `dump` über „ftp" zum MVS zu sichern. Diese Untersuchungen ergaben eine tägliche Änderungsrate von 2 %, bezogen sowohl auf die Anzahl der Dateien als auch auf den Datenumfang. Dies bedeutet, daß bei der obigen Modellrechnung täglich etwa 10 GB an Daten geändert und damit gesichert werden müssen.

Ein weiterer wichtiger Punkt ist die einfache Benutzbarkeit. Im Idealfall soll der Workstation-Benutzer (meistens auch gleichzeitig Workstation-Betreiber) nichts mit der täglichen Sicherung zu tun haben. Im Fehlerfall sollte der einzelne Benutzer seine Dateien wiederherstellen können, ohne den Systemadministrator seiner Workstation bemühen zu müssen.

Des weiteren muß ein solches Produkt alle wichtigen Workstation-Familien, die in der KFA vorhanden sind, unterstützen. Das sind insbesondere DOS- und OS/2-PCs und UNIX-Workstations der Firmen DEC, HP, IBM und Sun. Als Kommunikationsprotokoll wird TCP/IP verwendet.

Wenn möglich, sollte zumindest ein Teil der vorhandenen zentralen Ressourcen (IBM-Großrechner, STK-Bandroboter, IBM und STK-Plattenspeicher) mitbenutzt werden, dies darf jedoch keine Einschränkung für die Zukunft bedeuten (wie z.B. Festlegung auf ein Betriebssystem).

4 Auswahl eines Sicherungssystems

Im Jahre 1991 wurden mehrere Produkte untersucht, die alle die Möglichkeit boten, UNIX-Workstations über Netzwerke zu sichern. Doch leider entsprach keines dieser Produkte unseren Anforderungen. Insbesondere war es nicht möglich, daß ein Benutzer seine Dateien selbst wiederherstellte, wenn er nicht Systemadministratorfunktionen hatte. Um die Workstation jedoch nicht ohne Sicherung zu lassen, boten wir weiterhin die Sicherung über ftp zum MVS an. Im MVS wurden die „dump"-Dateien dann mit dem HSM (Hierarchical Storage Manager) auf Band migriert und automatisch nach drei Wochen gelöscht. Jedoch war es auch bei dieser Methode für den Benutzer nicht möglich, seine Dateien selber wiederherzustellen. Des weiteren war es, bedingt durch den Einsatz des Kommandos `dump`, notwendig, in kurzen Abständen eine volle Sicherung zu erstellen. Dadurch ist das Dateiaufkommen sehr groß, so daß dies nur eine vorübergehende Lösung sein kann.

Durch Kontakte zu IBM erfuhren wir, daß IBM plante, ein Produkt zur Datensicherung zu entwickeln und zu vertreiben. Es gelang uns, mit IBM eine Zusammenarbeit auf diesem Gebiet zu vereinbaren, so daß wir unsere Vorstellungen in dieses Produkt mit einbringen konnten. Als Ausgangsprodukt diente ein schon vorhandenes VM-Produkt, Workstation Data Save Facility/VM (WDSF/VM).

5 Funktionalität von WDSF/VM

WDSF/VM ist eine Client-Server-Software, die es einem VM-System erlaubt, als Sicherungs- und Archivierungs-Server für Workstations zu dienen. Unterstützte Workstations sind DOS-, OS/2- und MacintoshOS-PCs und IBM- und Sun-UNIX-Workstations, als Kommunikationsprotokoll dient (unter anderem)

TCP/IP, wobei die Unterstützung für DOS-PCs mit TCP/IP und SunOS-Workstations Anfang 1992 eingeführt wurde.

WDSF/VM unterstützt zwei Methoden der Datensicherung, inkrementell und selektiv. Bei der inkrementellen Sicherung stellt WDSF/VM fest, welche Dateien sich seit der letzten Sicherung geändert haben. Es werden dann alle neuen Dateien und alle Dateien, die sich geändert haben, gesichert. Bei der selektiven Sicherung werden alle angegebenen Dateien gesichert.

Jeder Benutzer kann seine Dateien sichern (owner), der Systemadministrator (root) kann alle Dateien sichern.

Zwei systemweite Parameter kontrollieren, wie lange Sicherungskopien aufbewahrt werden, Verfallszeit und Anzahl der Versionen. Zur Erklärung dieser Parameter müssen zuerst die beiden möglichen Zustände einer Sicherungskopie erklärt werden. Eine Sicherungskopie hat den Zustand aktiv, wenn es die aktuelle Kopie einer Workstation-Datei ist. Wenn von der Workstation-Datei eine neue Sicherungskopie angefertigt wird, wird die vorher aktive Kopie inaktiv und die neue Kopie aktiv. Wenn die Workstation-Datei gelöscht wird, wird bei der nächsten inkrementellen Sicherung die aktive Kopie ebenfalls inaktiv. Die Verfallszeit gibt nun an, nach wievielen Tagen, nachdem eine aktive Kopie inaktiv geworden ist, die inaktive Kopie gelöscht werden soll. Ein typischer Wert ist 30 Tage. Die Anzahl der Versionen gibt an, wieviel aktive und inaktive Kopien von einer Datei gleichzeitig existieren können. Sollte die Anzahl überschritten werden, wird die älteste inaktive Kopie gelöscht. Es wird jedoch gewährleistet, daß — solange eine Datei existiert — mindestens eine Sicherungskopie existiert, egal wie alt diese ist.

Um eine Datei wiederherzustellen, muß diese vom Server geholt werden. Jeder Benutzer kann seine (owner) Dateien wiederherstellen, auch wenn diese vom Systemadministrator (root) gesichert wurden. Des weiteren ist es möglich, Dateien anderer Benutzer zurückzuholen, wenn man von diesen dazu autorisiert worden ist.

WDSF/VM kann ebenso zur Archivierung von Dateien benutzt werden. Archivierte Dateien werden getrennt von den gesicherten Dateien gehalten. Es gibt keine Beschränkung der Anzahl der Versionen einer Datei. Wie lange eine Datei im Archiv aufbewahrt wird, wird von der Verfallszeit für archivierte Dateien bestimmt. Diese sollte sehr viel länger sein als die Verfallszeit für gesicherte Dateien, eventuell sogar „unendlich" lang. Ein Benutzer kann die von ihm archivierten

Dateien mit einer Beschreibung versehen und dann Dateien anhand dieser Beschreibung wiederfinden. Ebenso kann er archivierte Dateien löschen.

Auch gesicherte und archivierte Dateien müssen vor unberechtigtem Zugriff gesichert werden. WDSF/VM gewährleistet dies durch Registrieren und Paßwortschutz. Bevor eine Workstation WDSF/VM benutzen kann, muß diese registriert werden. Es gibt zwei Registrierungsarten, offene und geschlossene Registrierung. Bei der offenen Registrierung kann der Workstation-Administrator sich selbst registrieren, während bei der geschlossenen Registrierung die Workstation vor der Benutzung vom WDSF/VM-Administrator registriert worden sein muß.

Der WDSF/VM-Administrator kann festlegen, daß die Verbindung zwischen Server und Client durch ein Paßwort gesichert werden muß. Dies gewährleistet sowohl die Überprüfung der Berechtigung der Workstation als auch die Überprüfung der Identität des Servers.

WDSF/VM speichert die Daten in ein hierarchisches Speichersystem, bestehend aus Magnetplatten und Magnetbändern, die vom Administrator in sogenannte Level angeordnet werden können. Zwei Automatiken, Datenmigration und Bandkompaktierung, verwalten diesen Speicher. Wenn der belegte Plattenplatz einen bestimmten oberen Schwellwert erreicht hat, werden die ältesten Dateien automatisch in das nächste Level der Speicherhierarchie verlagert, bis ein unterer Schwellwert erreicht ist. Dies kann sich über mehrere Level fortsetzen, bis das letzte Level erreicht ist. Mit der Zeit werden immer mehr alte Dateien auf Magnetbändern ungültig, sei es, weil der Benutzer die dazugehörige Workstation-Datei gelöscht hat oder weil die maximale Anzahl von Versionen überschritten worden ist. Dadurch entsteht innerhalb der Bänder unbenutzter Platz. Um diesen wieder benutzbar zu machen, wird die automatische Bandkompaktierung eingesetzt, die, sobald der Prozentsatz des unbenutzten Platzes einen Schwellwert überschritten hat, den gültigen Bandinhalt auf ein neues Band kopiert und somit mehrere teilweise gefüllte Bänder auf einem Band zusammenfaßt.

6 WDSF/VM-Benutzung in der KFA

Wir begannen mit der Benutzung von WDSF/VM im April 1992. Wir beschränkten zuerst die Benutzung auf Workstations und PCs aus dem ZAM, um ungestört Performance- und Benutzbarkeitsuntersuchungen durchführen zu können. Die

Konfiguration ist der nebenstehenden Abbildung zu entnehmen. Zu beachten ist, daß alle zu Performance-Untersuchungen benutzten Workstations und PCs zu einem Ethernet gehörten, welches auf mehrere Arten mit dem Server verbunden werden konnte.

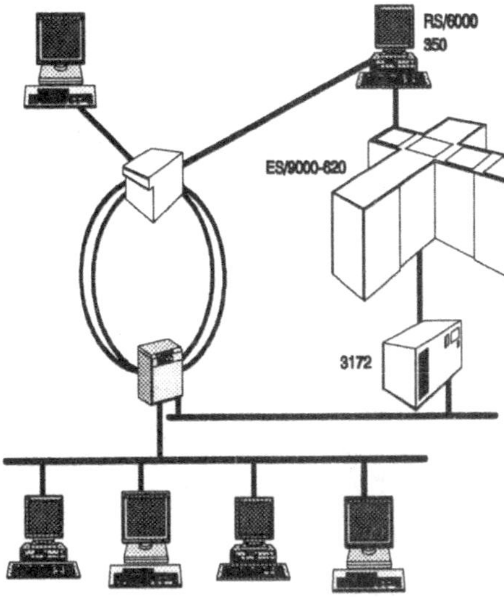

Abb. 2: Testkonfiguration

6.1 Performance-Untersuchung

Zur Messung der Performance haben wir als Vergleichsgröße die Sicherungsgeschwindigkeit eingeführt, definiert als gesicherte Datenmenge in KBytes geteilt durch die Dauer in Sekunden, welches zu einer Größenordnung von KByte/Sekunden (KB/S) führt.

Die mit WDSF/VM erreichbare Performance ist von mehreren Faktoren abhängig, aus Benutzersicht direkt von der Größe der zu sichernden Dateien und der benutzten Netzwerkverbindung. Wenige große Dateien zu sichern, geht schneller als mehrere kleine Dateien, auch wenn der gesamte Datenumfang gleich ist. Bei wenigen großen Dateien ist die Sicherungsgeschwindigkeit stärker von der benutzten Netzwerkverbindung abhängig als bei vielen kleinen Dateien. Bei diesen ist die Sicherungsgeschwindigkeit von dem zu erhaltenen CPU-Anteil beim Server abhängig. Abb. 3 zeigt die zu erreichende Sicherungsgeschwindigkeit in Abhängigkeit von der Größe der Dateien und von der Netzwerkverbindung

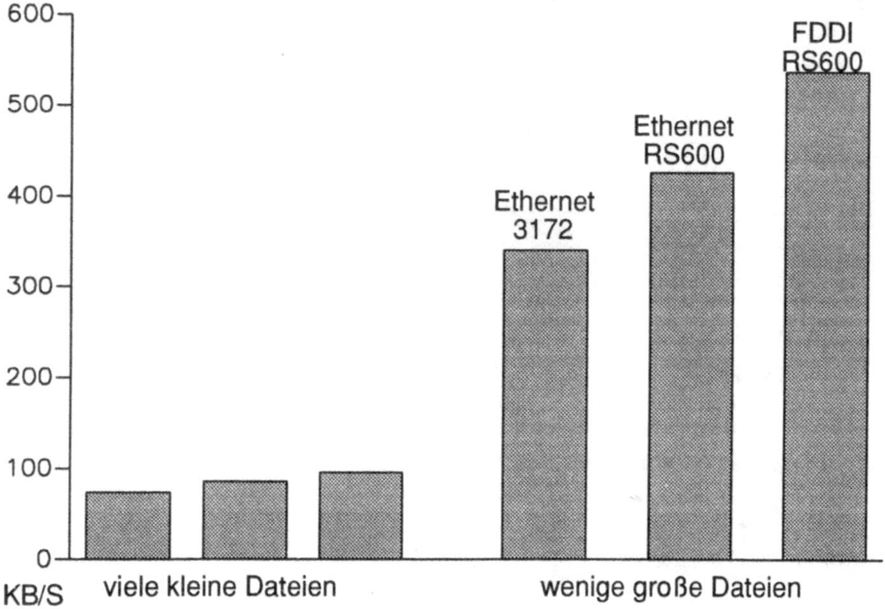

Abb. 3: Sicherungsgeschwindigkeit bei unterschiedlich großen Dateien

(Ethernet 3172 bedeutet Workstation am Ethernet und Verbindung Ethernet-VM über IBM 3172, Ethernet RS6000 bedeutet Workstation am Ethernet und Verbindung Ethernet-VM über IBM RS6000, FDDI RS6000 bedeutet Workstation direkt über FDDI angeschlossen und Verbindung FDDI-VM über RS6000).

Bei der vollständigen Sicherung eines PCs (IBM PS/2 Modell 70) beobachteten wir eine Sicherungsrate von durchschnittlich 50 KB/s, wohingegen die vollständige Sicherung einer IBM-RS/6000-Modell-320H-Workstation eine durchschnittliche Sicherungsrate von 100 KB/s erreichte, die insbesondere durch den großen Anteil vieler kleiner Systemdateien so niedrig ist.

Diese Werte sind jedoch nur von untergeordnetem Interesse, da eine vollständige Sicherung nur einmal durchgeführt werden muß und danach nur noch die geänderten Dateien gesichert werden müssen. Zur Untersuchung der Performance entwickelten wir daher ein Modell, welches der von uns vorhergesehenen Last entsprach. Wir erzeugten ein File-System von 200 MB Größe mit insgesamt 10000 Dateien. Von diesen Dateien änderten wir 2 % (200), die insgesamt auch 2 % des Platzes ausmachten (4 MB). Dieses File-System wurde dann inkrementell gesichert. Mit diesem Modell erreichten wir eine Sicherungsgeschwindigkeit von 200 MB/s.

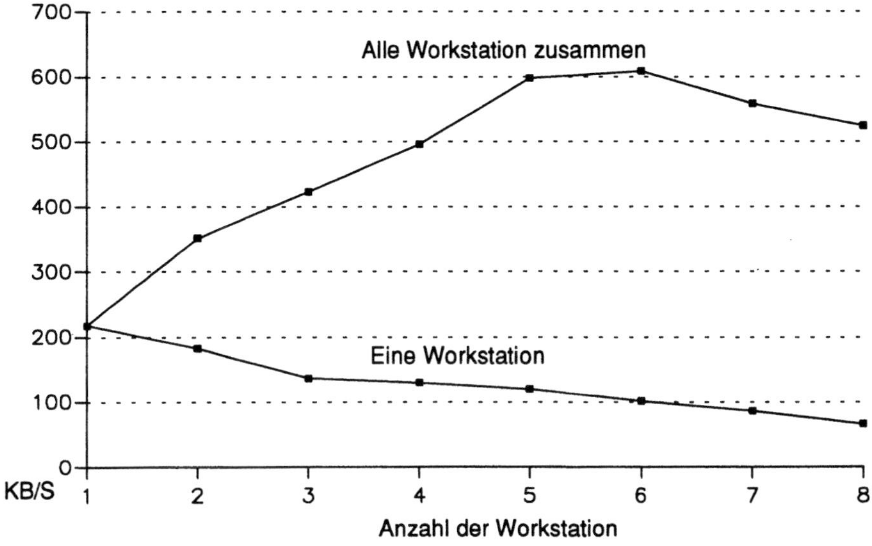

Abb. 4: Sicherungsgeschwindigkeit bei mehreren gleichzeitigen Sicherungen

Um jetzt den maximalen Durchsatz bestimmen zu können, sicherten wir mehrere Workstations gleichzeitig. Der maximale Durchsatz, wie aus Abb. 4 zu ersehen, ist bei gleichzeitiger Sicherung von 6 Workstations zu erreichen und beträgt dann 600 KB/s. Damit könnten dann 25 GByte in 12 Stunden gesichert werden. Die CPU-Auslastung betrug insgesamt 45 % eines ES-9000/620-Prozessors, wobei 20 % für WDSF/VM und 25 % für TCP/IP verbraucht wurden.

Doch entsprach dieses Modell auch der zu erwartenden Wirklichkeit. Anhand der von WDSF/VM geschriebenen Accounting-Records konnten wir feststellen, daß bei den 19 teilnehmenden Workstations im Monatsdurchschnitt täglich etwa 2 % der Dateien neu gesichert wurden, die einem Datenvolumen von 1,8 % bei Einbenutzer-Workstations und 1 % bei Server-Workstations entsprachen.

6.2 Notwendige Erweiterungen für WDSF/VM

Aus Sicht des einzelnen Benutzers ist WDSF/VM sehr einfach zu benutzen. Sollte eine Datei zurückgeholt werden müssen, steht eine Window- oder eine Kommando-Schnittstelle zur Verfügung, mit der die wiederherzustellende Datei leicht ausgewählt werden kann. Den Benutzer stören jedoch die nur systemweit zu definierenden Parameter für Anzahl der Sicherungsversionen und Verfallszeit, da er dadurch keine Möglichkeit hat, von besonders wichtigen Dateien noch mehr Sicherungskopien zu speichern.

Der Administrator der Workstation muß, nachdem er die über NFS zur Verfügung gestellte Client-Software installiert hat, noch dafür sorgen, daß die Sicherung zur vorherbestimmten Zeit ausgeführt wird (cron-Tabelle). Damit ist es jedoch nicht möglich, die Anzahl der gleichzeitig aktiven Sicherungsläufe optimal zu gestalten. Es fehlt die Möglichkeit des zentralen Schedulings und der zentralen Kontrolle, ob die Sicherung erfolgreich durchgeführt wurde.

Die Anbindung an das Operating des VM-Systems ist mangelhaft. So gibt es kein Operateur-Interface, das es erlaubt, den Status abzufragen und WDSF/VM geregelt zu beenden. Dazu muß man sich bei der Server-Maschine einloggen und dann die entsprechenden Kommandos eingeben.

Auch ist die Sicherung der internen Datenbank nicht in WDSF/VM integriert, so daß die Sicherung mit VM-Hilfsmitteln erfolgen muß. Dabei fällt besonders negativ auf, daß keine Aufzeichnung der Datenbankaktivitäten mitgeschrieben wird, so daß es nicht möglich ist, ohne Datenverlust die Datenbank aus einer Sicherungskopie wiederherzustellen.

Bedingt durch die andauernde inkrementelle Sicherung werden die zu einer Workstation gehörenden Dateien über sehr viele Bänder zerstreut, so daß die komplette Wiederherstellung einer zerstörten Platte bedingt durch die vielen notwendigen Band-Mounts sehr lange dauern kann.

Um den Archivierungsteil dieser Software benutzen zu können, ist es unserer Meinung nach unumgänglich, daß die einzelnen Benutzer durch eine Kontingentregelung kontrolliert werden können, um ein unkontrolliertes Wachstum zu verhindern. Denn Dateien, die ein Benutzer archiviert, sollten so wichtig sein, daß nur der Benutzer selbst entscheidet, wann diese gelöscht werden können. Diese Entscheidung muß der Benutzer dann fällen, wenn sein Kontingent erschöpft ist und er mehr Dateien archivieren will. Nach Vereinbarung kann dann aber auch das Kontingent erhöht werden.

Wünschenswert wäre es, mit dieser Software auch den Speicherplatz bei der Workstation direkt zu verwalten, also eine automatische Auslagerung von selten benutzten Dateien zum Server und von dort auf billige Speichermedien zu ermöglichen.

Alle diese Schwachpunkte sind von uns im Rahmen der Zusammenarbeit mit IBM diskutiert worden und werden im angekündigten Nachfolgeprodukt (DFDSM) berücksichtigt. Gleichzeitig werden die unterstützen Client-Plattformen um wichtige Systeme wie zum Beispiel DEC ULTRIX und HP UX erweitert.

7 Zusammenfassung

Wir sind der Überzeugung, daß das Nachfolgeprodukt von WDSF/VM die von uns gestellten Anforderungen an ein KFA-weit einzusetzendes Produkt zur Sicherung der Workstations erfüllt. Wir bieten deshalb WDSF/VM ab Mai 1993 in der gesamten KFA zur Sicherung der Workstations an und werden dieses Produkt so schnell wie möglich durch das Nachfolgeprodukt DFDSM ersetzen, um die dann neuen Möglichkeiten, insbesondere das zentrale Scheduling und die größere Flexibilität bei Anzahl und Verfallszeit der Sicherungskopien, zu nutzen.

Storage-Management-Lösungen

K. Heihoff

1 Einleitung

Der Anwender in der heutigen EDV-Welt arbeitet nicht mehr am Terminal des Mainframes, sondern an seiner Client-Workstation im Netz, sei dies ein PC, eine UNIX-Workstation oder ein Mini-Supercomputer.

Ein Problem ist unverändert bestehen geblieben:

70 % aller Daten auf Magnetplatten werden nur selten genutzt und blockieren wertvollen Platz.

Der Endanwender sieht in erster Linie die Leistungsfähigkeit und Preisgünstigkeit seines Arbeitsplatzes als wichtig an.

In weiter verteilten Installationen gibt es vielschichtige Probleme wie Datensicherung, Datenkonsistenz oder gemeinsame Nutzung gleicher Daten anstelle eines mehrfachen Vorhaltens auf jeder Workstation.

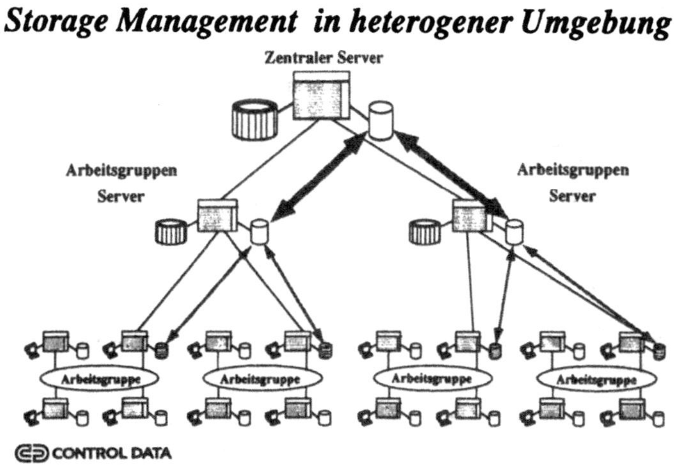

Abb. 1: Vielseitige Anforderungen im Netz

Diese Thematik ist vielfach der Anlaß, durch den Einsatz von File-Servern zu Kosteneinsparungen im gesamten Netz zu gelangen.

Der File-Server muß sich erstens an den genannten Anforderungen beweisen und zweitens für den Endanwender unsichtbar sein. „Unsichtbar" heißt in diesem Zusammenhang, ohne unakzeptable Zeitverzögerungen und durch einfache Nutzung.

Um zentrale Dienstleistungen für die Datenhaltung im heterogenen Netz anzubieten, kristallisieren sich die folgenden notwendigen Funktionen heraus:

1. Datensicherung / Backup / Archivierung im Netz
2. File-Serving / Datenmigration

Punkt 2 setzt leistungsfähige File-Server mit hierarchisch gestufter Speicherstruktur voraus.

Nur ein komfortables Angebot solcher Funktionen führt zu einer Akzeptanz des Endanwenders für „File-Server" und damit zu der angestrebten Effektivität und Kosteneinsparung.

2 Leistungsfähige File-Server

Als File-Server kommen Hardware-Plattformen in Frage, die den jeweiligen Anforderungen des Netzes und der Software genügen, sowie eine Unterstützung der eingesetzten Sekundär-Speicher gewährleisten.

Dazu gehören die folgenden Eigenschaften (entsprechend der jeweiligen Ausbaustufe):

- hohe skalare CPU-Leistung
- leistungsfähiges I/O-System zur Unterstützung großer Disk-Caches und Sekundär-Peripherie
- Unterstützung aller Standard-Netzprotokolle zur Einbindung vieler Client-Systeme (TCP/IP, NFS, AFS, FTAM oder proprietäre wie z.B. Novell, DECNet, SNA)

Für die Verwaltung wichtiger Daten in der Organisation bietet sich eine redundante Server-Auslegung an, wie z.B. beim Dual-Server-Konzept.

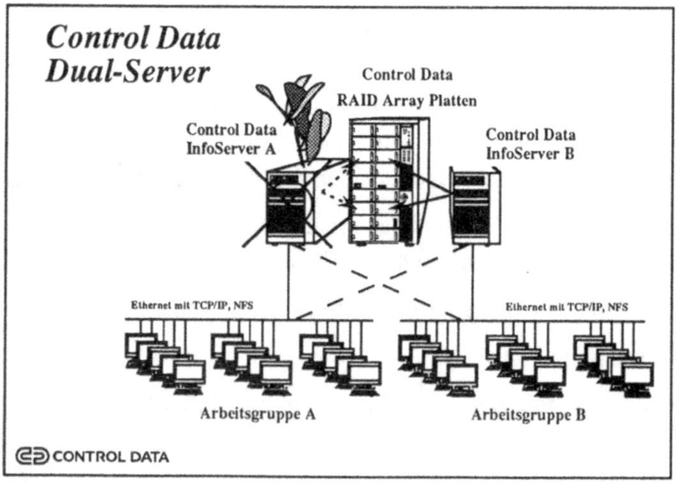

Abb. 2: Server-Redundanz

Dabei liegen die Daten auf RAID-Plattensystemen mit Parity-Ausfallsicherheit, die zwischen zwei Servern aufgeteilt werden. Bei Störungen übernimmt ein Server die Funktionen des jeweils anderen, insbesondere die des File-Servings.

Die Software-Anforderungen sollen durch eine hierarchisch aufgebaute Massenspeicherarchitektur unterstützt werden:

1. *Lokales Disk-Cache*

   Magnetplatten am Arbeitsplatzrechner für komfortables Arbeiten mit der Anwender-Applikation

2. *Server-Disk-Cache*

   schnelle und ausfallsichere Magnetplatten am Server für schnelles File-Serving über das Netz

3. *Sekundärspeicher*

   a) Optische Platten für Einzel-File-Zugriff bei Datenmigration und WORMS für Langzeitdatensicherung (Einzellaufwerk oder Juke-Boxes, je nach Bedarf)

   b) Bänder für Archivierung und Backup als preisgünstiges Medium (z.B. DAT, Exabyte, 3480, VHS) und die Ausbaumöglichkeit bis zum automatischen Roboter-Silo.

3 Datensicherung / Backup / Archivierung im Netz

Datensicherungsfunktionen müssen automatisch und ohne Eingreifen des Benutzers oder Operators ablaufen. Die Kriterien wie Full- oder Incremental-Dump, welche Maschine zu welcher Zeit usw. werden einmal abgestimmt, danach läuft das Backup regelmäßig und bedienerlos. Dabei muß eine Einteilung der Workstations im Netz in Gruppen oder Klassen gewährleistet sein, um leicht große Netze sichern zu können. Auf den Workstations reicht ein Stück Client-Software aus, der Server benötigt keine Root-Privilegien für den Client. Um die Netzbelastung niedrig zu halten, muß

- der Client Datenkompression ermöglichen,
- das Rückholen einzelner Dateien möglich sein und
- der Transfer nur auf Basis von IP- und C-Sockets (ohne NFS) erfolgen.

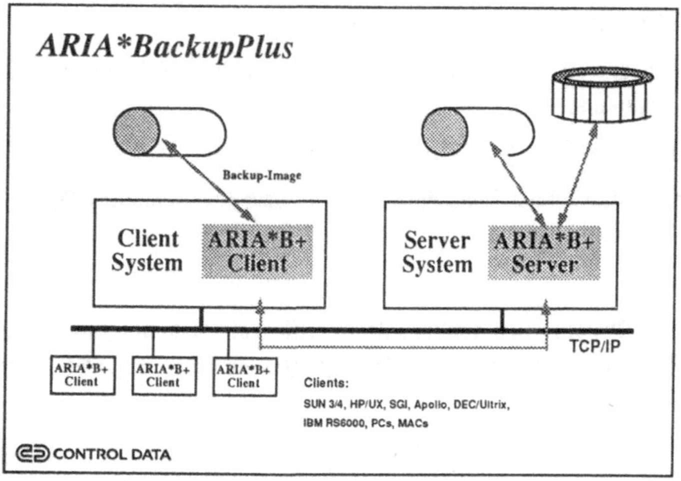

Abb. 3: Client-Server-Backup und -Archivierung im Netz

Der Benutzer findet seine gesicherten oder archivierten Daten mit Hilfe eines graphischen Benutzer-Interfaces (auf X-Window-basierend); die gleiche einfache Oberfläche führt den Operator durch die Administrierungs- und Report-Module.

Außerdem kann der Benutzer an der Workstation direkt eine Archivierung oder ein Backup von ihm vorgegebener Files initiieren.

Die Client-Software ist für alle Standard-UNIX-Betriebssysteme sowie für PCs und Macs verfügbar.

Das ARIA*BackupPlus-Modul erlaubt ein vollautomatisches Backup, initiiert vom Server („Pull-Modul“), sowie die Archivierung und das Backup durch den Endbenutzer.

4 File-Serving / Datenmigration

Die Datenmigration erlaubt das automatische Auslagern „alter" oder großer Files von der Platte auf ein Sekundär-Medium. Die Auswahlkriterien sind flexibel einstellbar, der Benutzer sieht keine Unterschiede zum bisherigen Arbeiten, da der „Migration Manager" auf Basis des UNIX-File-Systems arbeitet. Nach durchgeführter Migration bleiben alle File-Header-Informationen auf der Platte, nur die Daten sind auf das Sekundärmedium verschoben, d.h. der Benutzer „sieht" weiterhin alle seine Files (ein „m" am Beginn der File-Header-Information zeigt an, welche Files tatsächlich migriert sind).

Die Client-Systeme greifen über TCP/IP, NFS oder AFS auf das Server-File-System zu.

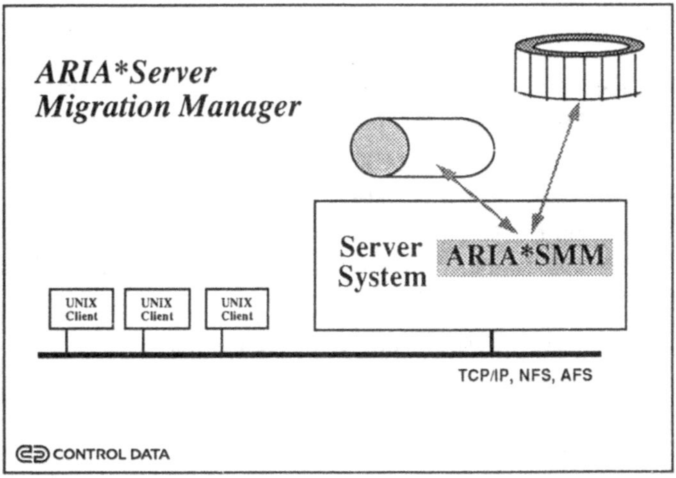

Abb. 4: Server-Daten-Migration

Durch die Unterstützung von AFS kann diese Funktion auch als Service weiter in das Netz hinein angeboten werden, oder die Clients werden mittels direkter Client-Migration-Module in ein hierarchisches Migrationskonzept eingebunden.

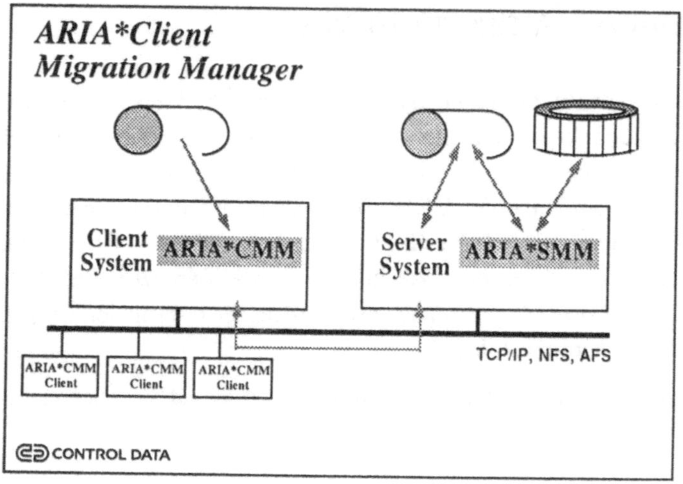

Abb. 5: Daten-Migration im Netz

Dabei migriert die Client-Software die Daten („Push-Modus“) regelmäßig aus dem Client-Disk-Cache über das Netz zum Server (oder Server-Migration-Disk-Cache). Auf dem Client wird statt der migrierten Datei ein symbolischer Link zum Server-Disk-Cache eingerichtet. Der Retrieval kann per NFS oder gegebenenfalls durch Rückladen der Datei auf dem Client (vom Server oder Client-User) geschehen. Vom Server-Disk-Cache werden die Daten weiter migriert auf den Sekundärspeicher.

Die Migration-Module sind geeignet für die Verwaltung von bis ca. 500.000 Files, bei Anwendungen darüber hinaus bietet sich der Einsatz von UniTree zur Migration an.

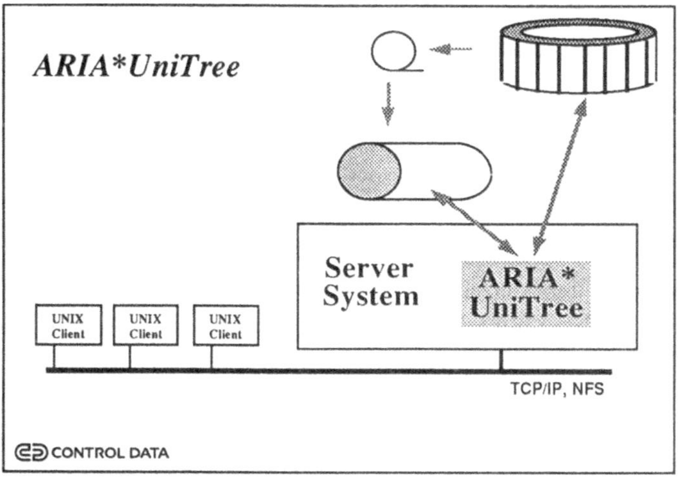

Abb. 6: UniTree-Daten-Migration

UniTree migriert im Unterschied zum Migration-Manager die Daten immer sofort vom Disk-Cache auf den Sekundär-Speicher. Die Daten werden im Disk-Cache erst bei Überschreiten einer „High Watermark“ gelöscht, der Retrieval geschieht automatisch bei Zugriff.

Der Endbenutzer muß seine Daten für die Migration selbst per FTP/NFS in den Server-Disk-Cache „pushen“.

Weitere hilfreiche Funktionen von UniTree erlauben

- die Einteilung in File-Families, wobei UniTree alle Files der Family auf ein Tape schreibt,
- die Erstellung von File-Kopien, auf die im Fehlerfall automatisch zugegriffen wird,
- die optimierte Ausnutzung der Bandkapazität im Silo durch einen Tape-Repacker und
- die weitere Auslagerung von Daten aus dem Silo auf ein weiteres Sekundär-Medium (Vault-Migration).

UniTree folgt dem IEEE-Standard für Mass-Storage-Daten und arbeitet auf der Basis eines eigenen File-Systems mit eigenen FTP/NFS-Clients für den Zugang.

UniTree bietet die optimale Lösung zur Unterstützung

- in großen Hochleistungsnetzwerken mit vielen Workstations,
- großer Roboter-Sekundärmedien und
- von „Netzwork-attached“-Peripherie (geplant).

Die Migrationsprodukte unterstützen ein netzwerkweites File-Serving für alle Standardnetze und sind dabei offen für die weitere Entwicklung im Bereich der OSF/DCE (AFS/DFS, Kerberos).

5 Gesamtkonzept

Die vorgestellten einzelnen Software-Produkte sind im gesamten Netz flexibel einsetzbar und kombinierbar, z.B. Backup auf dezentralen Instituts- oder Arbeitsgruppen-Servern, die Daten wiederum an ein weiteres Medium oder einen übergeordneten Server weitergeben (z.B. mittels Datenmigration).

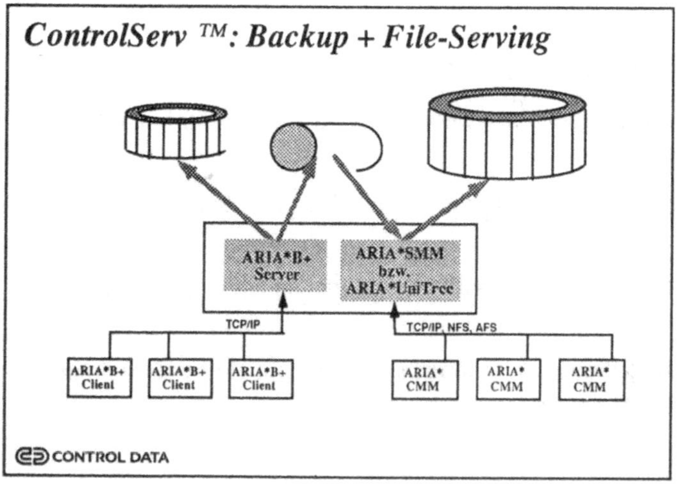

Abb. 7: ControlServ: Kombination der Funktionen

Alle Software-Module unterstützen die gesamte Bandbreite der am Markt verfügbaren Peripheriegeräte (z.B. Exabyte, Optische Platten, 3480-Bänder, VHS-Metrum und entsprechende Stacker, Juke-Boxes oder Silos, wie z.B. demnächst auch von Grau). Unterstützt wird dies durch den „Volume Manager“, der die Ansteuerung und Administrierung der unterschiedlichen Medien unabhängig von der Applikation durchführt. Somit kann die Einführung neuer Medien in kürzester Zeit bewältigt werden, nämlich nur einmal für alle Applikationen.

6 Schluß

Die weiter fortschreitende Vernetzung mit den unterschiedlichsten Client-Systemen erfordert eine entsprechende Palette an Software-Produkten für die beschriebenen Funktionen, die jeweils den Anforderungen im Netz flexibel und in Kombination angepaßt werden können.

Die ARIA*-Produkte passen sich in die existierende Umgebung ein und bieten alle Funktionen dort, wo sie benötigt werden, vom Einzelplatz-Backup bis File-Serving im Gesamtnetz.

Durch das UNIX-Client-Server-Konzept und die Verwendung von Standard-Netzprotokollen werden alle gängigen UNIX-Rechner im Netz integriert und eine Vielzahl an Sekundär-Peripheriegeräten verfügbar.

Die Systeme sind offen für die Integration neuer Standards im Rahmen der OSF/DCE-Bemühungen und für Neuentwicklungen bei Peripheriemedien.

Einsatz zentraler Massenspeichersysteme zur automatischen Datenverwaltung

Hartmut Michels

1 Einleitung

Zukünftig wird im Rechenzentrum nicht mehr alleine die Bereitstellung von Rechenleistung (MIPSe) vorrangig sein, sondern das Angebot verschiedenster Dienste auf der Basis eines zukunftsweisenden Client-Server-Konzepts.

Eine zentrale Stellung nimmt hierbei die Verwaltung verschiedenster Daten ein. Eine Aufgabe der Rechenzentren wird darin liegen, auf der Basis vorhandener Standards zentrale und verteilte Massenspeicher-Dienste anzubieten. CONVEX Computer hat bereits verschiedene File-Server Lösungen in Industrie, Universität und Großforschung verwirklicht.

Die UNIX-basierten Implementierungen erfolgten u.a. auf der Basis von UniTree (IEEE-Mass-Storage-Model) unter Einbeziehung modernster Massenspeicher-Technologie.

Dieser Vortrag hat das Ziel, die praktische Realisierung dieses Konzepts an Hand von Beispielen vorzustellen.

2 Das Rechenzentrum im Wandel

Betrachtet man die Struktur von kommerziellen und technisch-wissenschaftlichen Rechenzentren und deren Nutzung über den Zeitraum der letzten zehn Jahre, so kann man feststellen, daß hier eine Evolution stattgefunden hat, die die ursprüngliche Aufgabe von Rechenzentren, nämlich Rechenleistung zur Verfügung zu stellen, vollkommen in den Hintergrund gerückt hat.

Im folgenden soll diese Evolution in drei Schritten aufgezeigt werden.

Ursprünglich bestand das Rechenzentrum aus einem oder mehreren Großrechnern (Hosts) (Abb. 1).

Angeschlossen an diesen Großrechner waren oft hunderte von „dummen" Terminals ohne lokale Intelligenz. Es war kein Anschluß an ein Netzwerk vorhanden und die Datenhaltung wurde zentral durchgeführt, d.h. alle Daten befanden sich auf Plattenlaufwerken, die direkt an den Großrechner angeschlossen waren. Eine gemeinsame Nutzung der Daten durch alle Benutzer oder Benutzergruppen war ohne Probleme möglich.

Das Rechenzentrum war verantwortlich für die Verwaltung der Daten, für Backups etc.

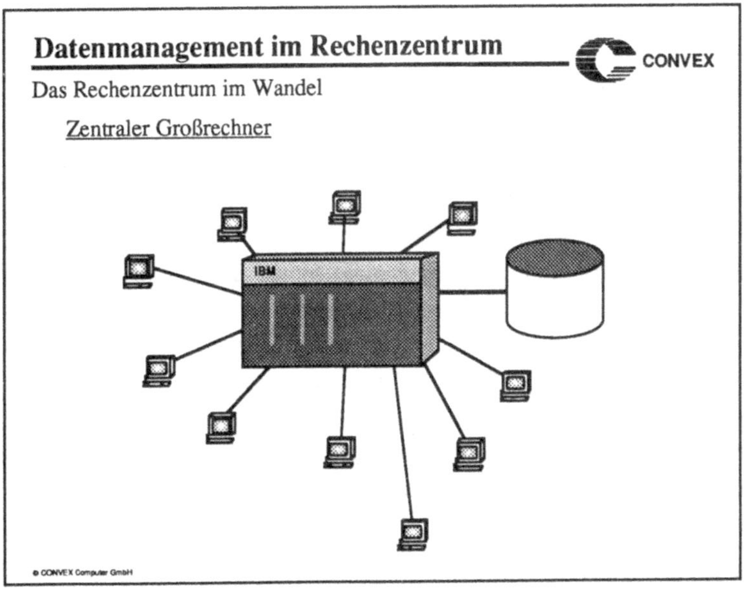

Abb. 1: Zentraler Großrechner

Mit der Verfügbarkeit von Workstations und preiswerten Netzwerken wandelte sich sowohl die Nutzung der zur Verfügung stehenden Ressourcen wie auch die Art der Datenhaltung (Abb. 2).

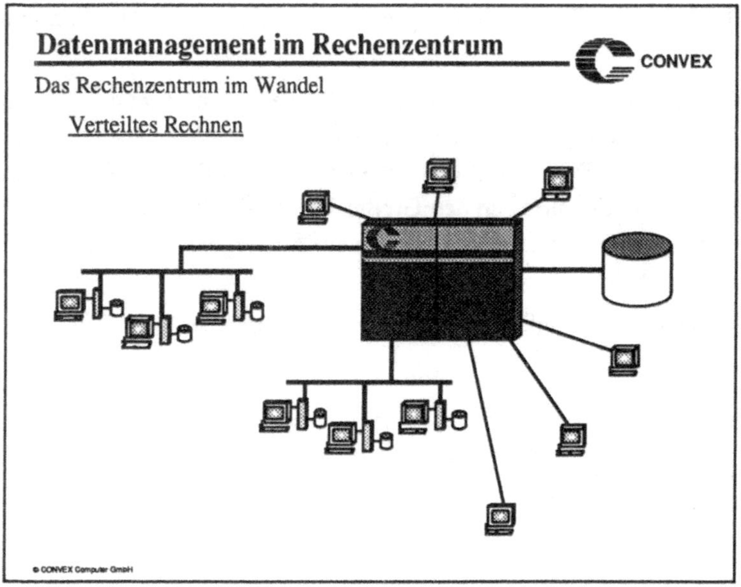

Abb. 2: Verteiltes Rechnen

Die Rechner im Rechenzentrum bedienten zwar immer noch einige Terminals, der Zugriff auf die zentralen Ressourcen erfolgte aber weitgehend über Workstations, die einzeln oder in Gruppen an das Netzwerk (meist Ethernet) angeschlossen waren. Verteiltes Rechnen beinhaltete hier beides, die Vor- und Nachbereitung von Batch-Jobs, die auf dem zentralen Rechner abgearbeitet wurden, sowie „echte“ verteilte Anwendungen, die gleichzeitig sowohl auf der Workstation als auch auf dem leistungsstärkeren Rechner im Rechenzentrum liefen.

Durch die einfache Nutzung des Netzwerkes änderte sich auch die Art der Datenhaltung. Oft wurden Daten auf mehreren Maschinen gleichzeitig gehalten, sei es aus Bequemlichkeit oder auch aus Redundanzgründen. Dies führte jedoch dazu, daß die gemeinsame Nutzung von Daten erschwert wurde. Man denke nur an den Aufwand, für eine gewisse Konsistenz der über das Netz verteilten Daten zu sorgen.

Die Aufgaben des Rechenzentrums hatten sich dahingehend geändert, daß neben der Hauptaufgabe, Rechenleistung (MFLOPS) zur Verfügung zu stellen, Aufgaben im Bereich des Netzwerkmanagements und der ausführlichen Benutzerberatung hinzukamen. Das Rechenzentrum blieb weiter für die zentralen Daten verantwortlich, die Benutzer der Workstations mußten sich aber um lokale Backups selbst kümmern.

Das Ergebnis davon ist sicherlich, daß es heute fast mehr Systemmanager als „echte" Benutzer gibt.

Die immer größer werdende Dezentralisierung führte schließlich zu dem heute angewandten Prinzip der „Verteilten Ressourcen": den Client-Server-Konzepten. Hier stehen nicht mehr einzelne Rechner oder gar das Rechenzentrum selbst im Mittelpunkt, sondern Dienstleistungen (Services) aller Art werden über ein leistungsstarkes Netzwerk zusammengeschlossen (Abb. 3).

Die einzelnen Dienste müssen hierbei nicht notwendigerweise auf verschiedenen Rechnern angeboten werden, sondern können gruppenweise integriert auf einer Maschine laufen.

Die Aufgaben des Rechenzentrums liegen hier vor allem in der Bereitstellung und Integration der von den Benutzern geforderten Services. Die Datenhaltung und -verwaltung ist hierbei von entscheidender Bedeutung. Um die Benutzer von Mehrarbeit (Systemmanagement) zu entlasten, ist es notwendig, daß das Rechenzentrum die Verantwortung für alle Daten, sowohl zentral als auch dezentral, übernimmt.

Tools, die helfen, diese Aufgabe zu erfüllen, werden später vorgestellt.

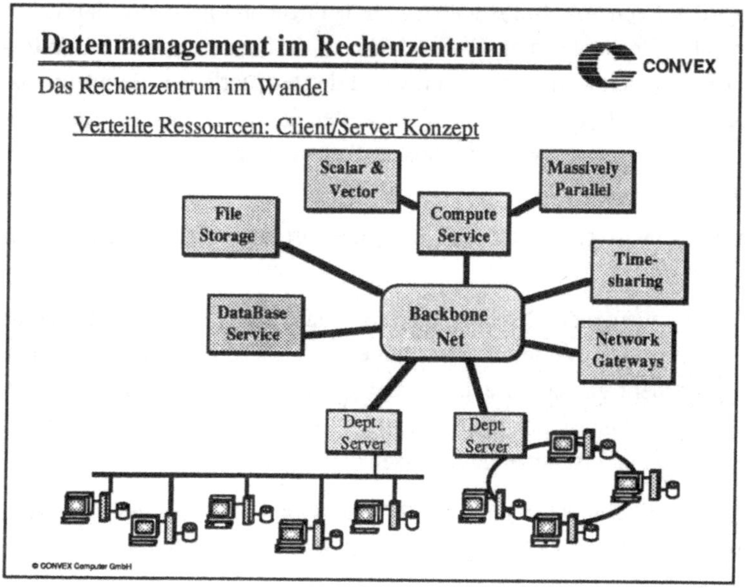

Abb. 3: Verteilte Ressourcen: Client-Server-Konzept

3 The Data Storage Problem

Schnell wachsende CPU-Leistungen, explodierende Hauptspeichergrößen und -anforderungen, Hochgeschwindigkeitsnetzwerke, die Möglichkeit, Daten zu visualisieren, sowie neue Anwendungen haben dazu geführt, daß sich der Datenbestand weltweit jährlich verdoppelt! Seriöse Untersuchungen (Quelle: *The Mass Storage Report '92*) in den USA haben gezeigt, daß dieser Trend anhalten wird, ja sogar noch extremer wird.

Die Anforderungen an die Betreiber von Rechenzentren und Netzwerken von Rechnern zur Bewältigung dieser Aufgabe, lassen sich folgendermaßen zusammenfassen:

- Große, verteilte Datenmengen müssen zentral verwaltet werden
- Daten dürfen nicht verloren oder verändert werden

- Alle Daten müssen ständig „On-Line“ erscheinen
- Schneller Zugriff auf alle Daten zu jeder Zeit
- Unbegrenzte Speicherkapazität
- File-Server-Lösungen müssen Standards entsprechen

Gleichzeitig soll sich ein Massenspeichersystem (File-Server), das all diesen Anforderungen genügt, ohne große Veränderungen an der bestehenden Infrastruktur in ein Netzwerk integrieren lassen.

Dies ist jedoch nur möglich, wenn das File-Server-System mit all seinen Komponenten nach allen Seiten offen ist, d.h. den Standards entspricht, und leicht an lokale Anforderungen anpaßbar ist. Im Bereich des File-Servings gibt es den Begriff des „One Size Fits All“ nicht, oder anders gesagt, Installationen „von der Stange“ können nie alle Anforderungen abdecken.

4 Tools für eine Client-Server-Umgebung

Zur Bewältigung all dieser Anforderungen in einer Client-Server-Umgebung bietet CONVEX Computer Massenspeichersysteme (File-Server) auf der Basis von Standards an.

Diese Massenspeichersysteme bestehen jeweils aus einer Software- und einer Hardware-Komponente, die an die jeweiligen Anforderungen angepaßt werden.

4.1 UniTree

Die Software-Seite wird durch UniTree, das dem IEEE-Mass-Storage-Model entspricht, abgedeckt. UniTree wurde am Lawrence Livermore National Laboratory in Kalifornien entwickelt. Die Firma OpenVision Technologies hat die weltweite Lizenz für UniTree und vergibt Unterlizenzen an verschiedene Hersteller. Durch dieses Verfahren ist sichergestellt, daß UniTree ein offenes System bleibt und nicht durch Änderungen und Besitzrechte einzelner Firmen zu einem proprietären Produkt wird.

Was ist UniTree?

UniTree ist ein Massenspeichersystem, das ein „unendlich großes“ File-System zur Verfügung stellt. Dies wird durch ein hierarchisches Speicherkonzept realisiert:

- Große und alte Dateien wandern von schnellen (teueren) Primärmedien (Plattenlaufwerke) auf langsame (billige) Sekundärmedien (Bänder)
- Kleine und neue Dateien bleiben im Primärspeicher
- Daten, die sich auf den Sekundärmedien befinden, werden automatisch in den Primärspeicher kopiert, wenn sie angesprochen werden

Der Zugriff auf UniTree erfolgt über die Standardschnittstellen FTP und NFS (Abb. 4).

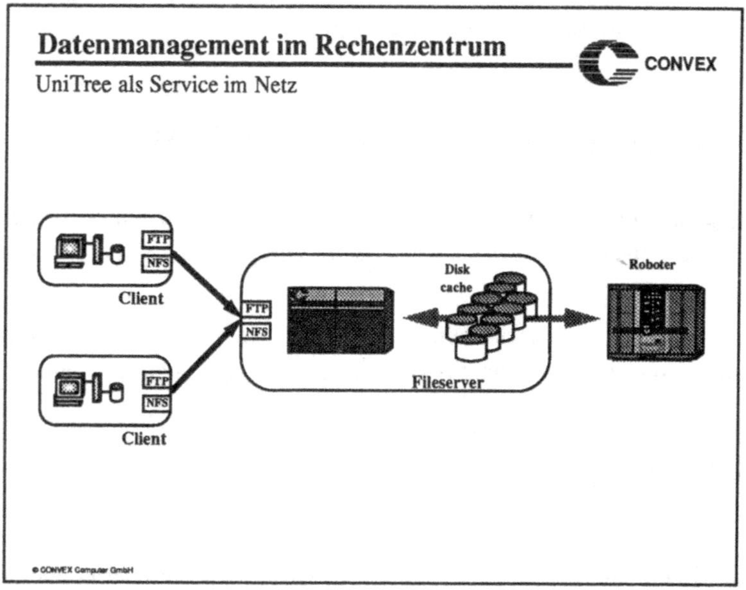

Abb. 4: UniTree als Service im Netz

Alle Daten, die von den Clients kommen, werden in den sogenannten Diskcache (Primärspeicher) kopiert. Der Diskcache besteht aus einem oder mehreren Disk-Arrays, die hundertprozentige Datenintegrität durch den Einsatz der Raid-Technologie garantieren. Alle Daten im Diskcache werden innerhalb kürzester Zeit automatisch auf das Sekundärmedium ausgelagert, bleiben jedoch weiterhin im

Diskcache. Wird der Platz im Diskcache nun von neuen, von den Clients kommenden Daten gebraucht, werden nach einem konfigurierbaren Algorithmus bereits auf das Sekundärmedium überspielte Daten im Diskcache gelöscht.

Für den Benutzer auf den Clients macht es keinen Unterschied, wo sich seine Daten befinden. Ein Directory-Listing (egal ob über FTP oder NFS) zeigt immer alle Dateien an. Wird eine Datei angesprochen, die sich nur noch auf Band befindet, wird diese automatisch in den Diskcache kopiert und steht dort dem Benutzer wieder zur Verfügung.

Die Philosophie von UniTree ist: Vom Netzwerk über den Diskcache direkt aufs Band, denn nur auf dem Band sind die Daten wirklich sicher.

4.2 Die CONVEX-C-Serie

Die Hardware-Komponente eines CONVEX-Massenspeichersystems besteht aus einem Rechner der CONVEX-C-Serie und einem Tape-Roboter mit zwei oder mehr Helicalscan-Bandlaufwerken.

Die Maschinen der CONVEX-C-Serie wurden eigentlich als Numbercruncher für den Rechenzentrumsbetrieb konstruiert, eignen sich aber gerade deshalb auch besonders gut für den Einsatz als File-Server. In beiden Einsatzgebieten ist es sehr wichtig, daß ein hoher Datendurchsatz gewährleistet wird. Sollen Anforderungen, wie 100 FTP-Filetransfers gleichzeitig, abgedeckt werden, ist es unumgänglich, daß die Architektur der Maschine sehr ausgewogen ist, d.h. der I/O-Bereich nicht vernachlässigt wird. Die Maschinen der C-Serie gewährleisten einen internen Datendurchsatz von bis zu 1 GigaByte/sec, die Peripherie nutzt davon bis zu 200 MegaByte/sec.

CONVEX-Rechner, die unter dem Betriebssystem UNIX betrieben werden, können in allen gängigen Netzwerken, wie Ethernet, FDDI, UltraNet, in einem heterogenen Umfeld eingesetzt werden.

4.3 Tape-Roboter

Der zweite Teil der Hardware-Komponente, der Tape-Roboter mit Bandlaufwerken, wird durch zwei Robotertypen, Metrum RS-48 und Metrum RS-600, abgedeckt.

Die Roboter fassen 48 (RS-48) bzw. 600 (RS-600) VHS-Bänder. Jedes Band hat eine Kapazität von ca. 19 GigaByte. Damit ergibt sich eine Gesamtkapazität von 930 GigaByte bzw. 11.6 TeraByte. In einem Roboter können bis zu 5 (RS-600) bzw. 2 (RS-48) Helicalscan- (Metrum 2150) Bandlaufwerke mit einer Datenübertragungsrate von bis zu 2 MegaByte/sec untergebracht werden.

Neben der hohen Übertragungsrate zeichnen sich die Roboter durch eine sehr geringe Standfläche (1 qm bzw. 2.2 qm) aus. Sie eignen sich daher, zusammen mit den luftgekühlten CONVEX-Systemen, auch für kleine Rechenzentren bzw. als Abteilungssysteme in der Industrie.

5 Beispiele von CONVEX-File-Server-Installationen

Anhand von zwei Beispielen soll nun die praktische Realisierung von CONVEX-File-Server-Lösungen mit UniTree und VHS-Tape-Robotern gezeigt werden.

5.1 Universität Tübingen

Im Rechenzentrum der Universität Tübingen ist derzeit eine der größten Anlagen von CONVEX installiert (Abb. 5). Der Compute-Server (CONVEX C3850-1024) ist über ein Hochleistungs-Backbone-Netz (HiPPI/Ultra, 100 MB/sec) mit dem File-Server (CONVEX C3220-256) verbunden. Beide Maschinen sind an das Universitätsnetzwerk mit über 1000 Workstations über FDDI und Ethernet angeschlossen. Der File-Server, auf der Basis von UniTree, ist mit ca. 40 GigaByte Platten ausgestattet, als Tape-Roboter kommt ein RS-600 mit 600 VHS-Kassetten und vier Band-Laufwerken zum Einsatz.

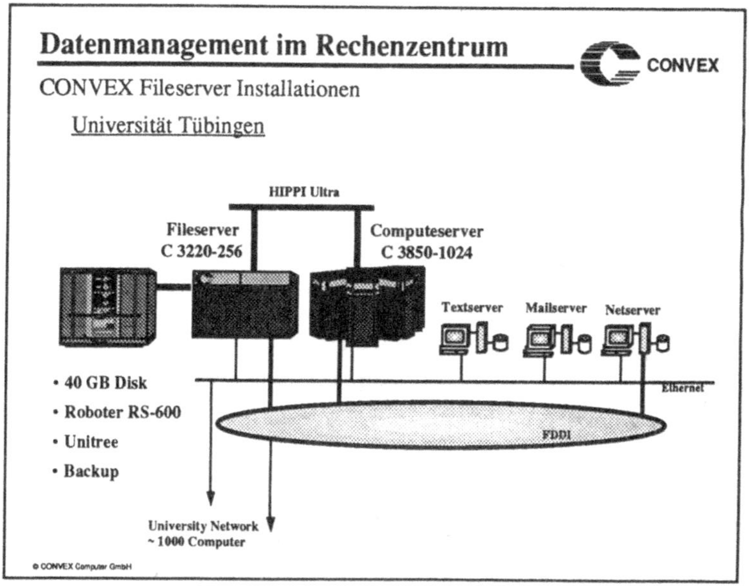

Abb. 5: Universität Tübingen

Der zentrale File-Server steht allen Benutzern im Universitätsnetz offen. Er dient sowohl als File-Server im klassischen Sinne, d.h. zum kurzzeitigen Zwischenspeichern von Daten, als auch als Archiv-Server zur langfristigen Archivierung von Projektdaten. Er wird außerdem als automatischer File-Server für den Compute-Server benutzt. D.h. Output-Daten von großen Batch-Jobs werden automatisch vom Scratch-Bereich des Compute-Servers auf den File-Server transferiert und können dort vom Benutzer zur Weiterverarbeitung abgeholt werden.

Weiterhin wird der File-Server als Backup-Server eingesetzt. Zentral gesteuert werden jede Nacht ca. 250 Workstations des Rechenzentrums und bestimmter Institute automatisch „gebackupt". Das Backup-System, das ebenfalls von CONVEX Computer kommt, erlaubt es, automatisch — ohne Interaktion des Operators — ganze Rechnernetze zu sichern. Die gesicherten Daten werden automatisch in UniTree eingespeichert und dort vom automatischen Migrationsvorgang erfaßt, d.h. die Daten gehen automatisch auf Bänder im Roboter, ohne daß manuell eingegriffen werden muß.

Der Restore von Daten erfolgt ebenfalls automatisch und wird vom Benutzer selbst durchgeführt.

Der Datendurchsatz des File-Servers liegt bei ca. 10 GigaByte/Tag im Bereich des File-Servings und der Archivierung und bei ca. 6-8 GigaByte im Bereich des Backups.

5.2 Mercedes-Benz

Als integrierter Compute- und Daten-Server wird eine CONVEX C3440-512 in einer Konstruktions- und Berechnungsabteilung bei Mercedes-Benz eingesetzt (Abb. 6).

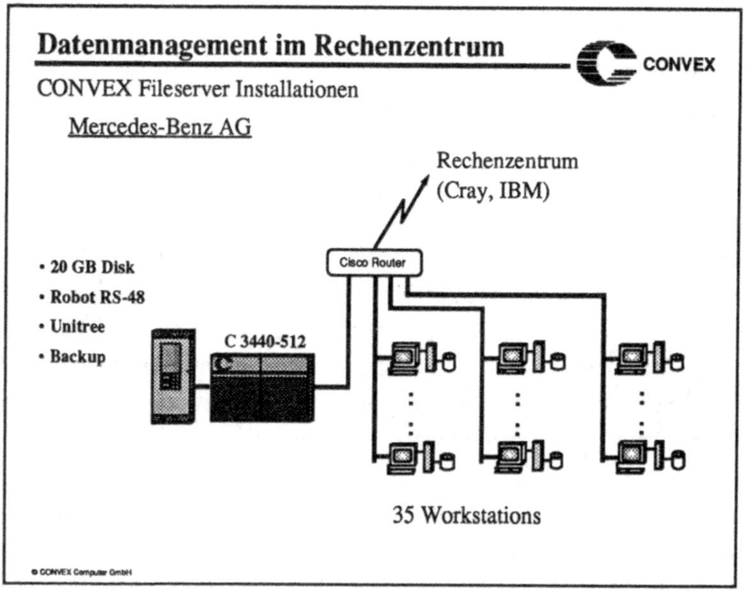

Abb. 6: Mercedes-Benz

Der Daten-Server-Teil der Maschine umfaßt einen RS-48-Roboter mit einer Kapazität von ca. 900 GigaByte, sowie einen redundanten Diskarray von ca. 10 GigaByte unter der Kontrolle von UniTree.

Auch hier wird das System als kombinierter File- und Archiv-Server eingesetzt. Sämtliche Projektschritte werden mit Hilfe von UniTree und weiterer Tools dokumentiert und archiviert. Die von den Batch-Jobs erzeugten Daten werden automatisch nach Beendigung des Jobs in UniTree eingespeichert, um den Plattenplatz wieder freizumachen.

Zum Backup der ca. 35 Workstations im Abteilungsnetz dient auch hier ein Software-Paket von CONVEX Computer, welches über Nacht eine Datensicherung von allen Maschinen durchführt. Auch hier fließen die Daten direkt in UniTree und können vom Benutzer ohne Mithilfe von Operateuren restauriert werden.

Der Datendurchsatz im File-Server-Bereich liegt hier bei mehreren GigaByte/Tag, da viele Rechenläufe Output-Daten von 10 GigaByte und mehr erzeugen, die später auf Workstations visualisiert werden. Der Durchsatz von Backup-Daten ist relativ gering, da nur System- und wichtige Projektdaten gesichert werden. Daten, die durch Rechenläufe erzeugt und schon in UniTree zwischengespeichert wurden, werden vom Backup nicht erfaßt.

Dieses Beispiel zeigt, wie gut sich eine integrierte Lösung von Compute- und File-Server auf einer Maschine, auch in relativ beengten Räumlichkeiten, realisieren läßt. Die kleine Standfläche des Roboters (ca. 1 qm) und geringe Anforderungen der luftgekühlten CONVEX an die Infrastruktur tragen hierzu erheblich bei.

6 Ausblick

„The Data Storage Problem" wird mit Sicherheit das Hauptproblem für die Betreiber von Rechenzentren in der Zukunft sein. Nur weitblickende Konzepte werden helfen können, dieses Problem zu meistern. Hierzu gehört sicher auch, frühzeitig Trends zu erkennen und eingefahrene Wege zu verlassen.

Kreativität ist gefragt, sowohl bei den Betreibern und Nutzern von Rechenzentren als auch bei den Computer-Herstellern selbst.

Geschützter Teilbereich in einem verteilten System-Pilotprojekt der Max-Planck-Gesellschaft

Christina Helbig

Zusammenfassung:

Welche Schutzmechanismen sind notwendig, um personenbezogene Daten in einem verteilten System verarbeiten zu können? Zwei Mechanismen werden vorgestellt. Der erste Schutzmechanismus verhindert, daß zugriffsbefugte Nutzer personenbezogene Daten, die auf dem Server gespeichert sind, auf ihren Arbeitsplatzrechner übernehmen, der zweite Mechanismus ergänzt den Paßwortzugangsschutz von VMS durch ein kryptologisches Authentikationsprotokoll.

1 Ausgangssituation und Projektziel

Am Max-Planck-Institut für Bildungsforschung (MPIB) wird die Berliner Altersstudie (BASE) der Akademie der Wissenschaften zu Berlin bearbeitet, insbesondere die Speicherung und Verarbeitung der personenbezogenen Projektdaten durchgeführt. Die Altersstudie unterliegt dem Berliner Datenschutzgesetz [1]. In seinem Jahresbericht 1990 [2] vermerkt der Berliner Datenschutzbeauftragte zu BASE: „Über jede befragte Person wird ein außerordentlich umfangreicher Datensatz aufgebaut, der umfassende Informationen über den physischen und psychischen Zustand des Betroffenen enthält". Der Datenschutzbeauftragte der MPG regte Ende 1990 an, ein Pilotprojekt durchzuführen, bei dem die informationstechnische Ausstattung des MPIB den Erfordernissen des Datenschutzgesetzes angepaßt wird und Verallgemeinerungen für andere Datenverarbeitungssysteme mit personenbezogenen Daten in der MPG getroffen werden. Als Prämisse wurde gesetzt, daß die sensible BASE-Verarbeitung in das Institutssystem integriert und nicht separiert werden soll. Am MPIB wird ein VAX-Cluster (Betriebssystem

VMS 5.5) als Server betrieben. Über DECnet bzw. PATHWORKS 4.1 sind Terminals, PCs unter DOS und Windows sowie Macintosh als Clients in einem lokalen Netz integriert. Das verteilte System verfügt über Weitverkehrsanschlüsse und es gehören Stand-alone-PCs und Macintosh zum System. Die personenbezogenen Daten (pbD) befinden sich in einem Directory `BASE` auf einer Platte des VAX-Clusters. Das Projekt wird seit dem 1.8.1991 bearbeitet und steht kurz vor dem Abschluß. Aufwendig war die Einordnung der Schutzsysteme in das vorhandene informationstechnische System (IT-System), da keine Projektmittel vorhanden waren, um entsprechende Aufträge an die Firma DIGITAL zu vergeben.

2 Bedrohungsanalyse

Nicht jede Bedrohung muß mit Folgeerscheinungen für das IT-System verbunden sein. Erst wenn entsprechende Schwachstellen im IT-System existieren, führt eine Bedrohung zur Gefährdung des IT-Systems. *Schutz* sei der Zustand einer Betrachtungseinheit, der durch die Wirkung eines *Schutzsystems* erreicht wird und charakterisiert ist durch die Erkennung, Verhinderung oder Minderung der Wirkung von Bedrohungen auf die Betrachtungseinheit. Die Menge der vom Schutzsystem beeinflußten Prozesse im IT-System wird als *geschützter Teilbereich* bezeichnet. *Sicherheit* wird als Wirksamkeit des Schutzes gegenüber relevanten Bedrohungen definiert. Die Eigenschaft Sicherheit ist eine Eigenschaft des Gesamtsystems und kann nur durch eine entsprechend komplexe Analyse bestimmt werden, die auch die Funktionalität und Qualität der Einbindung des Schutzsystems in das IT-System bewertet. Folgende Bedrohungen sind für das Projekt-IT-System relevant:

- Unbefugter Zugang zum IT-System (Rechner, Leitungen u. a. Einrichtungen des LAN, Disketten für Datenaustausch mit Stand-alone-Rechnern), wobei gespeicherte pbD gelesen und Paßwörter abgehört werden;
- Unbefugte Ausführung von Operationen nach befugtem Zugang zum IT-System:

  a) Unbefugte Kenntnisnahme gespeicherter pbD

  b) Unbefugte Nutzung von Systemverwalterfunktionen unter VMS, die entweder direkt zur unbefugten Kenntnisnahme von pbD führt oder indirekt

c) Kopieren von pbD des VAX-Clusters auf Datenträger eines Clients

d) Ausgabe von pbD des VAX-Clusters bei einem Client über serielle oder parallele Schnittstelle (z.B. Drucker, Streamer)

e) Unbefugter Ausdruck von pbD des VAX-Clusters über Drucker, die von VMS verwaltet werden

f) Manipulationen, die das Schutzssystem umgehen oder außer Kraft setzen

Da ein wissenschaftliches Institut naturgemäß keine hochgesicherte Einrichtung ist, gefährden die aufgeführten Bedrohungen die pbD. Unbefugte Außenstehende können das LAN abhören oder auch z.B. ein trojanisches Pferd auf einem PC des Public-PC-Raums im Institut installieren, um Paßwörter aufzuzeichnen. Die Schwachstelle des Systems gegenüber Insider-Angriffen ist das verteilte System selbst. Die Systemphilosophie besteht gerade in der Verknüpfung lokaler Funktionen und Ressourcen, die anders als bei einem verteilten Betriebssystem nicht der zentralen Kontrolle unterliegen, mit zentraler Datenhaltung. Deshalb können zentral gehaltene, sensible Informationen auf die ungeschützte lokale Peripherie abfließen, was durch ein Schutzsystem verhindert werden soll.

3 Schutzsystem

3.1 Beschreibung

Je nach Lebenserfahrung und Temperament kann man dazu neigen, dem unbefugten Zugreifer oder dem befugten mißbräuchlichen Nutzer das größere Mißtrauen entgegenzubringen. Hier werden zwei Schutzsysteme vorgestellt, die sich gegen beide Gruppen richten und in ihrer Wirkung gekoppelt sind. Das erste Schutzsystem verhindert, daß zugriffsbefugte Nutzer pbD vom Server auf *ihren* Arbeitsplatzrechner (nicht auf *einen* Arbeitsplatzrechner im Netz — dazu muß noch mehr getan werden) kopieren. Das zweite Schutzsystem ergänzt den Paßwortschutz von VMS durch ein kryptologisches Authentikationsprotokoll. Beide Systeme sollen jedoch nur aktiv werden, wenn Nutzer mit den pbD arbeiten, aus Performance- und Kostengründen. Die Wechselwirkung beider Systeme besteht darin, daß das zweite System prüft, ob das erste aktiviert ist. Das erste System wirkt lokal am Arbeitsplatzrechner, das zweite global bei der Authentikation der Nutzer der VMS-Directories `BASE` und `SYSTEM`.

Das Betriebssystem VMS umfaßt eine Vielzahl von Schutzprozessen, von denen nachfolgend nur die projektrelevanten Prozesse Identifikation und Authentikation betrachtet werden. Zur umfassenden Information sei auf die Publikationen [3] und [4] verwiesen. Unter *Identifikation* einer Betrachtungseinheit (z.B. Nutzer, Prozeß) verstehen wir den Vergleich bestimmter vorgewiesener Informationen der Betrachtungseinheit mit Informationen, die der prüfenden Instanz durch vorherige Übereinkunft bekannt sind, und die der Betrachtungseinheit eineindeutig zugeordnet sind. Unter *Authentikation* einer Betrachtungseinheit verstehen wir den Nachweis ihrer Echtheit durch eine prüfende Instanz. Bei der Authentikation eines Nutzers über ein Netz wird eine Information, die seine Identität als Nutzer kennzeichnet (Authentikationsnachricht), über abhörbare Einrichtungen übertragen. Die prüfende Instanz muß sich überzeugen, daß die Authentikationsnachricht wirklich vom Nutzer erzeugt wurde. Es sind mindestens folgende Forderungen an den Authentikationsalgorithmus zu stellen:

a) Die vom Nutzer erzeugte Authentikationsnachricht beruht auf einer Information (*Authentikator*), die kein anderer Nutzer in das System eingeben kann.

b) Der Nutzer erzeugt bei jeder Authentikation eine andere Authentikationsnachricht. Aus *n* bekannten Authentikationsnachrichten von *n* Authentikationen eines Nutzers, ist eine (n+1)-te Authentikationsnachricht zur erfolgreichen Authentikation dieses Nutzers ohne Verwendung des Authentikators nicht berechenbar.

VMS verlangt beim Login neben dem Nutzernamen (z.B. BASE oder SYSTEM) die Angabe eines Paßworts vom Nutzer. Authentikationsnachricht und Authentikator fallen zusammen. Die Nutzer authentifizieren sich über einen vom Systemmanager des VAX-Clusters bestimmbaren Zeitraum mit dem jeweils gleichen Paßwort. Nach Ablauf der Zeitspanne muß der Nutzer sein Paßwort wechseln. Die Forderung a) ist erfüllt, wenn jeder Nutzer sein Paßwort geheim hält und kein Unbefugter es durch Abhören zur Kenntnis nimmt. Forderung b) ist nicht erfüllt. Nach unbefugter Kenntnisnahme eines Paßworts kann der Unbefugte es als Authentikationsnachricht nutzen, es sei denn, die Geltungsdauer ist überschritten.

Im Projekt wird die Authentikation des Nutzers BASE und des Systemmanagers durch ein kryptologisches Authentikationsprotokoll erweitert. Nachfolgend wird eine Variante beschrieben, wie ein symmetrisches Chiffrierverfahren zur Authentikation verwendet werden kann (Challenge-Response-Verfahren).

1. Ein Nutzer N' meldet seinen Wunsch nach Login bei der prüfenden Instanz an. Er identifiziert sich mit dem Nutzernamen N.
2. Die prüfende Instanz erzeugt eine Zufallszahl T, speichert sie und übermittelt sie dem Nutzer.
3. Die prüfende Instanz hat zu jedem Nutzer, den sie authentifizieren kann, eineindeutig einen geheimen Schlüssel S (Authentikator) gespeichert.
4. Der Nutzer berechnet den Wert $f(S')\ T = X'$ (Authentikationsnachricht) und überträgt X' an die prüfende Instanz. f ist die Chiffrierabbildung und S' der geheimgehaltene Schlüssel, den der Nutzer gespeichert hat und der mit S übereinstimmt, wenn N' mit N identisch ist.
5. Die prüfende Instanz berechnet den Wert $f^{-1}(S)\ X' = T'$ und vergleicht T und T'. Aus der Gleichheit beider Werte schließt die Instanz, daß der Nutzer derjenige ist, als der er sich identifiziert hat; aus der Ungleichheit schließt sie das Gegenteil.

Hauptproblem bei der Verwendung eines symmetrischen Chiffrierverfahrens zur Authentikation ist die Geheimhaltung des Schlüssels S auf Client- und Server-Seite. Von Projektbeginn an sind wir davon ausgegangen, daß alle Chiffrierprozesse beim Client nur mit Hardware-Ergänzungen des PCs zu realisieren sind. Wir haben uns für das schweizer PC-Sicherheitssystem SAFEWARE entschieden. Bei SAFEWARE wird der zur Authentikation verwendete Schlüssel DEK (Data Encrypting Key) bei jeder Authentikation vom Sicherheitssystem zufällig gewählt und chiffriert zusammen mit der Authentikationsnachricht übermittelt. Zur Chiffrierung des DEK wird ein sogenannter KEK (Key Encrypting Key) verwendet. Jedem Nutzer können ein oder mehrere KEK zugeordnet werden, die in seiner Chip-Karte gespeichert werden. Dieses Schlüsselsystem ist bei SAFEWARE ganz allgemein für die Chiffrierung von Dateien eingerichtet und wird hier in spezieller Form verwendet. Der Nutzer BASE verwendet den KEK B und der Nutzer SYSTEM den KEK S als Authentikator. Der Chiffrierprozeß f wird von einem speziellen Baustein auf einer PC-Steckkarte von SAFEWARE entsprechend dem international genormten Data-Encryption-Standard (DES) im Modus OFB (Output Feedback) [5] realisiert. Die Schlüssel KEK sind somit nur in der Chip-Karte, auf dem Weg von der Chip-Karte zum DES-Baustein und im DES-Baustein abhörgefährdet, allerdings in sehr geringem Maße.

Bedeutend schlechter sieht es mit dem Schutz der Schlüssel KEK *B* und KEK *S* auf der Server-Seite aus. Sie müßten lesbar in einem Verzeichnis gespeichert sein, im Unterschied zu den Paßwörtern, die unter VMS nur im einwegverschüsselten Zustand gespeichert sind. Im Projekt wird daher ein anderer Weg beschritten. Die Authentikationsprozesse beim Server, die Chiffrierprozesse beinhalten, werden nicht vom VAX-Cluster, sondern auf einem speziellen PC-Client durchgeführt. Er sei als Sicherheits-PC bezeichnet und ist ebenfalls mit dem Sicherheitssystem SAFEWARE aufgerüstet. Die sicherheitsrelevanten Schlüssel KEK *B* und KEK *S* werden in einer Chip-Karte des Sicherheits-PCs gespeichert.

Das Sicherheitssystem SAFEWARE stellt auch Funktionen bereit, die das oben erwähnte lokale Schutzsystem im Projekt bilden. Es ist möglich, auf der Chip-Karte die Berechtigung zur Nutzung der Diskettenlaufwerke auszuschließen. Weiterhin können Partitionen der Festplatte oder beliebige Dateien vom Zugriff ausgeschlossen werden, oder es kann festgelegt werden, daß alle Dateien chiffriert angelegt werden müssen, mit KEK, die auf der Chip-Karte definiert sind. SAFEWARE beinhaltet eine Paßwortabfrage und die Authentikation der Nutzer-Chip-Karte gegenüber der PC-Steckkarte beim Booten des PCs. Das Nutzerprofil, das auf der Chip-Karte gespeichert ist, bestimmt die lokalen Ressourcen des PCs, und in Folge kann verhindert werden, daß ein Nutzer Dateien auf der Festplatte anlegt bzw. im Klartext anlegt oder auf Diskette schreibt. Diese Beschränkungen sollen aber nur wirksam werden, wenn ein Nutzer auf das VMS-Directory BASE zugreift. Hat der Nutzer gleichzeitig noch das Recht, auf die VMS-Directories SYSTEM oder MÜLLER zuzugreifen, so sollen ihm in diesen Rollen lokal keine Grenzen gesetzt werden. Der Nutzer benötigt also zwei (BASE, MÜLLER) oder drei (SYSTEM, BASE, MÜLLER) Chip-Karten. Die Abmeldung einer Chip-Karte und Anmeldung einer anderen ist ohne neu zu booten möglich. Entscheidend ist nun, daß beim Zugriff auf das VMS-Directory BASE und SYSTEM durch das zweite Schutzsystem des Projekts (erweiterte Authentikation) abgeprüft wird, ob die Chip-Karte BASE bzw. SYSTEM beim Nutzer im Chip-Kartenleser enthalten ist. Es wird somit eigentlich die Chip-Karte authentiziert, indem die Existenz von KEK *B* bzw. KEK *S* abgefragt wird, wenn der Nutzer für BASE bzw. SYSTEM authentiziert wird. Die Authentikation von MÜLLER, d.h. aller anderen Nutzer, ist nicht durch ein kryptologisches Protokoll erweitert. Die Chip-Karte MÜLLER enthält auch keine Nutzereinschränkungen (kann sie natürlich aus weiteren Erfordernissen heraus enthalten), sondern wird primär für den Zugangsschutz zum PC benötigt.

3.2 Funktionskontrolle - Verallgemeinerung des Schutzes

Im Zusammenhang mit gespeicherten schutzwürdigen Daten werden traditionell die Zugriffskontrolle und die Informationsflußkontrolle betrachtet [6]. Beide Ansätze beschreiben die hier vorliegende Schutzproblematik nicht ausreichend, weshalb nachfolgend eine sogenannte Funktionskontrolle definiert wird, die sich auf den Funktionsumfang von Teilsystemen verteilter Systeme bezieht. Sie sollen zwei funktionale Zustände annehmen können, Client (Aufträge erteilen) und Server (Aufträge ausführen), und zwar beliebig wechselnd und mit beliebigen Komponenten des verteilten Systems. Das Ausführen eines Zugriffs erzeugt mindestens eine Client-Server-Beziehung. Ein Teilsystem soll auch mit sich selbst in Client-Server-Beziehung treten können. Das Teilsystem mit den gespeicherten pbD sei als ausgezeichnetes Teilsystem bezeichnet. Um die im Projekt als Bedrohung eingestuften Prozesse auszuschließen, muß die Funktionalität der Clients beschränkt (kontrolliert) werden oder die Funktionalität des ausgezeichneten Teilsystems.

Folgende Forderungen werden aufgestellt und als *Funktionskontrolle* bezeichnet:

1. Ist ein Teilsystem Client des ausgezeichneten Teilsystems, so soll es nichts anderes sein, auch nicht Client seiner selbst.
2. Das ausgezeichnete Teilsystem soll niemals Client eines von ihm verschiedenen Teilsystems sein.

Schutzprozesse, die die Forderung 2 unterstützen, sind Bestandteile von VMS und werden hier nicht betrachtet. Schutzprozesse, die die Forderung 1 unterstützen, sind Prozesse, die einen Client im Zustand eingeschränkter Funktionalität authentifizieren und diesen Zustand aufrechterhalten. Das unter 3.1 dargestellte Schutzsystem bewirkt, daß der Client seine lokalen Speichermedien nicht nutzen kann, und daß er in diesem Zustand authentifiziert wird. Weitere Funktionen der Clients, wie Drucken mit lokalen Druckern, Kopieren von Dateien im Netz, bleiben von diesem Schutzsystem unberührt. Zusammenfassend muß man sagen, daß die definierte Funktionskontrolle keinesfalls im Projekt realisiert werden konnte, da sie grundlegend veränderte IT-Systeme voraussetzt. In der Begriffswelt verteilter Systeme, hier sei auf [7] verwiesen, gibt es für die Kooperation von Schutzsystemen mit anderen Funktionseinheiten des verteilten Systems noch keine verbindliche Terminologie. In [8] wird ein Schutzsystem als zentrale Einheit Control in alle Client-Server-Beziehungen integriert, mit der Zielstellung, alle Lese- und Schreibzugriffe in bestimmter Art und Weise zu kontrollieren. Eine zentrale Control-Einheit, die zur hier definierten Funktionskontrolle beiträgt, müßte zentrale Authentikationsinstanz von Client-Control-Einheiten sein, die wiederum die Funktionalität der Clients kontrollieren. Im nächsten Abschnitt werden spezielle Probleme der Integration der erweiterten Authentikation in die Login-Prozesse eines Nutzers beim Projekt-IT-System betrachtet.

4 Integration des Schutzsystems

Die wichtigsten Forderungen an die Integration der erweiterten Authentikation in das verteilte System sind:

1. Alle Login-Prozesse des Nutzers müssen mit der erweiterten Authentikation ergänzt werden (Bez.: erweiterte Login-Prozesse), soweit die Ergänzung technisch realisierbar ist. Die ursprünglichen Login-Prozesse (Bez.: einfache Login-Prozesse), insbesondere die Prozesse, die technisch nicht erweitert werden können, dürfen für den Nutzer nicht mehr zugänglich sein. Sie aus dem IT-System zu eliminieren, ist im Projektrahmen nicht möglich, da Nutzer verbleiben sollen, die nicht im geschützten Teilbereich des IT-Systems arbeiten und einfache Login-Prozesse nutzen.

2. Wird die erweiterte Authentikation für den Nutzer SYSTEM integriert, muß es einen Nutzer geben, der im Fehlerfall die erweiterte Authentikation aus dem IT-System eliminieren kann, um dem Systemmanager den Zugang zum IT-System zu ermöglichen. Dieser Nutzer (Bezeichnung: Authentikationsmanager) darf die erweiterte Authentikation nicht durchlaufen. Seine Sicherheit und in Folge auch die Sicherheit der personenbezogenen BASE-Daten beruht auf seinem abhörgefährdeten Paßwort. Das Paßwort des Authentikationsmanagers kommt allerdings sehr viel seltener zum Einsatz und ist deshalb weniger gefährdet als das BASE- oder SYSTEM-Paßwort. Man könnte

zusätzlich festlegen, daß sich der Authentikationsmanager nur über einen PC im gesicherten Raum des VAX-Clusters anmelden soll.

3. Für die Integration der erweiterten Authentikation ist eine Schnittstelle zu nutzen, die mindestens folgende Funktionalität ermöglicht:
   - Übermittlung einer vom VAX-Server erzeugten Zufallszahl an den PC-Client
   - Warten des Servers auf Antwort des PC-Clients
   - zwischenzeitliche Berechnung der Authentikationsnachricht durch den PC-Client unter Einbeziehung des geheimzuhaltenden KEK
   - Übermittlung der Authentikationsnachricht an den Sicherheits-PC und Auswertung durch den Sicherheits-PC unter Einbeziehung des KEK
   - zwangsweises Login oder Logout des PC-Clients durch den VAX-Server entsprechend der Auswertung der Authentikationsnachricht

Im Projekt wird die erweiterte Authentikation mit Hilfe einer Script-Prozessor-Sprache in dieDatei `sethost.exe` von PATHWORKS integriert. Im Rahmen dieses Artikels kann nicht auf die Realisierung eingegangen werden. Angesprochen werden soll lediglich das damit verbundene Problem, daß die Datei `sethost.exe` ohne Script-Prozessor-Ergänzung für alle Nutzer verschieden von BASE und SYSTEM nach wie vor zugänglich sein muß. Somit kann natürlich auch der Nutzer BASE bzw. SYSTEM die Datei `sethost.exe` aufrufen und den Appell ignorieren, die erweiterte Prozedur zu benutzen. Es muß also beim Login in das Directory BASE bzw. SYSTEM immer eine Prüfung erfolgen, ob die kryptologische Authentikation stattgefunden hat oder nicht, und diese Prüfung muß vom Server aktiviert werden, um nicht vom Nutzer manipuliert werden zu können. Das Problem tritt auf, weil die vorhandene Authentikation unter VMS/PATHWORKS nicht vollständig durch eine erweiterte ersetzt wird, was eine Frage der System-Software wäre, sondern die Ergänzung der Authentikation auf der Ebene der Anwendungs-Software stattfinden muß. Anders ausgedrückt, einfache und erweiterte Login-Prozesse existieren parallel und müssen vom System unterschieden werden. Als Lösung bietet sich an, die Datei `login.com` des Accounts BASE bzw. SYSTEM zu nutzen. Ein Nutzer durchläuft nach erfolgreicher Paßwortprüfung eine VMS-Kommandoprozedur oder ein anderes ausführbares Programm, wenn derartiges mit dem Qualifier LGICMD für seinen Account definiert ist und existiert. Standardname, der nicht definiert werden muß, ist `login.com`. Dabei muß folgende Tatsache beachtet werden. Ist für einen Account eine Datei `login.com` vorhanden, so wird bei einem Aufruf einer durch Script-Prozeduren erweiterten Datei `sethost.exe` nach der Paßwortprüfung die Datei `login.com` durchlaufen und danach der Login-Prozeß mit dem VMS-System-Prompt beendet, ungeachtet weiterer Script-Prozeduren, die die kryptologische Authentikation steuern. Sie werden nur dann vollständig abgearbeitet, wenn keine Datei `login.com` vorhanden ist.

Im Projekt wird deshalb die kryptologische Authentikation in den Login-Prozeß eines anderen Directories (AUTH) integriert. Ist der kryptologische Authentikationsprozeß positiv abgeschlossen, wird gesteuert durch Script-Prozeduren ein Login in das BASE- bzw. SYSTEM-Directory begonnen. Der Nutzer muß das BASE- bzw. SYSTEM-Paßwort eingeben und danach wird die Datei `login.com` des BASE- bzw. SYSTEM-Accounts durchlaufen, die die Prüfung aktiviert, ob während des Login-Prozesses in das Directory `AUTH` ein kryptologischer Authentikationsprozeß abgelaufen ist. Die Prüfung kann grundsätzlich nur die Existenz einer definierten Information A abfragen und diese Information danach löschen. Bei positiver Prüfung wird zum VMS-System-Prompt übergegangen, bei negativer Prüfung wird das VMS-Kommando `logout` ausgeführt. Wird der kryptologische Authentikationsprozeß beim Login in das Directory `AUTH` negativ beendet, wird sofort zum DOS-System-Prompt übergegangen, ohne ein Login in das Directory `BASE` bzw. `SYSTEM` zu beginnen. Tritt im kryptologischen Authentikationsprozeß ein Hard- oder Software-Fehler beim PC-Client oder beim VAX-Server auf, so muß beim gegenwärtigen Projektstand (Fehlerbehandlung noch nicht integriert) der PC des Nutzers neu „gebootet" werden.

5 Bewertung

Das Projekt ist ein Versuch, ein verteiltes System, das in bestimmter Hinsicht unsicher ist, mit einem zusätzlichen Schutzsystem zu versehen und dadurch einen geschützten Teilbereich im verteilten System zu schaffen. Dabei treten Integrationsprobleme auf, und die erreichte Sicherheit liegt unterhalb der Sicherheit eines denkbaren systemeigenen Schutzes. Die erarbeitete Lösung bietet nach unser Einschätzung jedoch ausreichenden Schutz für die personenbezogenen Daten, wobei an der Bewertung der erreichten Sicherheit noch gearbeitet wird.

6 Literatur

[1] *Gesetz zum Schutz personenbezogener Daten in der Berliner Verwaltung*, GVBl., S. 16, 1991

[2] Berliner Datenschutzbeauftragter: *Jahresbericht 1990*, Senatsdruck

[3] Bundesamt für Sicherheit in der Informationstechnik: *Sicherheit des Betriebssystems VAX/VMS*, BSI 9007, 1992

[4] Sandler, C.; Badgett, T.; Lefkowitz, L.: *VAX Security*, John Wiley & Sons, Inc., 1991

[5] Fumy, W.; Rieß, H. P.: *Kryptographie*, Oldenbourg, 1988

[6] Kersten, H.: *Einführung in die Computersicherheit*, Oldenbourg, 1991

[7] Geihs, K.: *Infrastrukturen für heterogene verteilte Systeme*, Informatik Spektrum 16, 11-23, 1993

[8] Storz, D. W.: *Regelbasierte Zugriffskontrolle in einem Client-Control-Server-Modell*, DuD Fachbeiträge 16, Proceedings der GI-Fachtagung VIS´93, Vieweg, 1993

Sicherheit in Client-Server-Architekturen

Gerhard Klett

1 Einleitung

In einer Welt, in der verteilte Anwendungen Daten oder Ergebnisse von Prozeduren verschiedener Rechner nutzen, ist der Schutz vor unberechtigtem Zugriff auf Daten und Programme besonders wichtig, da ja gerade der intensive Austausch von Informationen zwischen verschiedenen Rechnern Sinn und Zweck verteilter Systeme ist. Der Einsatz von heterogenen Rechnerkomponenten, bei deren Auswahl in erster Linie einfache Integrierbarkeit in vorhandene Strukturen bei niedrigen Systemkosten im Vordergrund stehen, gestaltet den Informationsschutz schwierig. Oft kommt noch hinzu, daß bei der Konzeption von Client-Server-Applikationen nicht an den Informationsschutz gedacht wird, aber dieser nachträglich um so stärker gefragt ist. Die nachfolgende Arbeit möchte in einem konkreten Umfeld die Probleme aufzeigen, die bezüglich Informationsschutz in einem verteilten System auftreten, und Lösungsmöglichkeiten mit ihren Realisierungen aufzeigen.

2 Client-Server-Kooperation

Gebräuchlichstes Modell für die Kooperation zwischen Software-Komponenten in verteilten Systemen ist das Client-Server-Modell. Es werden vom Server Dienste angeboten, die von Klienten in Anspruch genommen werden dürfen. Diese Rollenverteilung muß nicht statischer Natur sein; ein Server kann durchaus während der Bearbeitung eines Auftrags ein Klient eines weiteren Server werden (z.B. bei einer Abfrage verteilter Datenbanken). Weitere Kooperationsmodelle von zunehmender Relevanz sind Erzeuger-Verbraucher-Modelle mit Dienstleistungsmärkten und Gruppen-Modelle [1]. Bei dem Client-Server-Modell sind für das vom Server offerierte Dienstleistungsangebot im Server Applikationen und Daten gespeichert. In den Klienten sind die Mechanismen zur Benutzerkommunikation und Präsentation implementiert. Diese Aufteilung ermöglicht, daß viele Benutzer die Applikationen und Daten komfortabel gemeinsam gebrauchen, wobei der gemeinsame Gebrauch Probleme bezüglich der logischen Sicherheit mit sich bringt.

3 Problemfelder

Um Informationsschutz in einem Verbundsystem zu gewährleisten, sind folgende drei Problembereiche zu lösen [2]:

- Es ist sicherzustellen, daß jedes Individuum, Mensch oder Prozeß, in dem betrachteten Verbund wirklich das ist, für das es sich ausgibt (Authentisierung).
- Der Zugriff auf Informationen und Prozesse muß gezielt einzelnen Individuen oder Gruppen erlaubt oder verboten werden (Autorisierung).
- Integrität und Vertraulichkeit von Informationen müssen gegenüber aktiven und passiven Angriffen abgesichert sein, wobei zu berücksichtigen ist, daß passive Angriffe oft zur Vorbereitung aktiver Angriffe dienen.

In einer Client-Server-Architektur sind die Clients überwiegend auf preiswerten, flexiblen DOS-PCs implementiert. DOS-PCs sind offene und — im Sinne des Informationsschutzes — sehr unsichere Systeme. Die Geschäftsvorgänge, die auf verteilte Systeme abgebildet werden, beinhalten aber überwiegend die Bearbeitung und den Austausch sensibler Daten. Die Gewährleistung von Sicherheit in solcher Infrastruktur gestaltet sich zu einer komplexen und schwierigen Aufgabe.

4 Lösungsansätze

Die Open Software Foundation (OSF) hat mit der Ankündigung der Technologien ihres Distributed-Management-Environment (DME) Request for Technology

(RFT) erste Lösungsansätze für die oben aufgeführten Problembereiche vorgestellt.

4.1 Autorisierung

Für eine Autorisierung überprüft DME die Rechte eines Individuums, bestimmte Operationen mit einem Objekt auszuführen. Dafür haben sich zwei Verfahren etabliert: Befugnisscheine (Capabilities) und Zugriffslisten (ACLs, Access Control Lists) [1]. Ein Befugnisschein berechtigt seinen Besitzer zum Zugang zu einer bestimmten Ressource. Zugriffslisten hingegen bestimmen für eine Ressource, wer Zugang zu ihr haben darf. Beide Verfahren werden in verteilten Systemen verwendet, teilweise auch in koexistenter Form. Die dazu benötigten Informationen sind als Rolleninformationen in den ACLs in einem sogenannten Secure-Server gespeichert. Individuen sind bestimmte Rollen zugeordnet, deren Einhaltung jeweils bei einem Zugriff auf ein Objekt vom Secure-Server überprüft wird.

4.2 Authentifizierung

Beim Zugriff auf eine geschützte Ressource verlangen fast alle Betriebssysteme vom Benutzer, daß er seine Identität unter Beweis stellt. Dies erfolgt meist durch die Eingabe eines geheimen Paßworts. Hier handelt es sich um eine einseitige Authentisierung. Die Identität der Ressource wird stillschweigend als gegeben angenommen. Bei einer Kooperationsbeziehung in einem verteilten System müssen aber alle Kooperationspartner ihre Identität unter Beweis stellen. Eine Möglichkeit sind die auf dem Kerberos-Dienst des MIT basierenden Authentifizierungsfunktionen des Distributed-Computing-Environment (DCE) / Remote-Procedure-Call (RPC) [3].

4.3 Integrität

Für die Wahrung von Integrität und Vertraulichkeit werden überwiegend symmetrische Verschlüsselungen und Manipulationserkennungsverfahren auf der Basis von Prüfsummenbildung oder digitalen Unterschriften verwendet. Unabhängig von den verwendeten kryptographischen Verfahren tritt hier die Frage der Schlüsselverwaltung auf. Die Schlüssel müssen erzeugt, überprüft, sicher verteilt, sicher gespeichert und zu Dokumentationszwecken archiviert werden. Die Verwaltung wird in verteilten, heterogenen Systemen insbesondere dadurch erschwert, daß bei den im Verbund vorhandenen Rechnern sehr individuelle Risiken und unterschiedliche Sicherheitsgarantien vorhanden sein können.

4.4 Security-Server

Alle drei oben aufgeführten Dienste beruhen im wesentlichen auf asymmetrischen und symmetrischen Verschlüsselungsverfahren und sind gemäß DCE in Form mehrerer Threads im Security-Server realisiert.

Der Security-Server stellt folgende Dienste bereit:

- Registry-Service: Verwaltung der Datenbasis zur Registrierung aller Individuen, Gruppen und Accounts eines Subnetzes
- Authentification-Service: Authentisierungsdienst eines Subnetzes, basierend auf dem Ticket-Mechanismus im Kerberos-Protokoll; geheime Schlüssel werden in der Datenbasis des Registry-Service verwaltet
- Privilege-Service: Zertifizierungsinstanz des Security-Service; eine von allen am Verbund partizipierenden Individuen für vertrauensvoll gehaltene Autorität, die Zertifikate (im wesentlichen Schlüsselpaare) erzeugt und zuordnet

Als Benutzer dieser Sicherheitsdienste haben Client-Server-Prozesse über verschiedene Programmierschnittstellen (APIs) Zugang zu den jeweiligen Diensten, die über RPC-Schnittstellen implementiert sind.

5 Reales Umfeld

Basistechnologische Merkmale von Client-Server-Systemen sind:

- Relationale Datenbanken
- graphische Benutzeroberflächen
- ganzheitliche Informationsmodellierung.

Das Systemumfeld für Client-Server-Applikationen ist oft sehr ausgedehnt und umfaßt weit verbreitete Hardware-Komponenten, Betriebssysteme, Datenbanken und Dialogkomponenten. Im System selbst sind als Informationsschutzkomponenten meist nur die Verwaltung von Benutzerprofilen im Rahmen eines Berechtigungskonzeptes implementiert. Authentisierung erfolgt über Paßwörter. Daten werden zwischen Client und Server überwiegend im Klartext übertragen; eventuell wird eine Datenkompression vorgenommen. Die Datenhaltung in einer relationalen Datenbank im Server erfolgt bei bekannten Systemen wie SAP R/3 unverschlüsselt [4]. Die Datenbanken sind auf Betriebssystemebene frei zugänglich, d.h. für eine Instanz (Person oder Prozeß), die diese Privilegien auf Betriebssystemebene besitzt, sind alle Eintragungen in den Datenbanktabellen lesbar. Wir wollen nun für jedes vorgehend aufgelistete Problemfeld mögliche Schutzmechanismen beschreiben.

5.1 Authentisierung

Die Authentisierung in den Berechtigungskonzepten erfolgt fast ausschließlich über einfache Paßwörter. Prinzipiell kann lokal bei Client- und Server-System durch Einrichten von verfeinerten Authentisierungsmechanismen auf Betriebssystemebene die Sicherheit gegen unberechtigten Zugang erhöht werden. Schwierig und von der jeweilig verwendeten Hardware/Betriebssystem-Kombination abhängig ist die Einrichtung eines „Single Sign On", d.h. eine einmalige Authentisierung am System, die bis zur Applikation durchgereicht wird.

5.2 Autorisierung

Das Berechtigungskonzept in Client-Server-Systemen ist meist ein hierarchisches Benutzerprofil zur Steuerung des Zugriffs auf Objekte. Jedem Benutzer werden ein oder mehrere hierarchisch gegliederte Profile für Objekte zugeordnet. Objekte können Datenfelder oder bestimmte Transaktionen, z.B. zum Ausdruck, zur Kommunikation etc., sein. Die Berechtigungsprofile sind in einer Art ACL abgelegt, die in der verwendeten Terminologie oft Benutzerstammsätze heißen [5].

5.3 Vertraulichkeit

Wie bereits zuvor erwähnt, werden Daten in Client-Server-Applikationen im Klartext kommuniziert und in Datenbanktabellen im Server abgelegt. Zur Erhöhung der Sicherheit gegenüber der Verletzung der Vertraulichkeit gibt es mehrere Möglichkeiten, die Übertragung zu verschlüsseln:

- Leitungsverschlüsselung mit Hardware-Komponenten („Kryptobox"): Zwischen Server und einem Client müssen zwei Verschlüsselungsgeräte in die Leitung eingeschleift werden.

  Nachteil: sehr teuer und komplex durch die hohe Heterogenität des Umfelds

- Verschlüsselung der Information auf Applikationsebene, z.B. durch eine entsprechende Terminal-Emulation

  Nachteil: meist keine APIs von den Herstellern für diesen Zweck verfügbar

- Verschlüsselung auf Protokollebene: Die meisten Hersteller von Client-Server-Systemen verwenden proprietäre Protokolle mit RPC (Remote Procedure Calls) als logische Kommunikationsschnittstelle zwischen Client und Server. Sofern entsprechende RPCs zur Verschlüsselung von den Herstellern zur Verfügung gestellt werden, hat man hier eine effiziente Möglichkeit, die Daten in der Vermittlungsschicht der Protokolle zu verschlüsseln.

  Nachteil: komplexe Programmierung erforderlich

- Verschlüsselung auf Socket-Ebene bei UNIX-basierten Servern: In UNIX-Systemen können Filter für die I/O-Streams eingerichtet werden, die während der Übertragung die Daten zu Ver- und Entschlüsselungsprozessen umleiten.

  Nachteil: komplexe Programmierung erforderlich; von UNIX-Version abhängig

6 Zusammenfassung

Zur Erhöhung der Sicherheit gegenüber Informationskorruption in Client-Server-Architekturen gibt es seit einiger Zeit Vorschläge zu Basistechnologien. Diese sind jedoch nicht vollständig in kommerziellen Systemen mit Client-Server-Architektur enthalten. Prinzipiell sind Ergänzungen zur Erhöhung der Informationssicherheit machbar; der Aufwand richtet sich im Einzelfall hauptsächlich nach der Art der verwendeten Hardware und Betriebssysteme bei Client und Server.

7 Literatur

[1] K. Geihs: *Infrastrukturen für heterogene verteilte Systeme*, Informatik-Spektrum, 1993, Vol. 16., S. 11-23

[2] W. Schneider: *Kommunikationssicherheit in offenen Netzen*, GMD, Bonn, 1991

[3] J. G. Steiner, C. Neumann, J. I. Schiller: Kerberos: *Authentication Service for Open Network Systems*, USENIX, Dallas Texas, 1988

[4] *R/3-Systemarchitektur*: SAP-Seminarunterlagen, Walldorf 1992

[5] *SAP-Berechtigungskonzept*: SAP-Seminarunterlagen, Walldorf 1992

Sicherheit durch Netzwerktrennung

Fritz Bauspieß, Patrick Horster und Steffen Stempel

Zusammenfassung

Am Beispiel der Protokollfamilie TCP/IP wird kurz die Modularisierung von Netzwerksystemen vorgestellt. Ausgehend von typischen Angriffen wird die Unterteilung von kleinen Netzwerken motiviert und ein Verfahren beschrieben, mit dem ein kleines begrenztes Netzwerk mit einem minimalen Verlust an Funktionalität und Performance gegen Angriffe aus einem angeschlossenen weltweiten Netz geschützt werden kann.

1 Einleitung

Heutige Rechnerinstallationen kommen kaum noch ohne Vernetzung der einzelnen, teilweise recht unterschiedlichen Systeme zum Zwecke des Datenaustausches aus. Ein wesentliches Einteilungskriterium der bei der Rechnerkopplung entstehenden *Netzwerke* ist deren räumliche Ausdehnung:

- **LANs** (local area networks) umfassen ein Labor, ein Gebäude oder eine kleine Universität.
- **MANs** (metropolitan area networks) vernetzen eine große Universität oder Firma oder die Verwaltung einer ganzen Stadt.
- **WANs** (wide area networks) durchziehen ganze Länder oder sogar die ganze Welt.

Ein System kann gleichzeitig an ein LAN und ein WAN angeschlossen sein[1]. Über das LAN werden in der Regel lokale Dienste wie Drucken, File-Service, institutsinterne E-Mail usw. angeboten. Über das WAN (oder MAN) werden globa-

[1] Dies bedeutet nicht unbedingt, daß das System zwei Netzwerkanschlüsse besitzt, sondern daß es Daten sowohl in das LAN als auch in das WAN schicken kann.

le Dienste wie weltweite E-Mail, Network-News, File-Zugriff auf Archivrechner, Datenbankzugriffe etc. abgewickelt.

Durch den Anschluß an ein WAN wird das System allerdings auch leichter angreifbar: Ist ein System nicht vernetzt oder nur an ein sehr begrenztes LAN angeschlossen, so genügt es, den Zugang zu den Terminals, den Workstations und dem Netzwerk selbst physikalisch zu sichern und damit auf autorisierte Personen zu beschränken. Bei Anschluß an ein WAN hingegen werden Angriffe aus der ganzen Welt möglich. Einige sehr eindrucksvolle Beispiele für Angriffe über ein WAN sind in [1] beschrieben.

Diese Arbeit stellt zunächst in kurzer Form die Protokollfamilie *TCP/IP* unter UNIX sowie einige ihrer Schwachpunkte vor. In einem weiteren Abschnitt wird die topologische Unterteilung eines kleinen LANs motiviert und ein Verfahren vorgestellt, mit dem ein kleines begrenztes LAN mit einem minimalen Verlust an Funktionalität und Performance gegen Angriffe aus einem angeschlossenen WAN geschützt werden kann.

2 Problemstellung

In heutigen Rechnersystemen existiert sowohl ein Bedarf für lokale Kopplung (Druck- und File-Service, Booten von plattenlosen Maschinen über das Netz), als auch für den Anschluß an WANs (weltweite E-Mail, Abfrage von Datenbanken oder Programmarchiven usw.).

Bei einem vertrauenswürdigen und überschaubaren Anwenderkreis (z.B. die Mitarbeiter eines kleinen Instituts) kann man davon ausgehen, daß sich die Benutzer gegenüber dem System fair verhalten und keine Angriffe auf das System durchführen. Ist außerdem der Zugriff auf die Rechner (sowohl direkt auf die Hardware als auch indirekt über ein eventuell vorhandenes Netz) begrenzt, kann man darüber hinaus von einer *vertrauenswürdigen Umgebung* ausgehen, in der nur autorisierte Benutzer Zugriff auf das System bekommen. Schutzmaßnahmen müssen lediglich gegen Bedienfehler, nicht aber gegen böswillige Attacken ergriffen werden.

Fazit: Sind die Rechner eines Systems mit „disziplinierten“ Benutzern in abgeschlossenen Räumlichkeiten untergebracht und auch nicht über ein Netzwerk erreichbar, so sind zunächst keine weiteren Sicherheitsmaßnahmen erforderlich.

Für die Bereitstellung bestimmter Funktionalitäten, wie E-Mail, File-Archivzugriffe, u.ä. ist allerdings ein Anschluß an ein WAN unumgänglich. Dann läßt sich die Systemumgebung in zwei Teile zerlegen:

1. den *inneren* Teil, der aus dem lokalen Netz und dem loyalen Anwenderkreis besteht. Aus diesem Teil sind *keine* Angriffe zu erwarten.
2. dem nach *außen sichtbaren* Teil, der aus den Maschinen besteht, die Dienste des WAN benutzen oder im WAN anbieten. Diese Maschinen sind über das WAN angreifbar.

Es muß nun ein Verfahren gefunden werden, welches die Dienste vom *äußeren* ins *innere* Netz (und auch in umgekehrter Richtung) durchläßt, dabei aber die externen Angriffsmöglichkeiten minimiert. Zum besseren Verständnis wird zunächst ein kurzer Überblick über die Modellierung und Realisierung heutiger Kommunikationsprotokolle gegeben.

3 Die Internet-Protokoll-Familie

Ein weit verbreitetes Kommunikationsprotokoll ist das *Internet-Protokoll* [3]. Für fast alle Rechnerfamilien existieren Implementierungen dieser Protokollfamilie. Im UNIX-Sektor sind sie der Standard für die Kommunikation zwischen den einzelnen Systemen.

Im folgenden wird nun am Beispiel eines BSD-basierten[2] UNIX-Systems der Aufbau eines realen Netzwerksystems unter Berücksichtigung des ISO-Referenz-Modells [2] aufgezeigt. Die Zuordnung zwischen den einzelnen ISO-Schichten und den verwendeten Protokollen entstammt [5].

3.1 Aufbau der Internet-Protokoll-Familie

Die Internet-Protokoll-Familie besteht aus den folgenden Schichten:

1. Bit-Übertragungsschicht: Ethernet [4]
2. Bit-Sicherungsschicht: Ethernet-Pakete werden zwischen Hosts auf dem gleichen Ethernet ausgetauscht. Die Adressierung erfolgt mit Ethernet-

[2] BSD = Berkeley Software Distribution

Adressen. Besondere Zieladressen erlauben das Senden von Paketen an alle angeschlossenen Systeme (Broadcast). Die Ethernet-Adresse wird auch als Netzwerkadresse bezeichnet.

3. Vermittlungsschicht: Internet-Protokoll. Austausch von Paketen zwischen Hosts auch unterschiedlicher Netzwerke. Die Adressierung erfolgt durch Internet-Adressen. Diese werden auch Protokolladressen genannt.
4. Transportschicht: TCP (Transmission Control Protocol, [6]) und UDP (User Datagram Protocol, [7]). Das verbindungsorientierte TCP stellt kommunizierenden Prozessen eine sichere virtuelle Verbindung zur Verfügung. Das paketorientierte UDP transportiert Daten ohne Quittung. Beide Protokolle benutzten zur Adressierung Internet-Adressen (für den Host) und Port-Nummern (für den gewünschten Prozeß bzw. Dienst).
5. Kommunikationssteuerung: RPC (Remote Procedure Call, [9]); ein Protokoll zum abgesetzten Prozedur-Aufruf
6. Darstellungsschicht: XDR (External-Data-Representation-Protokoll, [10])
7. Anwendungsschicht: Hier sind verschiedene Dienste wie beispielsweise NFS, FTP oder Telnet angesiedelt.

3.2 Das Address Resolution Protocol

Das *Address Resolution Protocol* [8] stellt den Zusammenhang zwischen den Protokoll- bzw. Internet- und den Netzwerk- bzw. Ethernet-Adressen her.

Wenn in Host A Schicht 3 eine Verbindung zur Schicht 3 in Host B aufbauen soll, so „kennt“ sie zunächst nur die Protokolladresse von Host B. Um aber über Schicht 2 eine Verbindung aufbauen zu können, wird auch die Schicht-2-Adresse, die Netzwerkadresse, benötigt.

Host A erzeugt daher ein *ARP-Request-Packet*, welches über die Broadcast-Adresse des Netzwerkprotokolls an alle angeschlossenen Systeme geschickt wird. Damit wird Host B mitgeteilt, daß Host A seine Netzwerkadresse sucht. Host B schickt nun an die im ARP-Request-Packet angegebene Netzwerkadresse eine *ARP-Response*, welche seine Netzwerkadresse enthält. Damit verfügen beide Hosts über die Netzwerkadresse des anderen und eine „normale“ Kommunikation über Schicht 2 kann beginnen.

Die zu einer Protokolladresse gefundene Netzwerkadresse wird für eine gewisse Zeit in einer Tabelle gespeichert. Erfolgt längere Zeit mit dem entsprechenden Host keine Kommunikation, wird dieser Eintrag wieder gelöscht, was zum erneuten Ablauf des Address-Resolution-Protokolls beim nächsten Kommunikationsversuch zwischen A und B führt.

3.3 Identifikation eines Kommunikationspartners

Bei einigen Diensten (z.B. FTP) ist der Diensterbringer auf Schicht 7 für die Identifikation der Anrufer verantwortlich. Bei anderen Diensten (z.B. NFS) wird der anrufende Host über seine Protokolladresse identifiziert.

Diese Art der „Identifikation" ist jedoch mehr als fragwürdig. Ein Systemadministrator kann die Protokoll- und die Netzwerkadresse seines Systems mit einem einzigen Dienstprogrammaufruf umstellen. Auf vernetzten Mikrorechnern (z.B. PCs unter MS-DOS) existieren derartige Möglichkeiten ebenfalls. Hinzu kommt, daß diese Systeme durch ihr Betriebssystem nicht vor unbefugtem Zugriff geschützt sind, so daß jeder, der Zugriff auf den PC selbst hat, das Netzwerksystem modifizieren kann.

Weitere Sicherheitsprobleme entstehen durch die strikte Trennung von Netzwerk- und Protokolladressen im ISO-Modell[3]:

Die strikte Trennung von Netzwerk- und Protokolladresse erlaubt das Austauschen der unteren Schichten. So ermöglicht z.B. *SLIP* (Serial Line Internet Protocol) die TCP/IP-Kommunikation über eine serielle RS232-Schnittstelle anstatt über Ethernet.

Die Schicht 3 (IP) interessiert sich aber nicht im mindesten dafür, ob die Protokolladresse eines angekommenen Paketes zu der Netzwerkadresse paßt. Ein Beispiel: Host C nimmt die Protokolladresse (nicht aber die Netzwerkadresse) von Host A an und kommuniziert mit Host B. Host B merkt von der Täuschung nichts, da die Netzwerkadressen von Schicht 2 bei der Weitergabe der Paketdaten an Schicht 3 „weggeworfen" werden. Diese Trennung der Schichten geht sogar so weit, daß sich Host C der Broadcast-Netzwerkadresse (jener, unter der sich alle Hosts angesprochen fühlen müssen) bedienen kann, ohne daß Host B irgend

---

3 Diese Sicherheitsmängel führen jetzt noch nicht zu gänzlich neuen Bedrohungen, werden aber später von Interesse sein.

etwas merkt: Schicht 2 in Host B erkennt die Broadcast-Adresse, nimmt das Paket entgegen, entfernt alle Schicht-2-Informationen (insbesondere die Broadcast-Adresse) und übergibt das Paket an Schicht 3. Dort ist dann nur noch die korrekte Protokolladresse interessant!

Ähnliche Probleme existieren beim Address-Resolution-Protokoll: Eine neue ARP-Response zu einer noch in der Tabelle eingetragenen Protokolladresse führt zum Umsetzen der Netzwerkadresse!

Versucht ein angreifender Host bei einer ARP-Response seine eigene Netzwerkadresse anzugeben, so fällt dies jedoch auf, da dann zwei ARP-Responses mit unterschiedlicher Netzwerkadresse gesendet werden. Im ARP-Modul von SunOS wird dann die Netzwerkadresse gespeichert, die zuletzt empfangen wurde.

4 Aufteilung der Systeme nach Sicherheitsaspekten

Wie in der Einleitung beschrieben, existieren Systeme, die mit anderen Rechnern außerhalb der lokalen Umgebung direkt kommunizieren müssen (z.B. für FTP, E-Mail, Network News). Andere Rechner benötigen keine Dienste von *außen* oder können die Systeme, die mit der Außenwelt kommunizieren dürfen, mitbenutzen.

Geht man nun, wie in Kapitel 2 kurz angerissen, von einer vertrauenswürdigen lokalen Umgebung aus, können die lokalen Systeme in zwei Klassen eingeteilt werden:

- Rechner, die nur Zugriff auf das LAN und seine lokalen Dienste benötigen. Sie benötigen keine Verbindung in das WAN und brauchen vom WAN aus nicht erreichbar zu sein. Sind diese Systeme von außen nicht erreichbar, so bedürfen sie keiner weiteren Absicherung.
- Rechner, die sowohl mit anderen Rechnern im LAN als auch im WAN kommunizieren. Diese Systeme bedürfen des besonderen Schutzes, da sie Verbindungen in das WAN aufbauen und aus dem WAN heraus erreichbar sind.

Theoretisch ist ein Schutz des gesamten lokalen Systems möglich. Beim Aktivieren von Schutzmaßnahmen kommt es jedoch meist zur Abschaltung gewisser

Funktionalitäten, was zu einer Behinderung der lokalen Benutzer führt, gegen die man sich ja nicht schützen wollte.

Fast uneingeschränkte Funktionalität erhält man aber, wenn man nur diejenigen Systeme schützt, die Dienste des WAN in Anspruch nehmen müssen und die restlichen Systeme vom WAN trennt und ungeschützt läßt.

Um dies zu erreichen, könnte man jeder Maschine, die Verbindung in das WAN aufbauen soll, einen zweiten Netzwerkanschluß spendieren und somit das *innere* und das *äußere* Netz physikalisch voneinander trennen. Dieses Verfahren ist jedoch aus drei Gründen unpraktikabel:

1. Systeme, die aufgrund ihrer Architektur über das Netz nicht angreifbar sind[4], benötigen trotzdem zwei Netzwerkanschlüsse.
2. Bei vielen Systemen wird das Nachrüsten eines zweiten Netzwerkadapters technisch schwierig, wenn nicht gar unmöglich sein.
3. Auch wenn zwei Netzwerkanschlüsse technisch möglich sind, wird von den meisten Betriebssystemen ein automatisches Umschalten zwischen zwei Netzwerkadaptern im laufenden Betrieb nicht unterstützt.

Eine andere Möglichkeit ist die *logische* Abtrennung der Systeme vom WAN. Hierbei wird nur ein *physikalisches* Netzwerk verwendet. Die Kommunikation mit dem WAN wird aber von einem Transitsystem (*Brücke*) geregelt, welches einzelnen Systemen die Kommunikation mit dem WAN ermöglicht, die anderen aber vom WAN abschottet. Abb. 4 zeigt den prinzipiellen Aufbau des Netzwerks bei Verwendung einer Brücke.

4.1 Funktionen einer Schicht-2-Brücke

Bei einer Brücke handelt es sich um eine Netzwerkkomponente, welche an zwei Teilnetze (im folgenden mit *A* und *B* bezeichnet) angekoppelt wird. Ein Transport von Paketen zwischen den beiden Teilnetzen ist möglich — dieser wird von internen Tabellen der Brücke gesteuert.

Bei den programmierbaren Brücken wird die Entscheidung, ob ein Paket transportiert werden soll, über einfache logische Ausdrücke gesteuert. Die Terme

---

[4] Beispielsweise stellt ein PC unter MS-DOS in der Regel keine Dienste zur Verfügung, die unbemerkt vom Anwender erbracht werden.

eines solchen Ausdrucks sind Tabellenoperationen. Dabei wird überprüft, ob die Ethernet-Quelladresse oder Zieladresse des zu untersuchenden Paketes in einer bestimmten Tabelle eingetragen ist. Für die beiden Transportrichtungen ($A \rightarrow B$ und $B \rightarrow A$) können getrennte logische Ausdrücke und somit auch getrennte Tabellen benutzt werden.

Die Initialisierung der Tabellen kann auf zwei Arten erfolgen:

1. Der Administrator initialisiert die Tabellen *manuell*, er trägt die benötigten Adressen von Hand ein.
2. Die Brücke *lernt* eine Tabelle im Betrieb. Dabei werden z.B. die Quelladressen aller Pakete, die auf dem Netzwerkanschluß *A* empfangen werden, in der Tabelle `TAB_A` gespeichert. `TAB_A` lernt somit im Betrieb nach und nach die Adressen aller Maschinen, die an Teilnetz *A* angeschlossen sind.

4.2 Beispiel: Brücke zur Lasttrennung

Die Konfiguration der Lasttrennungsbrücke:

- Es existieren zwei Tabellen `TAB_A` und `TAB_B`. `TAB_A` lernt die Adressen aller Rechner, die an Teilnetz *A* angeschlossen sind, `TAB_B` die Adressen der an Teilnetz *B* angeschlossenen Rechner.
- Beim Empfang eines Pakets trägt die Brücke die Quelladresse in der zu dem Teilnetz gehörenden Tabelle ein und aus der anderen aus, falls dort vorhanden („Umlernen“ einer Adresse). Dies ist notwendig, weil Systeme umziehen können.
- Broadcast-Pakete werden grundsätzlich in beide Richtungen transportiert.
- Die Brücke transportiert von *A* nach *B*, wenn die Zieladresse des Paketes **nicht** in `TAB_A` enthalten ist, der adressierte Host sich also nicht in Teilnetz *A* befindet.
- Die Brücke transportiert von *B* nach *A*, wenn die Zieladresse des Pakets **nicht** in `TAB_B` enthalten ist, der adressierte Host sich also nicht in Teilnetz *B* befindet.

Die beiden Transportbedingungen sind „negativ“ formuliert, damit ein Paket an ein System, dessen Position in den beiden Teilnetzwerken noch nicht bekannt ist, auf jeden Fall transportiert wird.

In den folgenden Abbildungen wird das Transportverhalten der oben beschriebenen Brücke gezeigt. Dabei wurden folgende Vereinfachungen und Bezeichnungskonventionen benutzt:

- Host-Namen bestehen aus einem Buchstaben.
- Im Text werden Host-Namen mit dem Namen des Teilnetzes indiziert, an welches der Host aus der Sicht der Brücke angeschlossen ist.
- Als „Netzwerkadresse" wird nur ein Byte benutzt. `FF` bezeichnet die Netzwerk-Broadcast-Adresse. In einem „Paket" gibt das erste Byte die Ziel- und das zweite die Quelladresse an.
- Der Datenbereich des Pakets wird nur angedeutet.
- Typ- und Prüfsummenteile des Pakets werden nicht dargestellt. Ein Paket besteht also nur aus der Ziel- und Quelladresse und dem angedeuteten Datenbereich.

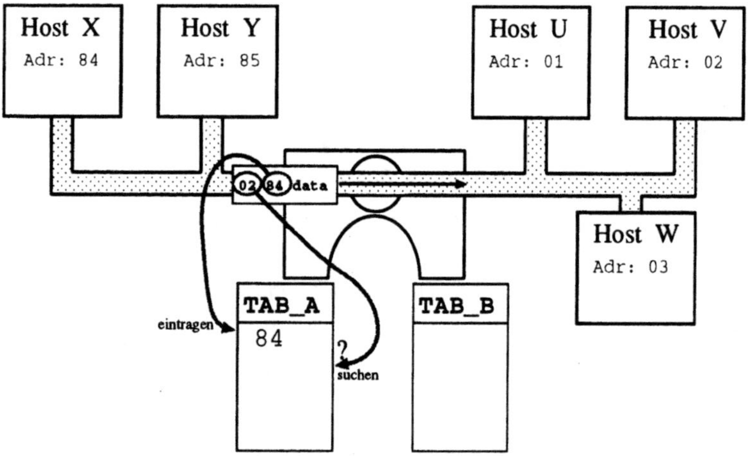

Abb. 1: Lasttrennungs-Brücke beim „Lernen"

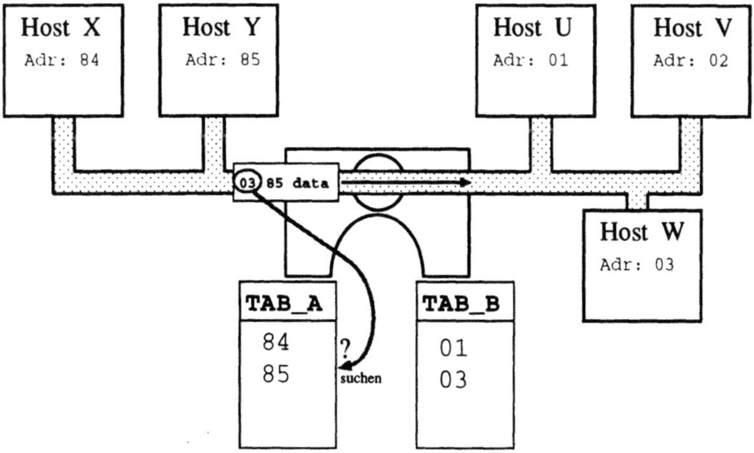

Abb. 2: Lasttrennungs-Brücke im „Durchlaßbetrieb"

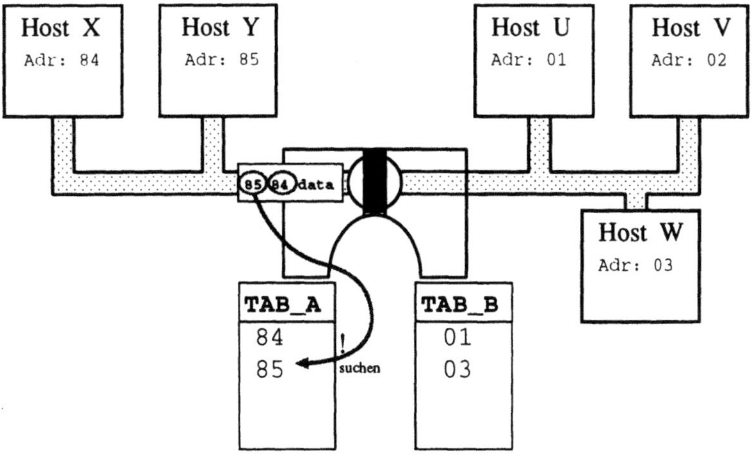

Abb. 3: Lasttrennungs-Brücke im „Sperrbetrieb"

Abb. 1 zeigt das Lernverhalten der Lasttrennungsbrücke. Die beiden Tabellen der Brücke, in die alle bekannten Adressen der beiden Teilnetze eingetragen werden, sind noch leer. Host X_A sendet an Host V_B. Die Brücke vermerkt die Netzwerkadresse von Host X_A (`84`) in `TAB_A`. Da die Netzwerkadresse von Host V_B (`02`) nicht in `TAB_A` gefunden wird, läßt die Brücke das Paket passieren. Das in

Abb. 2 dargestellte Durchlaßverhalten bei schon gelernter Adresse unterscheidet sich davon nur unwesentlich.

Anders reagiert die Brücke, wenn Host X_A ein Paket an Host Y_A, also an ein System im selben Teilnetz, schickt (vgl. Abb. 3). Die Netzwerkadresse von Host Y_A (85) ist in TAB_A eingetragen. Die Brücke weiß somit, daß sich Host Y_A ebenfalls in Teilnetz A befindet. Ein Transport des Pakets findet nicht statt.

Die Brücke transportiert also nur Pakete, deren Quell- und Zieladressen sich nicht im selben Teilnetz befinden. Ist die Zieladresse eines Pakets in keiner der beiden Tabellen eingetragen, so wird das Paket ebenfalls transportiert.

4.3 Erhöhung der Netzwerksicherheit mit einer Schicht-2-Brücke

Abb. 4 zeigt die Trennung eines LANs von einem WAN mit Hilfe einer Brücke.

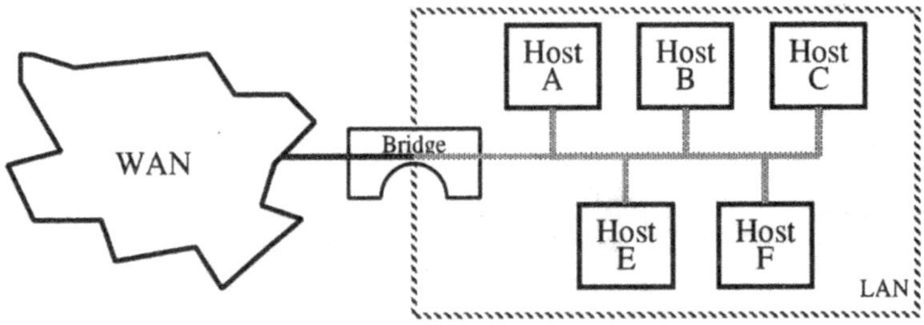

Abb. 4: LAN/WAN-Trennung mit einer Brücke

In den folgenden Betrachtungen werden einige Konfigurationen der Brücke diskutiert und Angriffe darauf erläutert. Dabei bezeichnet *Teilnetz A* bzw. *Innen* das LAN, welches die Systeme der vertrauenswürdigen Umgebung miteinander verbindet und *Teilnetz B* bzw. *Außen* das WAN, also das Teilnetz, aus dem allein nach der in Kapitel 2 vorgenommenen Modellierung Angriffe zu erwarten sind.

Außerdem wird die Brücke selbst als unangreifbar angesehen. Das soll bedeuten, daß ihre Konfiguration nur durch direkten physikalischen Zugriff auf sie geändert werden kann. Da die Brücke sich sinnvollerweise in der vertrauenswürdigen Umgebung befindet, scheidet dieser Angriff aus.

4.3.1 Sicherheit durch Lasttrennung

Die Brücke wird, wie in Kapitel 4.2 dargestellt, konfiguriert. Da der Datenverkehr durch die Brücke im Innern lokal gehalten wird, ist ein Abhören der innerhalb eines Teilnetzes ausgetauschten Datenpakete nicht direkt möglich. Allerdings kann zu **jedem** System im Innern eine Verbindung aufgebaut werden.

Zusätzlicher **Angriff:** Aus Teilnetz *B* werden der Brücke fortlaufend Pakete mit der Absenderadresse einer Maschine U_A aus Teilnetz *A* geschickt. Die Brücke trägt diese Maschine von Teilnetz *A* nach Teilnetz *B* um. Ab sofort passieren alle Pakete an U_A die Brücke, da diese U_A in Teilnetz *B* vermutet. Sendet U_A selbst, lernt die Brücke die Position wieder neu, bis das nächste Paket mit Absenderadresse U_A in Teilnetz *B* auftaucht.

4.3.2 Sicherheit durch defensive Lasttrennung

Um den obigen Angriff abzuwehren, wird die Strategie der Brücke zum Umlernen von Adressen geändert:

- Es existieren zwei Tabellen `TAB_IN` und `TAB_OUT`. `TAB_IN` lernt alle Rechner, die *innen* angeschlossen sind, `TAB_OUT` die im *äußeren* Netzwerk[5].
- Beim Empfang eines Pakets trägt die Brücke die Quelladresse in der zu dem Teilnetz gehörenden Tabelle ein. Ein Austragen aus der anderen Tabelle erfolgt nicht.
- Broadcast-Pakete werden grundsätzlich in beide Richtungen transportiert.
- Die Brücke transportiert von *innen* nach *außen*, wenn die Zieladresse des Pakets **nicht** in `TAB_IN` enthalten ist, der adressierte Host sich also nicht in Teilnetz *A* befindet.
- Die Brücke transportiert von *außen* nach *innen*, wenn die Zieladresse des Pakets **nicht** in `TAB_OUT` enthalten ist, der adressierte Host sich also nicht in Teilnetz *B* befindet.

Der in Kapitel 4.3 beschriebene Angriff schlägt nun fehl. Zieht ein Host vom einen Teilnetz in das andere um, so müssen die Adressen manuell korrigiert werden.

[5] Diese beiden Tabellen entsprechen `TAB_A` und `TAB_B` aus Kapitel 4.2.

Angriffe: Nach wie vor sind alle Hosts im *Innern* von *außen* erreichbar.

4.3.3 LAN/WAN-Entkopplung mit Restriktionstabelle

Um den Zugriff von *außen* auf bestimmte Hosts im *Innern* einzuschränken, wird nun eine weitere Tabelle `TAB_OK` eingeführt, die die Adressen der Hosts im *Innern* enthält, die Verbindungen von *außen* entgegennehmen und Verbindungen nach *außen* aufbauen dürfen.

Die Konfiguration der Brücke hat folgenden Aufbau:

- Es existieren zwei Tabellen `TAB_IN` und `TAB_OUT`. `TAB_IN` lernt alle Rechner, die *innen* angeschlossen sind, `TAB_OUT` die im *äußeren* Netz.
- Die Tabelle `TAB_OK` gibt die Netzwerkadressen der Systeme im Teilnetz A (*innen*) an, die Verbindungen nach *außen* aufbauen dürfen. Diese Tabelle wird statisch eingerichtet.
- Ein Paket wird von B (*außen*) nach A (*innen*) transportiert, wenn es an eine Maschine gerichtet ist, deren Adresse in `TAB_OK` eingetragen ist und das Paket von einer Maschine kommt, die sich nicht in Teilnetz A befindet, also nicht in `TAB_IN` eingetragen ist. Diese zweite Bedingung verhindert Maskeraden, d.h. das Vorspiegeln einer internen Netzwerkadresse durch eine externe Maschine.
- Ein Paket wird von A nach B transportiert, wenn es von einer Maschine stammt, der Kommunikation mit außen erlaubt ist, deren Adresse also in `TAB_OK` steht. Der Adressat dieses Paketes muß in Tabelle `TAB_OUT`[6] und darf nicht in `TAB_IN` eingetragen sein. Dies bedeutet, daß sich der Adressat in Teilnetz B befinden muß und nicht in Teilnetz A sein darf.
- Broadcasts werden in beide Richtungen transportiert.

Angriff: Eine Maschine U_B in Teilnetz B (*außen*) kann ein Paket an eine Maschine V_A in Teilnetz A, die nicht zur Kommunikation mit Teilnetz B zugelassen ist, senden, wenn sie als Netzwerkadresse die Broadcast-Adresse und als Protokolladresse die Adresse der Maschine V_A angibt (vgl. Kapitel 3.3). Verwendet Host U_B als Absenderadresse auch die Broadcast-Adresse (und läßt er diese über entsprechende ARP-Pakete in Host V_A bekannt werden), so ist eine Kommunika-

6 Diese Bedingung ist nicht unbedingt erforderlich, stellt aber noch einen zusätzlichen Schutz dar.

tion zwischen Host U_B und Host V_A möglich, das Sicherheitssystem ist unterwandert.

4.3.4 LAN/WAN-Entkopplung ohne Broadcasts

Der obige Angriff kann verhindert werden, wenn der Transport von Broadcasts durch die Brücke eingeschränkt wird:

- Die Tabellen `TAB_IN`, `TAB_OUT` und `TAB_OK` werden unverändert übernommen.
- Die Transportbedingungen für Nicht-Broadcast-Pakete bleiben ebenfalls erhalten.
- Broadcasts von *außen* nach *innen* werden nicht transportiert.
- Broadcasts von *innen* nach *außen* werden transportiert, wenn sie von einer Maschine stammen, die zur Kommunikation mit Teilnetz B zugelassen ist, deren Adresse sich also in `TAB_OK` befindet.

Einschränkung: Da keine Broadcasts von *außen* nach *innen* transportiert werden, kann ein Host in Teilnetz B keine ARP-Requests (vgl. Kapitel 3.2) in das Teilnetz A schicken und somit auch keine Verbindung aufbauen.

Als Abhilfe können ARP-Responses von einer *außen* stehenden Maschine für die in Teilnetz A plazierten und zur Kommunikation mit Teilnetz B zugelassenen Systeme erzeugt werden.

Angriff: Diese Konfiguration erlaubt keine direkten von *außen* kommenden Angriffe auf Systeme in Teilnetz A, die nicht zur Kommunikation mit Teilnetz B zugelassen sind, da an diese Systeme gerichtete Pakete sowie alle Broadcast-Pakete von der Brücke nicht durchgelassen werden.

5 Schutz der von *außen* erreichbaren Systeme

Die in Kapitel 4.3.4 vorgestellte Konfiguration der Trennbrücke erlaubt es, beim Schutz der Systeme in Teilnetz A alle diejenigen, die nicht zur Kommunikation mit Teilnetz B zugelassen sind, außer acht zu lassen.

Abschließend stellt sich also nur noch das Problem, wie die von *außen* erreichbaren Systeme gegen Angriffe von *außen* abgeschottet werden können. Dabei können Systeme, deren Netzwerksystem keine Dienste anbietet, sondern nur die Inanspruchnahme von Diensten ermöglicht (hierunter fallen z.B. PCs mit TCP/IP-Software), ebenfalls außer acht gelassen werden.

Einige Stichpunkte für die Verbesserung der Sicherheit der von *außen* erreichbaren Systeme sind:

- Aktivierung aller Schutzmaßnahmen, die das Betriebssystem bietet. Dies ist auf den Systemen im *Innern* ohne Verbindung nach *außen* nicht notwendig, da von einer vertrauenswürdigen Umgebung ausgegangen werden kann.
- Abschalten aller nicht benötigten Netzwerkdienste. Man könnte die Netzwerkdienste auf E-Mail und Network-News beschränken, also Login, NFS, Remote Job Execution usw. abschalten. Damit wird die Maschine für Benutzer im *Innern* zwar weniger interessant, von außen aber auch schwerer angreifbar.
- Topologische Authentifikation der Rechner in Teilnetz A: Hosts aus Teilnetz A wird voller Zugriff gewährt (vgl. Kapitel 5.1).
- Einsatz kryptographischer Maßnahmen (vgl. Kapitel 5.2)

Die letzten beiden Punkte werden im folgenden etwas ausführlicher betrachtet.

5.1 Topologische Authentifikation

Durch Modifikation oder Erweiterung der Netzwerk-Software wird eine Kontrolle von Netzwerk- und Protokolladresse erreicht. Pakete, die zu einer gegebenen Protokolladresse eine unpassende Netzwerkadresse aufweisen, werden nicht bearbeitet.

Die in Kapitel 4.3.4 beschriebene Brückenkonfiguration macht es einem Angreifer aus Teilnetz B unmöglich, einem Host U_A in Teilnetz A, dem die Kommunikation mit Teilnetz B gestattet ist, ein Paket mit der Netzwerkadresse eines Hosts V_A aus Teilnetz A zu senden. Empfängt also Host U_A ein Paket mit der Netzwerkadresse eines Hosts V_A, so kann er sicher sein, es tatsächlich mit einem Host aus Teilnetz A zu tun zu haben. Auf Grund der Annahme, daß es sich bei Teilnetz A um eine vertrauenswürdige Umgebung handelt, kann Host U_A Host V_A vollen Zugriff gewähren.

Da diese Identifikation von V_A auf Grund seiner Position im Gesamtnetzwerk und mit Hilfe der Trennung durch die Brücke erfolgt, kann man von einer *Topologischen Authentifikation* sprechen. Diese ist nur durch Manipulation an der Brücke oder der Netzwerk-Software in Host U_A zu umgehen.

Die Vorteile der *Topologischen Authentifikation* gegenüber kryptographischen Maßnahmen sind:

- geringer Implementationsaufwand, da nur an einer Stelle des Netzwerksystems eine Änderung eingebracht werden muß
- Unabhängigkeit von kryptographischen Verfahren (deren Stärken und Schwächen eventuell nicht gänzlich erforscht sind)
- Kein organisatorischer Aufwand z.B. für Schlüsselverteilung und Schlüsselverwaltung
- Keine Beanspruchung von Systemressourcen, z.B. für das Verschlüsseln aller über das Netzwerk geschickten Pakete

5.2 Kryptographische Maßnahmen

Eine andere Möglichkeit des Schutzes eines Hosts U_A, der mit Teilnetz B kommunizieren darf, ist der Einsatz von Authentifikationsprotokollen. So wäre es z.B. auf Schicht 7 denkbar, den anrufenden Benutzer mit einem geeigneten Verfahren[7] zu authentifizieren und erst dann den Zugriff zu gewähren.

Auf Schicht 4 könnte eine Authentifikation des anrufenden Hosts erfolgen.

Erste Ansätze zur Einbringung von Sicherheitsmaßnahmen in die Netzwerk-Software (außer auf der Anwendungsschicht) wurden von Sun Microsystems mit SunOS 4.0 vorgestellt. In SunOS 4.0 wurde die *Sitzungsschicht* (RPC) so erweitert, daß nach Einrichten durch den Systemmanager eine Authentifikation des Anrufers mit verteilten Schlüsseln erfolgt. Hierdurch ist eine Sicherung aller auf RPC basierenden Dienste (im wesentlichen NFS) möglich. Mehr zu *Secure RPC* findet sich in [11].

Der Einsatz kryptographischer Maßnahmen bedeutet jedoch einen sehr hohen Implementationsaufwand. So müssen einzelne Schichten der Netzwerk-Software erweitert oder neu geschrieben werden. Auch ist eine Einbuße in der Systemlei-

7 Authentifikation mit RSA, El-Gamal, verteilten DES-Schlüsseln o.ä.

stung zu erwarten, wenn ein Teil der Netzwerkkommunikation verschlüsselt erfolgen soll.

6 Schlußfolgerung

Wie sich im Laufe der Ausführungen gezeigt hat, reichen technische Maßnahmen aus, eine vertrauenswürdige lokale Umgebung wirkungsvoll gegen Angriffe aus einem angeschlossenen WAN abzusichern, ohne die lokalen Benutzer zu sehr zu behindern.

Das oben beschriebene Verfahren ist seit 1989 im E.I.S.S. (Europäisches Institut für Systemsicherheit) installiert und arbeitet bisher einwandfrei.

Literatur

[1] Clifford Stoll: *Das Kuckucksei*, S. Fischer Verlag GmbH, 1989

[2] Norm DIN/ISO 7498, *Kommunikation offener Systeme - Basis Referenzmodell*, November 1983

[3] Postel, J. (ed.): *Internet Protocol - DARPA Internet Program Protocol Specification*, RFC 701, USC/Information Sciences Institute, September 1981

[4] D-I-X: *Ethernet — A Local Area Network, Data Link Layer and Physical Layer Specification*, Digital, Intel and Xerox, November 1982

[5] Sun Microsystems: *System- and Networkadministration*, Handbuch zu SunOS 4.0

[6] Postel, J. (ed.): *Transmission Control Protocol - DARPA Internet Program Protocol Specification*, RFC 701, USC/Information Sciences Institute, September 1981

[7] Postel, J.: *User Datagram Protocol*, RFC 768, Network Information Center, August 1980

[8] Plummer, David S.: *An Ethernet Address Resolution Protocol*, RFC 826, MIT, November 1982

[9] Sun Microsystems: *RPC: Remote Procedure Call Protocol Specification, Version 2*, RFC 1057

[10] Sun Microsystems: XDR: External Data Representation Standard, RFC 1014

[11] Sun Microsystems: *Security Features Guide* Handbuch zu SunOS 4.0

Ein Sicherheitskonzept für verteilte Systeme

Patrick Horster

Zusammenfassung

Bei der Übertragung, Speicherung und Abfrage von Daten treten immer häufiger Forderungen nach Datensicherheit in den Vordergrund. Neben Vertraulichkeit und Integrität der Daten muß dabei zumeist auch gewährleistet werden, daß Ursprung und Empfänger der Daten authentisch sind. Berücksichtigt man außerdem die Forderung nach einem Sendenachweis (Einschreiben), einem Empfangsnachweis (Einschreiben mit Rückschein) und einer Möglichkeit zur Delegation von Rechten, so kann dies von elementaren Sicherheitsmechanismen bereits nicht mehr erfüllt werden. Am Modell einer „vertraulichen und authentischen Dokumentenverwaltung" in einem Verbundprojekt wird ein Konzept zur Realisierung der angeführten Forderungen vorgestellt.

1 Einleitung

Ein Verbundprojekt ist ein Projekt, das unter Beteiligung verschiedener (autonomer) Institutionen, den sogenannten Projektpartnern, realisiert wird. Am Beispiel der zentralen Dokumentenverwaltung (Archiv) eines Verbundprojektes werden Sicherheitsanforderungen identifiziert und Sicherheitsmechanismen festgelegt. Hierbei sollen nicht die (unbedingt erforderlichen) organisatorischen Details, sondern die sicherheitsrelevanten Aspekte im Vordergrund stehen. Dabei wird davon ausgegangen, daß die Projektpartner lokal vernetzt sind und über geeignete Netzanschlüsse verfügen, über die sie miteinander kommunizieren können.

Die Mitarbeiter der jeweiligen Projektpartner werden im folgenden als Benutzer bezeichnet. Jeder Projektpartner kann zwei ausgezeichnete Rollen vergeben. Dies sind die Rollen Projektleiter und Sicherheitsadministrator, die auch von einem Benutzer gleichzeitig wahrgenommen werden können. Da dieser Administrator bestimmte Rechte wahrnehmen kann, ist es erforderlich, daß er das lokale Vertrauen der Benutzer besitzt.

Des weiteren ist die Rolle des Projektkoordinators (Leiter des Gesamtprojekts) festgelegt, der im Bedarfsfall in Verbindung mit einer gewissen Anzahl von Projektleitern Sonderrechte wahrnehmen kann. Dies kann beispielsweise dann der Fall sein, wenn ein Projektpartner vom Projekt ausgeschlossen werden soll. Die zentrale Datenhaltung soll sich (in unserem Beispiel) bei dem Projektpartner befinden, der den Projektkoordinator stellt.

Die zentrale Datenhaltung soll dazu dienen, die im Rahmen des Verbundprojekts anfallenden Dokumente zu verwalten. Dabei soll einerseits garantiert werden, daß die gespeicherten Daten authentisch sind, also dem Urheber zweifelsfrei zugeordnet werden können, und andererseits soll gewährleistet werden, daß Benutzer nur auf solche Daten Zugriff haben, für die sie autorisiert sind. Diese Forderungen verlangen insbesondere die Möglichkeit einer vertraulichen und authentischen Kommunikation. Berücksichtigt man darüber hinaus die Forderung nach einem Sendenachweis, einem Empfangsnachweis und einer Möglichkeit, Rechte zu delegieren, so kann dies von elementaren Sicherheitsmechanismen bereits nicht mehr erfüllt werden.

2 Prinzipielle Vorgehensweise

Im folgenden wird zunächst die prinzipielle Vorgehensweise beschrieben. Dabei wollen wir davon ausgehen, daß die Projektpartner kryptographische Basismechanismen festgelegt haben. Einen Überblick über solche Basismechanismen findet man beispielsweise in [11, 9, 10].

Zur Ver-/Entschlüsselung wird ein symmetrisches Kryptosystem (z.B. der Data-Encryption-Standard — DES) verwendet. Bezeichnet m einen Klartext, k einen Schlüssel und E die Verschlüsselung, so ergibt sich der zugehörige Schlüsseltext $c = E(m, k)$. Durch Anwendung der Entschlüsselungsfunktion D kann der Klartext $m = D(c, k)$ wiedergewonnen werden. Des weiteren kommen zwei kryptographische Hash-Funktionen und ein Verfahren zur Realisierung digitaler Unterschriften zur Anwendung.

Bei den Hash-Funktionen handelt es sich um einen Manipulation-Detection-Code (MDC) und um einen Message-Authentication-Code (MAC). Solche systemweit bekannten Hash-Funktionen bilden eine Eingabe beliebiger Länge auf einen Funktionswert fester Länge (z.B. 128 Bit) ab. Eine wesentliche Eigenschaft dieser Hash-Funktionen ist die sogenannte starke Kollisionsresistenz, die besagt, daß es praktisch unmöglich ist, zwei unterschiedliche Eingaben zu bestimmen, für die die Funktionswerte gleich sind.

Beim Message-Authentication-Code ist im Gegensatz zum Manipulation-Detection-Code die verwendete Funktion von einem geheimen Schlüssel k abhängig, der nur den jeweils beteiligten Partnern bekannt ist. Ist m eine Eingabe, so wird der entsprechende Hash-Wert mit $H(m)$ bzw. $H(m, k)$ bezeichnet. Einen Überblick über Hash-Funktionen in der Praxis der Datensicherung findet man beispielsweise in [1].

Bei einer digitalen Unterschrift wird gewährleistet, daß eine gesendete Nachricht m tatsächlich von einem Benutzer A stammt. In der Regel wird hierzu der Hash-Wert $H(m)$ gebildet und anschließend mittels eines lediglich dem Benutzer A bekannten geheimen Parameters unterschrieben. Diese Signatur wollen wir mit $S_A(m)$ bezeichnen. Mittels der systemweit bekannten öffentlichen Parameter ist jeder autorisierte Benutzer in der Lage, zu verifizieren, ob die Signatur $S_A(m)$ zur Nachricht m gehört und somit von Benutzer A stammt.

Zur Realisierung des Sicherheitskonzepts werden neben den skizzierten kryptographischen Basismechanismen die folgenden Komponenten benötigt:

Off-Line-Zertifizierungsinstanz zur Erstellung von Benutzerzertifikaten:

> Bei der Registrierung erhalten die beteiligten Instanzen (Benutzer, Hardware- und Software-Komponenten) von dieser Zertifizierungsinstanz ein mit einer digitalen Unterschrift versehenes Zertifikat (beispielsweise in Form einer Chip-Karte). Die Registrierung eines Benutzers geschieht interaktiv zwischen der Zertifizierungsinstanz und dem Benutzer. Die ausgegebenen Zertifikate sind fälschungssicher, können von den beteiligten Instanzen verifiziert werden und bilden die Sicherheitsgrundlage des Gesamtsystems.

On-Line-Security-Server zur Verwaltung von Benutzerzertifikaten:

> Die Hauptaufgabe des Servers besteht darin, die mit den Zertifikaten verbundenen Privilegien und Beschränkungen zu überprüfen, zu verwalten sowie als Datenbasis für den Referenz-Monitor zu dienen. Insbesondere werden sogenannte weiße und schwarze Listen für Autorisierungen und explizite Verbote geführt.

Protokolle zur (anhaltenden) gegenseitigen Authentifikation:

Um anhaltende authentische Kommunikationen zu gewährleisten, werden zwischen jeweils zwei Kommunikationspartnern mittels der Zertifikate authentische Schlüssel vereinbart und beispielsweise zur Verschlüsselung der ausgetauschten Daten verwendet. Ist die Vertraulichkeit nicht erforderlich bzw. nicht gewünscht, so kann auch ein geeigneter Message-Authentication-Code angehängt werden.

Referenz-Monitor und Auditing:

In Verbindung mit dem On-Line-Server sorgt der Referenz-Monitor dafür, daß nur autorisierte Benutzer mit einem gültigen Zertifikat auf die jeweils vorgesehenen Objekte zugreifen können. Alle sicherheits- und alle beweisrelevanten Daten werden für eine spätere Auswertung in einem Audit-File abgelegt.

Zugriffskontrolle für authentische Eingaben:

Jede Eingabe besteht aus einem Dokument, der zugehörigen digitalen Unterschrift und einem Aktualitätsnachweis, wodurch die Echtheit des Dokuments nachgewiesen werden kann. Die Eingabe wird nur dann erlaubt, wenn der Referenz-Monitor dies zuläßt. Die gespeicherten Dokumente werden mit einer Unterschrift des On-Line-Security-Servers versehen, die Unterschrift des Urhebers wird mit einem entsprechenden Verweis im Audit-File abgelegt.

Zugriffskontrolle für authentische Ausgaben:

Läßt der Referenz-Monitor eine Ausgabe an einen (autorisierten) Benutzer zu, so werden das Dokument, die zugehörige Unterschrift des On-Line-Security-Servers und ein Aktualitätsnachweis ausgegeben. Hierdurch ist einerseits die Echtheit des Dokuments und andererseits die Anonymität des Urhebers der Daten garantiert. Durch Auswertung des Audit-File kann im Bedarfsfall durch Verifikation der „Originalunterschrift" die Urheberschaft der Daten zweifelsfrei geklärt werden.

Notariat für Sende- und Empfangsnachweis:

Soll sichergestellt werden, daß ein Benutzer lediglich dann Daten erhält bzw. sendet, wenn dies dem Benutzer „quittiert" wird, so ist die Existenz einer vertrauenswürdigen Notariatsinstanz erforderlich. Im vorgestellten

Beispiel soll davon ausgegangen werden, daß dieses Notariat ein Bestandteil des Security-Servers ist, das als autonome Instanz mit eigener Identität auftritt. Gegenüber dem Referenz-Monitor besitzt das Notariat keine besonderen Rechte. Es wird wie der jeweils aktive Benutzer behandelt. In der Regel erfordert ein solches Notariat natürlich besondere Sicherheitsmaßnahmen, auf die hier nicht weiter eingegangen werden soll.

Wird von einem autorisierten Benutzer ein Dokument angefordert, so wird dies vom Notariat verschlüsselt an den Benutzer übertragen. Fordert der Benutzer den zugehörigen Schlüssel beim Notariat an, so gilt dies als Nachweis dafür, daß er das Dokument empfangen hat.

Wird ein Sendenachweis gewünscht, so sendet der autorisierte Benutzer das Dokument an das Notariat, und das Notariat bestätigt den Empfang. Mit den jeweils übertragenen Zusatzinformationen sind die beteiligten Instanzen im Streitfall in der Lage, einen zweifelsfreien Sende- bzw. Empfangsnachweis zu führen.

Delegation von Benutzerrechten:

Um zu unterstützen, daß ein Benutzer sein Zertifikat nicht unkontrolliert an nicht autorisierte Personen weitergibt, wurde ein Verfahren zur Delegation von Benutzerrechten entwickelt. Hierbei kann jeder Benutzer Zertifikate für weitere Benutzer ausstellen. Bedingt durch die verwendete Struktur sind wiederum die beteiligten Instanzen in der Lage, die Echtheit dieser „Unterzertifikate" zu überprüfen.

3 Vertrauliche und authentische Kommunikation

Betrachtet man verteilte Systeme, so kann die Forderung nach vertraulicher und authentischer Kommunikation relativ leicht erfüllt werden. Auf der Basis des diskreten Logarithmusproblems werden Protokolle zum Austausch authentischer Schlüssel in Kommunikationssystemen vorgestellt. Werden solche authentischen Schlüssel bei einer chiffrierten Kommunikationssitzung verwendet, so kann infolge der untrennbaren Verknüpfung von Authentifikation und Schlüsselaustausch die Aufrechterhaltung einer authentischen und zugleich vertraulichen Verbindung sichergestellt werden. Die vorgestellten Verfahren erlauben es außerdem, verifizierbare digitale Unterschriften zu realisieren.

Eine der bedeutendsten Einwegfunktionen der Kryptologie basiert auf dem „diskreten Logarithmusproblem“ im endlichen Körper $GF(p)$. Sind eine große Primzahl p und eine Primitivwurzel α modulo p gegeben, so ist es zwar für alle x relativ leicht, den Wert $y := \alpha^x$ zu berechnen, bei Kenntnis von y, α und p ist es jedoch i.a. unmöglich, den zugehörigen Wert x zu ermitteln.

Das Diffie-Hellman-Verfahren nutzt diese Einwegeigenschaft, um zwischen jeweils zwei Benutzern auf einem öffentlichen Kanal Schlüssel zu vereinbaren. Jeder Benutzer i wählt eine geheime Zufallszahl x_i und veröffentlicht den Wert $y_i := \alpha^{x_i}$, wobei die Parameter p und α allen Benutzern bekannt sind. Benutzer A und B können nun einen gemeinsamen Schlüssel $k = y_A^{x_B} = y_B^{x_A}$ generieren. Sind die öffentlichen Werte y_i nicht nachweisbar authentisch, so kann sich unter Umständen ein „Benutzer“ C gegenüber A als B und/oder gegenüber B als A ausgeben — die gewünschte Kommunikationssicherheit kann dann nicht gewährleistet werden.

Die Parameter des Diffie-Hellman-Verfahrens werden beim Verfahren von El-Gamal genutzt, um ein System zur Erzeugung digitaler Unterschriften zu realisieren. Ist m ein zu signierendes Datum (gesendet von A nach B), so wählt A eine geeignete Zufallszahl k und berechnet $r := \alpha^k$. Hierdurch ist A in der Lage, die Kongruenz $m \equiv x_A \cdot r + k \cdot s \pmod{p-1}$ eindeutig zu lösen, womit $\alpha^m = \alpha^{x_A \cdot r} \cdot \alpha^{k \cdot s}$ gilt. Das so ermittelte Paar $u = (r, s)$ stellt eine Unterschrift von m bezüglich α dar. Sind m, r und s gegeben, so kann der Empfänger B die Unterschrift u leicht auf Korrektheit überprüfen, denn es muß $\alpha^m = y_A^r \cdot r^s$ gelten.

Das auf dem diskreten Logarithmusproblem basierende Sicherheitskonzept geht davon aus, daß für eine Authentifikation (Verifikation einer Identität) bereits authentische Daten vorhanden sind — Vertrauen kann nur übertragen, nicht aber erzeugt werden. Hierzu ist eine vertrauenswürdige Zertifizierungsinstanz erforderlich, die das in sie gesetzte Vertrauen weitergeben kann. Als authentische Basisdaten sind lediglich geheime Daten dieser Instanz notwendig.

Die Zertifizierungsinstanz ist lediglich für die Ausgabe von Benutzerzertifikaten zuständig. Die eigentliche Authentifikation von Kommunikationspartnern kann nach einer geeigneten Initialisierung bzw. Registrierung unabhängig von der Zertifizierungsinstanz erfolgen. Die ausgegebenen Zertifikate enthalten eine nur von der Zertifizierungsinstanz berechenbare Signatur von Benutzermerkmalen. Lediglich die Besitzer einer so unterschriebenen Merkmalsliste können mittels geeigneter Protokolle eine funktionsfähige authentische Kommunikationsverbindung aufbauen.

Als Basisparameter dienen eine große Primzahl p und eine Primitivwurzel α modulo p. Die Zertifizierungsinstanz wählt eine Zufallszahl X und berechnet $Y := \alpha^X$. Die Parameter p, α und Y werden allen Benutzern bekanntgegeben, den Wert X hält die Zertifizierungsinstanz geheim.

Die Registrierung eines Benutzers i geschieht interaktiv zwischen der Zertifizierungsinstanz und dem Benutzer. Hierbei wird zunächst eine (codierte) Merkmalsliste m_i (z.B. Name, Geburtsdatum, Anschrift, Optionen, Verfallsdatum) festgelegt.

Die Zertifizierungsinstanz wählt ein geheimes k_i und berechnet zu $r_i := \alpha^{k_i}$ ein eindeutig bestimmtes s_i derart, daß die Kongruenz $X \cdot r_i + s_i \cdot k_i \equiv m_i \pmod{p-1}$ erfüllt ist. Die Parameter m_i, r_i und s_i werden dem Benutzer in einer geeigneten Form (z.B. Chip-Karte) ausgehändigt und bilden das Benutzerzertifikat. Der Wert k_i wird nicht weiter benötigt, er muß aber vernichtet bzw. geheimgehalten werden. Das Paar (r_i, s_i) stellt eine El-Gamal-Unterschrift der Merkmalsliste m_i dar. Hierbei ist insbesondere darauf zu achten, daß der Parameter s_i vom jeweiligen Benutzer geheimgehalten werden kann. Werden die Parameter in eine Chip-Karte gespeichert, so kann diese Anforderung erfüllt werden.

Bei der Authentifikation eines Benutzers A gegenüber einem Benutzer B wird nun folgendermaßen verfahren: A teilt B seine Parameter m_A und r_A mit. B wählt eine zufällige Zahl z_B und sendet den Wert $v_B := r_A^{z_B}$ an A. Hierdurch sind beide Benutzer in der Lage, den (Schlüssel-)Wert K_A zu berechnen. A berechnet $K_A := v_B^{s_A}$, und B berechnet $K_A = \left(\alpha^{m_A} \cdot Y^{-r_A}\right)^{z_B}$

Beide Benutzer verfügen nun über einen gemeinsamen Schlüssel K_A. Wird dieser Schlüssel beim Chiffrieren verwendet, dann erfolgt die Überprüfung der Authentifikation dadurch, daß sich A und B „verstehen". Hiermit hat sich aber lediglich A gegenüber B authentifiziert; zur gegenseitigen Authentifikation muß das Protokoll nochmals mit vertauschten Rollen durchgeführt werden.

Die Authentifikation der Kommunikationspartner A und B geschieht dadurch, daß die Authentizität der (Schlüssel-)Werte K_A und K_B sichergestellt wird, d.h. sowohl A als auch B besitzen nachweislich die Werte K_A und K_B. Einigen sich A und B auf ein geeignetes Verschlüsselungssystem, so kann dies durch die verschlüsselte Übertragung von Zufallszahlen überprüft werden.

Wurden die Benutzer erfolgreich identifiziert, so können ihre authentischen Schlüssel für eine verschlüsselte authentische Kommunikationssitzung genutzt werden. Der Benutzer *A* verschlüsselt seine Daten mittels des Schlüssels K_A, der Benutzer *B* verwendet den Schlüssel K_B. Einigen sich die Benutzer auf eine geeignete Funktion *f*, so kann auch ein gemeinsamer Schlüssel $k_{AB} := f(K_A, K_B)$ benutzt werden.

Jeder registrierte Benutzer ist mit Hilfe seines Benutzerzertifikats (*m*, *r* und *s*) auch in der Lage, ein beliebiges Dokument mit einer El-Gamal-Unterschrift zu versehen. Der Empfänger einer solchen Unterschrift kann verifizieren, daß die Unterschrift von der Benutzeridentifikation abgeleitet wurde und somit authentisch ist. Um ein Datum *D* (z.B. den Hash-Wert einer Nachricht) zu unterschreiben, wählt der Benutzer ein geeignetes *K*, berechnet den Wert $R := r^K$ und löst die Kongruenz $D \equiv s \cdot R + K \cdot S \pmod{p-1}$. Das Paar *U*=(*R*, *S*) ist die zu *D* gehörende Unterschrift. Zur Verifikation wird überprüft, ob $r^D = (\alpha^m \cdot Y^{-r})^R \cdot R^S$ gilt.

Mit den vorgestellten Verfahren lassen sich baumartige Hierarchien realisieren. Dabei werden sogenannte Delegierungsinstanzen eingerichtet, die von der Zertifizierungsinstanz wie Benutzer behandelt werden, ihrerseits aber auch (eingeschränkte) Benutzerzertifikate vergeben können. Hierzu verwendet der zur Delegierungsinstanz werdende Benutzer anstelle von (α, Y, X) das Tripel (r, r^s, s), wobei *r* (infolge der Wahl des Parameters *k*) ebenfalls eine Primitivwurzel modulo *p* ist.

Zur Authentifikation eines Benutzers sind dann allerdings neben dem Parameter *Y* der Zertifizierungsinstanz auch die öffentlichen Parameter sämtlicher Delegierungsinstanzen erforderlich, die zwischen dem Benutzer und der Zertifizierungsinstanz liegen. Vertrauen muß aber lediglich der Authentizität von *Y* entgegengebracht werden.

Komponenten und Design-Prinzipien für Authentifikationsdienste bzw. Authentifikationsmechanismen werden in [5, 3, 8] ausführlich dargestellt. Weitere Informationen, Literaturhinweise und Erweiterungen zu den hier vorgestellten Verfahren zum Austausch authentischer Schlüssel findet man in [6, 7].

4 Komponenten des Sicherheitskonzepts

Ausgehend von der Basisinitialisierung der Zertifizierungsinstanz und des Security-Servers wird die prinzipielle Vorgehensweise im folgenden detaillierter betrachtet.

Zunächst erhalten die ausgezeichneten Benutzer (der Projektkoordinator, die Projektleiter und die Sicherheitsadministratoren) ihre Benutzerzertifikate, in denen insbesondere ihre Rollen und die damit verbundenen Rechte registriert sind. Diese ausgezeichneten Benutzer legen anschließend Basisparameter für die am Projekt beteiligten Benutzer fest. Mit diesen Informationen ist die Zertifizierungsinstanz in der Lage Benutzerzertifikate auszustellen. Außerdem werden je ein Zertifikat für den Security-Server und das Notariat vergeben, wodurch eine systemweite eindeutige Identifizierung dieser Instanzen möglich ist.

Die Projektleiter initialisieren gemeinsam mit den Sicherheitsadministratoren den On-Line-Security-Server. Dies kann beispielsweise mit einem Verfahren zur verteilten Kontrolle (Shared Control Scheme) geschehen (vgl. [10]). Die jeweiligen Mitarbeiter werden als Benutzer mit ihren Zuständigkeitsbereichen, Basisrechten und expliziten Verboten angemeldet. Insbesondere wird festgelegt, wer Dokumente in das Archiv eintragen darf. Außerdem werden weitere Rollen wie beispielsweise Gruppenzugehörigkeiten festgelegt. Lediglich der Sicherheitsadministrator (bzw. ein autorisiertes Gremium) ist in der Lage, diese benutzerbezogenen Einträge zu verändern bzw. zu aktualisieren.

Mittels der ausgegebenen Zertifikate sind die Benutzer in der Lage, sich gegenseitig zu authentifizieren und einen authentischen Schlüssel auszutauschen. Dieser Schlüssel kann beispielsweise dazu genutzt werden, eine Kommunikationssitzung authentisch durchzuführen. Hierzu können die anfallenden Daten entweder mit dem Schlüssel verschlüsselt oder mit einem von dem Schlüssel abhängigen MAC (Message Authentication Code) versehen werden. Da bei jeder Authentifikation neue Schlüssel vereinbart werden, kann somit auch die Aktualität der übertragenen Daten garantiert werden. Hierdurch können insbesondere Replay-Attacken erkannt werden.

Einträge in das Archiv

Einträge in das Archiv erfolgen grundsätzlich über den Security-Server. Will ein Benutzer A einen Eintrag m vornehmen, so erfolgt zunächst eine gegenseitige Authentifikation, bei der Benutzer und Server einen authentischen Schlüssel k_{AS} vereinbaren. Ist der Benutzer nicht schreibberechtigt, so wird die Kommunikation mit einer entsprechenden Meldung abgebrochen. Andernfalls kann der Benutzer festlegen, ob die zu übertragenen Daten öffentlich oder vertraulich sind.

Sind die Daten öffentlich, so sendet er das Tripel $(m, S_A(m), H(m, k_{AS}))$ an den Security-Server. Der Hash-Wert $H(m, k_{AS})$ sichert die Aktualität und die Signatur $S_A(m)$ die Authentizität des Dokuments m. Da das Dokument öffentlich ist, kann jeder autorisierte (leseberechtigte) Benutzer das Dokument lesen.

Sind die Daten vertraulich, so sendet er das Tupel $(E(m, k_{AS}), S_A(m))$. Der Server kann das Dokument m durch Dechiffrieren wiedergewinnen $(m = D(E(m, k_{AS}), k_{AS}))$ und verifizieren, ob $S_A(m)$ die zugehörige Unterschrift ist. Ist dies der Fall, so ist das Dokument aktuell und authentisch. In diesem Fall muß der Benutzer dem Server außerdem mitteilen, wer auf das Dokument lesend zugreifen darf. Dies geschieht in Form einer unterschriebenen Zugriffsliste Z, die evtl. ebenfalls verschlüsselt übertragen werden muß. Dieses kann beispielsweise in der Form $(E(Z, k_{AS}), S_A(Z))$ geschehen, womit die Aktualität und die Authentizität der Zugriffsliste gewährleistet werden kann.

Ist die Kommunikation abgeschlossen, so wird das Dokument m, die Unterschrift $S_A(m)$, Datum und Uhrzeit sowie eine vom Security-Server erstellte Signatur $S_S(m)$ archiviert. Dokumente sind erst dann gültig, wenn sie in das Archiv eingetragen sind. Außerdem werden das Inhaltsverzeichnis des Archivs und die Wissensbasis des Referenz-Monitors aktualisiert. Mittels der Unterschrift $S_S(m)$ kann die Authentizität des Dokuments m unter Wahrung der Anonymität des Eintragenden garantiert werden.

Lesezugriffe auf das Archiv

Lesezugriffe erfolgen ebenfalls grundsätzlich über den Security-Server bzw. den damit verbundenen Referenz-Monitor. Zunächst findet zwischen einem Benutzer B und dem Server wieder eine gegenseitige Authentifikation mit Vereinbarung eines authentischen Schlüssels K_{BS} statt.

Wird ein Inhaltsverzeichnis verlangt, so werden lediglich solche Dokumente angezeigt, die auch gelesen werden dürfen. Um Aktualität, Authentizität und gegebenenfalls auch Vertraulichkeit des Inhaltsverzeichnisses I zu garantieren, erfolgt die Übertragung grundsätzlich in verschlüsselter Form $(E(I,k_{BS}),S_S(I))$. Darf kein Inhaltsverzeichnis ausgegeben werden, so wird die Kommunikation mit einer entsprechenden Meldung abgebrochen.

Soll ein Dokument m ausgegeben werden, so wird die Berechtigung vom Referenz-Monitor geprüft. Ist der Benutzer nicht leseberechtigt, so wird er abgewiesen. Ist das Dokument öffentlich, so sendet der Security-Server das Tripel $(m,S_S(m),H(m,k_{BS}))$, andernfalls wird das Tupel $(E(m,k_{BS}),S_S(m))$ gesendet. In beiden Fällen kann sich der Benutzer B von der Aktualität und der Authentizität des Dokuments überzeugen. Soll die Anonymität keine Rolle spielen, so kann an Stelle von $S_S(m)$ auch die Originalunterschrift des Eintragenden mitgesendet werden.

Sendenachweis

Wünscht der Benutzer A für das Eintragen eines Dokuments m einen Sendenachweis, so veranlaßt er den Eintrag über ein Notariat mit eindeutiger Identifikation, das hier Bestandteil des Security-Servers ist, aber eine eigene Instanz darstellt, die keine eigenen Rechte besitzt. Der Benutzer A und das Notariat authentifizieren sich gegenseitig und vereinbaren dabei einen authentischen Schlüssel k_{AN}. Ist der Benutzer A schreibberechtigt, so sendet er $c = E(m,k_{AN})$, $S_A(m)$ sowie die zugehörige Zugriffsliste Z (in geeigneter Form) an das Notariat. Das Notariat kann überprüfen, ob die übertragenen Daten aktuell und authentisch sind. Ist dies der Fall, so veranlaßt das Notariat, den Eintrag entsprechend den Rechten bzw. Anforderungen des Benutzers durchzuführen, außerdem wird dem Benutzer A quittiert, daß das verschlüsselte Dokument c erhalten wurde. Mit dieser Quittung ist A in der Lage zu beweisen, daß er das Dokument tatsächlich gesendet hat.

Empfangsnachweis

Ist ein Empfangsnachweis erforderlich, so ist wiederum die Notariatsinstanz involviert. Wünscht der Benutzer B ein Dokument m, so wird zunächst bei der gegenseitigen Authentifikation mit dem Notariat ein authentischer Schlüssel k_{BN} vereinbart. Ist der Benutzer B leseberechtigt, so wählt das Notariat einen Zufallsschlüssel k und sendet das Tripel $(c = E(m,k),S_N(c),H(c,k_{BN}))$ an den Benutzer B. Der Benutzer kann somit die Aktualität und die Authentizität des empfangenen

Chiffrats c verifizieren. Da er dem Notariat vertraut, kann er davon ausgehen, daß es sich bei dem übertragenen Chiffrat c um das verschlüsselte Dokument m handelt. Fordert der Benutzer B beim Notariat den Schlüssel k an, so gilt dies als Empfangsnachweis. Das Notariat sendet anschließend den Schlüssel $k' = E(k, k_{BN})$ an B, wodurch garantiert ist, daß lediglich B den Schlüssel $k = D(k', k_{BN})$ und somit $m = D(c, k)$ ermitteln kann.

Delegation von Rechten

Sollen von einem autorisierten Benutzer A Rechte an einen Benutzer C delegiert werden, so stellt er für den Benutzer C ein Unterzertifikat aus (vgl. Kapitel 3). Die eingetragenen Rechte können dabei natürlich die Rechte des Benutzers A nicht übersteigen. Infolge der Struktur der Authentifikationsprotokolle kann der Security-Server bzw. das Notariat (in Verbindung mit dem Referenz-Monitor) überprüfen, ob eine korrekte Delegation vorliegt. Hierzu ist es allerdings nicht erforderlich, daß der Benutzer C als Benutzer in das System eingetragen werden muß.

5 Abschließende Bemerkungen

Bei der Darstellung der Sicherheitskomponenten wurde im wesentlichen Wert auf die prinzipielle Vorgehensweise gelegt. Die Hauptprobleme bei der Verwirklichung des Sicherheitskonzepts liegen in der Realisierung des Referenz-Monitors, den damit verbundenen Zugriffskontrollmechanismen sowie der Organisation und Verwaltung der anfallenden Daten. Die (hier nur angedeuteten) Protokolle werden seit einigen Jahren mit Erfolg zur vertraulichen und authentischen Kommunikation eingesetzt. In den Arbeiten [2, 4] werden Konzepte für sichere verteile Systeme vorgestellt.

Für Hinweise und anregende Diskussionen bedanke ich mich bei Birgit Klein und Peer Wichmann.

Literatur

[1] H. Bürk: *Hash-Funktionen in der Praxis der Datensicherung*, Proceedings DATASAFE'91, VDE-Verlag (1991) 189-198

[2] European Computer Manufacturers Association: *Security in Open Systems - A Security Framework*, TR/46 (1988)

[3] W. Fumy: *Designprinzipien für Authentifikationsmechanismen*, Proceedings der 3. GI-Fachtagung Verläßliche Informationssysteme (VIS'93), Vieweg-Verlag (1993) 307-319

[4] M. Gasser, A. Goldstein, C. Kaufman, B. Lampson: *The Digital Distributed System Security Architecture*, Proceedings *12th* National Computer Security Conference (1989) 305-319

[5] P. Horster, B. Klein, H. J. Knobloch: *Authentifikation als Basis sicherer Kommunikation*, Proceedings DATASAFE'91, VDE-Verlag (1991) 219-236

[6] P. Horster, H.-J. Knobloch: *Sichere und authentische Kommunikation in Netzwerken*, 21. Jahrestagung der Gesellschaft für Informatik, Darmstadt, Informatik-Fachberichte 293, Springer (1991) 156-165

[7] P. Horster, H.-J. Knobloch: *Cryptographic Protocols and Network Security*, Proceedings of the IFIP TC 11 *8th* International Conference on INFORMATION SECURITY, IFIP/SEC'92, Raffles Convention City, Singapore, 27.-29. May 1992, Elvier Science Publishers, 275-288

[8] B. Klein, F. Damm: *Komponenten informationstechnischer Authentifikationsdienste*, Proceedings der 3. GI-Fachtagung Verläßliche Informationssysteme (VIS'93), Vieweg-Verlag (1993) 293-305

[9] H.-J. Knobloch, P. Horster: *Eine Krypto-Toolbox für Smartcards*, E.I.S.S.-Report 92/1 (1992), zugleich: DuD (Datenschutz und Datensicherung), Heft 7 (1992) 353-361

[10] G. J. Simmons: *Contemporary Cryptology - The Science of Information Integrity*, IEEE Press (1992)

[11] C. P. Pfleeger: *Security in Computing*, Prentice-Hall (1989)

Eine Sicherheitsarchitektur für verteilte Systeme am Beispiel von DSSA

Peer Wichmann

Zusammenfassung

Zum gegenwärtigen Zeitpunkt sind Betriebssysteme von alleinstehenden Rechensystemen in Bezug auf viele Sicherheitsaspekte verhältnismäßig gut gesichert. Dies ändert sich jedoch schlagartig, wenn man verteilte Systeme betrachtet. Daher wird mit DSSA* (Distributed Systems Security Architecture) ein Konzept zur konsistenten, portablen Lösung von Sicherheitsproblemen in Netzwerken und verteilten Anwendungen vorgestellt. DSSA verfolgt dabei einen evolutionären Ansatz, um das Fernziel „sichere Rechnernetze" schrittweise erreichen, und dabei standardisierte Schnittstellen etablieren zu können.

1 Einführung

Auf nicht vernetzten (standalone) Rechnern sind Betriebssysteme verhältnismäßig gut gesichert. Die Techniken und Methoden, um eine solche „isolierte Sicherheit" zu gewährleisten, sind allgemein bekannt und in den verbreitetsten Betriebssystemen implementiert. Beispielsweise verfügt VMS über einige inhärente Sicherheitsmechanismen, und sogar UNIX besitzt mehrere integrierte Mechanismen, um Sicherheit zu gewährleisten. Im Gegensatz hierzu ist in Netzwerkumgebungen die Sicherheit in der Regel auf ein Minimum reduziert. Dies hat folgende Gründe:

* Teile dieser Arbeiten wurden im Rahmen des Förder-Projektes REMO „Referenzmodell für sichere IT-Systeme" durchgeführt. Kooperationspartner in diesem Verbundprojekt sind das Europäische Institut für Systemsicherheitt (E.I.S.S.) der Universität Karlsruhe, die Gesellschaft für Mathematik und Datenverarbeitung mbH (GMD), die Industrieanlagen-Betriebsgesellschaft (IABG), die Siemens AG und Telematic Services mbH (TELES). Das Projekt REMO wird vom BMFT unter dem Kennzeichen „01 IS 202 C" gefördert.

- In unterschiedlichen Systemen werden inkompatible Sicherheitsmaßnahmen und Sicherheitsstrategien eingesetzt.
- Gewöhnlich wird nur sehr wenig Sicherheitsinformation über das Netzwerk ausgetauscht.
- Es gibt nur wenige nutzbare Standards, die Sicherheitseigenschaften berühren.

Obwohl der Status Quo in Betriebssystemen und verteilten Systemen so unterschiedlich ist, sind die Anforderungen in beiden Fällen sehr ähnlich:

- Benutzeridentifikation und Benutzerauthentifikation,
- Zugriffskontrolle,
- Vertraulichkeit,
- Integrität und
- Protokollierung und Beweissicherung.

Aufgrund der Diskrepanz zwischen lokalen und verteilten Systemen ist es offensichtlich, daß in der nahen Zukunft einige nützliche und einsetzbare Standards für die Sicherheit in verteilten Systemen benötigt werden. Mit den in der Distributed-Systems-Security-Architecture (DSSA) der Firma Digital beschriebenen Konzepten sollen die einzelnen Schwachstellen schrittweise in einem evolutionär entwickelten System beseitigt werden. Einige zentrale Punkte sind dabei die folgenden Konzepte:

- Es muß verteilte Zugriffskontrolle geben. Sowohl Mandatory-Access-Control (MAC) als auch Discretionary-Access-Control (DAC) sind in der Verantwortlichkeit eines Referenzmonitors, der das Objekt überwacht.
- Die Namensgebung muß global sein. Im Rahmen von DSSA wird daher ein X.500-Namensbaum zusammen mit einem X.509-Directory-Authentication-Framework implementiert.
- Es muß verteiltes Vertrauen geben. Der Benutzer meldet sich bei seinem lokalen Rechner an und hat dann Zugriff auf verteilte Objekte, ohne sich gegenüber den Netzwerkknoten mit den Objekten zu authentifizieren (dafür wird jedoch eine „Authentifikationskette“ zwischen den beteiligten Rechnern aufgebaut).

- Die Kommunikation zwischen den einzelnen Rechnern muß mit kryptographischen Methoden gesichert werden.
- Ein laufender Rechner muß einem entfernten Benutzer nachweisen können, daß auf einer intakten Hardware ein unmodifiziertes Betriebssystem und unmodifizierte Anwendungsprogramme installiert sind.
- Kompatibilität mit den meisten der relevanten Standards (z.B. ISO). Dies schließt ein, daß DSSA den TCDEC- und ITSEC-Kriterien in den Punkten genügt, in denen diese auf Architektur und Mechanismen eingehen.

2 Charakteristiken und Modelle verteilter Systeme

Bevor auf die einzelnen Punkte eingegangen wird, erfolgt eine kurze Aufstellung der Eigenschaften verteilter Systeme:

- Verteilte Systeme sind oft von verschiedenen Herstellern. Daher umfaßt die Kommunikation meist heterogene Netzwerke.
- Da Netzwerke gegenwärtig fast unbeschränkt wachsen, ist es nicht möglich, ein zentrales Netzwerkmanagement einzurichten. Selbst in Umgebungen, in denen eine zentrale Verwaltung technisch möglich ist, weil das Netzwerk relativ klein ist, erzwingt die örtliche Sicherheitspolitik manchmal eine verteilte Verwaltung.
- In firmen- oder staatenübergreifenden Netzwerken gibt es in der Regel keine Instanz, der alle Beteiligten vertrauen bzw. die für alle „weisungsbefugt" ist.
- Verschiedene Netzwerkknoten mißtrauen sich oft gegenseitig.
- Aufgrund des Mißtrauens und der fehlenden Instanz, der alle vertrauen, gibt es im Regelfall keine zentrale Sicherheitsverwaltung.
- In großen Netzwerken gibt es gewöhnlich einige nicht vertrauenswürdige Verbindungsdienste wie Brücken und Router.
- Obwohl es keine Instanz gibt, der jeder vertraut, vertraut jeder Teilnehmer normalerweise mindestens einer Instanz.

In der Liste wurde absichtlich nicht zwischen lokalen (LAN) und globalen Netzwerken (WAN) unterschieden, da hinsichtlich der Sicherheitsanforderungen kaum Unterschiede bestehen. Mit diesen Annahmen kann man nun ein Modell eines interaktiven Datenzugriffs konstruieren, indem man die einzelnen Schritte bei dem Zugriff auf ein entferntes Datenobjekt beschreibt. Der Benutzer meldet sich auf seinem lokalen Rechner an und arbeitet direkt mit seinem lokalen Rechner. Benötigt der Benutzer Zugriff auf ein entferntes Datenobjekt, so erstellt der lokale Rechner eine Anfrage. Falls der lokale Rechner den Rechner, auf dem sich das Datenobjekt befindet, nicht direkt erreichen kann, sendet er die Anfrage an einen Zwischenrechner. Der Zwischenrechner kann die Anfrage verändern. Eine derartige Veränderung kann notwendig sein, wenn der Zwischenrechner Wissen über Zugangsbeschränkungen zu dem benötigten Objekt hat oder eine Veränderung in der Datendarstellung vornehmen muß. Der Zwischenrechner sei nun in der Lage, den Rechner mit dem Datenobjekt direkt zu erreichen. Der Rechner mit dem Datenobjekt kann die Anfrage seinerseits bearbeiten und modifizieren. Die Antwort kann ebenfalls über mehrere Zwischenrechner geleitet werden. Diese Zwischenrechner können die Antwort modifizieren. Der Weg der Antwort muß nicht mit dem Weg der Anfrage identisch sein. Zusätzlich können mehrere Router und Bridges in die Übertragung involviert sein, die die Daten transparent übertragen.

Um dies zu realisieren, werden folgende Sicherheitsmechanismen verwendet:

- Der Benutzer authentifiziert sich gegenüber dem lokalen Rechner und der lokale Rechner authentifiziert sich gegenüber dem Benutzer. Der Benutzer vertraut dem lokalen Rechner, daß dieser im Sinne des Benutzers agiert.
- Der lokale Rechner und der Zwischenrechner authentifizieren sich gegenseitig. Der lokale Rechner vertraut dem Zwischenrechner, daß dieser im Sinne des Benutzers handelt.
- Der Zwischenrechner und der Rechner mit dem Datenobjekt authentifizieren sich ebenfalls gegenseitig und der Zwischenrechner muß dem Rechner mit dem Datenobjekt ebenfalls vertrauen.
- Der Rechner mit dem Datenobjekt erzwingt die Einhaltung der Zugriffsrechte auf das Datenobjekt.

Um die eingangs beschriebenen Anforderungen zu realisieren, ist es notwendig, daß die Kommunikation zwischen den beteiligten Rechnern vor Modifikationen durch Angreifer geschützt ist. Damit dieses Konzept sinnvoll durchgeführt werden kann, ergeben sich noch einige Forderungen:

- Der Rechner, auf dem sich das Datenobjekt befindet, ist verantwortlich für die Einhaltung der Zugriffsrechte auf diese Objekte. Zwischenrechner können zwar ebenfalls Zugriffsrechte erzwingen, aber die endgültige Verantwortlichkeit liegt bei dem Rechner, auf dem sich das Datenobjekt befindet.
- Nur der Rechner mit dem Datenobjekt weiß exakt, welcher Zugriff gemacht wurde. Zwischenrechner haben dieses Wissen nicht unbedingt.

3 Zugriffskontrolle

Betrachtet man die oben gestellten Annahmen über die Zugriffskontrolle, so ist es erforderlich, daß jeder Rechner, auf dem sich Datenobjekte befinden, weiß, wer Zugriff auf diese Objekte hat. Die Entscheidung kann aufgrund des Benutzers und/oder der involvierten Rechner gefällt werden. Um die Zugriffsrechte zu erzwingen, muß der Rechner mit dem Datenobjekt wissen, welcher Benutzer die Anfrage generiert hat, an welchem Rechner der Benutzer angemeldet ist und (eventuell) welche Netzwerkknoten die Anfrage weitergeleitet bzw. bearbeitet haben. Der Rechner mit dem Datenobjekt ist ferner für eine korrekte Protokollierung aller Zugriffe zuständig.

Zugriffskontrolle wird über Zugriffskontrollisten (ACLs) realisiert, die so implementiert sein sollten, daß normale Benutzer ohne Zusatzwissen mit ihnen arbeiten können. Rechte können für jedes Objekt nach Benutzern getrennt vergeben werden. Es ist ebenfalls möglich, einzuschränken, von welchen Rechnern aus auf ein Objekt zugegriffen werden kann. Die Zugriffskontrollisten sollten für Menschen lesbare X.500-Namen verwenden. Vollständige Protokollierungsmöglichkeiten müssen bereitgestellt werden. Ein generalisiertes Gruppenkonzept wird eingeführt, um die Entstehung unüberschaubar großer Zugriffskontrollisten zu vermeiden. Gruppen selbst werden dabei wie gewöhnliche Objekte verwaltet. Als Ergänzung zu den Rechten werden Restriktionen zugelassen. Damit kann zum Beispiel einem Mitglied einer Gruppe ein Recht entzogen werden, das ansonsten allen Gruppenmitgliedern zusteht. Derartige Restriktionen können ebenfalls für bestimmte Knoten eingeführt werden. Zum Beispiel: *A* darf auf das Objekt *O* zugreifen, außer wenn *A* bei Knoten *X* angemeldet ist. Das lokale Betriebssystem ist für die Einhaltung der Rechte verantwortlich.

4 Namensgebung und Zertifizierung

Um Kompatibilität mit den gültigen Standards zu erreichen, sollten globale X.500-Namen realisiert werden. Der dabei entstehende Namensbaum besteht aus Verzeichnissen und Instanzen. Jedes Verzeichnis ist an eine Zertifikationsinstanz gekoppelt. Diese Zertifikationsinstanzen erstellen Zertifikate nach X.509. Da X.509 keinen strengen Zertifikationsbaum erzwingt, kann es mehrere Zertifikationsbäume ohne gemeinsame Wurzel geben. Um Zertifikate überprüfen zu können, muß jede Instanz (Benutzer oder Rechner) nur die öffentlichen Daten einer einzigen Zertifizierungsinstanz kennen. Dies ist die einzige Instanz, die der Benutzer am Anfang kennen muß und der er vertrauen muß. Auf Empfehlung seiner Zertifizierungsinstanz muß er später jedoch weiteren Instanzen vertrauen.

Wenn ein Rechner die öffentlichen Daten einer anderen Instanz benötigt, so bestellt er das Zertifikat bei seiner Zertifizierungsinstanz, indem er ihr den eindeutigen Namen der anderen Instanz übermittelt. Wenn seiner Zertifizierungsinstanz die gewünschte Instanz nicht bekannt ist, so wird sie sich normalerweise an die übergeordnete Zertifizierungsinstanz wenden. Die Anfrage steigt dann zuerst im (Namens-)Baum auf, um dann zu der Zertifizierungsinstanz abzusteigen, die für die gewünschte Instanz zuständig ist. Die Antwort nimmt den umgekehrten Weg durch den Baum. Aus Gründen der Leistungsfähigkeit ist es möglich, daß eine Instanz (oder eine Zertifizierungsinstanz) Zertifikate, die oft benötigt werden, speichert. Dies kann die Performance des Systems drastisch erhöhen. So kann ebenfalls die Verfügbarkeit des Systems erhöht werden, da nicht alle Zertifizierungsinstanzen die ganze Zeit erreichbar sein müssen.

Ein Problem ergibt sich durch die Zurücknahme von Zertifikaten. Wenn eine Instanz aus einem Verzeichnis gelöscht wird, so wird sie nur in dem Verzeichnis gelöscht, in dem sie registriert ist. Wenn Zertifikate bzgl. dieser Instanz an anderen Stellen im Netzwerk gespeichert wurden, so können sie dort noch gültig bleiben. Eine mögliche Lösung besteht darin, gespeicherte Zertifikate in (relativ) kurzen Abständen für ungültig zu erklären und so das Risiko auf ein tolerierbares Maß zu drücken. Wenn mehrere Zertifikationsbäume verwendet werden, sollten zumindest die hierarchisch am höchsten angesiedelten Zertifizierungsinstanzen die öffentlichen Daten der anderen höchsten Zertifizierungsinstanzen besitzen. In DSSA ist es nicht zwingend notwendig, daß die Verzeichnisbäume strenge Bäume sind. Es ist möglich, daß einzelne Zertifizierungsinstanzen über gemeinsame Unterbäume verfügen. Dies ist insbesondere dann nützlich, wenn ein Teilbaum migriert. Er kann dann in einer Übergangszeit an beiden Stellen im Namensbaum geführt werden, um eine reibungslose Umstellung zu erleichtern.

5 Authentifikation

Eine Benutzerauthentifikation kann mit Chip-Karten durchgeführt werden. Ein Problem einer Benutzerauthentifikation auf Basis von Chip-Karten ist jedoch, daß ein Lesegerät in den betreffenden Rechner eingebaut bzw. angeschlossen sein muß. Auf der anderen Seite sind Chip-Karten relativ schwer zu kopieren und daher gut für Authentifikationszwecke geeignet. Die Chip-Karte sollte mit einer Geheimzahl (PIN = personal identification number) gesichert sein. Das Problem einer solchen Geheimzahl ist, daß sie direkt in die Chip-Karte eingegeben werden sollte. Dies würde eine Chip-Karte mit Tastatur und Anzeige erfordern. Schließlich sollte eine Chip-Karte in der Lage sein, kryptographische Verfahren wie RSA und DES anzuwenden. Mit einer solchen Chip-Karte wäre es möglich, die Authentifikation innerhalb der Chip-Karte ablaufen zu lassen. Der Nachteil einer derartigen ultimativen Chip-Karte ist, daß sie im Moment entwickelt werden, und daher momentan noch nicht verfügbar sind.

Heute gebräuchliche Chip-Karten besitzen weder eine Tastatur noch eine Anzeige. Mit einigen von ihnen ist es jedoch auch heute schon möglich, RSA und DES anzuwenden. Der Nachteil dieser Chip-Karten ist, daß der Benutzer nicht in der Lage ist, den Rechner zu authentifizieren und dem Lesegerät und/oder dem Rechner die Geheimzahl (PIN) anvertrauen muß (jedoch nicht den geheimen Schlüssel).

Die heute preiswert zu realisierende Lösung sind Speicherkarten. Diese Karten können nur die RSA- und DES-Schlüssel speichern. Daher müssen bei einer Authentifikation mit derartigen Karten dem Lesegerät und dem Rechner die geheimen Schlüssel anvertraut werden. Ein weitere Nachteil von Speicherkarten ist, daß sie (relativ) einfach zu kopieren sind. Sie sind daher als wesentlich unsicherer als die heute verfügbaren intelligenten Chip-Karten einzustufen.

Eine andere Möglichkeit zur Benutzerauthentifikation ist der Einsatz von taschenrechnerähnlichen Tokens für Challenge-Response-Authentifikationen. Diese Geräte sind jetzt schon kommerziell erhältlich. Für eine Authentifikation zeigt der Rechner eine Anfrage auf dem Bildschirm an. Der Benutzer gibt die Anfrage an das Authentifikations-Token weiter und leitet umgekehrt die Antwort an den Rechner weiter. Der Rechner überprüft die Antwort. Dazu werden normalerweise Verfahren mit gemeinsamem Geheimnis eingesetzt. Es ist zwar möglich, Public-Key-Verfahren einzusetzen, diese Verfahren benötigen jedoch im allgemeinen unakzeptabel große Datenmengen für Frage und Antwort (ungefähr 500 Bit = 150 Dezimalstellen). Es besteht ebenfalls die Möglichkeit, zeitbasierte Verfahren anzuwenden. Eines der Hauptprobleme dieser Geräte ist jedoch die Benutzerakzeptanz, da der Benutzer das Token immer mit sich führen sollte.

Heutzutage werden zur Authentifikation normalerweise Paßwörter verwendet. Die Paßwörter können durch Raten, Abhören der Leitungen oder Simulation eines Rechners angegriffen werden. Die Simulation eines Rechners („Trojanisches Pferd") ist möglich, da der Rechner bei paßwortbasierten Systemen nicht authentifiziert wird.

Mit der oben erwähnten ultimativen Chip-Karte ist der gesamte Prozeß in zwei Teile aufgeteilt: Die Initialisierungsphase und die Authentifikationsphase. In der Initialisierungsphase geht der Benutzer mit seiner Chip-Karte zu seiner Zertifikationsinstanz (certification authority CA). Die Zertifikationsinstanz verifiziert die Identität des Benutzers und die Chip-Karte generiert ein öffentlich/privates Schlüsselpaar. Die Zertifikationsinstanz unterschreibt ein Zertifikat für den Benutzernamen und den öffentlichen Schlüssel. Das Zertifikat wird im Namensbaum gespeichert. Ein ähnliches Zertifikat wird für den Rechner benötigt. In der Authentifikationsphase führt der Benutzer seine Chip-Karte in den Leser ein. Die Chip-Karte empfängt den öffentlichen Schlüssel des Rechners mit dem Zertifikat der Zertifikationsinstanz. Mit diesem öffentlichen Schlüssel kann die Chip-Karte nun den Rechner mit einem Frage-Antwort-Protokoll authentifizieren. Die Chip-Karte zeigt nun dem Benutzer den Namen des Rechners an. Der Benutzer gibt die PIN in die Chip-Karte ein und ermächtigt damit die Chip-Karte, Rechte an den Rechner zu delegieren. Der Rechner authentifiziert jetzt die Chip-Karte und diese autorisiert den Rechner, für den Benutzer zu agieren.

6 Verschlüsselung

Das primäre Ziel der Verschlüsselung in DSSA ist die Bereitstellung von vertraulichen Kommunikationskanälen. Die Verschlüsselung sollte nur wenig oder keinen Einfluß auf die Performance haben und sollte sowohl in WAN- als auch in LAN-Umgebungen einsetzbar sein. Verträglichkeit mit diversen Standards wie IEE 802.10 LAN oder SP3/SP4 für WAN wäre wünschenswert. Die Implementierung muß für den Benutzer vollständig transparent sein.

Ein heute verfügbares System könnte auf dem DESNC-Verschlüsselungssystem für Ethernet-Verbindungen aufsetzen. Dieses verwendet ein modifiziertes Needham-Schroeder-Protokoll zur Schlüsselverwaltung mit einer zentralen Schlüsselverteilung und dem Verschlüsselungsverfahren DES. Die Verschlüsselung auf Anwendungsebene ist in DEC-RPC implementiert und verwendet das Kerberos-Protokoll.

Zukünftig sollten Public-Key-Systeme verwendet werden. Verbindungen werden dann sichere Kanäle zwischen einzelnen Rechnern sein. Mehrere Sitzungen zwischen Rechnern werden über einen sicheren Kanal geführt. Die Authentifikation zwischen zwei Rechnern ist implizit durch den sicheren Kanal gegeben. Die Daten werden im Bereich zwischen ISO-Ebene 2 (data link) und ISO-Ebene 4 (transport) verschlüsselt. Zur Unterstützung der Performance werden die meisten Algorithmen durch Zusatz-Hardware unterstützt. Alternative Algorithmen müssen verfügbar sein, um unabhängig von Exportbestimmungen zu sein.

7 Sicheres Booten

Wenn man mit einem Rechner arbeitet, ist es praktisch unmöglich zu bestimmen, ob das Betriebssystem des Rechners original und unverändert ist. Die einzige Möglichkeit dies festzustellen, ist zur Boot-Zeit. Daher ist es nützlich, Software mit Zertifikaten zu sichern, die deren Integrität garantiert. Eine Möglichkeit, dies zu tun, ist das folgende (leicht vereinfachte) Protokoll:

Die öffentlichen und privaten Schlüssel K_M, K'_M der Rechner-Hardware werden zusammen mit dem öffentlichen Schlüssel K_A der Zertifizierungsinstanz in einem EPROM abgelegt. Das Boot-ROM lädt das Betriebssystem I und das Zertifikat I_M in den Rechner und prüft das Betriebssystem gegen das Zertifikat. Wenn der

Test fehlschlägt, so wird der Boot-Vorgang abgebrochen. Andernfalls erstellt das Boot-ROM ein neues Zertifikat: „Das Betriebssystem mit dem Zertifikat I_M wurde auf den Rechner mit dem öffentlichen Schlüssel K_M geladen und kann Knoten N genannt werden". Das Boot-ROM erstellt nun ein neues privates/öffentliches Schlüsselpaar K_N, K'_N und zertifiziert den öffentlichen Schlüssel K_N mit seinem eigenen privaten Maschinenschlüssel K'_M und übergibt die Kontrolle an das Betriebssystem. Dieses Schema kann so abgeändert werden, daß bei jedem Booten der gleiche „Knotenschlüssel" K_N verwendet wird. Ähnliche Schemata können für jedes Programm, das auf den Knoten geladen wird, zur Verfügung gestellt werden.

8 Standards und Produkte

Ein Projekt in DSSA ist der verteilte Authentifikations-Service (Distributed Authentication Security Services DASS), der als Architecture-Internet-Draft vorgeschlagen wurde. Des weiteren gibt es Verhandlungen mit dem MIT, um DASS und Kerberos zu integrieren. DASS soll für transparente DECnet proxy login (login ohne Paßwort), Benutzerauthentifikation, VMS login und DECnet set host verfügbar sein. Dieser Teil von DASS ist gegenwärtig in der Entwicklungsphase. Es gibt ebenfalls Pläne, DASS in weitere UNIX- und VMS-Anwendungen zu integrieren und DASS auf andere Plattformen wie PCs oder UNIX-ähnliche Systeme zu übertragen. Das Fernziel ist es, Zugriffskontrollmechanismen für portierbare verteilte Anwendungen bereitzustellen.

Literatur

[1] Abadi, Lampson, Burrows, Wobber: *Authentication in Distributed Systems: Theory & Practice,* Proc. 13th ACM Symposium on Operating Systems Principals, 1991

[2] Gasser: *Building a Secure Computer System,* Van Nostrand Reinhold, 1988 (ISBN 0-442-23022-2)

[3] Gasser, Goldstein, Kaufman, Lampson: *The Digital Distributed System Security Architecture,* Proc. National Computer Security Conference, 1989 (joint publication of NIST and NCSC)

[4] Gasser, McDermott: *An Architecture for Practical Delegation in a Distributed System,* Proc. IEEE Computer Society Symposium on Security & Privacy, 1990

[5] Kaufman: *DASS - Distributed Authentication Security Service,* Internet-Draft verfügbar über anonymous ftp from `nnsc.nsf.net` (East Coast), `ftp.nisc.sri.com` (West Coast), `munnari.oz.au` (Pacific Rim), und `nic.nordu.net` (Europe), im Verzeichnis `internet-drafts`, unter dem Namen `draft-ietf-cat-dass-00.ps` oder `draft-ietf-cat-dass-00.txt`

[6] Linn: *Practical Authentication for Distributed Computing,* Proc. IEEE Computer Society Symposium on Security & Privacy, 1990

[7] Linn: *Generic Security Services Application Program Interface,* Internet-Draft verfügbar über anonymous ftp von den gleichen Rechnern wie in [5], unter dem Namen `draft-ietf-cat-genericsec-00.ps` oder `draft-ietf-cat-genericsec-00.txt`

[8] Rieß: *Bericht über den REMO-Workshop Sicherheitsarchitekturen,* Datenschutz und Datensicherung, 10/92

[9] Tardo, Alagappan: *SPX: Global Authentication Using Public Key Certificates,* Proc. IEEE Computer Society Symposium on Security & Privacy, 1991

SecuVisor : Ein technisches Schutzkonzept für lokale Netzwerke

Manfred Böttger und Dirk Fox

Zusammenfassung

In zunehmendem Maße werden in Unternehmen vernetzte Arbeitsplatzrechner eingesetzt. Gegenüber einzelnen Arbeitsstationen und großen zentralen Rechenanlagen haben diese lokalen Rechnernetze eine Reihe von Vorzügen. In einer solchen informationstechnischen Umgebung sind allerdings Fragen der Datensicherheit und des Datenschutzes neu zu stellen.

Im folgenden wird ein Ansatz für ein technisches Schutzkonzept vorgestellt, das ausgehend von der Andersartigkeit der Bedrohungen und Schutzobjekte in Netzwerkumgebungen informationstechnische Schutzmaßnahmen zu einer Gesamtlösung bündelt.

1 Einleitung

Der Siegeszug dezentraler Arbeitsplatzrechner, der Großrechner-Terminals weitgehend von den Schreibtischen verbannt hat, stattet Mitarbeiter heute lokal mit einer Rechenleistung aus, die sie sich früher mit vielen Kollegen auf einem Zentralrechner teilen mußten. Diese Entwicklung ist vor allem durch die Verbreitung von *Personal Computers* (PCs) geprägt.

Dezentrale, isolierte Arbeitsstationen haben jedoch auch eine Reihe von Nachteilen: Wartung und Installation der Systeme sind aufwendig, Datenaustausch langsam und umständlich und der Schutz lokaler Speichermedien gegen unbefugte Datenzugriffe schwierig.

Aus diesen Gründen werden isolierte Einzelplatzsysteme zunehmend mit *lokalen Netzwerken* (LANs) zu verteilten Systemen zusammengeschlossen. Diese verbinden die Vorteile von Großrechneranlagen mit denen isolierter Einzelplatzsysteme:

kontrollierter Zugriff auf gemeinsame Datenbestände, die Möglichkeit zentraler Wartung und Installation von unternehmensweit einheitlicher Software bei gleichzeitig hoher Verfügbarkeit und großer Leistungsfähigkeit.

Für Datenschutz und Datensicherheit hat die Einführung eines lokalen Netzwerks ebenfalls erhebliche Konsequenzen. So kommt einerseits ein neues **Schutzobjekt** hinzu: Neben Zentralrechner und Arbeitsstationen können nun auch die Kabel des Netzwerks Ziel von Angriffen sein: Unbefugte können sich unerlaubt an das Kabel hängen und den Datenverkehr mithören oder Netzressourcen wie Drucker, externe Speichermedien, Daten oder Software mißbrauchen.

Lokale Netzwerke bieten allerdings auch neue Möglichkeiten für einen wirkungsvollen Schutz vor Datendiebstahl und -mißbrauch. Im folgenden wird ein **Schutzkonzept für lokale Netzwerke** skizziert, das den besonderen Bedingungen in lokalen Netzwerken Rechnung trägt und als integrative Sicherheitsplattform bestehende und neue Schutzmechanismen unterstützt und bündelt.

2 Sicherheitsanforderungen in LANs

Traditionelle Maßnahmen zum **Schutz von IT-Systemen** sind neben physikalischen Zugangsschutzsystemen Back-Up-Mechanismen, unterbrechungsfreie Stromversorgungen und der Einsatz von redundanten Geräten (gespiegelte Platten, Ersatzgeräte etc.). Diese Maßnahmen sind erforderlich, um das IT-System vor Stör- und Ausfallereignissen zu schützen und so dessen Verfügbarkeit zu erhöhen (*Fehlertoleranz*).

Diese Maßnahmen führen allerdings nicht zu einem **Schutz der bearbeiteten Daten** vor unbefugter Kenntnisnahme und Verfälschung (*Vertraulichkeit, Integrität, Authentizität*). In jüngerer Zeit rücken diese Schutzziele nach der öffentlichen Diskussion der Virenproblematik und dem Bekanntwerden von Spionage- und Sabotagefällen zunehmend in den Vordergrund.

Zwar können auch hier **physikalische und organisatorische Maßnahmen** ergriffen werden, wie beispielsweise eine sternförmige Verkabelung mit adreßfilternden Verteilern und der Einsatz filternder Brücken zwischen Teilnetzen. Diese Maßnahmen verteuern das Netzwerk jedoch deutlich (lange Kabelwege, zusätzliche Geräte) und machen die Infrastruktur unflexibel. Demgegenüber haben **infor-**

mationstechnische Sicherheitsmechanismen unter Verwendung kryptographischer Verfahren und Protokolle mit anderen Problemen zu kämpfen.

Im folgenden werden die Anforderungen an und Schwierigkeiten von informationstechnischen Sicherheitsmechanismen in Netzwerk und Arbeitsstationen betrachtet.

2.1 Sicherheitsmechanismen im lokalen Netzwerk

Aus sicherheitstechnischer Sicht unterscheiden sich lokale Netzwerke von herkömmlichen zentralen Großrechnersystemen vor allem durch ihre **Broadcast-Eigenschaft** und die **„lokale Intelligenz“**: Im Netzwerk werden nicht nur ausgewählte Ein-/Ausgabedaten über die Terminal-Rechner-Verbindung, sondern Programme und Daten in Form kompletter Dateien durch das gesamte Netz übertragen; sie durchlaufen dabei viele Kabelabschnitte.

Daher ist neben einem **Zugangsschutz zu Netzwerkressourcen** (Drucker, Speicher, Daten usw.), der wie in Großrechnersystemen durch eine Benutzerauthentisierung und die Verwaltung von Zugriffsrechten verwirklicht werden kann, auch ein **Schutz der Daten während der Übertragung** durch kryptographische Verfahren erforderlich.

Zentrale Schwierigkeit von Sicherheitsmechanismen im Netzwerk ist die **Heterogenität** der eingesetzten Systeme: In großen Netzen wird üblicherweise zugleich mit unterschiedlichen Betriebssystemen gearbeitet (NetWare, LANManager, OS/2, LANServer, UNIX, Macintosh, Windows NT usw.). Zwar verfügen alle diese Systeme über einzelne, unterschiedlich starke Sicherheitsmechanismen. Das Fehlen von **sicherheitstechnischer Kompatibilität** dieser Einzelmechanismen erschwert jedoch deren Administration erheblich. Sie erfordern jeweils ein eigenes Login[1] und verwenden meist kryptographisch schwache Methoden (schlechte Verschlüsselungsverfahren, Verzicht auf Chip-Kartenleser etc.).

Eine Beurteilung der im Gesamtsystem erreichten Sicherheit ist in der Praxis oft unmöglich. Sicherheitsmechanismen von Netzwerkbetriebssystemen schützen

---

1 Bekanntes Problem: viele Paßwörter für verschiedene Sicherheitssysteme, die etwa dazu führen, daß Paßwörter identisch gewählt, am Arbeitsplatz aufgeschrieben oder nicht regelmäßig gewechselt werden.

außerdem keine lokal gehaltenen Daten und können keinen Datendiebstahl über Arbeitsstationen verhindern.

2.2 Sicherheitsmechanismen in Arbeitsstationen

Auch die Leistungsfähigkeit und Ausstattung der Arbeitsstationen mit externen Speichermedien birgt Sicherheitsprobleme: Häufig finden sich auf lokalen Speichermedien zu schützende sensible Daten, die unbemerkt kopiert und entwendet werden können. Die von unautorisiert eingespeister Software ausgehende Gefahr einer „Vireninfektion" ist auch hinreichend bekannt.

Inzwischen sind informationstechnische Lösungen verfügbar, die **Schutzmechanismen in lokalen Arbeitsstationen** vorsehen. So gibt es Systeme zum Sperren oder Verschlüsseln lokaler Laufwerke, zur Überwachung von Virenaktivitäten oder zur Zugriffsverwaltung für lokale Festplattendaten. Wegen ihrer Beschränkung auf die lokale Arbeitsstation haben diese Sicherheitssysteme jedoch mit einer Reihe von Schwierigkeiten zu kämpfen:

- Installation und Konfiguration der Sicherheitsfunktionen (Rechtezuweisung, Vergabe von Paßwörtern, Generierung von kryptographischen Schlüsseln) müssen an jeder einzelnen Arbeitsstation durchgeführt werden. In größeren Netzwerken ergibt sich so ein sehr **hoher Administrationsaufwand,** der in der Praxis häufig zu einem Verzicht der Administratoren auf komplexere Konfigurationsmöglichkeiten führt.
- Die **Konfigurationsdaten** (Zugriffsrechte, Paßwörter, Schlüssel) und **Protokolldateien** werden **lokal gespeichert.** Deren wirkungsvoller Schutz vor unbefugter Manipulation durch Benutzer der Arbeitsstation ist aufwendig und fällt infolgedessen häufig sehr schwach aus.
- Kryptoverfahren werden wegen des hohen Aufwands für die Entwicklung spezieller Hardware meist in Software implementiert. Aus Geschwindigkeitsgründen werden daher oft nur **Algorithmen mit geringer Sicherheit eingesetzt.**
- Auch diese lokalen Sicherheitssysteme sind üblicherweise **nicht kompatibel.** Sie führen jeweils eigene Authentisierungen durch und sind getrennt zu administrieren.

Natürlich könnte auf lokale Schutzmechanismen in den Arbeitsstationen verzichtet werden, wenn im Netzwerk ausschließlich *diskless workstations* betrieben würden, die weder über Ein- und Ausgabeschnittstellen noch über entsprechende Erweiterungsmöglichkeiten (wie zugängliche Steckplätze o.ä.) verfügten. Allerdings ist diese Forderung praktisch kaum durchsetzbar.

2.3 Anforderungen an ein Gesamtkonzept

Kombinationen lokaler und betriebssystemspezifischer technischer Schutzmechanismen sind in der Praxis also aufwendig zu administrieren, bieten meist zweifelhaften Schutz und sind somit insgesamt fragwürdig.

Ein **umfassendes Sicherheitssystem** muß den Sicherheitsadministrator in die Lage versetzen, Sicherheitspolitiken netzwerkweit einheitlich, übersichtlich und transparent umzusetzen. Dafür ist es erforderlich, möglichst alle Schutzmechanismen in einem **homogenen, zentral administrierbaren Gesamtkonzept** zu bündeln. An eine solche Lösung für lokale Netzwerke, die nicht die oben skizzierten Mängel aufweist, sind die folgenden vier Kernanforderungen zu stellen:

- eine **einmalige Benutzerauthentisierung** als Netzwerk-Zugangsschutz mit hohem Schutzgrad;
- netzwerkweite **Kommunikationskontrolle** mit kryptographisch starker Ende-zu-Ende-Verschlüsselung in Echtzeit mit Online-Schlüsselmanagement;
- Integration von **Schutzmechanismen für lokale Ressourcen**;
- zentrale Haltung aller netzwerkweiten Administrations- und Protokollierungsdaten auf einer ausgewählten, physisch gesicherten Station (Sicherheits-Server) und Möglichkeit einer **zentralen Administration** aller Sicherheitsmechanismen.

Diesen Anforderungen würde in idealer Weise ein **homogenes, verteiltes Betriebssystem mit integrierten, auch lokalen Schutzmechanismen** genügen. Für UNIX-Systeme existiert mit *Kerberos*, einer Entwicklung des MIT, ein derartiger Ansatz [1]. Allerdings funktioniert eine solche sicherheitstechnische Lösung nur in einer homogenen Netzwerkumgebung — für die Praxis eine völlig unrealistische Voraussetzung.

Aus diesem Grund muß sich ein praxisgeeignetes Sicherheitskonzept für lokale Netzwerke als **integrative Sicherheitsplattform** verstehen, die die angeführten Kernanforderungen erfüllt und es auch in einer heterogenen Umgebung erlaubt, bestehende und zukünftige Sicherheitsmechanismen in ein homogenes Gesamtkonzept einzubinden.

3 Das Konzept SECUVISOR

Das Sicherheitskonzept **SECUVISOR** setzt sich entsprechend den skizzierten Anforderungen aus vier Komponenten zusammen:

- einem wirkungsvollen **Zugangsschutz** durch Identifizierung und Authentifikation der Benutzer: **SECULOG**,
- einer netzwerkweiten **Kommunikationskontrolle** mit Ende-zu-Ende-Schutz der Datenübertragung durch Echtzeitverschlüsselung und Online-Schlüsselmanagement: **SECULAN**,
- einer Programmierplattform für die Integration **lokaler Schutzmechanismen** in die Sicherheitsumgebung: **SECUAPI**,
- und der **zentralen Speicherung und Administration** benutzerbezogener Rechteprofile in einem Sicherheits-Server und Überwachung der Sicherheitsfunktionen durch **Monitore** in den Arbeitsstationen: **SECUVISOR**-Server und -Monitor.

Das Konzept trägt dem Umstand Rechnung, daß in realen Netzwerkumgebungen heterogene Systeme vorgefunden werden. Es bietet als integrative Sicherheitsplattform die Möglichkeit, vielfältige Sicherheitsmechanismen flexibel in einer homogenen, den jeweiligen Sicherheitsanforderungen genügenden Sicherheitsumgebung zu vereinigen.

3.1 Benutzerauthentisierung SECULOG

Basis für eine Überprüfung von Rechten bzw. für eine Zuordnung von Aktionen zu Benutzern bei der Protokollierung sicherheitsrelevanter Vorgänge innerhalb eines Sicherheitssystems ist die zuverlässige Identifikation und Authentisierung der Benutzer.

Zu diesem Zweck führt **SecuLog** beim Starten einer Arbeitsstation ein *kryptographisches Login-Protokoll* durch. Als Grundlage der gegenseitigen Authentifikation von Benutzer und zentralem Sicherheits-Server dient je nach Sicherheitsanforderung und Ausstattung der Arbeitsstation ein Paßwort, eine Chip-Karte oder ein „intelligentes" Token. Diese Authentisierung wird einmalig durchgeführt und bildet eine authentische Basis für alle Sicherheitsmechanismen des Systems.

Das Login-Protokoll greift gesichert auf das zentral im Sicherheits-Server **SecuVisor** (siehe Abschnitt 3.2) abgelegte und administrierte Basis-Benutzerprofil zu. Dort ist festgelegt, welcher Benutzer an welcher Arbeitsstation zu welcher Zeit Zugang zum Netz erhält. Das Protokoll gibt den Netzzugriff nur dann frei, wenn sowohl die kryptographische Authentisierung des Benutzers als auch die Prüfung der Zugriffsberechtigung im Sicherheits-Server erfolgreich ist.

3.2 Zentrale Administration und Überwachung: SecuVisor

Zum Kern eines jeden Sicherheitssystems zählt neben Identifikation und Authentisierung die Administration und Überwachung der Sicherheitsmechanismen. Im SecuVisor-Sicherheitssystem obliegt diese Aufgabe dem zentralen **SecuVisor-Sicherheits-Server**, der in den Arbeitsstationen von lokalen **SecuVisor-Monitoren** unterstützt wird.

Eine zentrale Rolle spielt dabei das **SecuVisor-Benutzerkonzept**, in dem in Form von *Basis-Benutzerprofilen* die Zugangsberechtigungen im Netz festgelegt sind. *Subjekte* des SecuVisor-Benutzerkonzepts sind alle potentiellen Netzbenutzer. Das zugehörige Basis-Benutzerprofil wird diesem mit einem im Netzwerk eindeutigen Benutzernamen (Benutzer-ID) und den zugehörigen Authentifizierungsdaten (z.B. dem Login-Paßwort) zugeordnet. Es legt alle netzwerkweit gültigen Login-Kenngrößen fest: Zugangszeiten, zugelassene Arbeitsstationen, Ausschlußtage sowie Paßwortparameter (Mindestlängen, Wechselfristen, maximale Fehlversuchszahl, Sperrzeiten bei deren Überschreitung). Dieses Basis-Benutzerprofil wird während des Login-Vorgangs zur Prüfung der Zugangsberechtigung ausgewertet (siehe Abschnitt 3.1).

Jedes Basis-Benutzerprofil kann um Rechteprofile für einzelne Sicherheitsmodule (siehe Abschnitte 3.3 und 3.4) erweitert werden. Die Rechteprüfung durch ein Sicherheitsmodul erfolgt analog der Prüfung der Zugangsberechtigung im Login-Protokoll durch eine Anfrage beim SECUVISOR-Sicherheits-Server, da alle benutzerbezogenen Rechte-Daten dort physikalisch geschützt aufbewahrt werden. Sie wird von dem lokalen SECUVISOR-Monitor angestoßen, der in der Arbeitsstation sicherheitsrelevante Vorgänge überwacht (siehe Abb. 3-1).

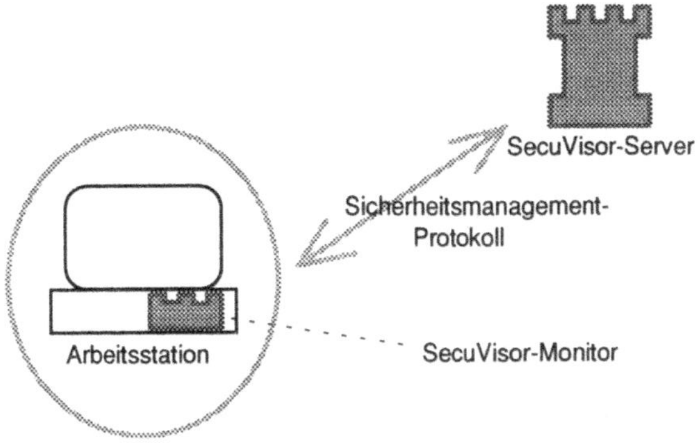

Abb. 3-1: Der SECUVISOR-Monitor kontrolliert den Schutz der Arbeitsstation.

Jeder Versuch, gegen einen Sicherheitsmechanismus zu verstoßen (wiederholtes Login mit falschem Paßwort etc.) wird an den SECUVISOR-Sicherheits-Server gemeldet und dort mit Angabe des Benutzernamens, der Arbeitsstation, des Datums und der Uhrzeit dokumentiert; ggf. werden Schutzmaßnahmen (Logout, Sperrung o.ä.) ergriffen. Weiter kann jeder Login-Vorgang zentral protokolliert werden.[2]

Sämtliche Benutzerdaten einschließlich der Rechteprofile lokaler Sicherheitsmechanismen (siehe Abschnitt 3.4) werden **zentral im SECUVISOR-Server administriert**. Dadurch verringert sich der Administrationsaufwand erheblich; die Umsetzung einer konsistenten und unternehmensweit einheitlichen Sicherheitspolitik wird stark erleichtert.

Die Administration der Benutzerprofile obliegt einem ausgewiesenen **Sicherheitsadministrator**. Er allein darf Eintragungen in den Benutzerprofilen vornehmen. Dessen Arbeit wird erleichtert durch ein **Administrationskonzept**, das sowohl die Arbeitsstationen des Netzes als auch die zugelassenen Benutzer kennt. Die Einstellung von Standardwerten sowie die Bildung von **Benutzergruppen** und **Stationsklassen** ermöglichen eine übersichtliche Gliederung und erlauben die

2 Dazu ist i.a. die Zustimmung des Betriebsrats erforderlich.

Abbildung der unternehmensinternen Sicherheitshierarchie auf die Sicherheitsprofile.

3.3 Kommunikationskontrolle SECULAN

Insbesondere in lokalen Netzwerken, die durch ihre Broadcast-Eigenschaft auf Kommunikationsebene viele Angriffspunkte bieten, können sämtliche übertragenen Daten an beliebiger Stelle abgehört werden. Unbefugte können daher sehr leicht an sensitive Daten gelangen und sie unbemerkt modifizieren. Ein zentrales Element des Sicherheitskonzeptes SECUVISOR ist daher die **Kommunikationskontrolle SECULAN** auf der Ebene des Netzwerks.

Als Bestandteil des Netzwerks und damit transparent bietet SECULAN in Gestalt eines **Kommunikationskontrollmoduls** die Möglichkeit, Kommunikation und damit Informationsflüsse im Netzwerk auf der Ebene der Netzwerktreiber gezielt einzuschränken. Für jedes Paar von Stationen läßt sich in den SECULAN-Benutzerprofilen festlegen, wie eine Kommunikation zwischen Benutzern stattfinden darf:

- ob überhaupt,
- unter welchen Bedingungen (welche Rechner, zu welchen Zeiten, mit welchen Kommunikationspartnern) und
- ob im Klartext oder nur kryptographisch verschlüsselt.

Damit lassen sich im lokalen Netzwerk „logische" Teilnetze unterscheiden und unzulässige Informationsflüsse im System verhindern. Sicherheitsrelevante Ereignisse wie z.B. Versuche, die im jeweiligen Benutzerprofil festgelegten Rechte zu überschreiten, werden vom SECUVISOR-Sicherheitsmanagement im Sicherheits-Server zentral protokolliert.

Die Kommunikation im Netzwerk kann weiter ohne aufwendige kryptographische Verfahren benutzer- und zeitabhängig auf wenige Paketzahlen, geringe Datenmengen oder bestimmte Protokolle beschränkt werden.

Durch die **kryptographische Verschlüsselung** übertragener Daten werden diese sowohl vor unbefugtem Abhören als auch vor unbemerkten Modifikationen geschützt. Die Realisierung eines vollständigen Ende-zu-Ende-Schutzes stellt sicher, daß sensible Daten auch in Routern und Brücken nicht im Klartext vorliegen. Das **SECULAN-Verschlüsselungsprotokoll** realisiert aus diesen Gründen nicht, wie in der IEEE-Norm 802.10-1992 (SILS) vorgeschlagen [2], einen *Link-to-Link*-Schutz auf der Schicht 2 des OSI-Referenzmodells. Es orientiert sich an dem im Projekt *secure data network system* (SDNS) entwickelten und als ISO-Norm eingereichten *transport layer security protocol* (TLSP) [3], realisiert also ein verschlüsseltes Transportprotokoll.

In real existierenden LANs hat die Realisierung einer Ende-zu-Ende-Verschlüsselung mit einem weiteren Problem zu kämpfen: der Heterogenität der eingesetzten Protokolle (NDIS, ODI, TCP/IP, SPX, IPX, DEC-NET, ...) und Netzwerktopologien (Ethernet, Token Ring, FDDI). Aus diesem Grund wurde das Kommunikationskontrollmodul **SECULAN** in einem Multiprotokollstack (*universal portable protocol stack*, UPPS[3]) auf Netzwerktreiberebene realisiert, der nach „oben" unterschiedliche Protokolltreiber und nach „unten" die erforderlichen Topologien unterstützt (siehe Abb. 3-2).

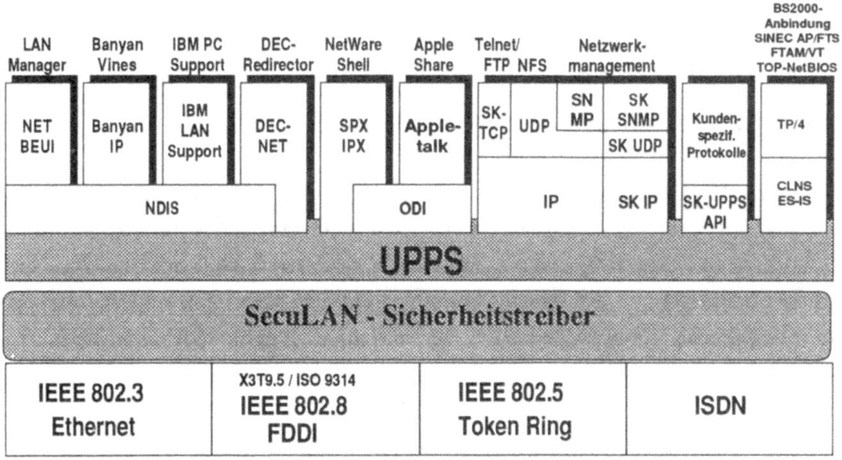

Abb. 3-2: Das SECULAN-Sicherheitsmodul sichert alle darübersitzenden Protokolle, Netzwerkbetriebssysteme und Anwendungen unabhängig von der LAN-Topologie.

Die Datenverschlüsselung sollte nach einem bewährten, möglichst standardisierten symmetrischen Verfahren wie beispielsweise dem *data encryption standard*

---

3 UPPS ist eine Entwicklung der Firma Schneider & Koch & Co. Datensysteme GmbH und eingetragenes Warenzeichen.

(DES, [4]) erfolgen. Sie kann durch die Verwendung eines Kryptoprozessors (DES-Chip o.ä.) beschleunigt werden.

In Verbindung mit dem Zugangsschutzsystem SECULOG gewährleistet das SECULAN-Sicherheitsprotokoll die in der ISO-Norm 7498-2 definierten Sicherheitsdienste *Vertraulichkeit, Integrität, Authentifikation* und *Zugriffskontrolle* (*confidentiality, integrity, authentication, access control* [5]). Der Austausch und regelmäßige Wechsel der kryptographischen Kommunikationsschlüssel erfolgt transparent und online über ein Schlüsselaustauschprotokoll mit dem SECUVISOR-Sicherheits-Server.

Geschützte und nicht geschützte Stationen bilden auf denselben Netzwerkkomponenten getrennte „logische" Netze, die über Klartext-Verbindungen gekoppelt werden können. Physikalische Störungen der Übertragungsleistung (*denial of service*) können mit diesen kryptographischen Mechanismen natürlich nicht verhindert werden; daher kann SECULAN keine Bandbreite für die sicheren Kanäle garantieren.

3.4 Lokale Sicherheitsmodule und SECUAPI

Die skizzierte SECUVISOR-Sicherheitsumgebung aus Benutzerauthentisierung (SECULOG), Kommunikationskontrolle (SECULAN), zentraler Administration und Protokollierung (SECUVISOR-Server) umfaßt alle Kernelemente für Netzwerk-Sicherheitsmechanismen. Aus diesem Grund ermöglicht SECUVISOR als **netzwerkweite, homogene Sicherheitsplattform** weiteren Sicherheitsmechanismen die Nutzung dieser Elemente über ein *application programmable interface* (API), die **SECUAPI.**

Über diese API können lokale Sicherheitsmechanismen in Gestalt ergänzender Sicherheitsmodule die sicheren Kanäle zum SECUVISOR zur Übertragung weiterer sicherheitsrelevanter Daten (Paßworte, Rechteprofile, Protokollierungsdaten) nutzen. Außerdem können lokale Sicherheitsmechanismen auf dem SECUVISOR-Benutzerkonzept und der Benutzerauthentisierung SECULOG als authentischer Basis aufsetzen. Sie benötigen damit kein eigenes Login, können die SECUVISOR-Benutzerprofile nutzen und um weitere Rechte ergänzen.

Wird das Kommunikationssicherungsmodul SECULAN in den Arbeitsstationen durch eine kryptographische Hardware unterstützt, können die lokalen Sicherheitsmodule außerdem die verfügbaren Kryptoverfahren nutzen und auf eine Software-Implementierung schwacher Algorithmen verzichten. Dies kann die Stärke des Schutzes ggf. deutlich erhöhen und spart Entwicklungsaufwand.

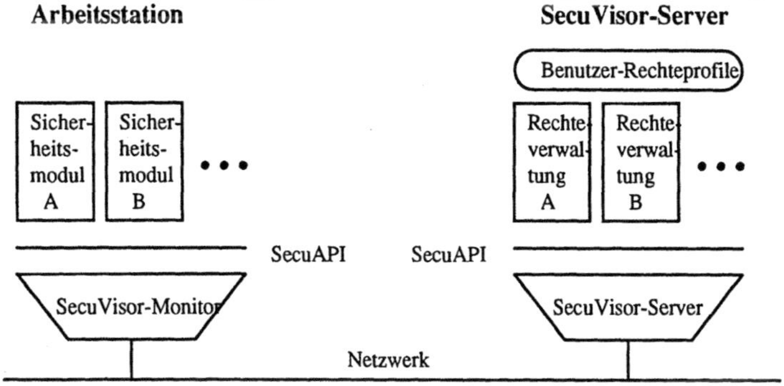

Abb. 3-3: Modularer Aufbau des SecuVisor-Konzepts

Dadurch kann eine Vielzahl von Schutzmechanismen in das SecuVisor-System **integriert** werden. Dies ermöglicht umfassende und nach den Sicherheitsanforderungen maßgeschneiderte Systemlösungen sowie deren spätere Ergänzung und Anpassung durch die Einbindung weiterer sicherheitstechnischer Lösungen für besondere Anforderungen (siehe Abb. 3-3).

Die einzelnen Sicherheitsmodule sind jeweils eigenständig und „selbstverantwortlich", sie benutzen jedoch Dienste der SecuAPI und fügen sich damit bezüglich Administration und Protokollierung in das Gesamtsystem ein. Für jede Arbeitsstation kann im SecuVisor-Server die Kombination der lokalen Sicherheitsmodule konfiguriert werden.

Lokale Sicherheitsmodule nehmen sich der lokalen, schützenswerten Ressourcen im Netzwerk an. Schützenswerte Ressourcen können dabei das gesamte lokale System, lokale Speichermedien und ihre Daten oder auch an das lokale System angeschlossene Geräte sein. Dies können Sicherheitsmodule mit folgenden Funktionen sein:

- Zugriffskontrolle für das gesamte lokale System;
- Sperren von Diskettenlaufwerken, ggf. abhängig von Benutzer, Datum und Uhrzeit;
- Zugriffskontrolle für lokale Festplatten, Verzeichnisse und Dateien, eventuell unterschieden nach Lese-, Schreib- und Ausführungszugriffen;

- kryptographische Verschlüsselung für lokale Festplatten oder Disketten;
- Virenschutzmaßnahmen für lokale Speichermedien, etwa durch eine regelmäßige Aktivierung eines Viren-Scanners;
- Zugriffskontrolle für an das lokale System angeschlossene Geräte (Drucker, Plotter, Scanner);
- Bildschirmdunkelschaltung und Tastatursperre bei Verlassen des Arbeitsplatzes mit anschließendem Authentisierungsprotokoll.

In allen Fällen können sich die Sicherheitsmodule auf die Realisierung des jeweiligen Sicherheitsdienstes beschränken. Die **Sicherheitsadministration** kann über die SECUAPI im zentralen SECUVISOR-Server erfolgen. Die Rechteprofile sind damit zugleich wesentlich besser vor Ausspähung und Verfälschung geschützt als auf lokalen Speichermedien. Gleiches gilt für kryptographische Schlüssel und die Protokollierung sicherheitsrelevanter Ereignisse.

4 Ausblick

Viele Sicherheitsaufgaben im Netzwerk gehen über rein lokale Anforderungen hinaus. Vor allem die Zentralität des SECUVISOR-Konzepts ermöglicht die effiziente Umsetzung netzwerkweiter Sicherheitsdienste.

So bedürfen beispielsweise große, sensitive Datenbestände in LANs eines soliden **Datensicherungskonzepts**. Der zentrale SECUVISOR-Server kann das Erstellen von Backups netzwerkweit koordinieren und steuern.

Gleichermaßen lassen sich **Virenschutzmaßnahmen**, etwa durch den Einsatz von Viren-Scannern, zentral überwachen, und Informationen über aufgetretene Viren im Netzwerk schnell an die zuständigen Stellen weiterleiten. Arbeitsstationen können bei Virenbefall sofort vom Netzwerk getrennt werden, um eine weitere Ausbreitung zu verhindern.

Um den Anwender von mehrfachen Login-Prozeduren in die Sicherheitssysteme einzelner Anwendungen (Host-Anbindung, Datenbanken etc.) zu entlasten, können solche **Login-Vorgänge** in gewissem Umfang **automatisiert** werden. Der zentrale SECUVISOR-Server kann gegebenenfalls auch **Sicherheitsaufgaben anderer Sicherheitssysteme** übernehmen, beispielsweise als Authorisierungsinstanz für asymmetrisches Schlüsselmanagement nach ANSI-Norm X.509 [6] dienen und damit etwa sichere E-Mail-Systeme (PEM, [7]) unterstützen.

Nicht zuletzt ist die Entwicklung *spezieller Hardware* denkbar, die mit eigenem Prozessor und Speicher ein vom Prozessor der Arbeitsstation unabhängiges System darstellt. Sie könnte eine Reihe weitergehender Überwachungsaufgaben (beispielsweise eine vollständige Buskontrolle) in der Arbeitsstation wahrnehmen. In Kombination mit der Hardware einer Netzwerkkarte könnte der bei kryptographischem Übertragungsschutz unvermeidliche Performance-Verlust erheblich reduziert werden.

5 Zusammenfassung

In einer heterogenen Netzwerkumgebung kann ein homogenes Sicherheitssystem nur in Gestalt einer **integrativen, modularen und flexiblen Sicherheitsplattform** realisiert werden, die auch den **Schutz lokaler Ressourcen** umfaßt. In lokalen (Broadcast-) Netzwerken ist insbesondere für den **Schutz der Datenübertragung** eine effiziente, sichere und transparente Lösung vorzusehen.

Die **homogene Struktur** der SECUVISOR-Sicherheitsumgebung vereinfacht die Bewertung der im Gesamtsystem erreichten Sicherheit. Durch den Einsatz geeigneter Krypto-Hardware wird der Einsatz starker und dennoch effizienter kryptographischer Verfahren möglich, die von allen integrierten Sicherheitsmodulen verwendet werden können. Durch die netzwerkweite **zentrale Administration und Überwachung** der Sicherheitsfunktionen sowie Protokollierung von Vorgängen im SECUVISOR-Sicherheits-Server ist eine **übersichtliche, effiziente und netzwerkweit einheitliche Umsetzung von Sicherheitsstrategien** möglich.

Literatur

[1] Jennifer G. Steiner, Clifford Neumann, Jeffrey I. Schiller: *Kerberos: An Authentication Service for Open Network Systems*; Winter USENIX 1988, Dallas, 12.1.1988, S. 1-15

[2] IEEE Std 802.10-1992: *Standards for Local and Metropolean Area Networks: Interoperable LAN/MAN Security (SILS)*, Secure Data Exchange (SDE), Approuved 17. September 1992, 1993

[3] Draft International Standard ISO/IEC DIS 10736: 1991: *Information technology - Telecommunications and information exchange between systems - Transport Layer Security Protocol*, 1991

[4] Federal Information Processing Standards (FIPS): *Data Encryption Standard (DES)*, Publication 46-1, National Bureau of Standards, US Department of Commerce, 1/1977

[5] International Standard ISO 7498-2: 1989 (E): *Information processing systems - Open Systems Interconnection - Basic Reference Model - Part 2: Security Architecture*, 1989

[6] CCITT Recommendation X.509 (1988): *The Directory: Authentication Framework*, 1988

[7] John Linn: *Privacy-Enhanced Electronic Mail (PEM): From Architecture to Implementation*, IFIP/Sec '91, 1991, S.222-232

Workstation und Rechenzentrum: La Belle et la Bête

B. Mertens

1 Einführung

Die stürmische Entwicklung der Informationstechnik — insbesondere im Bereich der individuellen Informationsverarbeitung (PCs, Workstations) — bringt eine Menge kontroverser Diskussion in fast alle Kreise, die mit Informationstechnik zu tun haben, und hin und wieder auch in solche, die weniger damit zu tun haben, aber doch eine deutliche Meinung dazu haben.

Eine der wichtigsten Facetten dieser Diskussion ist das Thema „verteilte versus zentrale Informationsverarbeitung" oder auch „Workstation versus Rechenzentrum". Es scheint, als ob die Workstation (der PC sei mit hinzugenommen) in der Rolle der 'Schönen' (La Belle) die neue, gute Welt der individuellen, offenen Informationsverarbeitung charakterisiert und dem Rechenzentrum gegenübersteht, das als das 'Biest' (La Bête) das Alte, Häßliche und Abzulösende verkörpert.

Was ist nun richtig, was ist falsch an dieser Sicht? Sind die Rechenzentren in der Zukunft entbehrlich? Welches ist die Rolle von Workstation und Rechenzentrum in der Zukunft? Im folgenden wird versucht, diesen Fragen nachzugehen und Antworten zu finden aufgrund der langen Erfahrung mit der Informationsverarbeitung in der sehr heterogenen Umgebung eines großen Forschungszentrums.

2 Zentrale und dezentrale Systeme

Historisch gesehen begann die Daten- oder Informationsverarbeitung (IV) ihre Rolle als zentrale Einrichtung: Wegen der hohen Kosten und der speziellen Funktionen stand ein zentrales Gerät mehreren oder später auch vielen Nutzern zur gemeinsamen Nutzung zur Verfügung.

Der Einzug dezentraler, individueller IV begann mit dem Preisverfall von Hardware (Massenproduktion) und dem Entstehen vielfältiger, oft innovativer Software für kleine Systeme (PC !). Eine weitere Ursache für diese Entwicklung ist die breite Akzeptanz von Standards (meistens De-Facto-Standards) für Hardware und Software, die eine breite Austauschbarkeit und Kombinierbarkeit von Produkten unterschiedlicher Hersteller und damit einen Massenmarkt erst ermöglichen. Dies führte letztlich zu der Forderung 'Offener Systeme', eine Forderung, der sich so mancher Hersteller nur zögernd anschließen kann.

Diese Entwicklung hat die IV im Forschungszentrum Jülich (KFA), eine der 16 Großforschungseinrichtungen in Deutschland, an vorderster Front mitgemacht. Beginnend mit einem zentralen System IBM 1401 im Jahre 1963 hat die zentrale IV in der KFA, die vom Zentralinstitut für Angewandte Mathematik (ZAM) der KFA verantwortlich betrieben wird, die folgenden Entwicklungsstufen durchlaufen:

- leistungsfähige Stapelverarbeitung (1967: IBM 360/75)
- Timesharing (1971: IBM 360/67, TSS)
- Kopplung lokaler Rechner an den Zentralrechner (1971: JOKER)
- KFA-übergreifendes Datennetz (1980: DATASWITCH)
- externe Datenkommunikation (1983: EARN, Deutsches Forschungsnetz)
- Supercomputing (1983: CRAY X-MP)
- Unterstützung des Personal Computing (PCs) seit 1983
- KFA-übergreifendes Local Area Network (1987: KFAnet)
- kooperatives Computing (1990: Workstation-Konzept)
- massiv-paralleles Supercomputing (1991/92: SUPRENUM, Intel-Paragon)

Neben der zentralen IV haben in der KFA schon seit vielen Jahren (beginnend etwa Ende der 60er Jahre) Kleinrechner — insbesondere im Experimentbereich —

eine große Rolle gespielt. In der Regel hatten diese Systeme eine Spezialaufgabe zu erfüllen.

Mit dem Erscheinen des Phänomens 'PC' Anfang der 80er Jahre und der wachsenden Verfügbarkeit leistungsfähiger Workstations ab Mitte der 80er Jahre konnten viele Minicomputer preiswert ersetzt, neue Datenverarbeitungsaufgaben abgedeckt und bestehende Anwendungen von den zentralen Großrechnern abgezogen werden. Zudem war die Entwicklung der Datenkommunikation so weit fortgeschritten, daß die Realisierung eines KFA-weiten lokalen Netzes auf der Basis akzeptierter Standards und damit eine Datenkommunikation 'jeder-mit-jedem' möglich war. Es war also an der Zeit, die Rolle von Workstations im Zusammenhang mit der zentralen IV zu diskutieren und ein Konzept für ein Miteinander beider Welten sowie die Weiterentwicklung zentraler Services zu erarbeiten.

3 Konzept zum kooperativen Computing in der KFA

1989 begann das ZAM, ein Konzept zur Integration von dezentraler, individueller IV (Workstations und PCs) und zentraler Verarbeitung und Dienstleistung (Großsysteme) zu definieren und umzusetzen. Dieses sollte kein starres, abgeschlossenes Konzept sein, sondern sollte sich stufenweise und abhängig von Erfahrungen, vom technischen Fortschritt und von sich ergebenden Notwendigkeiten entwickeln. Die erste Stufe dieses 'Workstation-Konzepts' wurde 'Konzept zum kooperativen Computing in der KFA' genannt, da hier die Zusammenarbeit zwischen dezentralen Workstations mit den zentralen Groß- und Supercomputern im Vordergrund stand. Kooperatives Computing soll das Beste aus zwei Welten vereinigen:

Aus dem **dezentralen** Computing werden übernommen:

- hervorragende Benutzeroberfläche (Benutzerfreundlichkeit)
- vielfältige, kompatible und weitverbreitete Software
- leichte Adaptierbarkeit von Spezial-Hardware und -Software
- preiswerte Lösung für viele DV-Aufgaben
- gute Psychologie ('mein' System, Unabhängigkeit, Flexibilität)

Die in das Konzept einfließenden Vorzüge des **zentralen** Computing sind:

- hervorragende Leistung (Prozessoren, Speicher, Spezial-Peripherie)
- Haltung großer, gemeinsam nutzbarer Datenmengen
- gemeinsame Nutzung von großen (teuren) Programmsystemen, Einrichtung zentraler Software-Lizenzen
- nachprüfbarer, professioneller Betrieb; Einhaltung einer zugesicherten Service-Qualität; definierter und nachprüfbarer Security-Standard
- Management von Kommunikationsnetzen
- Entlastung der Benutzer von fachfremden DV-Aufgaben
- Wirtschaftlichkeit durch hohe Auslastung der Ressourcen .

Das Workstation-Konzept beinhaltet drei Komponenten: ein technisches Modell, ein organisatorisches Modell und Prinzipien der Realisierung.

3.1 Das technische Modell

Die Grundidee des kooperativen Computing besteht in einer zweckgerichteten, synergetischen Strukturierung des Gesamt-Computing in einen zentralen Teil (Rechenzentrum (RZ)), einen dezentralen Teil (Workstations, PCs) und ein umfassendes leistungsfähiges Kommunikationsnetzwerk. Alle drei Teile müssen aufeinander abgestimmt sein, d.h. es müssen Protokolle, Standards und Konventionen festgelegt sein und eingehalten werden.

Dem Stand der Technik entsprechend wurde das Client-Server-Modell zugrunde gelegt: das RZ stellt Funktionen, Dienste, Daten und andere Ressourcen als 'Server' zur Verfügung, die von Anforderern (z.B. Workstations) im Netz — Clients genannt — jederzeit in Anspruch genommen werden können, sofern die Clients die festgelegten Protokolle und Konventionen einhalten und zur Benutzung des Servers zugelassen sind.

Das technische Modell muß also festlegen, welche Server angeboten, welche Protokolle, Schnittstellen, Konventionen usw. zugrunde gelegt und welche System-Plattformen (Hardware/Betriebssystem) unterstützt werden sollen.

Das Angebot der zentralen Server umfaßt die notwendigen zentralen Funktionen (Compute-, Daten-, Kommunikations-, Print-, Anwendungs-Server usw.); Details sind in (1) zu finden.

Bei den Protokollen, Schnittstellen, Standards und Konventionen wurden zunächst einmal die 'offenen Systeme' (zur Zeit also: UNIX-basierte Systeme, TCP/IP, OSI-Standards usw.) als maßgebend festgelegt. Soweit irgend möglich sollten die festgeschriebenen Protokolle usw. von allen relevanten Herstellern unterstützt und verfügbar sein.

Als Systemplattformen im Workstation-Konzept wurden die UNIX-Workstations der vier großen Hersteller festgelegt; eine eingeschränkte Unterstützung wurde für den PC unter DOS sowie für VMS definiert; die zentralen Großsysteme (IBM-Mainframe, Vektor-Supercomputer, massiv-parallele Systeme) wurden als Träger zentraler Funktionen eingebunden. Die Liste dieser Plattformen ist nicht notwendigerweise abgeschlossen. Auch andere Systeme können (ohne zentrale Unterstützung) am Workstation-Konzept teilnehmen, sofern sie die festgelegten Standards einhalten.

3.2 Das organisatorische Modell

Ein problemloses Miteinander so verschiedener Bereiche (dezentral, zentral, Netzwerk) setzt eine klare Definition der unterschiedlichen Aufgaben und Verantwortlichkeiten voraus.

Im Rahmen der Stufe 1 des Workstation-Konzepts wurde die folgende grobe Aufgabenverteilung (Details findet man in [1]) festgelegt:

1. Die Aufgaben und Verantwortung des Benutzers (dezentraler Bereich):

   Obwohl eine weitgehende Entlastung der Nutzer von fachfremden Aufgaben angestrebt wird, verbleiben in dieser ersten Stufe wegen der knappen personellen Ressourcen im RZ einige Aufgaben beim Workstation-Nutzer; die wichtigsten hiervon sind die Systemverantwortung und die Einhaltung der festgelegten Konventionen.

2. Die Aufgaben und Verantwortung des Herstellers (Lieferanten):

   Diese bestehen im wesentlichen in der Installation des Systems und der Erfüllung der Wartungsverträge.

3. Die Aufgaben und Verantwortung des Rechenzentrums (ZAM)

Neben der traditionellen Verantwortung des RZ für das zentrale Computing sowie die übergreifenden Datennetze erwachsen ihm durch dieses Konzept zusätzliche Aufgaben. Hauptaufgaben sind die Festlegung und Garantie von Konventionen, der Betrieb der Server und die Unterstützung der Nutzer.

Diese Verteilung der Aufgaben wurde bei der Erstellung des Konzeptes nicht als endgültig angesehen; wie später erläutert wird, setzt an dieser Stelle eine geplante zweite Stufe des Workstation-Konzepts an.

3.3 Prinzipien der Realisierung

Entsprechend den besonderen psychologischen Aspekten bei der dezentralen, individuellen IV kann ein solches Konzept nicht per Dekret durchgesetzt werden. Es kann nur ein Angebot sein, das die Nutzer überzeugen muß.

Im folgenden sind die wichtigsten Prinzipien der Realisierung des Workstation-Konzepts aufgelistet:

- Es ist ein freibleibendes Angebot an die Nutzer, keine Verpflichtung.
- Es wird zusätzlich zu bestehenden Diensten angeboten.
- Wer das Konzept annimmt und sein Gerät konform zu den Richtlinien betreibt, erhält im definierten Rahmen zentrale Unterstützung und eine Garantie der angebotenen Funktionen.

Zur Abdeckung dieser zusätzlichen Aufgaben durch das RZ sind weitere Realisierungsprinzipien notwendig:

- Neue Funktionen sind schrittweise einzurichten: vom Test- über den Pilot- hin zum Produktionsbetrieb.
- Neue Funktionen sollten möglichst nicht auf den alten Systemplattformen implementiert werden.
- Der Aufwand für 'alte' Funktionen ist zu minimieren. Entbehrliches soll eingefroren oder entfernt werden.
- Portierbare Funktionen sollen auf offene Plattformen verlagert werden.
- So weit wie möglich sind Standard-Software und gewartete Herstellerprodukte einzusetzen.

Eine vollständige Ablösung der alten Systemplattformen (IBM-Mainframe) erscheint auf absehbare Zeit allerdings nicht möglich.

4 Erfahrungen

Für einen Dienstleistungsbereich erscheint als typisch, daß spontane positive Rückmeldungen eher die Ausnahme sind; im Falle des RZ gilt dies insbesondere für den dezentralen Bereich der IV. Das ZAM hat daher von Anfang an direkten Kontakt zu betroffenen Benutzern gesucht, um auch schon in der Planungsphase des Workstation-Konzepts Rückkopplung aus möglichst vielen verschiedenen Benutzerbereichen zu haben.

So heterogen wie diese Bereiche sind, waren auch deren Vorstellungen und Meinungen hinsichtlich dieser Planung:

- „Das Konzept wird voll unterstützt. Wir erwarten eine Erleichterung bei unseren Arbeiten."
- „Wir finden diese Ideen sehr interessant, können aber nicht absehen, in wie weit das für uns von Bedeutung ist. Wenn wir einsteigen, muß es auf jeden Fall ganz leicht sein."
- „Das betrifft uns nicht. Wir haben unsere eigene Philosophie."
- „Wir warnen davor, in dieses Konzept Ressourcen zu stecken, die dann in der zentralen IV (Großrechner) fehlen."
- „Wir haben keine Zeit, uns hierum zu kümmern."

Die Meinung der Benutzer ergab also insgesamt kein klares, eindeutiges Bild und somit war das RZ vor die Aufgabe gestellt, vorauseilend für viele Nutzer ein innovatives Konzept zu entwickeln und zu erproben. (Dies scheint generell eine wichtige und typische Aufgabe für ein RZ zu sein.)

Inzwischen sind drei Jahre vergangen. Protokolle, Schnittstellen und Konventionen wurden festgelegt, die meisten Server eingerichtet und in Betrieb genommen. In vielen Informationsveranstaltungen wurden die Nutzer über den Fortgang der Dinge unterrichtet. Kritik gab es gelegentlich in Detailfragen. Überschwengliches Lob hat das ZAM nicht erwartet. Bestimmte Nutzergruppierungen suchen engen Kontakt an das ZAM bei der Weiterentwicklung ihrer dezentralen IV; andere wiederum haben sich Systeme beschafft, die nicht Bestandteile des Workstation-Konzepts sind. Trotzdem scheint das Ganze aber bisher gut zu funktionieren.

Interessant ist die Frage, ob all die vielen PCs und Workstations in der KFA (schätzungsweise etwa 1800 PCs und 600 Workstations), die seit Mitte der 80er Jahre beschafft wurden, einen sichtbaren Einfluß auf die Nutzung der traditionellen zentralen Dienste Stapelverarbeitung und Timesharing gehabt haben. Abbildungen 1 bis 3 zeigen diese Daten über den Zeitraum 1982 bis 1992.

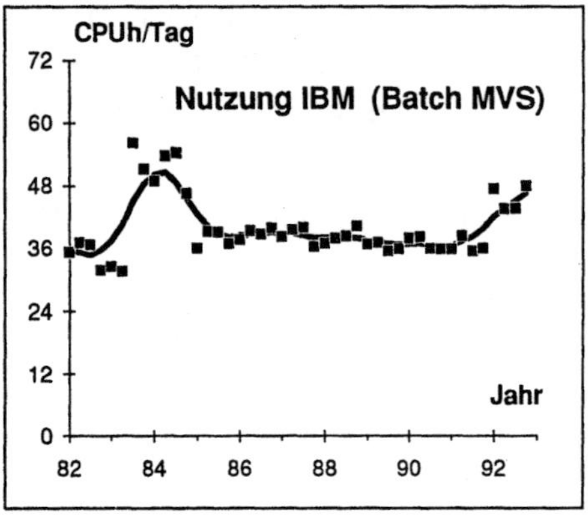

Abb. 1: Nutzung der zentralen Großrechner der KFA in den Jahren 1982 bis 1992: Die durchgezogene Linie zeigt einen gleitenden Mittelwert.

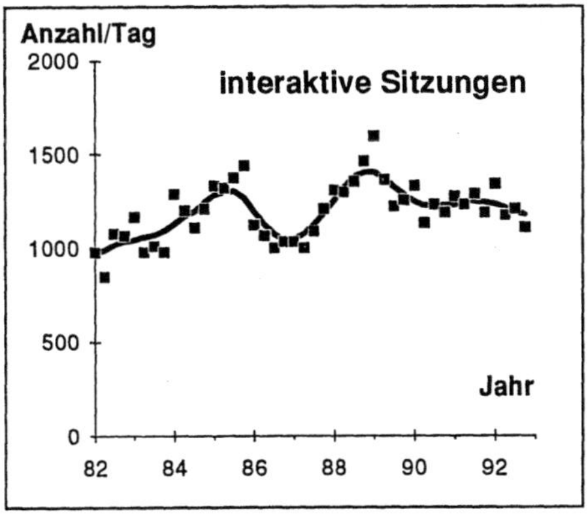

Abb. 2: Nutzung der zentralen Großrechner der KFA in den Jahren 1982 bis 1992: Die durchgezogene Linie zeigt einen gleitenden Mittelwert.

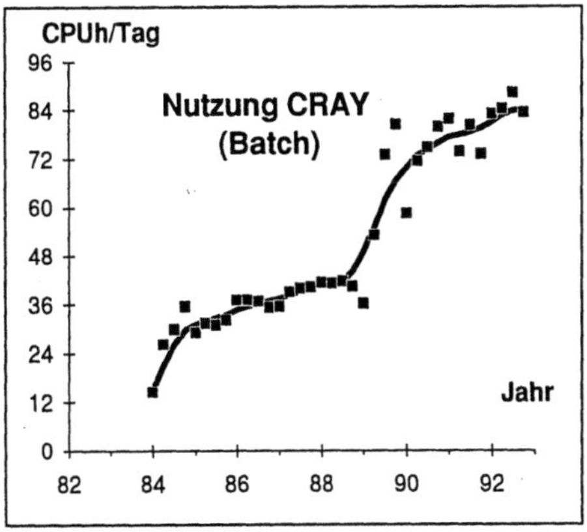

Abb. 3: Nutzung der zentralen Großrechner der KFA in den Jahren 1982 bis 1992: Die durchgezogene Linie zeigt einen gleitenden Mittelwert.

Im Detail sind diese Daten schwierig zu interpretieren, da sowohl Systemwechsel als auch geringe Abweichungen in der Bedeutung der Daten über all die Jahre zu berücksichtigen sind. Auch einzelne 'prominente' Nutzer haben hier und da ihren Fußabdruck hinterlassen. Trotzdem scheint die Aussage berechtigt zu sein, daß trotz der massiv angewachsenen Menge von PCs und Workstations die Nutzung der traditionellen Stapelverarbeitungs- und Timesharing-Dienste (noch ?) keinen deutlichen Trend nach unten zeigt (allenfalls ist eine gewisse Abflachung der

Timesharing-Nutzung zu beobachten). Hieraus konkrete Schlüsse zu ziehen, erscheint waghalsig. Folgende Erklärungsmöglichkeiten bieten sich an:

- Die Nutzer der traditionellen Dienste bleiben beim Altbewährten; neue Nutzer und neue Anwendungen benutzen von Anfang an die neuen Plattformen PC und Workstation, d.h. zentrale und dezentrale IV haben gar nichts miteinander zu tun.
- Die Nutzer nutzen alle ihnen zur Verfügung stehenden Ressourcen; Zuwächse, die auf den zentralen Rechnern wegen hoher Auslastung nicht möglich sind, werden auf anderen Plattformen gesucht.
- Funktionen und Anwendungen, die von den zentralen Rechnern auf dezentrale Systeme verlagert werden, schaffen Raum auf den Zentralrechnern für andere Anwendungen, z.B. für Dienste im Rahmen des Workstation-Konzepts.

Schaut man ein bißchen genauer hin, wie die verschiedenen Nutzerkreise in der KFA ihre IV durchführen, so findet man, daß jede der drei Möglichkeiten mehr oder weniger zutrifft — abhängig davon, welchen Kreis man gerade betrachtet.

5 Weitere Entwicklung

5.1 Workstation-Cluster als Parallelrechner?

Auch in der KFA kam die an anderen Stellen geführte Diskussion auf, daß Workstation-Cluster oder -Netze hervorragend dafür geeignet seien, die teuren Supercomputer zu ersetzen, und daß man damit viel Geld einsparen könne. Untersuchungen an einem über Ethernet gekoppelten Vierer-Cluster von RS/6000-Workstations im ZAM zeigten jedoch [2], daß ein solches Workstation-Netz nur für bestimmte, ausgewählte Anwendungen eine brauchbare Leistung als Parallelrechner erbringen kann. Darüber hinaus sind solche Netze sicher noch zu Ausbildungszwecken und zur Vorbereitung von Programmen für einen 'richtigen' Parallelrechner sinnvoll zu gebrauchen.

Sehr interessant ist die Nutzung von Workstation-Netzen oder -Farms für interaktive oder Stapelverarbeitung. Daher betreibt das ZAM auch seit 1991 ein Cluster aus zwei großen RS/6000-Workstations als zentrales UNIX-Angebot und Anwendungs-Server im Pilotbetrieb. Wichtige Probleme sind hierbei die 'Load Distribution' und das 'Load Balancing'.

5.2 Zentrales Management von Workstation-Gruppen

In der ersten Stufe des Workstation-Konzepts wurden die Workstations einzeln behandelt; zudem war ein Systemmanager vor Ort für die Administration zuständig. Hier setzt nun eine zweite Stufe des Konzepts an, die derzeit in der Planung bzw. Vorbereitung ist.

Konkreter Auslöser für den Beginn der Planung war eine notwendige Ausrüstung von Arbeitsplätzen mit X-Window-Terminals. Schnell tauchten die Fragen auf: Wie teuer ist es, statt dessen kleine Workstations zu beschaffen? Ist es nicht viel wirtschaftlicher, nicht nur den X-Server, sondern die ganze Anwendung auf dem Endgerät ablaufen zu lassen und damit die zentralen Server zu entlasten? Was ist der Aufwand für eine solche Lösung?

Dies führte zu einer zweiten Stufe im Workstation-Konzept unter der Bezeichnung 'Workstation-Gruppen' mit der folgenden Zielsetzung:

- Die Workstation am Platz des Nutzers muß so einfach zu bedienen sein wie ein X-Terminal. Die ganze Gruppe (ein Server mit 5 bis 20 Client-Workstations) wird so weit wie möglich zentral verwaltet.
- Die Hardware vor Ort muß so gut wie möglich ausgenutzt werden.
- Die ganze Gruppe soll zu niedrigsten Kosten beschaffbar sein.

Ein erstes Pilotprojekt hierzu wird bereits auf der Basis IBM RS/6000 durchgeführt. Ein zweites ist in Vorbereitung, wobei DEC-Workstations eingesetzt werden sollen. In diesem Zusammenhang soll dann auch DEC-Athena, eine kommerzielle und — laut Hersteller — sich weiter entwickelnde Version von MIT-Athena, auf Brauchbarkeit in diesem Kontext untersucht werden.

Diese Vorhaben adressieren einen der wohl gravierendsten Nachteile von Workstations, nämlich den großen und ständig steigenden Verwaltungs- und Betreuungsaufwand. Die mit der wachsenden technischen Potenz der Workstation zunehmende Vielfalt und Komplexität der Software auf der einen Seite und die steigenden Ansprüche seitens der Nutzer auf der anderen Seite binden immer mehr

Personalkapazität, die bei Wirtschaftlichkeitsbetrachtungen oft ausgelassen oder unterschätzt wird. Was dieses Problem so gravierend macht, ist, daß der Aufwand für die einzelne Workstation mit der Anzahl multipliziert werden muß, um den Gesamtaufwand im Unternehmen zu erhalten. Es wird zwar oft argumentiert, daß die Betreuung einer Workstation nicht viel Zeit in Anspruch nehme und gewissermaßen 'nebenbei' geschehe, der große Faktor aber, der auf die Gesamtkosten für das Unternehmen führt, wird gerne übersehen.

Ungeklärt ist auch, inwieweit zentrales Management die bei Workstations offensichtlich so wichtige Unabhängigkeit und Flexibilität einschränkt und wie weit es dabei bei den Workstation-Benutzern psychologisch akzeptiert wird. Auch dies muß noch herausgefunden werden.

5.3 Wandel in den Aufgaben des Rechenzentrums

Die bisherigen Erfahrungen zeigen, daß die individuelle, dezentrale IV und das Rechenzentrum sich ideal ergänzen können — ja sogar einander dringend benötigen, wenn die Synergieeffekte voll zum Tragen kommen und niedrige Gesamtkosten erreicht werden sollen. Dazu bedarf es insbesondere einer größeren Flexibilität seitens des RZ, um auf Bedürfnisse seitens der dezentralen IV reagieren zu können. Kontraproduktiv hierzu sind allerdings die in den Rechenzentren knapper werdenden Ressourcen (z.B. auferlegte Personalkürzungen), die dabei eine Prioritätensetzung und eine Konzentration auf die wichtigsten Aufgaben erzwingen.

Das Rechenzentrum ist dabei der Ort für alle Aufgaben, die nur an **einer** Stelle durchgeführt werden können, insbesondere:

- Festlegen und Garantieren notwendiger Standards und Konventionen (z.B. übergreifende Namensgebungen!);
- Verwalten zentraler, gemeinsamer Datenbestände;
- Betrieb der Kommunikationsnetze (übergreifende und externe Kommunikation); Netzmanagement;

oder für alle Aufgaben, die aus wirtschaftlichen Gründen an **einer** Stelle durchgeführt werden sollten, z.B.

- Betrieb teuerer Einzelgeräte (Supercomputer);
- Unterstützung, Beratung (Kompetenzzentrum);

- Koordination/Abschluß zentraler Verträge (Lizenzen, Wartung, Service);
- Entwicklung und Erprobung innovativer IV-Konzepte.

Das Rechenzentrum wandelt sich von dem Ort, wo die zentralen Computer installiert sind, in den Ort, wo die zentralen Aufgaben wahrgenommen werden.

Aber auch im Bereich der dezentralen IV bleibt noch viel zu tun, was hier nicht weiter diskutiert werden kann. Es scheint aber so zu sein, daß zentrale und dezentrale IV einander dringend benötigen.

Es ist zu hoffen, daß der begrüßenswerte Wandel, den 'die Workstation' (La Belle) im Rechenzentrum (La Bête) ausgelöst hat, fortwirkt. Und damit darf ich zu unserer Geschichte vom Anfang zurückkommen: Durch den Kuß der Schönen wurde das Biest zum Prinzen zurückverwandelt, und zwar zu einem gebesserten und geläuterten Prinzen. Damit das so bleibt und der Prinz nicht wieder zum Biest wird, sollte die Schöne ihn vielleicht hin und wieder küssen!

Literatur

[1] D. Erwin, H.W. Homrighausen, B. Mertens: *Angebot des ZAM zum kooperativen Computing in der KFA*, Forschungszentrum Jülich 1991, Interner Bericht KFA-ZAM-IB-9015

[2] T. Kentemich, K. Solchenbach: *Projekt Paralleles Rechnen auf Workstations*, Forschungszentrum Jülich, 1992, Interner Bericht KFA-ZAM-IB-9224

Verteilte Online-Informationssysteme

Dieter Weiß

1 Einleitung

Die Abkehr der Rechenzentren von den zentralen Mainframe-Rechnern hin zu verteilten, offenen Systemen macht es erforderlich, daß auch auf die Online-Information von allen Systemen gleichermaßen zugegriffen werden kann. Dabei soll die Information einerseits möglichst redundanzfrei und andererseits auf verschiedene Systeme verteilt gespeichert werden. In diesem Vortrag sollen Informationssysteme behandelt werden, die diese Forderungen erfüllen und im weltweiten Internet zur Verfügung stehen.

2 Kommunikationsdienste im Internet

Zur Einordnung und Abgrenzung des Themas sollen zunächst die wichtigsten Kommunikationsdienste, die im Internet [6] zur Verfügung stehen, kurz charakterisiert werden.

Die grundlegenden Dienste jeder Computer-Vernetzung, Dialog und Dateitransfer, werden im Internet durch Telnet und FTP (File Transfer Protocol) realisiert. Sie bauen, wie auch alle folgenden Dienste, auf TCP/IP (Transmission Control Protocol / Internet Protocol) auf. Typisch für diese Dienste ist die Notwendigkeit, auf dem entfernten Rechner eine Benutzungszulassung zu besitzen. Vielfach werden solche Zulassungen mit eingeschränkten Rechten allerdings der Allgemeinheit zur Verfügung gestellt. Bei der elektronischen Post (E-Mail) ist keine Zulassung auf dem entfernten Rechner erforderlich, lediglich die E-Mail-Adresse des Partners muß bekannt sein. Mit der Einrichtung von Adreß-Verteilern und Listservern können auf den E-Mail-Dienst einfache Informationssysteme aufgesetzt werden. Noch konsequenter auf den Nachrichtenaustausch ausgelegt ist der Dienst NetNews. Ähnlich wie die Listserver ist dieser Dienst für die Verteilung von Nachrichten, nicht jedoch zur längerfristigen Bereitstellung von Informationen vorgesehen.

Dieser Bereich wird von den drei Systemen Gopher, WAIS (Wide Area Information Server) und WWW (World-Wide Web) abgedeckt. Gopher bietet grundsätzlich Menüs zur Auswahl an. Das Ergebnis einer Auswahl ist im allgemeinen wieder ein Menü und schließlich ein Text oder ein sonstiges „Objekt". Besondere Bedeutung kommt Gopher durch die Tatsache zu, daß alle übrigen genannten Systeme direkt in Gopher-Menüs eingebunden werden können. Daher wird dieses System den Schwerpunkt des Vortrags bilden. WAIS bietet die gleichzeitige Stichwortsuche in mehreren Quellen an, die beliebig in Internet verteilt sein können. WWW schließlich verbindet weltweit verteilte Texte mit einer Hypertextstruktur.

Es gibt inzwischen so viele Informationssysteme der genannten Typen, daß es nahezu unmöglich ist, sie einzeln aufzufinden. Daher wurden für diesen Zweck spezifische Suchsysteme entwickelt. In Tabelle 1 sind die wichtigsten Informationssysteme im Internet zusammengestellt.

Kommunikationsdienst	Charakteristikum	Suchsystem
Telnet	Dialog	Hytelnet
FTP	Dateitransfer	Archie
E-Mail	Briefzustellung, Listserver	
NetNews	Diskussionsforen	
Gopher	Allgemeines Informationssystem	Veronica
WAIS	Stichwortsuche	WAIS
WWW	Hypertext	

Tabelle 1: Informationssysteme im Internet

3 Das Informationssystem Gopher

3.1 Gopher als Client-Server-System

Gopher wurde 1991 an der University of Minnesota zunächst als CWIS (Campus-wide Information Server) entwickelt [2]. Seinen Namen hat es von dem Erdhörnchen (engl.: gopher), dem Wappentier des US-Bundesstaats Minnesota. Dem System liegt das Client-Server-Modell zugrunde: Der Benutzer führt einen Dialog mit dem Gopher-Client, der gemäß einem einfachen Protokoll eine Anfrage an einen Gopher-Server stellt und dessen Antwort geeignet präsentiert. Der Server verwaltet einen eigenen Datenbestand, der als ein UNIX-Verzeichnis[1] realisiert ist, und wartet auf Anfragen, die an einem definierten TCP-Port ankommen. Der Client kennt zunächst nur die Internet-Adresse und Port-Nummer eines bestimmten Servers. Wenn er gestartet wird, sendet er eine leere Anfrage an diesen Server. Dieser sendet daraufhin mehrere Zeilen, die den Inhalt seines Hauptverzeichnisses auflisten, und jeweils eine Typangabe, einen Menüeintrag, einen Selektor (Zeichenkette) sowie eine Internet-Adresse mit zugehöriger Port-Nummer enthalten, und bricht anschließend sofort die Verbindung ab. Der Client bewahrt diese Informationen in einem Stack auf und präsentiert die Menüeinträge am Bildschirm.

---

1 Es gibt auch Server für andere Betriebssysteme. Sie verhalten sich jedoch dem Client gegenüber genauso wie UNIX-Server, so daß der Benutzer davon nichts bemerkt.

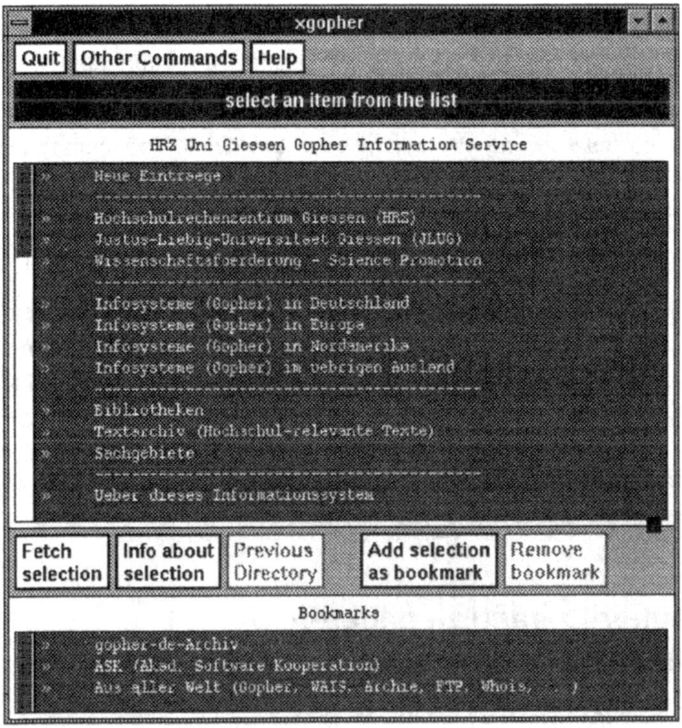

Abb. 1: Der Gopher-Client xgopher

Wählt der Benutzer einen Menüeintrag aus, so sendet der Client den zugehörigen Selektor als Anfrage an den Gopher-Server, dessen Internet-Adresse und Port-Nummer zu dem Menüeintrag gehört. Der Client braucht die Bedeutung des Selektors nicht zu kennen. Lediglich der Server muß wissen, wie er auf die Anfrage zu reagieren hat. Es ist ein Prinzip des Gopher-Systems, die Intelligenz so weit wie möglich in den Server zu verlagern.

Die Realisierung nach dem Client-Server-Modell mit einem sehr einfachen Protokoll hat viele Vorteile:

- Das System ist grundsätzlich auf verteilte Datenhaltung ausgelegt.
- Für jede beliebige Hardware- und Betriebssystem-Plattform kann relativ leicht ein Client programmiert werden, der die gegebenen Präsentationsmöglichkeiten optimal ausnutzt.

- Durch die sofortige Verbindungsauflösung wird die Netzbelastung gering gehalten und Verwaltungsaufwand zur Überwachung der Verbindung vermieden.
- Der Server kann mit Gateway-Programmen zu anderen Informationssystemen ausgestattet werden, die damit von den Clients ohne Veränderung nutzbar werden.
- Der Benutzer arbeitet mit einer einheitlichen, intuitiv erfaßbaren Oberfläche.

Der Client erkennt an der Typangabe, um welche Art von Objekt es sich handelt. Objekte vom Typ „Verzeichnis" werden mit einer Auswahlmöglichkeit (Numerierung, Cursor-Tasten oder Mauszeiger) am Bildschirm präsentiert. Textobjekte werden zum Durchblättern angeboten und können anschließend gespeichert, gedruckt oder per E-Mail an einen beliebigen Adressaten geschickt werden. Jeder Menüeintrag kann als sogenannte Bookmark gespeichert werden. Die Bookmarks bilden sozusagen ein persönliches Menü des Benutzers.

3.2 Der Gopher-Zugang zu anderen Kommunikationsdiensten

Der Kommunikationsdienst FTP mit freiem Zugriff (anonymous FTP, aFTP) bietet, ähnlich wie Gopher, eine Verzeichnisstruktur zur Auswahl und Übertragung von Dateien an. Daher bot es sich bei der Entwicklung von Gopher an, einen Übergang zu schaffen. Der Verwalter eines Gopher-Servers kann in dessen Verzeichnis eine Verbindung zu einem aFTP-Server eintragen. Damit kann der Gopher-Benutzer, ohne FTP-Kommandos zu kennen, aFTP-Server durchsuchen und sich Dateien übertragen lassen.

Grundsätzlich anders gestaltet sich der Übergang zu Telnet. Auch hier gibt es viele Institutionen, die öffentlichen Zugang gewähren. Im Gopher-Server wird eine Telnet-Verbindung durch eine spezielle Typangabe gekennzeichnet. Der Selektor enthält ggf. die öffentlich bekannte Benutzerkennung und das zugehörige Paßwort. Der Client kennzeichnet den entsprechenden Menüeintrag als Dialog und startet nach Auswahl dieses Eintrags eine Telnet-Sitzung mit dem angegebenen Host-Rechner. Der Benutzer verläßt damit die vertraute Gopher-Oberfläche und muß die Syntax des jeweiligen Dialogsystems einhalten. Auf diese Weise sind insbesondere viele öffentliche Bibliothekskataloge zugänglich. Nach Beendigung der Dialogsitzung präsentiert der Client wieder das aktuelle Menü.

Ein weiterer Objekttyp ist der „Suchindex“, der die Stichwortsuche in einem vorgegebenen Textbestand realisiert. Bei Auswahl eines solchen Menüeintrags fordert der Client den Benutzer zur Eingabe eines Suchausdrucks auf und sendet diesen zusammen mit dem Selektor an den Server. Dieser liefert daraufhin ein Menü aller Texte, die den Suchausdruck enthalten.

Ein Server, der einen Suchindex anbietet, muß ein Interface zu einem Retrieval-System eingebaut haben. Zur Zeit gibt es zwei solche Interfaces, von denen das eine auf der NeXT-Software beruht und das andere eine Verbindung zu WAIS herstellt.

4 Das Informationssystem WAIS

Das Informationssystem WAIS wurde von der Firma Thinking Machines Inc. unter Mitwirkung von Dow Jones und Apple entwickelt [4]. Primäres Ziel war es, ein leistungsfähiges Information-Retrieval-System auf der von Thinking Machines hergestellten massiv-parallelen „Connection Machine“ zu implementieren. Obwohl die Software von einer Firmengruppe entwickelt wurde, steht sie im Internet frei zur Verfügung.

Wie Gopher beruht auch WAIS auf dem Client-Server-Prinzip. Die WAIS-Software erlaubt es, einen Textbestand mit einem Index zu versehen, so daß zu einem eingegebenen Such-String in kurzer Zeit jeder Einzeltext gefunden wird, der diesen Such-String enthält. Die Indizierung geschieht vollautomatisch mit allen Vor- und Nachteilen, die einem solchen Verfahren eigen sind. Ein Textbestand mit den zugehörigen Indexdateien und dem Server wird als Quelle (WAIS-Source) bezeichnet. Ein Server kann beliebig viele indizierte Textbestände verwalten. Die zum Auffinden einer Quelle erforderliche Information (einschließlich Hinweisen über den Inhalt des Datenbestands) wird in standardisierter Form abgelegt und ebenfalls als Quelle bezeichnet. Zusammen mit der Client-Software werden einige solche Quellen ausgeliefert. Darunter ist das Verzeichnis aller registrierten WAIS-Quellen (directory of servers). Jeder Client kennt damit sofort nach der Installation alle zum Zeitpunkt der Fertigstellung der aktuellen Version registrierten Quellen. Damit lassen sich in einem ersten Suchschritt alle Quellen finden, die das gesuchte Thema im Namen oder in der Kurzinformation enthalten. Die eigentliche Suchanfrage kann dann quasi-parallel an diese Quellen gerichtet werden, wobei deren geographische Verteilung keine Rolle spielt.

Das WAIS-Protokoll, das die Struktur der Suchanfragen und der Antworten definiert, beruht auf dem Standard Z39.50 der NISO (National Information Standards Organization), die dem ANSI (American National Standards Institute) angegliedert ist. Dieser Standard wurde für Online-Bibliothekskataloge entwickelt. In Erweiterung von Z39.50 bietet WAIS das sogenannte Relevance-Feedback. Aus dem Suchergebnis können einzelne Texte als besonders relevant gekennzeichnet und als Such-String in die folgende Suchanfrage einbezogen werden. Dieses Verfahren hat sich besonders bei automatisch indizierten Textbeständen bewährt.

WAIS liefert jedes Suchergebnis mit einer Maßzahl für die Treffergüte aus. Dabei wird die Häufigkeit der in der Suchanfrage enthaltenen Wörter im Suchergebnis bewertet. Die Maßzahlen werden auf 1000 normiert und die Suchergebnisse nach fallender Güte präsentiert.

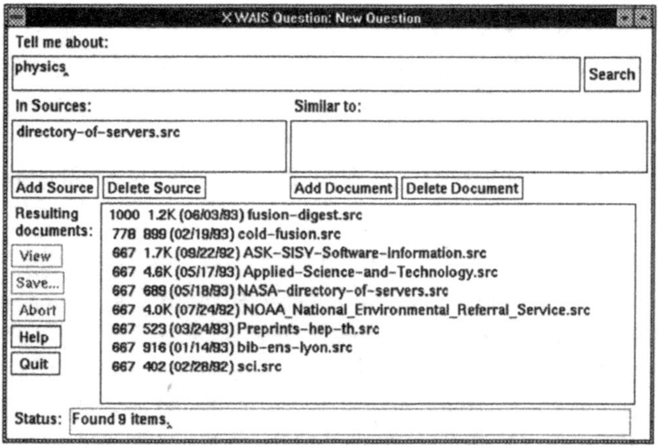

Abb. 2: Ergebnis einer WAIS-Suche

Das Gopher-Interface zu WAIS liefert die Maßzahlen nicht mit. Auch das Relevance-Feedback ist in diesem Zusammenhang nicht nutzbar. Dennoch ist dieser Zugang wegen der einheitlichen Benutzerschnittstelle von großer praktischer Bedeutung. Die Kombination von Gopher und WAIS ermöglicht auch die Indizierung eines lokalen Gopher-Datenbestands. Die so entstandene WAIS-Quelle kann als Suchindex in das Gopher-Verzeichnis eingefügt werden.

5 Das globale Informationssystem WWW

Am Europäischen Kernforschungszentrum CERN (Centre Européen Pour La Recherche Nucléaire) wurde ein Informationssystem entwickelt, das noch weitergehendere Möglichkeiten bietet als Gopher und WAIS. Es beruht auf dem Hypertext-Prinzip und wird als World-Wide Web (WWW oder W3) bezeichnet [1]. Auch WWW ist ein Client-Server-System.

Der Client präsentiert ein Dokument, das er von einem Server abgerufen hat. Ein solches Dokument enthält Verweise auf andere Dokumente, die auf anderen Servern liegen können. Der Benutzer kann das Dokument durchblättern oder einem Verweis folgen. Das geschieht je nach Komfort des Clients durch Anklicken eines hervorgehoben dargestellten Wortes oder durch die Eingabe einer Verweiszahl. Daraufhin wird das Dokument präsentiert, auf das der Verweis gerichtet ist. Zusätzlich gibt es Suchindizes, in denen nach Stichworten gesucht werden kann. Der Client bewahrt die benutzten Dokumente in einem Stack auf, so daß das Navigieren in der bisher durchlaufenen Hypertextstruktur mühelos und ohne Zeitverlust möglich ist.

Das Datenmodell von W3 kann als Verallgemeinerung des Gopher-Modells aufgefaßt werden, wobei statt der Menüs Hypertext-Dokumente angeboten werden. Zur internen Darstellung dieser Dokumente verwendet W3 HTML (Hyptertext Markup Language), eine auf der Basis von SGML (ISO Standard Generalized Markup Language) entwickelte Dokument-Beschreibungssprache. Auch bei W3 hat der Benutzer den Vorteil einer einheitlichen Bedienungsoberfläche. Unter dieser Oberfläche sind auch Gopher- und WAIS-Quellen zugänglich. Das wird durch die Multi-Protokoll-Fähigkeit erreicht, die sich dem Benutzer unter der W3-Oberfläche verbirgt. Alle im Netz zugänglichen Informationsquellen werden durch sogenannte URL (Unified Resource Locator) dargestellt, die zusätzlich zur Lokation der Quelle auch Information über das zugehörige Übertragungsprotokoll enthalten. Damit kann der W3-Server die Quelle in ein virtuelles Hypertext-Dokument umwandeln und dem Client anbieten. Client und Server verständigen sich im Rahmen des W3-Protokolls über die möglichen Darstellungsformate (z.B. ASCII-Text, PostScript, GIF), und der Server bietet die Dokumente in der bestmöglichen Darstellungsart an. Dieses Konzept erlaubt auch die Einbeziehung neuer Formate, für die es eine zentrale Registrierungsstelle gibt.

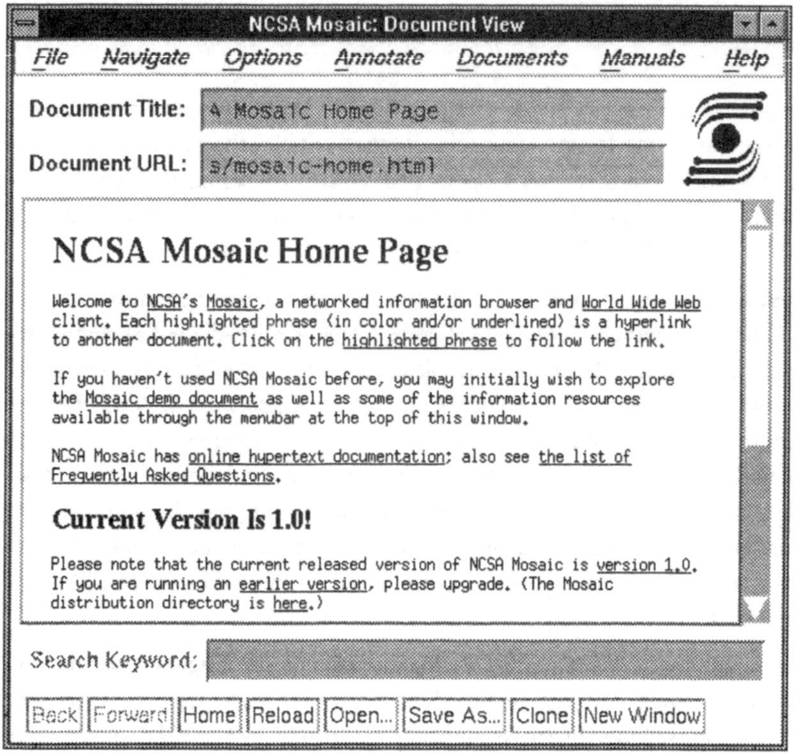

Abb. 3: Der W3-Client xMosaic

W3 ist sicher das umfassendste der im Internet existierenden Informationssysteme. Seine allgemeine Verwendung scheitert aber zur Zeit noch an der Tatsache, daß kaum geeignete Werkzeuge zur komfortablen Erzeugung von Hypertext-Dokumenten existieren.

6 Erfahrungen im Einsatz von Gopher und WAIS

6.1 Das Informationsangebot

Aus der Sicht eines Hochschulrechenzentrums bieten die vorgestellten Systeme eine ideale Basis, um alle für die Benutzer vorgesehenen Informationen übersichtlich anzubieten. Darüber hinaus können aber auch andere Einrichtungen der Hochschule diese Infrastruktur für eigene Informationen nutzen (Veranstaltungsankündigungen, Forschungsberichte, Bibliothekskataloge u.v.a.). Viele Hochschulen bieten auch Spezialinformationen an, die über den Campus hinaus von großem Interesse sind, beispielsweise die ca. wöchentlich erscheinenden Informationen zur Forschungsförderung [3].

Einzelne Server wurden auch als fachspezifische Informationssysteme eingerichtet (z.B. für Physik an der Universität Augsburg, Mathematik an der Universität Heidelberg).

Weltweit gibt es inzwischen eine fast unübersehbare Menge von Servern mit den unterschiedlichsten Angeboten. Zu den wichtigsten Arten der angebotenen Informationen zählen:

- Software
- Textarchive
- Bibliothekskataloge
- Faktendatenbanken
- Elektronische Zeitschriften
- Wörterbücher

Teilweise gehen auch schon Verlage dazu über, Kataloge und Neuankündigungen im Internet anzubieten.

6.2 Hilfsmittel zur gezielten Recherche

Die Tatsache, daß es keine zentrale Koordinierungsstelle und keine Vorschriften für Informationsanbieter gibt, hat dazu geführt, daß in kurzer Zeit sehr viele und interessante Informationsquellen zugänglich wurden. Damit verbunden ist aber auch die Schwierigkeit, gezielt bestimmte Informationen zu finden. Es gibt verschiedene Ansätze, dieses Problem zu mildern.

Schon erwähnt wurde das Suchsystem Veronica. Hierbei handelt es sich um einen Gopher-Suchindex, der periodisch aus allen Menüzeilen aller bekannten Gopher-Server neu aufgebaut wird. Die Qualität der Suchergebnisse hängt natürlich von der Aussagekraft der Menüzeilen und der Fähigkeit, Dubletten zu erkennen, ab. Außerdem spielt hier auch die Vielsprachigkeit eine Rolle.

An einigen Stellen werden sogenannte Subject-Trees aufgebaut. Das sind Gopher-Menüs, in denen fachspezifische Verweise auf Informationsquellen zu bestimmten Sachgebieten zusammengestellt werden.

Speziell für aFTP gibt es das eigenständige Suchsystem Archie, das auch von Gopher und W3 aus zugänglich ist und die Dateien in allen registrierten aFTP-Servern nachweist.

7 Ausblick

Die vorgestellten Systeme sind keineswegs in einem endgültigen Zustand. Sie werden ständig weiter entwickelt, wobei soweit wie möglich auf Aufwärts-Kompatibilität geachtet wird.

Bisher waren sowohl die Programme als auch die angebotene Information frei verfügbar. Es ist zu hoffen, daß dies auch, zumindest für den wissenschaftlichen Bereich, so bleibt. Die Firma WAIS Inc. bietet inzwischen die WAIS-Software auch als kostenpflichtiges Produkt an und zielt damit auf den kommerziellen Markt. Damit ist allerdings auch Installationsunterstützung, Beratung und Wartung verbunden.

Die Systeme werden auch Abrechnungsmodule erhalten, so daß kostenpflichtige Information angeboten werden kann. Damit wird sich eine Konkurrenzsituation zu bisher schon kommerziell tätigen Datenbankanbietern ergeben.

Ein größeres Angebot und höherer Bekanntheitsgrad sowie die (jetzt schon vorhandene) Möglichkeit, Bilder und Toninformation zu übertragen, werden auch insgesamt zu einer stärkeren Netzbelastung führen. Die Einhaltung einer allgemeinen „Netzethik“ wird damit immer wichtiger, um das Gut des freien Informationszugangs im Internet zu erhalten.

Literatur

[1] Berners-Lee, Tim: *The World-Wide Web Initiative*. aFTP: `info.cern.ch`

[2] Dreßler, Ingo: *Das Internet-Werkzeug Gopher*. iX, Heft 4 S. 56-64, 1993

[3] Dürr, Ulrich und Weiß, Dieter: *Auf Online-Suche nach Fördermitteln*. DFN-Mitteilungen, Heft 31, S. 15-16, 1993

[4] Kahle, Brewster: *Wide Area Information Server Concepts*. aFTP: `quake.think.com`

[5] Kehoe, Brendan P.: *Zen and the Art of the Internet*. Prentice Hall, Englewood Cliffs, NJ 07632, 1993

[6] Krol, Ed: *The Whole Internet - User´s Guide & Catalog*. O'Reilly & Associates, Inc., Sebastopol, CA, USA, 1992

[7] Lange, Gerald: *Neue Werkzeuge - neue Chancen*. DFN-Mitteilungen, Heft 31, S. 13-14, 1993

[8] Maier, Gunther und Wildberger, Andreas: *In 8 Sekunden um die Welt - Kommunikation über das Internet*. Addison-Wesley (Deutschland), 1993

Abrechnungsverfahren auf verteilten Systemen

Wilfried Grieger

Zusammenfassung

In verteilten Systemen ist die Erfassung der Auslastung von Rechnern und Geräten besonders wichtig, um aus diesen Daten Schlüsse für die laufenden Planungen ziehen zu können.

Am Beispiel eines Clusters von UNIX-Workstations der Herstellerfirmen IBM, Digital und Sun mit standardmäßiger Peripherie werden Abrechnungsverfahren über die Auslastung des Clusters diskutiert. Betriebssystemkommandos zur Erfassung der Userid-spezifischen Nutzung der Rechner und Geräte sowie vorhandene Unterschiede in den Betriebssystemen AIX, Ultrix und SunOS werden vorgestellt.

Zur Zusammenfassung aller Nutzungsdaten einer Userid auf dem Cluster wird eine Methode vorgeschlagen, die es auch erlaubt, allgemeine Budget-Limits zu setzen und bei deren Erreichen mit vorher festzusetzenden Maßnahmen zu reagieren.

Die erläuterten Verfahren können in der Regel auch auf ein Workstation-Cluster mit anderen UNIX-Derivaten übertragen werden.

1 Einleitung

Die Gesellschaft für wissenschaftliche Datenverarbeitung mbH Göttingen (GWDG) betreibt ein Rechenzentrum, das die Institute der Universität Göttingen und die Max-Planck-Institute im Göttinger Raum mit Datenverarbeitungsleistung versorgt.

Bisher wurden im Rechenzentrum in der Hauptsache Universalrechner eingesetzt. Zur Zeit sind dieses noch eine Rechenanlage IBM 3090-300/VF-2 und eine Rechenanlage DEC VAX 9000-210/VF, mit denen die Hauptmasse des Rechenbedarfs der Institute gedeckt wurde.

Mittlerweile ist jedoch die Leistungsfähigkeit preiswerter Arbeitsplatzrechner und Workstations so gestiegen, daß es möglich wird, damit einen wesentlichen Teil des Rechenbedarfs unmittelbar in den Instituten selbst zu decken. Bei diesen neuen Rechnern handelt es sich nicht mehr um herstellerspezifische, sondern um sogenannte „offene Systeme“, die ohne größere Schwierigkeiten miteinander über Netze in Verbindung treten können. Zur Zeit repräsentiert das Betriebssystem UNIX die Idee der offenen Systeme am umfassendsten.

Im Rechenzentrum der GWDG wird demzufolge nur die Überlaufkapazität für den Spitzenbedarf bereitgehalten. Zur Überlaufkapazität gehören Spezialrechner, Workstations für besondere Aufgaben, Server und Spezialperipherie, die wirtschaftlich nur zentral betrieben werden können. Die Institute greifen über Netze auf diese Überlaufkapazität zu. Die Universalrechnerleistung wird nach und nach von einem Cluster von UNIX-Workstations übernommen.

1.1 Beschreibung des Workstation-Clusters

Das Cluster von UNIX-Workstations der GWDG besteht aus einer Reihe von Rechnern der Hersteller Digital, IBM und Sun. Auf den Workstations werden entsprechend der Hardware die verschiedenen UNIX-Derivate Ultrix, AIX und SunOS eingesetzt. Weitere angeschlossene Rechner mit anderen UNIX-Betriebssystemen, wie zum Beispiel SCO-UNIX und Linux, dienen ausschließlich als Referenzmaschinen für die in den wissenschaftlichen Instituten Göttingens vorhandenen Rechner.

Eine Workstation RS/6000 der Firma IBM dient zur Zeit als File-Server. Die Magnetplatten werden den anderen Rechnern über das „Network File System“ (NFS) zugänglich gemacht, so daß jeder Anwender von jeder Workstation im Cluster stets in gleicher Weise Zugriff auf seine Dateien hat. Die einheitliche Benutzerverwaltung wird vom „Network Information System“ (NIS) erbracht, so daß jeder Anwender mit seiner einheitlichen Userid und seinem einheitlichen Paßwort auf alle Workstations im Cluster zugreifen kann.

1.2 Grundsätzliches zur Erfassung von Rechnerleistung

Auf Universalrechnern, den Mainframes, war es schon immer üblich, die von den Anwendern in Anspruch genommene Rechnerleistung zu erfassen. Sie wurde in der Regel Userid-spezifisch in sogenannten Accounting-Sätzen gespeichert und ausgewertet. Aus ihnen konnte der Auslastungsgrad der Rechenanlage und die Verteilung der Rechenleistung auf die einzelnen Userids ermittelt werden.

In einem verteilten Datenverarbeitungssystem ist die Höhe des Auslastungsgrades einer einzelnen Workstation sicherlich nicht mehr so wichtig wie die eines Universalrechners, da von den Anwendern die Qualität der angebotenen Leistung eher nach den Merkmalen Zugänglichkeit, Antwortverhalten, Anwenderfreundlichkeit, Verfügbarkeit, Aufgabenbezogenheit, Betreuung, Kommunikationsfähigkeit, Systemoffenheit und Sicherheit für Daten und Programme bewertet wird, die meistens einem hohen Auslastungsgrad entgegenstehen. Die neuen Systeme sind preisgünstig, deshalb sind diese Kriterien bei Verzicht auf eine vollständige Auslastung in vielen Fällen erfüllbar. Dabei ist auch noch, im Gegensatz zum Betrieb eines großen Universalrechners, die Wirtschaftlichkeit gewährleistet. Trotzdem ist für ein Rechenzentrum, das solch ein offenes System betreibt, die Kenntnis der Nutzung der einzelnen Rechner auch weiterhin wichtig, um die Planungen des Ausbaus bedarfsgerecht durchführen zu können.

2 Abrechnungsmöglichkeiten unter UNIX

Das Betriebssystem UNIX bietet einige Standardkommandos an, mit deren Hilfe die Nutzung einer einzelnen Workstation erfaßt werden kann. Im folgenden sind diejenigen Kommandos erläutert, die unter den meisten UNIX-Derivaten zur Verfügung stehen. Datenbasen sind dabei immer die von der einzelnen Workstation geführten Accounting-Files `/usr/adm/wtmp` und `/var/adm/pacct` bzw. unter dem UNIX-Derivat Ultrix `/usr/adm/acct`. Die hier aufgeführten File-Namen sind die Standardwerte, die in jeder Einzelinstallation geändert werden können.

Die Kommandos gestatten es in der Regel nicht, einen eingrenzenden Zeitraum anzugeben. Sollen also Accounting-Daten für einen bestimmten Zeitraum erzeugt werden, so dürfen die Accounting-Files nur Daten dieses Zeitraums enthalten. Deshalb ist es sicherlich zweckmäßig, die Accounting-Files etwa um Mitternacht eines jeden Tages abzuschließen und neue zu beginnen.

2.1 Ermittlung der Dialogsitzungszeit

Zur Ermittlung der Dialogsitzungszeit, also der Zeit von einem **`login`** bis zum Verlassen der Login-Shell, dient das Kommando

```
ac -p
```

Es liefert für jede Userid, die im Accounting-File verzeichnet ist, eine Zeile, die zum Beispiel folgendes Aussehen hat:

```
wgriege     1.92
```

Die hierbei ausgegebene Zeit ist in Stunden gemessen.

Der exakte Pfadname des Kommandos ist in den einzelnen UNIX-Derivaten unterschiedlich. Er läßt sich jedoch leicht aus den zugehörigen Man-Pages ermitteln.

Da sich jede Userid an einer Workstation gleichzeitig mehrfach anmelden kann, demzufolge auch die Dialogsitzungszeit mehrfach gezählt wird, ist sie nicht so aussagekräftig wie eine Dialogsitzungszeit unter einem Betriebssystem, das nur die einfache Anmeldung am Rechnersystem erlaubt.

2.2 Ermittlung der Prozessorauslastung

Die Prozessorauslastung einer Workstation kann mit dem Kommando

```
sa -m
```

ermittelt werden. Es liefert für jede Userid, die im Accounting-File verzeichnet ist, eine Zeile, die zum Beispiel folgenden Inhalt hat:

```
wgriege     529     8.62cpu     10077tio     144448k*sec
```

Der erste Zahlenwert ist dabei die Anzahl der registrierten Prozesse. Der zweite Zahlenwert, der auf „`cpu`" endet, ist die von der Userid belegte Prozessorzeit in Minuten. Der dritte Zahlenwert, der auf „`tio`" endet, ist die Anzahl aller I/O-Operationen. Der letzte Zahlenwert, der auf „`k*sec`" endet, ist die zeitliche Nutzung des Hauptspeichers in den Einheiten kByte*sec. Diese letztgenannte, für viele Planungszwecke wichtige Information fehlt häufig in anderen Betriebssystemen, steht aber unter UNIX standardmäßig zur Verfügung.

Das Kommando lieferte unter dem UNIX-Derivat AIX in den Versionen vor AIX 3.2 die belegte Prozessorzeit in Sekunden, und zwar abweichend von der Beschreibung in den Man-Pages.

Den exakten Pfadnamen des Kommandos sollte man wieder den entsprechenden Man-Pages entnehmen.

2.3 Ermittlung der Magnetplattenplatzbelegung

Der von der einzelnen Userid belegte Magnetplattenplatz kann auf der Workstation, die als File-Server fungiert, mit dem Kommando

`repquota` *filesystem*

ermittelt werden. Es liefert für jede Userid, für die Quotas, also Grenzen für die Nutzung des Magnetplattenplatzes im File-System *filesystem* eingetragen sind, eine Zeile, die zum Beispiel folgenden Inhalt haben kann:

```
wgriege  --  35600  40000  50000       579  5000  7500
```

In der dritten Spalte ist die Anzahl der Blöcke vermerkt, die die Userid zum Zeitpunkt des Kommandoaufrufs gespeichert hat. Ist diese Zahl größer als die in der vierten Spalte, hier also 40000, so erhält die Userid eine Warnung, und zwar unabhängig vom Kommandoaufruf. Diese erfolgte Warnung wird auch als +-Zeichen auf der linken Seite der zweiten Spalte vermerkt. Ist eine Warnung erfolgt, so steht der Userid noch eine systemweit eingestellte begrenzte Zeit zur Verfügung, um die Zahl der gespeicherten Blöcke zu reduzieren, so daß der Grenzwert wieder unterschritten wird. Wird die Zahl der gespeicherten Blöcke in der begrenzten Zeit von der Userid nicht reduziert, so wird danach die weitere Abspeicherung von Daten unterbunden. Überschreitet die Anzahl der gespeicherten Blöcke den Wert in der fünften Spalte, hier also 50000, so wird das Speichern weiterer Daten ohne Warnung verhindert.

Unter dem UNIX-Derivat AIX entsprechen, abweichend von der üblichen Notation, einem Block 1024 Byte. Die anderen UNIX-Derivate verzeichnen unter einem Block 512 Byte.

In der sechsten Spalte steht die Anzahl der Files, die die Userid zum Zeitpunkt des Kommandoaufrufs besitzt. Die Grenzen sind in den beiden letzten Spalten vermerkt. Das Betriebssystem reagiert wie bei der Überschreitung der Grenzen für die Speicherung der Blöcke. Eine eventuell erfolgte Warnung wird auf der rechten Seite der zweiten Spalte durch ein +-Zeichen markiert.

Die Ausgabe des Kommandos ist also in jedem Fall nur eine Momentaufnahme, die jederzeit andere Werte liefern kann.

In den Versionen des UNIX-Derivats AIX, die älter sind als AIX 3.2, steht das Kommando nicht zur Verfügung.

Den exakten Pfadnamen des Kommandos sollte man wieder den entsprechenden Man-Pages entnehmen.

2.4 Ermittlung der Nutzung von Spezialperipherie

Zur Ermittlung der Nutzung von Spezialperipherie steht in der Regel kein einheitliches UNIX-Kommando zur Verfügung.

Soll zum Beispiel die Zahl der gedruckten Seiten auf einem Laserdrucker erfaßt werden, so kann dies nur von dem Server geleistet werden, der das Druckfile dem Gerät übergibt.

Bei der GWDG werden für solche Zwecke eigenentwickelte Programme verwendet.

2.5 Weitere Abrechnungsmöglichkeiten

Unter dem Betriebssystem UNIX sind noch erheblich mehr Abrechnungsmöglichkeiten denkbar als die oben aufgeführten. Zum Beispiel lassen sich durchaus auch einzelne Programmaufrufe mit zugehörigen Ressourcenbelegungen erfassen.

Als Grundlage für weitere Abrechnungsmöglichkeiten kann nämlich das UNIX-Kommando `lastcomm` dienen, das eine Auswertung der Accounting-Daten auf Kommandoebene erlaubt.

Bei der GWDG sind diese Verfahren noch nicht im Einsatz.

3 Sammlung und Auswertung der erfaßten Daten

3.1 Zentrale Sammlung

Die meisten der im UNIX-Cluster der GWDG vorhandenen Workstations erzeugen die Accounting-Daten mit den oben beschriebenen Kommandos einmal täglich, und zwar etwa um Mitternacht. Das geschieht dadurch, daß die entsprechenden Kommandos in einem `crontab`-File eingetragen sind und dadurch regelmäßig ausgeführt werden.

Die Ausgaben der Kommandos werden einer speziellen Userid per `mail` zugesandt, die die Aufgabe hat, die Daten zu sammeln.

Mittlerweile gibt es schon einige kommerzielle Software-Produkte, die das Verarbeiten und Sammeln der Accounting-Daten selbst übernehmen. Allerdings sind sie noch nicht unter allen UNIX-Derivaten verfügbar, so daß sie im Rechenzentrum der GWDG noch nicht eingesetzt werden können.

3.2 Auswertung der Accounting-Daten

Die Accounting-Daten des UNIX-Clusters der GWDG werden Userid-spezifisch ausgewertet und in summarischer Form monatlich den Anwendern bekanntgegeben.

Die einzelnen Workstations sind dabei zu wenigen Klassen von Workstations vergleichbarer Architektur zusammengefaßt. In jeder Klasse wird die vom Anwender belegte Prozessorzeit auf den Workstations so ausgewiesen, als ob ausschließlich auf der leistungsstärksten Workstation der Klasse gerechnet wurde. Als Umrechnungsfaktoren werden die Verhältnisse der Taktzeiten oder Ergebnisse von Benchmarks zugrundegelegt.

Durch das Zusammenfassen mehrerer Workstations zu einer Workstation-Klasse bleiben die Informationen in einer übersichtlichen Form. Hiermit läßt sich bei Bedarf auch ein Auslastungsgrad für das UNIX-Cluster definieren.

4 Bewertung der Nutzung von DV-Systemen

Die Anwender aus den wissenschaftlichen Instituten Göttingens nutzen die Rechenanlagen der GWDG, insbesondere auch das UNIX-Cluster und die Spezialperipherie, in unterschiedlicher Weise. Einige benötigen hauptsächlich die zur Verfügung gestellte Prozessorleistung, andere belegen mit ihren Daten viel Magnetplattenplatz, ohne wesentlich die Prozessoren eines Rechners zu beanspruchen, wiederum andere verwenden fast ausschließlich Ausgabegeräte für hochqualitative Graphik.

Damit die Nutzung des einen Anwenders mit derjenigen eines anderen Anwenders vergleichbar ist, wird auf den Rechenanlagen der GWDG ein Bewertungsverfahren eingesetzt, das aus folgenden Grundzügen besteht:

1. Jede erfaßte Inanspruchnahme einer Ressource wird mit einem Preis in der fiktiven Währung „Recheneinheit" bewertet.
2. Der dadurch bedingte Verbrauch an Recheneinheiten wird für jeden Anwender erfaßt und verbucht.

Dieses Bewertungsverfahren ist auf den Universalrechnern der GWDG im Einsatz und nur zum Teil schon auf dem UNIX-Cluster. Die Einführung geschieht zur Zeit schrittweise, da noch genügend Erfahrungen mit der Bewertung von Einzelressourcen gesammelt werden müssen.

5 Kontingentierung von DV-Leistung

Mit dem beschriebenen Bewertungsverfahren wird die eine Inanspruchnahme von Datenverarbeitungsleistung mit einer anderen vergleichbar. Um nun die vom Rechenzentrum zur Verfügung gestellte Datenverarbeitungsleistung gerecht auf die Anwender in den wissenschaftlichen Instituten Göttingens zu verteilen, wird die Datenverarbeitungsleistung kontingentiert, und zwar in der folgenden Weise:

1. Jeder Anwender erhält ein begrenztes Kontingent an Recheneinheiten (Budget-Limit).
2. Jeder Anwender kann sein Kontingent seinen wissenschaftlichen Projekten entsprechend verbrauchen.

3. Wenn das Kontingent eines Anwenders verbraucht ist, erhält er keinen Zugriff mehr auf die Datenverarbeitungssysteme.

Zur Realisierung dieses Konzepts steht unter UNIX noch keine kommerzielle Software zur Verfügung. Auf Universalrechnern ist der dritte Punkt einfach durchzuführen, denn in der Regel existieren unter solchen Betriebssystemen Mechanismen, Anwender zu sperren, ohne Daten zu vernichten oder Paßwörter zu verändern. Das Entsperren ist danach ebenfalls leicht möglich.

Unter UNIX ist dieses Verfahren standardmäßig nicht vorgesehen. Es läßt sich jedoch zum Beispiel folgendermaßen realisieren:

Um den Zugriff einer Userid zu verhindern, kann der Name der Login-Shell im `passwd`-File durch `/dev/null` ersetzt werden, das unmittelbar nach dem `login` eine Entfernung aus dem System bewirkt. Eine nicht gesperrte Userid könnte zum Beispiel im `passwd`-File folgenden Eintrag besitzen:

```
wgriege:JWkI.NaA:5203::/usr/users/wgriege:/bin/ksh
```

Die gesperrte Userid hätte dagegen den Eintrag:

```
wgriege:JWkI.NaA:5203::/usr/users/wgriege:/dev/null
```

Auf diese Weise wäre eine Reaktion auf überzogene Budget-Limits möglich. Würde weiter `/dev/null` durch einen Programmaufruf ersetzt, so könnte ganz spezifisch in diesem Programm auf das Überschreiten des Budget-Limits reagiert werden.

Das erläuterte Verfahren ist noch nicht im Einsatz. Es ist jedoch in dieser Form geplant.

6 Zukünftige Abrechnung von Client-Server-Systemen

Die oben erläuterten Verfahren zur Abrechnung und Bewertung der Nutzung von Datenverarbeitungsleistung in verteilten Systemen sind lediglich Weiterentwicklungen von Verfahren, die sich auf Universalrechnern seit langer Zeit bewährt haben.

In verteilten Systemen wird immer häufiger auf Client-Server-Architekturen übergegangen, so daß dieser neuen Struktur auch in den Abrechnungsverfahren Rechnung getragen werden müßte. Zweckmäßig erscheint dabei die Userid-spezifische Abrechnung sowohl der Clients als auch der Server, ohne daß dabei die zugrundeliegende Hardware berücksichtigt werden müßte.

Solche neuen Verfahren werden zur Zeit bei der GWDG untersucht. Sie lassen sich jedoch noch nicht realisieren, da derzeit nicht alle Software-Hersteller Client-Server-Systeme unterstützen.

Wissenschaftliche Datenkommunikation an der TU "Otto von Guericke" Magdeburg

Klaus Hammer

1 Zur Geschichte der Technischen Universität

Die Technische Universität „Otto von Guericke“ wurde 1953 als Hochschule für Schwermaschinenbau gegründet. Mit dem Ausbau des Schwermaschinenbaus ab Mitte der 50er Jahre, der Zunahme der Studentenzahlen und dem fortschreitenden Aufbau der Stadt entstanden neue Anforderungen an die erste höhere Bildungsanstalt in der Geschichte Magdeburgs.

1961 erhielt die Hochschule den Status einer Technischen Hochschule. Die schnell wachsende Zahl der Studenten sollte in einer guten Qualität, den Bedürfnissen der Industrie entsprechend, ausgebildet werden. Die Studentenzahl stieg auf ca. 5000. Neue Gebäude und Institute entstanden. Die Rechentechnik und Bibliothek wurden kontinuierlich ausgebaut. Auf Grund des Entwicklungsstands in Bildung, Forschung und der Zusammenarbeit mit der Industrie wurde 1987 der Status in den einer Technischen Universität „universitas litterarum technicarum“ verändert. Sie ist somit eine der jüngsten Universitäten Deutschlands. Durch ihre Nähe zur Industrie und Wirtschaft der Magdeburger Region lebt in ihr die 150jährige Tradition des Magdeburger Maschinenbaus weiter.

2 Zur Struktur der Technischen Universität

Gegenwärtig bestehen sieben Fakultäten mit ca. 40 Instituten sowie sieben zentralen wissenschaftlichen Einrichtungen. Alle Lehr- und Forschungseinrichtungen, die Studentenwohnheime, in denen 80 % der Studierenden gut wohnen können, sowie die Sportanlagen befinden sich auf dem Campus. Gegenwärtig studieren hier ca. 4000 Studenten.

- Fakultät für Maschinenbau
- Fakultät Elektrotechnik
- Fakultät für Geistes-, Sozial- und Erziehungswissenschaften i.G.
- Fakultät für Informatik
- Fakultät für Naturwissenschaften
- Fakultät für Mathematik
- Sprachzentrum
- Sportzentrum
- Weiterbildungszentrum
- Technologie-Transferzentrum
- Audiovisuelles Zentrum
- Universitätsbibliothek
- Universitätsrechenzentrum

3 Das Universitätsrechenzentrum

Die zentrale Einrichtung Universitätsrechenzentrum ist in folgende Arbeitsgruppen strukturiert:

- PC-Pools und LAN-Betrieb
- Mainframe
- Anwendungen
- Netze, Workstations und Kommunikation

Drei rechentechnische Labore stehen für die Lehre und den offenen Betrieb zur Verfügung. In ihnen sind PCs installiert, die über Token-Ring miteinander vernetzt sind. Das Netzwerkbetriebssystem ist Novell-Netware. Eine umfangreiche Anwender-Software steht den Nutzern zur Verfügung.

Von der Mainframe-Arbeitsgruppe werden Compute-Server betreut, welche sowohl im lokalen als auch im regionalen Bereich genutzt werden.

In der Anwendungsgruppe werden Aufgaben der Software-Beschaffung, -Verwaltung und -Verteilung bearbeitet. Weiterhin werden den Nutzern Beratungen zu konkreten Software-Produkten angeboten.

Neben der Betreuung von Workstations werden in der Gruppe „Netze“ die Nutzeranforderungen zu den zentralen Diensten des Universitätsrechenzentrums recherchiert, die Zugangsmöglichkeiten geprüft und die Zugänge realisiert. Die noch für die zweite Hälfte dieses Jahres geplante Backbone-Vernetzung der Gebäude der Technischen Universität wurde langfristig vorbereitet. In diesem Zusammenhang wurden Analysen zur Datenhaltung und die Netzwerkmanagementproblematik betreffend erarbeitet.

4 Das Backbone-Netz der Technischen Universität

Die Technische Universität verfügt über einen nahezu geschlossenen Campus mit 18 darin enthaltenen, in die Vernetzung einzubeziehenden Gebäuden. Derzeit sind zwei Außenstellen im Stadtgebiet vorhanden. In naher Zukunft wird sich deren Zahl jedoch, im Zusammenhang mit der Vereinigung der gegenwärtig bestehenden Magdeburger Hochschulen — Pädagogische Hochschule, Medizinische Akademie und Technische Universität — zur Universität Magdeburg, vergrößern.

Geplant ist eine Strukturverkabelung, bei der alle potentiellen Arbeitsplätze mit DV-Anschlüssen versorgt werden. Das Backbone-Netz wird hinsichtlich seiner Primärverkabelung sternförmig aufgebaut sein. Ausgehend von einem zentralen Sternpunkt werden alle Gebäude mit einem mehrfaserigen Lichtwellenleiter (LWL) angefahren. Gebäudeintern wird von einer kugelförmigen Vernetzung ausgegangen, wobei die Datenendplätze wiederum sternförmig über Gebäudekonzentratoren angeschlossen werden.

Das Backbone-Netz soll Voraussetzungen zur infrastrukturellen Datenkommunikation schaffen. Es enthält Schnittstellen sowohl zum Universitätstelefonnetz als auch zum Wissenschaftsnetz WIN.

Das Rechnernetz gestattet für alle hochschulspezifischen Prozesse der Lehre, Forschung und Verwaltung eine völlig neue Qualität der Bereitstellung zentraler Dienstleistungen für dezentrale Prozesse, wie z.B. Systemadministration, Backup/Archiv-Dienste, Mail-, Kommunikations- und Informationsdienste.

Für die Prozesse der Forschung und Lehre werden durch das Kommunikations- und Informationssystem neue Möglichkeiten geschaffen, indem allen Benutzern der Zugang zu leistungsfähigen Hard- und Software-Ressourcen ermöglicht bzw. erleichtert wird. Die Wirtschaftlichkeit der Rechnerressourcen wird damit erhöht. Insbesondere für die wissenschaftliche Arbeit ist der Zugriff auf lokal und global verfügbare Informationssysteme von großer Bedeutung.

5 Das Zentralnetz des Universitätsrechenzentrums

Eine konkrete Funktionsverteilung für Kommunikations- und Informationsaufgaben auf die Server des Universitätsrechenzentrums ist wie folgt zusammengefaßt.

Bezeichnung	Typ	Kommunikations- und Informationsaufgaben
DFNSERV1	HP9000/832	X.400-Entry-Point-MTA und Relay für die PRMD tu-magdeburg; Secondary-Name-Server (DNS) für die Second-Level-Domain (SL-Domain) tu-magdeburg; Primary-Time-Server (NTP) für die SL-Domain tu-magdeburg; ASCII-User-Interface-Server für Kommunikationsdienste
DFNSERV2	HP9000/832	Management-Server (SNMP) für SL-Domain tu-magdeburg; Primary-Name-Server (DNS) für SL-Domain tu-magdeburg; Secondary-Time-Server (NTP) für SL-Domain tu-magdeburg; X.11-User-Interface-Server für Kommunikationsdienste; X.500-Entry-Point-DSA für PRMD tu-magdeburg
CSMD	HP9000/840	News-Server für SL-Domain tu-magdeburg; Mail-Server (SMTP) für SL-Domain tu-magdeburg; Terminal-Server für Kommunikationsdienste
DMDTU11	IBM4381	Compute- und Application-Server; SMTP-BSMTP-Gateway für SL-Domain tu-magdeburg; Kommunikations-Server für SNA (VTAM, RSCS, EARN)

AIX3	IBM/RS6000	Application-Server (Hyperwork, MEDIAS); Informations-Server (Gopher)
CRAY	Y-MP/2E	Compute- und Application-Server für rechenintensive Anwendungen mittels Vektorisierung
PARSITEC	GC2/128	Compute- und Application-Server für spezielle Anwendungen auf der Basis algorithmischer Parallelisierung

6 Verteilte Dienste

6.1 Network-File-System (NFS)

„Im Institut für Elektroantriebstechnik gibt es zwei Arbeitsgruppen, die für die Bearbeitung ihrer Aufgaben einen Zugang zu leistungsfähiger Rechentechnik benötigen. Dabei handelt es sich zum einen um die Lehrgruppe 'Elektrische Maschinen' und zum anderen um die Lehrgruppe 'Elektrische Antriebe'. Es wird angestrebt, daß jeder Mitarbeiter von seinem Arbeitsplatz aus Zugriff auf die Workstations des Instituts bzw. bei Bedarf auf die Ressourcen des Universitätsrechenzentrums hat. Die zu bearbeitenden Themen sehen u.a. wie folgt aus:

- *Berechnung der Magnetfelder in elektrischen Maschinen mit Finite-Elemente-Methoden*
- *Modellierung und Simulation leistungselektronischer Schaltungen im Zusammenwirken mit Elektromotoren*
- *Entwicklung von Programmodulen zur Simulation und Projektierung elektrischer Antriebe*
- *Simulation von Antrieben in technologischen Prozessen, z.B. Wickler in der Drahtbearbeitung und verkettete Walzgerüste in der Stahlindustrie*

Neben den oben genannten Zugriffsmöglichkeiten von Mitarbeitern auf eigene Workstations und Compute-Server des Universitätsrechenzentrums besteht noch eine Reihe anderer Zielstellungen, wie

- *die Nutzung von Diensten in Weitverkehrsnetzen (WAN),*

- *die Einsparung von Plattenkapazität für allgemein genutzte Standard-Software und*
- *die Nutzung teuerer Peripheriegeräte.*

Bei der Nutzung von WAN-Diensten stehen Electronic-Mail, externe FTP-Programm-Server und Informationssysteme wie Gopher im Vordergrund.

....

Auf der Workstation HP9000/710 werden mit dem Programm EMAS (electromagnetic analyses) Berechnungen von Magnetfeldern durchgeführt. Hierfür erwies sich die Plattenkapazität der Workstation als sehr knapp bemessen. Zur Lösung dieses Problems wird das verteilte File-System NFS zur Nutzung fremder Plattenkapazitäten eingesetzt. Zur Zeit werden 200 MB einer IBM RS6000 des Universitätsrechenzentrums verwendet.“

(Auszug aus einem Beitrag anläßlich einer Netzveranstaltung des Universitätsrechenzentrums vom 2. April 1993)

Dieser Beitrag hebt den Nutzen der Anwendung verteilter Dienste hervor und stellt gleichzeitig eine Teststellung für die geplante Backbone-Vernetzung der Universität dar. Der Einsatz von Hochleistungs-NFS-Servern und DCE/DFS wird diskutiert.

6.2 Network Information Service (NIS)

Der Network-Information-Service (NIS) wurde bisher auf zwei UNIX-Workstations realisiert. Auf dem Primary- und Secondary-Name-Server sind weitere Applikationen installiert. Die nachträgliche Einbeziehung weiterer Rechnersysteme in diesen Dienst gestaltet sich auf Grund der notwendigen Anpassungsarbeiten schwierig. Es wird nach Wegen gesucht, diese „Handarbeit“ zu qualifizieren.

6.3 Preprocessing und Postprocessing

„Im Institut für Allgemeine Elektrotechnik und leistungselektronische Geräte beschäftigen wir uns unter anderem mit dem technologischen Verfahren des Erodierens. Dieses Verfahren beruht auf dem Prinzip des Materialabtrags mit Hilfe durch Aufschmelzen der Werkstückoberfläche.

....

Für die Konzipierung derartiger Anlagen ist es notwendig, die elektrischen Parameter, die unter solchen Bedingungen für eine Bearbeitung notwendig sind, zu berechnen. Hierbei geht es speziell um die Berechnung des Potentialfelds und der Stromdichte im Raum.

Es handelt sich also um ein mehrdimensionales Problem, das man nur noch mit geeigneten Näherungsverfahren lösen kann. Bei dem hier eingesetzten FEM-Programm handelt es sich um das Programmsystem ANSYS.

....

Das sehr komplexe Programmsystem zerfällt nach inhaltlichen Kriterien in Programmteile, durch die auch die Arbeitsweise des Systems charakterisiert ist. Die Aufteilung ist durch die Datenaufbereitung (preprocessing), die Lösungsphase (solution) und die Datenauswertung (postprocessing) gekennzeichnet.

Die Anwendung des Großrechners wird erst dann effektiv, wenn man das Preprocessing noch einmal aufteilt. Das heißt, wie schon angedeutet, die Modellgenerierung ist extern auszuführen und als Programm für die CRAY aufzuarbeiten. Dieses Programm kann dann als Batch-Job abgeschickt werden. Ist die Berechnung abgeschlossen, steht im aktuellen Pfad eine Reihe von Dateien, die während der Rechnung von ANSYS angelegt wurde.

....

Damit das Postprocessing auf einem externen Rechner im Rechentechnischen Labor 1 durchgeführt werden kann, ist ein relativ umfangreicher Datentransfer notwendig.“

(Auszug aus einem weiteren Beitrag anläßlich einer Netzveranstaltung des Universitätsrechenzentrums vom 2. April 1993)

6.4 Gopher — ein verteiltes Informationssystem

An der Technischen Universität Magdeburg wird ein Gopher-Server im Universitätsrechenzentrum auf dem Kommunikations-Server `DFNSERV1` betrieben. Gopher-Clients stehen für PCs, Workstations, auch mit X-Window-Client, und Mainframe (CMS) zur Verfügung. An der Fakultät für Informatik wird für Ausbildungszwecke ein experimentelles Gopher-Informationssystem genutzt.

Der URZ-Gopher-Server für die Technische Universität befindet sich in der Aufbauphase. Er wird so orientiert, daß vor allem die Fakultäten, Institute und zentralen Einrichtungen ihre Ausbildungs-, Leistungs-, Dienst- und Kursangebote einer interessierten Datennetzöffentlichkeit vorstellen. Aber auch andere Organisationen der Universität, wie z.B. der Personalrat, das Akademische Auslandsamt, der Uni-Rat der Studenten oder auch das Studentenwerk, können Informationen einbringen.

Mit der voranschreitenden Vernetzung der Einrichtung wird dieses zusätzliche Informationsmedium sowohl zur Informationsgewinnung und -recherche als auch als Zugangssystem zu Netzdiensten und Ressourcen an Bedeutung gewinnen. Dies zeigen auch die jüngsten Zuwachszahlen bezüglich der Verbreitung dieses universellen Informationssystems in Deutschland.

7 Zusammenfassung

Dieser Beitrag sollte dem Zweck dienen, einen Einblick auf zentrale, dezentrale und verteilte Dienste auf ausgewählten rechentechnischen Ressourcen der Technischen Universität Magdeburg zu geben.

Zu bemerken ist, daß sich der Prozeß der Einführung verteilter Dienste noch in der Anfangsphase befindet.

Mit der Schaffung des Backbone-Netzes werden dem Netznutzer komfortablere Zugangsmöglichkeiten zur Verfügung stehen, wobei durch diesen Qualitätssprung zukünftig natürlich auch erhöhte Anforderungen an die Dienste gestellt werden.

Der auf die Einführung physischer Netzkomponenten ausgerichtete Aspekt wird dann mehr dem der Einführung logischer Komponenten in Form von Kommunikations- und Informationssystemen weichen.

Rightsizing mit Sun: Eine heterogene Client-Server-Umgebung am Beispiel des neuen Münchener Flughafens MUC II

Robert Renz

Modernste Computertechnologie sichert den reibungslosen Flugbetrieb am Flughafen München II. Auf einer dezentralen Systemarchitektur — einem Client-Server-Konzept von Sun Microsystems — aufbauend bilden UNIX und Graphische Bildschirm-Arbeitsplätze die Basis der unternehmensweiten EDV-Lösung. Benutzerfreundlichkeit, Sicherheit und modulare Erweiterbarkeit waren für die Flughafen München GmbH die entscheidenden Vorzüge dieses Konzepts. Moderne Software-Werkzeuge garantieren dabei kurze Realisierungszeiten und stabile, gut dokumentierte Anwendungen.

Die Geschichte der dezentralen Datenverarbeitung reicht für die Flughafen München GmbH (FMG) mehr als 15 Jahre zurück. Damals wurde die Entscheidung getroffen, nicht einen Zentral-Computer, sondern dedizierte Systeme im Dialogbetrieb mit über das Flughafengelände verteilten Bildschirmgeräten und Druckern zu verwenden. Kostenvorteile im Vergleich zu einer zentralen Lösung waren hierbei ein Gesichtspunkt, hohe Flexibilität der dezentralen Systeme ein weiterer. Die wichtigste Rolle bei dieser Entscheidung jedoch spielte der Sicherheitsaspekt, denn im Luftverkehrsbereich ist Rechnerausfallsicherheit oberstes Gebot. Bei einem Zentralrechner hätten die hohen Verfügbarkeitsanforderungen einen sehr aufwendigen Einsatz von Hardware, Software und Man-Power bedeutet.

1 Mit UNIX gegen Insellösungen

Als das Prinzip der dezentralen Systeme auf die umfassenden Anwendungen im Flughafenbetrieb implementiert werden sollte, sah sich die FMG sehr bald mit dem damals allgegenwärtigen Problem der Insellösungen konfrontiert. Allerorten gab es proprietäre Hardware und Betriebssysteme, die einen hohen Wartungsaufwand forderten und wenig Verständigungsmöglichkeiten untereinander boten. Dies führte zu der Erkenntnis, daß eine einheitliche Linie verfolgt werden mußte, und die hieß und heißt für die Flughafenbetreiber: UNIX.

Daß die FMG schon zu einem recht frühen Zeitpunkt auf UNIX eingestiegen ist, kann getrost als mutige Pioniertat bezeichnet werden. UNIX war damals kaum über den universitären Bereich hinaus bekannt, wurde allgemein nicht ernstgenommen und mit großer Skepsis betrachtet. „*Wir waren uns des eingegangenen Risikos durchaus bewußt. Aus diesem Grunde haben wir klein angefangen, und eine Anwendung nach der anderen unter UNIX realisiert*“, kommentiert Günter Hagen von der Flughafen München GmbH den Weg zu UNIX. „*Daß wir auf das richtige Pferd gesetzt haben, zeigt die Position, die UNIX heute einnimmt.*“

Die erste UNIX-Anwendung, die zunächst auch am Flughafen München-Riem eingesetzt wurde, war ein System zur Unterstützung und Sicherung der Streifengänge von Wächtern. Mit ihm wurden die Streifengänge dokumentiert und unter anderem überwacht, ob ein Wächter bestimmte Kontrollpunkte bis zu einem bestimmten Zeitpunkt erreicht und sich gemeldet hat.

Der zweite unter UNIX realisierte Einsatz war die Verwaltung der 15.000 ausgegebenen Sicherheitsausweise und Parkberechtigungen für alle am Flughafen beschäftigten Personen.

Stufe drei umfaßte daraufhin die Umstellung des zuvor von einem Prozeßrechner gesteuerten Flughafen-Informationssystems mit Anzeige-Monitoren und -Tafeln auf UNIX, wobei eine Aufteilung in Datenverwaltung, Unterstützung des Benutzers und Anzeigeprozesse vorgenommen wurde.

Im gleichen Zeitraum realisierte man eine Flugplanverwaltung, mit der Flugereignisse in einem bestimmten Zeitraum (Tag, Monat, Saison etc.) bearbeitet werden können und die gleichzeitig Kurz-, Mittel- und Langfristplanung ermöglicht. Bei dieser Anwendung kam erstmals eine Stärke des UNIX-Systems, die Kommunikationsfähigkeit, deutlich zum Tragen: Die täglich generierten Daten können nicht nur ausgedruckt, sondern auch an den Fluginformationsrechner übertragen werden, der wiederum die Daten für das Monitor- und Anzeigensystem liefert.

Zufrieden mit den Ergebnissen der ersten UNIX-Anwendungen wurde bei der FMG daraufhin die Entscheidung getroffen, weitere UNIX-Lösungen zu implementieren. Mit den geplanten Erweiterungen stieß man jedoch an die Grenzen der Leistungsfähigkeit der installierten Hardware. Doch hier kam eine weitere Stärke von UNIX zum Tragen: die Portabilität. Man war mit UNIX nicht an einen Hersteller gebunden. So machte sich die FMG auf die Suche nach einem Anbieter, dessen Systeme höhere Anforderungen bewältigen konnten und zugleich ein attraktives Preis-/Leistungsverhältnis boten. Das Marktangebot wurde gründlich studiert und eigene Benchmark-Tests durchgeführt. Aufgrund der hierbei gewonnenen Erkenntnisse fällte man schließlich eine Grundsatzentscheidung und erklärte die UNIX-basierenden RISC-Systeme von Sun Microsystems zur Standardplattform für die Zukunft.

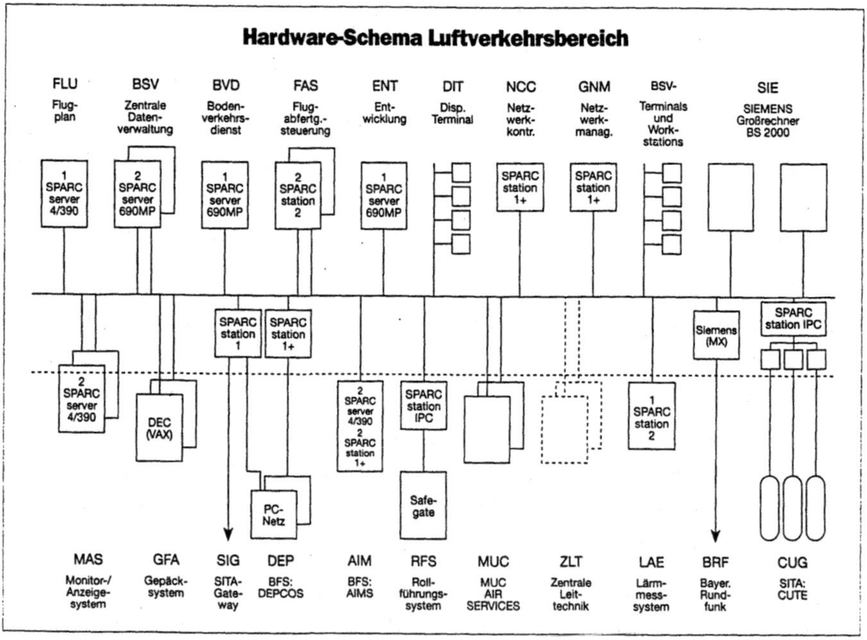

Abb. 1: Hardware-Schema Luftverkehrsbereich

2 Sun-Workstations als Standardplattform für verteilte DV

Als die Wahl zugunsten von Sun Microsystems gefällt wurde, war Sun noch ein Neuling im UNIX-Markt. Für die FMG war bei diesem Schritt jedoch ausschlaggebend, daß Sun Microsystems sich schon damals konsequent für Offene Technologien und auch den offenen Standard UNIX einsetzte und damit zu einem der Wegbereiter dieser kundenfreundlichen Technologien wurde.

Zur selben Zeit, als die FMG auf die neuen Sun-Systeme umsattelte, wurde bezüglich der Netzwerk-Strategie auch eine Grundsatzentscheidung zugunsten NFS mit TCP/IP-Protokoll gefällt. Gründe hierfür waren zum einen die großen Entfernungen, die es auf dem Flughafengelände zu überbrücken galt — ein Netz mit Koaxialkabeln wäre hier überfordert gewesen — und zum anderen die Unempfindlichkeit der Glasfaserlösung gegen elektromagnetische Störeinflüsse (z.B. Blitzschlag).

Die eigentliche Umstellung des Flughafen-Informationssystems auf die Sun-Plattform ging daraufhin in weniger als drei Wochen vonstatten. Das Versprechen der leichten Portierbarkeit innerhalb der UNIX-Welt fand die FMG damit erfüllt.

Mit dem Wechsel auf die Sun-Hardware untersuchte die FMG 1986 unter anderem die Einsatzmöglichkeiten eines graphischen Bildschirmarbeitsplatzes. Die Notwendigkeit, anstatt mit alphanumerischen Terminals mit Graphik-Bildschirmen zu arbeiten, ergab sich dadurch, daß die manuellen Tätigkeiten von Disponenten EDV-technisch abgebildet werden sollte. Diese hatten in der Vergangenheit an einem großen Papierbogen in der Cut-and-Paste-Methode mit Stiften, Farbe, Tipp-Ex und Klebstoff gearbeitet.

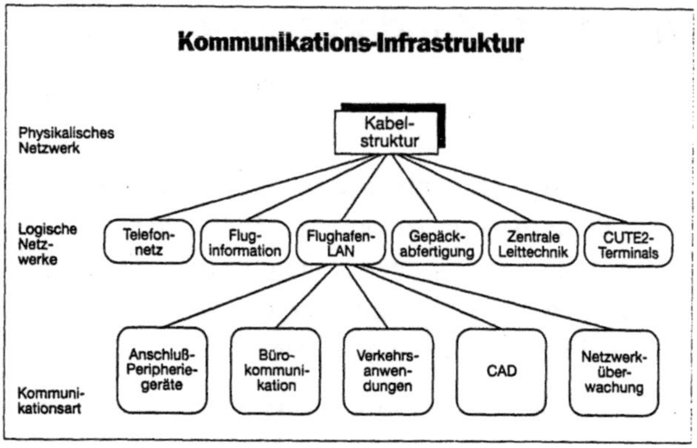

Abb. 2: Kommunikationsinfrastruktur

Diese Vorgaben berücksichtigend wurde 1987 als Pilotprojekt das Bus-Dispositionssystem OptiBus auf Workstation-Basis mit graphischer Benutzerschnittstelle realisiert. Dabei wurden die gewohnten Arbeitsweisen in der graphischen Benutzerschnittstelle abgebildet. OptiBus verbesserte nicht nur die Qualität der Abfertigung, sondern liefert zugleich die Dokumentation sämtlicher Busfahrten. Durch die graphische Darstellung am Bildschirm hat der Bus-Disponent einen besseren Situationsüberblick und kann dadurch ein höheres Abfertigungsaufkommen bewältigen. Während an manch anderen Flughäfen Transportbusse per Telefonat bei den Bus-Disponenten angefordert werden, geschieht das in München durch Tastendruck an den Abfertigungsschaltern. Diese Anforderung wird über eine Steuereinheit an den Sun-Computer geleitet und erzeugt beim Bus-Disponenten auf der Workstation einen Auftrag. Darüberhinaus fließen Daten des Flugdatenrechners für im Landeanflug befindliche Flugzeuge automatisch in OptiBus ein und erzeugen auf dem Graphik-Bildschirm des Bus-Disponenten einen Auftrag. Möglich wurde eine solche Vorgehensweise erst dadurch, daß die Flugplanverwaltung, das Monitor- und Anzeigesystem, die Bus- sowie eine Gerätedisposition in einem lokalen Netzwerk miteinander verbunden sind und regen Datenaustausch miteinander betreiben.

Überzeugt von der komfortablen und effektiven Handhabung des OptiBus-Systems wurden daraufhin für den Flughafen München II weitere Dispositionssysteme auf graphischer Basis realisiert.

Bei COBRA — so der Name des Systems — geht es für den Disponenten darum, rund 30 Arbeitsgruppen mit jeweils 2–4 Personen zu den Flugzeugen zu dirigieren und die Abfertigung der Maschinen möglichst effizient zu gestalten. Auch hier sind Papierbogen, Stift, Klebstoff und Tipp-Ex durch den Graphik-Bildschirm ersetzt worden.

Bei TEMPLE geht es darum, die Ressourcen zur Flugzeugabfertigung (Flugzeugabstellpositionen, Gates, Ankunftsräume, Gepäckbänder) zu planen und zu disponieren. Hier wurde erstmalig ein KI-System eingesetzt, so daß Regeln nicht mehr programmiert, sondern vom Benutzer geändert werden können.

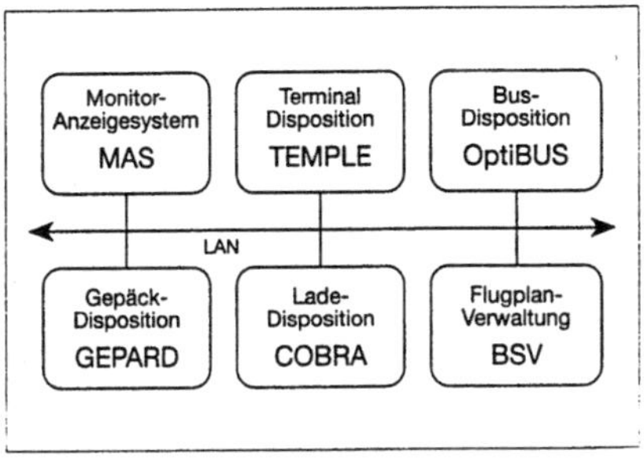

Abb. 3: LAN mit MAS, TEMPLE, OptiBus usw.

Weitere EDV-Projekte sind unter anderem: GEPARD (Disposition des Gepäcktransports), PUMA (Disposition von Pushout und Schleppvorgängen), CiD (Vergabe der Check-In-Schalter), FAS (Flugzeugabfertigungssteuerung mit Touch-Screen-Terminals). Sämtliche Software-Lösungen basieren auf dem Datenbanksystem ORACLE. Da ORACLE mittlerweile auch auf anderen Flughäfen verwendet wird, bieten sich Möglichkeiten der Kooperation.

3 Bewährte Arbeitsweisen in Client-Server-Architektur

Bei allen Modernisierungen und Neuentwicklungen in der EDV hat die FMG stets darauf geachtet, die Anwender mit computer-basierenden Lösungen nicht zu überfordern, sondern effiziente Arbeitsweisen auch bei der Umstellung auf ein

EDV-System beizubehalten. Diese Philosophie spiegelt sich beispielsweise darin wider, daß „Knöpfe", die zuvor zur Ausführung bestimmter Funktionen gedrückt werden mußten, sich entweder auf der System-Tastatur in Form von entsprechend umgravierten Tastensymbolen wiederfinden, oder in Form von „Knöpfen" am Bildschirm, die per Maus „gedrückt" werden können. Eine Erzwingung neuer Arbeitsweisen durch den Einsatz der Technik wurde dadurch vermieden.

4 Netzwerkstruktur des neuen Flughafens

Was die Art des Verkabelungssystems, das zu benutzende Netzwerk und den Aufbau des Rechnernetzes anbelangte, wurde am Flughafen München II eine Kabel-Infrastruktur geschaffen, die die einzelnen Netze zusammenfaßt. Dabei werden für die großen und mittleren Entfernungen Glasfasernetze (FDDI) und für den Nahbereich verdrillte Vierdrahtleitungen eingesetzt.

Auf dieser Infrastruktur baut das Flughafen-LAN auf, über das die Computer des Luftverkehrsbereichs vernetzt sind. Um den Anwendungsprogrammierern die Handhabung des Netzes möglichst einfach zu machen, wurde eine Netzwerkschicht zwischen TCP/IP und Anwendungsprogramm realisiert, über die die Rechner miteinander kommunizieren können. Diese Zwischenschicht, die außerdem die Rechnerumschaltung bei Backup-Vorgängen vereinfacht, wurde in Form einer Kommunikations-Software auf allen vernetzten Rechnern implementiert, welche Einzelheiten des TCP/IP-Protokolls (wie z.B. Fehlerbehandlung) regelt.

Das Informationsnetzwerk des Münchner Flughafens dürfte in Deutschland das bisher umfangreichste nach der Idee des Rightsizing verwirklichte EDV-Konzept sein. Die termingerechte Fertigstellung (alles lief fünf Monate vor der Flughafen-Eröffnung), das Einhalten des Budgetrahmens, die Stabilität des Betriebes und die gegebene Modularität für mögliche Erweiterungen sprechen zugunsten der Entscheidung für Rightsizing, der Client-Server-Architektur, UNIX und NFS.

Integriertes Information-Management: Der Weg von der Benutzerberatung zum Informations- und Kommunikationszentrum

Barbara Burr

Die Informationsdichte und die Informationsmöglichkeiten haben in den letzten Jahren enorm zugenommen. Diese allgemein akzeptierte Erkenntnis gilt für den Alltag und erst recht für den universitären Informationsmarkt. Anstelle der Mainframes stehen dezentrale Systeme zur Verfügung, die an der Universität Stuttgart in leistungsfähige Netze eingebunden sind, wodurch sich die Arbeitsumgebung für den Wissenschaftler grundlegend verändert hat. Die Zahl der Nutzer[1], die als Nachfrager und Anbieter von Informationen in den immer leistungsfähigeren Netzen zurecht kommen wollen, ist gleichzeitig mit dem Informationsangebot gestiegen. Allein an der Universität Stuttgart sind ca. 3000 Rechner am Netz. Daraus ergeben sich neue Anforderungen an die Informations- und Beratungsformen des Rechenzentrums. Die Benutzerberatung im herkömmlichen Sinn genügt nicht mehr, deshalb hat das Rechenzentrum der Universität Stuttgart (RUS) mit Hilfe des Integrierten Information-Management seine Beratungsangebote erweitert. Die Benutzerberatung als Ort der Interaktion zwischen den Beraterinnen und Nutzerinnen wird neue und zusätzliche Aufgaben bekommen; die Benutzerberatung wird sich zu einem Informations- und Kommunikationszentrum entwickeln müssen.

Das Leitziel eines Integrierten Information-Managements ist die Beschaffung, Verteilung, Bündelung und Optimierung von Informationsressourcen für Benutzer und Rechenzentrum. Dieses Leitziel wird im folgenden entfaltet entlang den Normen des Qualitätsmanagements für Dienstleistungen der DIN/ISO 9004/2.

---

1 *Im vorliegenden Artikel wird die weibliche und männliche Form ohne Wertung abwechselnd gebraucht.*

1 Ziele

Eine der wichtigsten Aufgaben eines Wissenschaftlers ist die Akquisition von relevanten Informationen, um einer wissenschaftlichen Herausforderung gerecht zu werden. Zu diesen Information gehören Thesen, Daten, Argumente, Prognosen, Evaluierungen, Werkzeuge zur Gewinnung, Aufbereitung und Verarbeitung von Daten.

Aus diesen Anforderungen ergeben sich die Aufgaben des Information-Managements:

- *Die systematische Distribution von Informationen*

  Mit Hilfe unterschiedlicher Medien ermöglicht das Information-Management dem Nutzer oder Informationsnachfrager, aktiv oder passiv ziel- und zeitgerecht zu den gewünschten Informationen zu kommen.

- *Hilfen zur Akquisition, Präsentation und Distribution von Informationen*

  Das IM hilft den Benutzern einerseits, mit den Werkzeugen umzugehen oder Wege zu finden, um die gewünschten Informationen erschließen zu können. Andererseits muß der Produzent von Informationen wissen, wie er sie ziel- und zeitgerecht aufbereitet und präsentiert.

- *Förderung der Kommunikation*

  Das Rechenzentrum als Betreiber der Kommunikationsinfrastruktur hat die strategische Aufgabe, die Kommunikation zwischen den verschiedenen Wissenschaftspartnern sowohl durch technische als auch inhaltliche Maßnahmen zu fördern.

2 Angebote

Aus diesen Anforderungen ergeben sich die Informationsangebote des Information-Managements:

- *Personengestützte Informationen*:

  Kurse, Treffs und Vorlesungen

  Beratung

- *Rechnergestützte Informationsmedien*:

  Info-Software-Server

  Kommunikationsdienste wie Internet-News

- *Papiergestützte Informationsmedien*:

  Dokumentationen

  Benutzerzeitschrift (BI)

2.1 Personengestützte Informationen

- *Kurse*

  Mit der Einführung des dezentralen Rechnens wurde die DV-Kapazität an den Ort der Anwender verlagert. Dies wurde in Stuttgart vom Rechenzentrum stark gefördert. Durch die Neuorientierung der Rechnerumgebung wurde auch die Struktur der Kurse grundlegend geändert.

  Wo vorher das Rechenzentrum und die Benutzung der Maschinen des Rechenzentrums im Vordergrund standen, finden nun vor allem Kurse (ca. 45 pro Jahr mit 1400 Teilnehmern) statt, die den Wissenschaftlerinnen ebenso wie den Studenten ermöglichen, mit der eigenen Maschine zu arbeiten. Dazu gehören UNIX-Kurse ebenso wie Kurse zum Systemmanagement oder der Netzeinbindung. Außerdem werden Kurse zur speziellen Programmierung und Anwendungs-Software angeboten.

  Ein Spezialform der Kurse stellen die sogenannten Minikurse dar. Nahezu täglich (110–120 pro Jahr mit 1500 Teilnehmern) während des Semesters werden kurze Kurse (30–60 Minuten) angeboten, die einen schnellen Einstieg in die Benutzung eines Programmpakets, Tools oder der Netze ermöglichen.

- *Vorlesungen*

  Im Bereich „Anwendungen der Informatik im Maschinenwesen“ werden Vorlesungen abgehalten.

- *Treffs*

  Bei unseren beiden regelmäßigen Treffs — UNIX- und TeX-Treffs — bringen wir kompetente und auch weniger erfahrene Benutzer zusammen und geben ihnen in lockerem, zwanglosen Rahmen zusammen mit Mitarbeiterinnen des Rechenzentrums die Möglichkeit zu gegenseitiger Information und Kommunikation über interessante Themen im Bereich TeX, UNIX und Workstations.

- *Beratung*

  Die Beratung wird in mehreren Stufen realisiert.

  In einer Art *Helpdesk* werden die ad-hoc zu beantwortenden Fragen des alltäglichen Umgangs mit den Rechnern und der gängigen Software beantwortet. Um die Fragen nicht zu einem einmaligen, jedoch x-fach wiederholten Ereignis werden zu lassen, das ein hohes Maß an Beraterzeit kostet, werden sie aufbereitet und anschließend elektronisch als Frage-Antwort-Katalog wieder zur Verfügung gestellt. Diese Beratung wird vor allem von der zentralen studentischen Benutzerberatung gewährleistet. Die Hilfskräfte in der Beratung werden von Rechenzentrumsmitarbeitern regelmäßig geschult und arbeiten an verschiedenen Projekten am Rechenzentrum mit. So wird einerseits für eine ausreichend breite Wissensbasis bei den Beraterinnen gesorgt und andererseits der Informationsfluß zwischen den Rechenzentrumsmitarbeitern und den Beratern angeregt.

  Die Entwicklung fordert jedoch auch noch eine andere Art von Beratung. Mit der Beschaffung der CRAY-2 wurden Anwendungsberater eingestellt, die den Benutzern bei der Lösung von spezifischen Anwenderproblemen auch über längere Zeit hin zur Verfügung stehen. Zur Zeit wird versucht, Mitarbeiter aus den Fakultäten für begrenzte Beratungstätigkeiten zu gewinnen, um das Wissen, das von RUS-Mitarbeitern nicht abgedeckt werden kann, in den einzelnen Instituten jedoch vorhanden ist, einer größeren Öffentlichkeit zu kommunizieren.

  In einer Testphase ist der *Mobile Hilfsdienst des RUS* (MOHR). Eine besonders qualifizierte Fachkraft bietet den Instituten Hilfe vor Ort. Die lokale Beratung sammelt die Anfragen und gibt vor allem komplexere Netz- und Workstation-Probleme an MOHR weiter. Ein wichtiges Element ist die Dokumentation der Probleme, die den lokalen Benutzerberatern hilft, entweder selbst ein Problem zu beraten oder aber die Probleme besser zu erkennen.

In einer weiteren Ausbaustufe wird die Einführung des *Online-Consultings* geplant.

2.2 Rechnergestützte Informationen

Die Dezentralisierung bringt es mit sich, daß sich die einzelne Wissenschaftlerin um ihre Arbeitsumgebung stärker als bisher gewohnt kümmern muß und nicht mehr von einem Zentralrechner mit Software und Informationen versorgt wird. Der Wissenschaftler benötigt nun auch Informationen, die mit seinem eigentlichen Fachgebiet nichts oder nur wenig zu tun haben. Er benötigt Informationen über Drucker, Mail-Dienste, Kommunikationsmöglichkeiten, Anwendungs-Software und natürlich auch Informationen über das Rechenzentrum. Daneben sind für ihn andere Informationen aus dem Universitätsleben — wie z.B.: Veranstaltungskalender oder Presseinformationen — natürlich interessant.

Ein großer Teil dieser Informationen wird über den *Informations- und Software-Server* des RUS zur Verfügung gestellt. Dies erlaubt dem Wissenschaftler, sich zeit- und personenunabhängig die für ihn notwendigen Informationen zu beschaffen. Es stehen ihm interaktive und passive Zugangsmöglichkeiten mit diversen Benutzeroberflächen (z.B.: shell, browser, gopher, xmosaic) zur Verfügung. Für die Rechenzentrumsmitarbeiter stellt diese Art der Information auch eine Entlastung von alltäglichen Beratungsfragen dar. Bei vielen Anfragen können die Benutzer mit relativ wenig Zeitaufwand für die Berater auf den Infoserver verwiesen werden. Pro Tag nehmen ca. 4500 Nutzer aus der ganzen Welt diesen Service wahr, davon kommen ca. 350 von der Universität Stuttgart.

Neben dem Infoserver werden Kommunikationsdienste wie *Internet-News* angeboten.

Die aktuellen Informationen des RUS werden über Internet-News und eine eigens dafür eingerichtete *Mail-Liste* verbreitet.

2.3 Papiergestützte Informationen

Die monatlich erscheinende *Benutzerinformation (BI)* des RUS ist für viele EDV-Benutzer an der Universität und außerhalb eine nützliche Informationsquelle (Auflage 1200, mit durchschnittlich drei Lesern pro Exemplar). Hier sind Artikel zu Konzeptionen des Rechenzentrums zu finden, Beschreibungen von Software-Paketen, Formalien der EDV-Nutzung, Know-How-Artikel, Lizenzangebote und natürlich Informationen zu den Informationen. Es versteht sich von selbst, daß die Benutzer Artikel aus der BI auch auf dem Informations-Server lesen und ausdrucken können.

Die BI ist nicht nur Publikationsorgan des Rechenzentrums, sondern auch Wissenschaftler aller Fachbereich benützen die BI als Forum für die Präsentation ihrer EDV-Anwendungen.

Informationen über Kurse, Demos und einzelne Services des Rechenzentrums werden neben dem Infoserver auch in gedruckter Form auf Plakaten und in Broschüren veröffentlicht.

2.4 Informations- und Kommunikationszentrum

Aus der Bewertung der bisherigen Informationsangebote des RUS hat sich ergeben, daß eine weitere Form der Information aufgebaut werden muß, die den Nutzern neben den Informationsangeboten des RUS auch die Möglichkeit gibt, eigene Informationen einzubringen und zu kommunizieren.

Diese neue Form der Beratung wird an der Universität Stuttgart auch einen physikalisch lokalisierbaren Ort haben, mit dem die Rechenzentrumsberatung identifiziert wird und an dem weitere Angebote realisiert werden können. Durch eine bessere gerätemäßige Ausstattung, die Präsentation von exemplarischen Anwendungen und Lösungsmöglichkeiten wird versucht, den Nutzern einen Ort zur Verfügung zu stellen, wo sie Informationen verschiedenster Art erhalten und auch präsentieren können.

Es seien nur einige Beispiele genannt:

- *Hard- und Software-Demo*

  Im Zentrum sollen neue Soft- und Hardware-Produkte aus- und vorgestellt werden, Lehr- und Lernprogramme vorgeführt und Präsentationstechniken bekanntgemacht werden.

- *Spezielle Übungsräume*

  Hard- und Software soll in Räumen zum Einsatz gebracht werden können, die mit den notwendigen Spezialgeräten ausgestattet sind. So werden den Anwendern Präsentationsmöglichkeiten geboten, die die einzelnen Institute nicht bieten können. Darüber hinaus können auch themenorientierte Lösungsmöglichkeiten gezeigt werden.

- *Integration von Studentenarbeitsplätzen*

  Nicht alle Studenten verfügen über die entsprechende technische Ausstattung. Vor allem die im Moment noch wenig rechnererfahrenen Geisteswissenschaftler sollen eingebunden werden, um Wissen und Fertigkeiten auf diesem Gebiet zu erwerben.

- *Bereitstellung von Programmen und Material zur Informationspräsentation*

  Die rasch fortschreitenden Innovationen auf diesem Gebiet machen es unumgänglich, den Wissenschaftlern und auch Studenten zu demonstrieren, wie sie selbst Informationen für andere zur Verfügung stellen können, um sich aktiv am Informationsmarkt zu beteiligen. Für die Institute eröffnet sich dadurch die Möglichkeit, z.B. Übungsaufgaben und Lösungen aber auch Veröffentlichungen aus dem eigenen Bereich schnell und preiswert zur Verfügung zu stellen. Im Informations- und Kommunikationszentrum werden laufend Demos über die gängigen — meist auf dem Public-Domain-Markt entstandenen — Informations-Tools gezeigt.

2.5 Anbieter

Das Informationsangebot des RUS wird sowohl von festangestellten Mitarbeitern des RUS und einer großen Zahl Wissenschaftlicher Hilfskräfte und auch von RUS-externen Nutzern mit Spezialwissen realisiert. Gerade die externen Nutzer mit Spezialwissen müssen in Zukunft noch mehr eingebunden werden. Das Information-Management des RUS wäre ohne die Mitarbeit von Wissenschaftlichen

Hilfskräften nicht möglich. Gerade bei ihnen liegt in diesem Bereich ein enormes Innovationspotential, das es immer wieder ermöglicht, neue Dienste anzubieten.

2.6 Angebotslenkung

Die Informationsangebote des RUS sind stark in Form und Inhalt strukturiert. Es ist eine der Aufgaben des Information-Managements, dafür zu sorgen, daß Angebote in geeigneter Form und Intensität — sei es als Kurs, Minikurs, Artikel oder als Info auf dem Infoserver — dem Benutzer dargeboten werden. Durch den ständigen Kontakt mit den Nutzern — den Kunden des RUS — und der Leitung des Rechenzentrums ist das IM in der Lage, neue Themen in das Angebot aufzunehmen und zu verbreiten. Dies ist für das RUS eine Möglichkeit, Standards und neue Konzepte auf schnelle und effiziente Art und Weise den Kunden mitzuteilen. All dies ist natürlich immer nur in Zusammenarbeit mit den Kollegen möglich. Ein Kurs z.B. über die Lizenzpolitik des RUS — gehalten vom Rechenzentrumsleiter — hat nicht nur informierenden Charakter.

3 Marketing

Die Ermittlung und Förderung von Bedarf und Nachfrage ist ebenso eine zentrale Aufgabe des Information-Managements wie die Präsentation der Serviceleistungen des Rechenzentrums.

Das Rechenzentrum einer Universität hat mit unterschiedlichen Typen von Nutzern bzw. Informationsnachfragern zu tun, wie z.B. Wissenschaftler, Verwaltungsangehörige, Studenten, Lehrende und kommerzielle Nachfrager. Es ist Aufgabe des Information-Managements, nicht nur ihre speziellen Informationsbedürfnisse zu ermitteln, sondern ihnen auch die Konzepte des Rechenzentrums mitzuteilen.

3.1 Bedarfsermittlung

Eine besonders effiziente Strategie zur Ermittlung des Nutzerbedarfs sind die *Minikurse*. Minikurse sind kurze Kurse, die für die Mitarbeiter des RUS und auch für die nicht zum RUS gehörenden Institutsmitarbeiter keinen allzu großen Vorbereitungsaufwand bedeuten. Dies wiederum ermöglicht, eine große Palette von Themen anzubieten. Durch den häufigen Kontakt mit den Nutzerinnen kann jeweils ganz persönlich der Bedarf der einzelnen Nutzergruppen abgefragt werden. Je nach Bedarf können dann größere Artikel, Kurse oder Infoserver-Texte verfaßt werden. Mit Hilfe von standardisierten Fragebogen am Ende der Minikurse können Bedarfsströme identifiziert werden.

An den Minikursen kann sehr gut gezeigt werden, daß ein Angebot meist multidimensional zu betrachten ist. Diese Serviceleistung vermittelt den Mitarbeitern einen Eindruck vom Bedarf der Nutzer, hilft Rechenzentrumskonzepte mitzuteilen und ermöglicht dem Information-Management, das Angebot nutzergerecht zu strukturieren. Durch den direkten Kontakt mit den Nutzern können sich für beide Seiten nützliche Kooperationsprojekte ergeben.

3.2 Präsentation des Angebots

Die Präsentation des Angebots in einer Welt voll Hochglanz und Perfektionsanschein ist eine immer wichtiger werdende Komponente. Es genügt nicht, die Inhalte auf ein paar Blatt Papier zu bringen. Durch die gefällige Gestaltung (mit Hilfe einer Studentischen Hilfskraft der Akademie der Künste) der Broschüren, der Zeitschrift und der Plakate sind die Informationsangebote des RUS nicht nur besser angenommen, sondern vor allem auch wahrgenommen worden.

Die Gestaltung des Angebots ist nicht nur eine Gestaltung der Informationen des RUS, sondern ist gleichzeitig auch eine Demonstration der Darstellung von Informationen. In einem Minikurs wird z.B. gezeigt, wie ein Plakat hergestellt werden kann.

4 Evaluation

Es hat sich herausgestellt, daß die Informationsverteilung trotz intensiver Bemühungen noch nicht flächendeckend ist. Es gibt einerseits eine große Zahl von Nutzern, die die vom Rechenzentrum angebotenen Dienste intensiv in Anspruch nehmen und andererseits eine vielleicht ebenso große Zahl, die das Angebot des Rechenzentrums — aus welchem Grund auch immer — nur sehr eingeschränkt wahrnimmt.

Ansatzpunkt für eine Verbesserung der Informationsdichte ist sicherlich die Optimierung des Informations- und Serviceangebots.

Die Verbesserung der Qualität der Informationen hinsichtlich ihrer Präsentation, Konsistenz und zeitlichen Relevanz ist eine Möglichkeit. Um dies zu erreichen, ist ein wichtiger Punkt die Einbeziehung von Informationsproduzenten direkt in den Instituten. Ihnen müssen geeignete Tools für die Informationsvermittlung bereitgestellt werden und die Anwendung demonstriert werden. Die in letzter Zeit im Public-Domain-Bereich entstandenen Tools wie WWW könnten dabei helfen.

Ein weiterer Ansatzpunkt ist die konsequente Verteilung von Informationen bei den verschiedenen Angeboten. In den Internet-News wird auf Lizenzangebote verwiesen, in den Kursen wiederum auf Internet-News. Dieses Geflecht der Angebote führt allmählich zu einer höheren Informationsdichte. Dies alles ist nur durch konsequentes Information-Management möglich.

Die Zahl der Häufigkeit der Nutzung von Diensten, wie z.B. die Zahl der Zugriffe auf einen Text auf dem Infoserver oder die Zahl der Besucher eines Kurses, ist nur bedingt ein Instrument für die Ermittlung des Bedarfs. Viel wichtiger ist die qualitative Bewertung durch die Nutzer. Es hat sich gezeigt, daß Nutzerumfragen in großem Umfang selten eine zufriedenstellende Rücklaufquote haben. Dagegen sind Fragebogenaktionen in den Kursen sehr effizient.

Die Schaffung eines Informations- und Kommunikationszentrums wird ein weiterer Meilenstein auf dem Weg zum integrierten Information-Management sein.

5 Ausblick

Die vorgestellten Methoden zur Beschaffung, Verteilung, Bündelung und Optimierung von Informationsressourcen für Benutzer und Rechenzentrum wurden im Laufe der letzten Jahre entwickelt; die Einrichtung eines Informationszentrums ist ein weiterer wichtiger Schritt.

Sicherlich müssen zur Verbesserung der Qualität des Information-Managements — im Hinblick auf effiziente Kooperationen, Synergieeffekte und adäquate Lösungen von wissenschaftlichen Problemen — die Methoden erweitert und verfeinert werden. Als Informationsanbieter und -nachfrager steht das RUS auf allen seinen Informationskanälen zur weiteren Methodendiskussion sehr gerne zur Verfügung.

6 Literaturverzeichnis

[1] Hammond, L. W. et al.: *Information Centers*, S. 255-292. In: Rabin, J.; Jackowski, E. M.: Handbook of Information Resource Management

[2] Karten, N: *Mind Your Business: Strategies for Managing End-User Computing*, QED Information Sciences, Montreal 1990

[3] Ludwig, H.-W.: *Nutzers Traum: Ein verteiltes Informations- und Bibliothekssystem*, S. 9-22. In: Neue Kommunikations- und Informationsdienste, Kolloquium an der Universität Tübingen vom 13. November 1991, Tübingen 1992

[4] Schmidt, R: *Funktionale Dienste*, S. 440-461. In: Marianne Buder, Werner Rehfeld und Thomas Seeger (Hrsg.): Grundlagen der praktischen Information und Dokumentation, München 1991

Adressen der Autoren in diesem Tagungsband

Harald Ackerschott
Unternehmensberatung
Kampersbach 35
58566 Kierspe
Telefon: 02359/1404
Telefax: 02359/290186

Victor Apostolescu
Leibniz-Rechenzentrum der Bayerischen Akademie der Wissenschaften
Barerstraße 21
80333 München
Telefon: 089/2105-7478
Telefax: 089/2809460
E-Mail: apostolescu@lrz.lrz-muenchen.d400.de

Fritz Bauspieß
Competence Center Informatik GmbH
Lohberg 10
49716 Meppen
Telefon: 05931/805-0

Manfred Böttger
Schneider & Koch Datensysteme GmbH
Siemensstraße 23
76275 Ettlingen
Telefon: 07243/502-0
Telefax: 07243/502-989

Babara Burr
Rechenzentrum Universität Stuttgart
Anwendungssysteme
Allmandring 30
70569 Stuttgart
Telefon: 0711/1319-111
Telefax: 0711/1319-203
E-Mail: burr@rus.uni-stuttgart.d400.de

Hadmut Danisch
Universität Karlsruhe
Institut für Algorithmen und kognitive Systeme
Am Fasanengarten 5
76131 Karlsruhe
Telefax: 0721/696893

Jutta Docter
Forschungszentrum Jülich
Zentralinstitut für angewandte Mathematik
Postfach 1913
52425 Jülich
Telefon: 02461/61-6763
Telefax: 02461/61-6656

Gabi Dreo
Leibniz-Rechenzentrum der Bayerischen Akademie der Wissenschaften
Barerstraße 21
80333 München
Telefon: 089/2105-7478
Telefax: 089/2809460
E-Mail: dreo@informatik.uni-

Dirk Fox
Schneider & Koch Datensysteme GmbH
Siemensstraße 23
76275 Ettlingen
Telefon: 07243/502-0
Telefax: 07243/502-989

Jan Gottschick
Fraunhofer-Einrichtung für Software- und Systemtechnik
Kurstraße 33
10117 Berlin
Telefon: 030/20372-394
Telefax: 030/20372-207

Dr. Wilfried Grieger
Gesellschaft für wissenschaftliche Datenverarbeitung mbH Göttingen
Am Faßberg
37077 Göttingen
Telefon: 0551/201510
E-Mail: wgriege@gwdg.de

Klaus Hammer
TU "Otto von Guericke" Magdeburg
Universitätsrechenzentrum
Postfach 4120
O-3010 Magdeburg

Dr. Felix Hampe
Phillips-Universität-Marburg
FB Wirtschaftswissenschaften
Abt. Datenverarbeitung
Universitätsstraße 25
35037 Marburg
Telefon: 06421/28-3753
Telefax: 06421/28-3713
E-Mail: hampe@mailgate.wiwi.uni-marburg.de

Dr. K. Heihoff
Control Data GmbH
Hallbergstraße 28
40239 Düsseldorf
Telefon: 0211/6101-0
Telefax: 0211/6101-324

Christina Helbig
Max-Planck-Institut für Bildungsforschung
EDV-Einheit
Lentzeallee 94
14195 Berlin
Telefon: 030/82995-279

Gaby Herrmann
Universität GHS Essen
FB 5 Wirtschaftsinformatik
Betriebliche Kommunikationssysteme
Altendorfer Straße 97
Eingang B
45143 Essen
Telefon: 0201/81003-42
Telefax: 0201/81003-48

Dr. Patrick Horster
Universität Karlsruhe
Europäisches Institut für Systemsicherheit
Am Fasanengarten 5
76131 Karlsruhe
Telefon: 0721/608-3574

Riaan de Jager
University of Pretoria
P.O. Box 0083
Hillcrest, South Africa
E-Mail: jager@lrz.lrz-muenchen.d400.de

Dr. Gerhardt Klett
BASF AG
ZX/ZT Informatik
Technologie und Sicherheit
67056 Ludwigshafen
Telefon: 0621/60-78252
Telefax: 0621/60-78222

Hendrik Knopper
Control Data GmbH
Sportallee 47
22335 Hamburg
Telefon: 040/51307-0
Telefax: 040/51307-130 od.111

Hans-Peter Löw
Justus-Liebig-Universität
Hochschulrechenzentrum
Heinrich-Buff-Ring 44
35392 Gießen
Telefon: 0641/702-2164
Telefax: 0641/702-2525
E-Mail: loew@hrz.uni-giessen.d400.de

Dr. B. Mertens
Forschungszentrum Jülich GmbH
Zentralinstitut für angewandte Mathematik
Postfach 1913
52425 Jülich
Telefon: 02461/61-3176
Telefax: 02461/61-6656

Hartmut Michels
CONVEX Computer GmbH
Schelmenwasenstraße 34
70567 Stuttgart
Telefon: 0711/721091
Telefax: 0711/727227

Klaus D. Niemann
Plenum Management Consulting GmbH
Dammtorstraße 33
20354 Hamburg
Telefon: 040/353912-3

Lutz Nentwig
Fraunhofer-Einrichtung für Software- und Systemtechnik
Kurstraße 33
10117 Berlin
Telefon: 030/20372-394
Telefax: 030/20372-207

Günter Partosch
Justus-Liebig-Universität
Hochschulrechenzentrum
Heinrich-Buff-Ring 44
35392 Gießen
Telefon: 0641/702-2170
Telefax: 0641/702-2525
E-Mail: partosch@hrz.uni-giessen.d400.de

Robert Renz
Sun Microsystems GmbH
Bretonischer Ring 3
85630 Grasbrunn
Telefon: 089/46008-420
Telefax: 089/46008-222

Uwe H. Richter
OSF End User Steering Committee
c/o MB&T GmbH
Heinrich-Stricker-Weg 8
58640 Iserlohn-Hennen
Telefon: 02304/51711
Telefax: 02304/51712
E-Mail: CompuServe: 100121,3324

Dipl. Ing. U. Sellmer
Eisenwerk Brühl GmbH
Leiter EDV/Organisation
Kölnstraße 262-266
50321 Brühl
Telefon: 02232/75-472
Telefax: 02232/75-205

Wolfgang Stadler
Muelhens KG
Leitung Informationssysteme
Venloer Str. 241-245
50823 Köln
Telefon: 0221/5728-216
Telefax: 0221/ 9512121

Steffen Stempel
Universität Karlsruhe
Europäisches Institut für
Systemsicherheit
Am Fasanengarten 5
76131 Karlsruhe
Telefax: 0721/696893

Malte Timmermann
Fraunhofer-Einrichtung für Software-
und Systemtechnik
Kurstraße 33
10117 Berlin
Telefon: 030/20372-394
Telefax: 030/20372-207

Dr. Robert Valta
Leibniz-Rechenzentrum der Bayerischen
Akademie der Wissenschaften
Barerstraße 21
80333 München
Telefon: 089/2105-7478
Telefax: 089/2809460
E-Mail: valta@lrz.lrz-muenchen.d400.de

Dr. Gerhard Weck
INFODAS GmbH
Rhonestraße 2
50765 Köln
Telefon: 0221/709120
Telefax: 0221/7091255
Dieter Weiß
Just-Liebig-Universität Gießen
Hochschulrechenzentrum (HRZ)
Heinrich-Buff-Ring 44
35392 Gießen
Telefon: 0641/702-2514
Telefax: 0641/702-2525
E-Mail: Weiss@hrz.uni-giessen.d400.de

Peer Wichmann
Universität Karlsruhe
Europäisches Institut für
Systemsicherheit
Am Fasanengarten 5
76131 Karlsruhe 1
Telefon: 0721/
Telefax: 0721/696893

Lothar Wollschläger
Forschungszentrum Jülich GmbH
Zentralinstitut für angewandte
Mathematik
Postfach 1913
52425 Jülich
Telefon: 02461/61-6420
Telefax: 02461/ 616656

GPSR Compliance

The European Union's (EU) General Product Safety Regulation (GPSR) is a set of rules that requires consumer products to be safe and our obligations to ensure this.

If you have any concerns about our products, you can contact us on ProductSafety@springernature.com

In case Publisher is established outside the EU, the EU authorized representative is:

Springer Nature Customer Service Center GmbH
Europaplatz 3
69115 Heidelberg, Germany

Batch number: 10815964

Printed by Printforce, the Netherlands